目录
Contents

说明 .... (5)—(8)
How to use this Dictionary

笔画检字表 .... (9)—(18)
Stroke Index

音序检字表 .... (19)—(34)
Phonetic Index

正文 .... 1—501
The Dictionary

附录 .... 502—510
Appendices

一、汉字笔形名称表 .... 502—503
Strokes of Chinese Characters

二、汉字偏旁名称表 .... 504—505
Components of Chinese Characters

三、汉字结构类型表 506
Types of Character Structures

四、本字典部首总表 .... 507—510
Radical Index

说　明

一

　　学生学华文，从识字开始。

　　识字，必须记住字的形体，做到会写；识字，必须了解字的读音，做到会读，识字，必须懂得字的意思，做到会用。

　　教师教学生识字，要把字的形体、读音和意义告诉他们，使他们对一个字的形、音、义有一个完整而正确的认识。

　　一般字典大多只介绍字的读音和意义，本字典除了音义之外，主要是辨析字形，目的是指导学生写字。

　　本字典收了新加坡华族学生在小学阶段所学习的常用汉字2000个，这些字分别出现在现行小学华文课本中。这2000个字都会写了，就能触类旁通，举一反三了。

　　本字典辨析字形是把这2000个字楷、宋两体的标准字形、部首、笔画数、笔顺、结构类别、结构示意、部件辨正和楷宋辨异等多项内容具体、直观、简明地集中编排在一起，使用起来，非常方便。

　　教师可以参考这本字典进行识字教学，家长可以利用这本字典辅导孩子写字，学生可以凭借这本字典自己解决识字时碰到的问题。本字典也可供学习基础汉语的华族成人和外族人士参考。

二

本字典每个字都用汉语拼音注音。一个字在习惯上有两个或几个读法（异读字），或者一个字有几个读音（多音字）的，全部以新加坡教育部课程规划与发展署制定的《中小学华文字表》为依据，列出有关的读音。注音都注本调，不注变调。词语的拼写法参照中国制定的《汉语拼音正词法基本规则》。

每个字都在本字典所收的2000个字的范围内组成两三条常用的词语，让学生从词语举例中领会字的意思。词语都加注拼音。从新加坡的实际出发，我们用英文解释词语的含义，不过只选列主要的义项。

有些字典采用"跟随式"（一笔接一笔地写出整字）显示笔顺，我们采用"描红式"，为的是让学生对每个笔画在字中的位置有个整体印象。有些字的笔顺有分歧，写法不止一种，我们采用新加坡教育部小学华文教材编写组所选用的写法。

三

读者可以利用"笔画检字表"或"音序检字表"查字。书末的四个附录：汉字笔形名称表，汉字偏旁名称表，汉字结构类型表和本字典部首总表，为指导学生识字、写字提供了许多概括而实用的资料。

CHENG & TSUI

CHINESE
CHARACTER
DICTIONARY

A GUIDE TO THE 2000
MOST FREQUENTLY-USED
CHARACTERS

Editor-In-Chief:	Wang Huidi
Editors:	Fan Keyu
	Gao Jiaying
	Wang Zhifang
Translator:	Kong Jing

CHENG & TSUI COMPANY
BOSTON

剑桥学生写字字典

主编	汪惠迪
编写	范可育
	高家莺
	王志方
翻译	孔 敬

Inside of Front Cover: *Features of this Dictionary* illustrated in English

Inside of Back Cover: *Key to Terms Used in the Appendices' Headings* (Chinese-English)

© 1998 Federal Publications (S) Pte Ltd

This edition first published 1999 by
Cheng & Tsui Company, Inc.
25 West Street, Boston, MA 02111-1213 USA
Fax: 617-426-3669
E-mail: service@cheng-tsui.com
Online Catalog: http://www.cheng-tsui.com
by arrangement with Federal Publications (S) Pte Ltd
Originally entitled ***Times Chinese Character Dictionary***

ISBN: 0-88727-314-9

Printed in Malaysia

下面举例说明本字典的各项具体内容。
Features of this dictionary

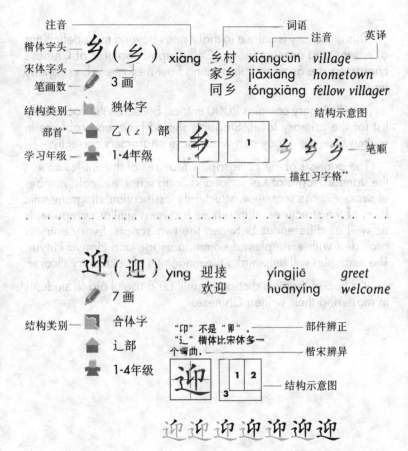

注音

词语

注音　　英译

楷体字头 —— 乡（乡） xiāng　乡村　xiāngcūn　village

宋体字头 —— 家乡　jiāxiāng　hometown

笔画数 —— 3 画　同乡　tóngxiāng　fellow villager

结构类别 —— 独体字

部首* —— 乙（乙）部　　　　　　　　　　结构示意图

学习年级 —— 1-4年级　　　　　　　　　　　乡｜乡乡乡 —— 笔顺

描红习字格**

迎（迎） yíng　迎接　yíngjiē　greet
　　　　　　　　欢迎　huānyíng　welcome

7 画

结构类别 —— 合体字

"卬"不是"卯"。—— 部件辨正
"辶"楷体比宋体多一个弯曲。—— 楷宋辨异

辶部

1-4年级　　　　迎 1 2 3 —— 结构示意图

迎 迎 迎 迎 迎 迎 迎

---

*　有些字可以归属几个不同的部首，就选择一个作为代表，其余的部首或部
　　首的变形都放在括号内。

**　可用透明纸覆盖在上面按照笔顺练习写字。

How to Use this Dictionary

This dictionary is unique in that it goes beyond mere definitions of entries and pronunciation. Calligraphic features of Chinese characters are analyzed, illustrating how they are to be properly written.

The dictionary contains 2000 entries, based on the vocabulary list for the primary level. Students should have no problems in written Chinese if they can write these characters correctly.

The analysis of the calligraphic features of the entries covers the standard forms of *Kai* script and *Song* script, radicals, number of strokes, stroke sequence, structural classification, diagrammatic form of the structures, differences between similar components as well as differences between the two scripts. Every entry is provided with examples of common usage and Hanyu Pinyin. The examples will help make the meanings of each entry clearer.

It is hoped that this dictionary will be a useful aid to students in mastering their written Chinese.

笔画检字表
Stroke Index

说　明

1. 本表按汉字笔画数的次序排列。笔画数相同的字按起笔的笔形顺序（横、竖、撇、点、折）排列。起笔相同的字，按第二笔的笔形顺序排列。依此类推。
2. 横、竖、撇、点、折以外的笔形作以下规定：
　（1）　提（㇀）作为横（一）。如："坤"的偏旁"土"是　｜一；"冷"的偏旁"冫"是、一
　（2）　捺（㇏）作为点（、）。如："又"是㇇、
　（3）　竖钩（亅）作为竖（｜）。如："排"的偏旁"扌"是　｜一。
3. 单字右面的数码是本字典正文的页码。

1 画		九	190	才	32	个	117	已	438	天	363
一	435	几	158	寸	63	久	190	子	494	无	390
乙	438	儿	90	下	398	凡	93	卫	384	元	455
				大	64	丸	379	也	433	专	490
2 画		〔一〕		丈	468	及	160	女	268	云	458
〔一〕		了	227	与	453	少	395	飞	97	扎	464
二	91	力	220	万	380	么	246	习	396	丏	111
十	328	刀	69					叉	38	艺	439
丁	79	又	449	〔丨〕		〔、〕		马	241	木	259
厂	42			上	318	广	129	乡	403	五	390
七	286	**3 画**		小	406	亡	380			支	476
		〔一〕		口	205	门	249	**4 画**		厅	367
〔丨〕		三	312	巾	182	义	439	〔一〕		不	30
卜	29	干	112	山	316	之	476	丰	102	太	355
		于	451					王	380	区	301
〔丿〕		亏	209	〔丿〕		〔⊐〕		井	186	历	222
人	307	土	373	千	290	尸	326	开	198	歹	65
入	310	士	331	乞	289	弓	120	夫	104	尤	449
八	5	工	119	川	56	己	161				

永 447
〔一〕
司 344
民 254
出 53
奶 261
加 165
皮 277
边 22
发 91
孕 458
圣 326
对 86
台 354
矛 245
纠 189
母 258
幼 450
丝 345

6 画
〔一〕
式 334
刑 412
动 81
扛 199
寺 346
吉 161
扣 205
考 200
托 375
老 216
执 477
扱 157
扩 210
扫 313
地 75
扬 429

瓜 126
丛 61
令 231
用 447
印 443
乐 216
句 193
匆 61
册 37
犯 95
外 377
处 54
冬 80
鸟 265
务 391
包 13
饥 158
〔丶〕
主 487
市 333
立 221
闪 317
兰 213
半 10
汁 475
头 370
汉 136
宁 266
它 353
讨 360
写 409
让 306
礼 220
训 421
必 20
议 445
讯 421
记 162

占 465
凸 371
业 434
旧 191
帅 342
归 130
且 295
旦 68
目 259
叶 434
甲 166
申 321
电 76
号 136
田 364
由 448
史 330
只 475
央 428
兄 414
叫 178
另 231
叹 357
四 4
四 346
〔丿〕
生 323
失 327
丘 299
付 108
仗 467
代 66
仙 399
们 248
仪 437
白 7
仔 494
他 353

双 342
书 337

5 画
〔一〕
玉 454
示 332
末 256
未 384
击 158
打 64
巧 294
正 473
扑 284
功 269
扔 120
去 308
甘 301
世 112
古 333
节 125
本 180
术 19
可 340
丙 202
左 26
厉 500
右 222
石 450
布 328
龙 30
平 233
灭 282
东 253
〔丨〕
卡 198
北 17

从 61
父 107
今 182
凶 414
分 99
乏 91
公 119
月 457
欠 292
风 101
丹 66
乌 389
勾 122
〔丶〕
文 386
六 233
方 95
火 155
为 382
斗 82
忆 440
订 80
计 163
户 146
认 156
心 410
〔一〕
尺 49
引 442
丑 52
巴 5
孔 204
队 86
办 10
以 437
劝 303

友 449
匹 278
车 44
巨 193
牙 423
比 20
互 145
切 295
瓦 377
〔丨〕
止 479
少 319
日 308
中 482
贝 17
内 263
水 343
见 170
〔丿〕
午 390
牛 266
手 335
毛 245
气 289
升 324
长 41
仁 307
什 322
片 279
化 148
仇 52
币 21
仍 308
斤 183
爪 469
反 93
介 181

场 41
耳 91
共 121
芒 244
亚 423
朴 285
机 157
权 302
过 133
臣 46
再 460
协 408
西 393
压 422
厌 427
在 460
有 449
白 7
存 62
而 90
页 434
匠 174
夸 206
夺 88
灰 151
达 64
列 228
死 345
成 46
夹 165
轨 131
划 147
毕 21
至 480
〔丨〕
此 60
师 326
尘 45

尖 167
劣 227
光 129
当 69
早 461
吐 373
吓 398
虫 51
曲 300
团 373
同 368
吊 77
吃 48
因 441
吸 393
吗 240
帆 92
岁 351
回 152
刚 113
则 462
肉 310
网 381
〔丿〕
年 265
先 399
丢 80
舌 319
竹 487
伟 383
传 56
乒 281
乓 272
休 415
伍 391
伏 105
优 447
延 425

件 171
任 307
伤 317
价 166
份 101
华 146
仰 430
仿 96
伙 154
自 495
血 420
向 405
似 346
后 142
行 412
舟 484
全 302
会 153
杀 314
合 138
众 484
爷 433
伞 312
创 57
肌 156
朵 88
杂 459
危 381
负 109
各 118
名 255
多 87
争 472
色 313
〔、〕
壮 491
冲 51
冰 26

庆 299
齐 288
交 175
次 60
衣 435
产 40
决 196
充 51
闭 22
问 387
羊 428
并 27
关 127
米 250
灯 72
州 484
汀 135
污 389
江 172
池 48
汤 358
忙 244
兴 411
守 335
字 494
安 2
讲 173
军 197
许 417
论 238
农 267
设 320
访 96
〔一〕
寻 420
那 261
迅 421
尽 184

导 70
异 440
孙 351
阵 472
阳 428
收 335
阶 178
阴 441
防 96
奷 168
如 310
妇 109
好 137
她 353
妈 241
戏 396
羽 452
观 127
欢 148
买 242
红 141
级 159
约 457
纪 162
巡 420

7 画
〔一〕
寿 336
弄 267
麦 243
形 412
进 184
戒 182
吞 374
远 456
运 459
扶 105

技 164
坏 148
拒 194
找 468
批 277
址 479
走 496
抄 43
贡 121
攻 120
赤 50
折 469
抓 490
扮 11
抢 293
孝 407
均 197
抛 273
投 370
坟 100
抗 199
抖 82
护 146
壳 202
志 480
扭 266
块 207
声 324
把 6
报 15
却 304
劫 180
芽 423
花 146
芬 99
芩 35
苍 95
芳 95
严 425

劳	216	听	366	希	393	闷	248	张	466	者	470
克	203	吟	441	坐	501	判	272	际	164	顶	79
材	32	吩	100	谷	124	灿	35	陆	235	拆	40
村	62	吹	58	妥	376	弟	75	阿	1	拥	446
极	160	吧	5	含	135	汰	355	陈	45	抵	75
巫	389	别	25	邻	229	沙	315	阻	498	势	331
李	220	岗	113	肝	112	汽	290	附	108	抱	15
求	300	帐	468	肚	84	沟	122	妙	253	垃	211
更	119	财	32	肠	42	没	246	妖	431	拉	211
束	340	〔丿〕		龟	130	沉	45	妨	96	拦	212
豆	82	针	471	免	252	怀	148	努	268	幸	413
两	225	钉	79	狂	208	忧	447	忍	307	招	468
丽	221	告	115	角	177	快	207	劲	184	坡	283
医	435	我	388	删	316	完	378	鸡	157	拨	28
励	222	乱	238	条	365	牢	216	纱	315	择	462
还	149	利	221	卵	237	究	190	纷	100	抬	354
来	212	秀	416	岛	70	穷	299	纸	478	其	288
连	223	私	345	迎	444	灾	459	纹	386	取	301
〔｜〕		每	247	饭	94	良	225	**8 画**		苦	206
步	31	兵	25	饮	442	证	475	〔一〕		苹	282
坚	168	体	363	系	397	评	282	奉	104	苗	252
旱	135	何	138	〔丶〕		补	29	玩	378	英	443
时	328	但	67	言	424	初	53	环	149	范	94
助	488	伸	322	冻	81	社	320	武	391	直	477
里	219	作	500	状	492	识	329	青	297	林	229
呆	65	伯	28	况	208	诉	349	责	463	枝	475
园	455	佣	446	床	58	诊	471	现	401	杯	16
围	382	低	73	疗	227	词	59	玫	247	柜	131
吠	99	你	264	咨	230	〔一〕		表	25	枚	246
呀	422	住	488	应	443	君	197	规	130	板	10
足	497	位	384	冷	218	灵	230	抹	256	松	346
邮	448	伴	11	这	470	即	161	拔	6	枪	293
男	262	身	321	序	418	层	37	担	67	构	123
困	209	皂	462	辛	410	屁	278	坦	357	杰	179
呕	269	佛	104	弃	289	尾	383	抽	51	枕	471
吵	44	近	184	忘	381	迟	49	拖	375	丧	313
串	57	返	94	闲	399	局	192	拍	270	或	155
员	456	余	451	问	387	改	110			画	147

卧 388	呻 321	迫 284	〔丶〕	怖 30	姑 124
事 332	咐 108	质 481	变 24	性 414	姐 180
刺 60	呼 143	欣 411	京 186	怕 270	姓 413
雨 452	鸣 254	征 473	享 404	怜 223	始 330
卖 243	呢 263	往 380	店 77	怪 127	驾 167
矿 208	咖 198	爬 269	夜 434	学 419	参 34
码 242	岸 3	径 187	庙 253	宝 14	艰 168
厕 37	帖 366	所 352	府 107	宗 495	线 401
奔 18	罗 239	舍 320	底 74	定 79	练 224
奇 287	帕 270	金 182	郊 176	宜 436	组 497
奋 101	败 8	命 255	废 98	审 323	细 397
态 355	贩 94	刹 314	净 188	官 128	驶 330
妻 287	购 123	斧 107	盲 244	空 204	织 477
枣 141	图 372	爸 7	刻 91	实 329	终 483
转 490		采 33	刻 203	试 333	驼 375
轮 238	〔丿〕	受 336	育 454	郎 215	绊 10
软 311	钓 77	乳 310	闸 263	诗 328	绍 319
到 71	制 480	贪 355	券 303	肩 169	经 185
	知 476	念 265	卷 195	房 95	
〔｜〕	牧 259	贫 281	单 66	诚 47	**9画**
非 97	物 391	肤 105	炒 44	视 332	〔一〕
叔 337	乖 127	肺 99	炎 426	祈 287	奏 496
肯 203	刮 126	肿 483	炉 234	话 147	春 58
齿 50	和 137	朋 276	浅 292	诞 68	帮 11
些 408	季 163	股 124	法 92	询 421	珍 471
虎 145	委 383	肮 4	河 137	该 110	玻 27
贤 400	佳 165	肥 98	泪 217		毒 83
尚 318	侍 331	服 105	油 448	〔一〕	型 413
具 193	供 121	周 484	泊 28	建 171	挂 126
果 133	使 330	昏 153	沿 425	肃 348	封 102
味 384	例 222	鱼 450	注 488	录 235	持 49
昆 209	侠 398	兔 373	泻 409	帚 485	项 405
国 133	版 9	狐 144	泳 446	居 192	城 47
昌 40	侄 478	忽 143	泥 264	刷 341	政 474
明 254	凭 281	狗 122	波 27	承 47	挡 69
易 439	佩 275	备 17	泼 283	陌 258	括 210
典 76	货 155	饰 334	治 481	降 174	拾 329
固 126	依 435	饱 14	怯 295	限 401	挑 365
忠 482	的 74			妹 248	

(14)

指	479	面	252	咬	432	泉	303	疯	102	举	192
挣	473	耐	261	咳	201	鬼	131	姿	493	觉	196
挤	162	耍	341	哪	260	侵	296	亲	296	宣	419
拼	280	牵	291	炭	357	追	492	音	441	室	331
挖	376	残	35	罚	92	俊	197	帝	76	宫	120
按	3	轻	298	贴	366	盾	87	施	327	突	371
挥	152	鸦	422	骨	124	待	64	闻	386	穿	56
某	258					律	237	差	38	窃	295
甚	322	〔丨〕		〔丿〕		很	139	养	429	客	203
革	117	背	16	钞	43	须	417	美	248	冠	128
巷	405	战	466	钟	482	剑	171	送	347	语	452
带	65	点	76	钢	114	逃	359	类	217	扁	23
草	36	临	229	钩	122	食	329	迷	250	祖	498
茶	39	览	214	钮	267	盆	275	前	291	神	322
荒	150	省	325	缸	114	胆	67	首	335	祝	489
荡	69	削	406	拜	8	胜	325	总	496	误	392
荣	309	尝	41	看	198	胞	14	炼	224	说	344
故	125	是	332	怎	463	胖	273	炸	464	诵	347
胡	144	盼	271	牲	324	胎	354	炮	273		
南	262	眨	464	选	419	勉	252	烂	214	〔一〕	
药	432	显	400	适	333	狮	327	洁	180	退	374
标	24	哑	423	秒	253	独	83	洪	141	既	164
柑	111	冒	246	香	402	狡	177	洒	311	屋	389
枯	206	映	445	种	483	狠	140	浇	175	费	98
柄	26	星	411	秋	299	怨	457	洞	81	眉	247
相	402	昨	500	科	200	急	160	测	37	孩	134
查	39	胃	385	重	483	饼	26	洗	396	除	53
柱	489	贵	131	复	109			活	154	险	400
栏	212	界	181	竿	111	〔丶〕		派	271	院	456
树	340	虹	142	段	85	弯	378	染	306	娃	376
要	430	虾	397	便	23	将	172	洋	429	姨	436
威	382	蚁	438	顺	343	奖	173	洲	485	娇	174
歪	377	思	344	修	415	哀	1	浓	267	怒	268
研	426	蚂	241	保	15	亭	368	恒	140	架	166
砖	490	虽	350	促	62	亮	226	恢	151	贺	139
厚	143	品	281	俭	170	度	84	恰	290	勇	446
砍	199	骂	242	俗	348	迹	156	恼	263	柔	309
		响	403	信	411	庭	367	恨	140	绑	12
		哈	133	皇	151	疮	57			结	179

绕 306
骄 175
给 118
络 240
骆 240
绝 196
统 369

10画

〔一〕
耕 119
珠 486
班 8
素 349
顽 379
匪 98
栽 459
捕 30
载 460
赶 112
起 289
盐 425
埋 242
捉 492
捐 195
揭 352
都 83
捡 170
换 149
热 306
恐 204
壶 145
耻 50
恭 121
荷 138
获 156
恶 89
真 470

株 486
桥 294
桃 360
格 117
校 407
样 430
根 118
哥 116
速 349
配 275
翅 50
唇 58
夏 398
础 55
破 283
原 455
套 361
烈 228
顾 125
较 178
顿 87
致 481

〔丨〕
柴 40
桌 493
虑 237
监 168
紧 183
晒 316
眠 251
晓 406
鸭 422
蚊 386
蚓 442
哭 205
蚌 12
蚪 82
恩 90

啊 1
罢 4
峰 103
圆 455
贼 463

〔丿〕
钱 292
钻 498
铁 366
铃 230
铅 291
缺 304
特 361
牺 395
造 462
乘 47
敌 74
租 497
积 157
秩 480
称 46
秘 251
透 371
笔 20
笑 407
笆 6
借 181
值 477
倒 70
候 143
倍 18
倦 195
健 171
臭 52
射 320
息 394
徒 372
般 9

航 136
途 372
拿 261
爹 78
爱 2
颁 8
豹 16
翁 387
胸 414
脏 461
胶 176
脑 262
狸 218
狼 214
逢 103
留 232
饿 90

〔、〕
浆 173
衰 341
高 114
席 395
斋 465
准 492
座 501
病 27
疾 161
疼 361
疲 278
效 407
离 218
资 493
凉 225
站 466
竞 189
部 31
旁 272
旅 236

畜 55
阅 458
羞 416
瓶 282
拳 303
粉 100
料 227
益 439
烤 200
烘 141
烦 93
烧 318
烛 487
烟 424
酒 190
消 406
海 134
涂 372
浮 106
流 232
涕 363
浪 215
浸 185
涨 467
烫 359
悟 392
悔 153
害 134
宽 207
家 165
宴 428
宾 25
窄 465
容 309
案 3
请 298
朗 215
诸 485

读 83
扇 316
袜 377
袖 416
袍 273
被 18
祥 403
课 202
谁 343
调 365
谅 226
谈 356
谊 440

〔乛〕
剥 13
恳 204
展 466
剧 194
弱 311
陶 359
陪 274
姬 159
娱 452
娘 265
通 368
能 264
难 262
预 454
验 427
继 163

11画

〔一〕
球 300
理 220
捧 276
掩 426
捷 179

(16)

排	270	〔丨〕		偷	370	商	317	谜	250	裁	33
掉	77	雀	304	您	266	族	497	〔一〕		握	388
堆	86	堂	358	售	336	旋	419	敢	113	斯	345
推	374	常	41	停	367	望	381	屠	371	期	286
教	176	匙	49	偏	279	率	342	弹	68	欺	286
培	274	晨	45	假	166	着	493	随	350	联	223
接	178	睁	474	得	72	盖	110	蛋	67	散	312
控	205	眼	426	衔	400	粗	61	隆	233	葬	461
探	357	野	433	盘	271	粒	221	婚	154	葡	284
据	194	啦	210	船	56	断	85	姻	323	敬	188
掘	195	晚	379	斜	408	剪	169	颈	187	落	240
职	478	啡	97	盒	138	兽	337	绩	162	朝	43
基	159	距	194	鸽	116	清	297	续	418	辜	123
娶	301	略	238	彩	33	添	364	骑	288	棒	13
著	489	蚯	300	领	231	淋	229	绳	325	棋	288
黄	150	蛀	488	脚	177	淹	424	维	383	椰	432
萝	239	蛇	319	脸	224	渐	172	绿	236	植	478
菌	196	累	217	脱	375	混	154			森	314
菜	34	唱	42	象	404	渔	450	**12 画**		椅	437
萄	360	患	149	够	123	淘	360	〔一〕		椒	176
菊	192	崩	19	猜	32	液	433	琴	296	棵	201
营	444	婴	444	猪	486	淡	68	斑	9	棍	132
梦	249	圈	302	猎	228	深	321	替	363	棉	251
梧	223	〔丿〕		猫	244	婆	283	款	208	棚	276
检	169	铜	369	猛	249	情	298	搭	63	棕	495
梳	337	银	442	馆	128	惜	394	塔	354	惠	153
梯	362	甜	364	〔丶〕		惭	34	越	458	逼	19
桶	369	梨	218	减	169	惊	186	趁	46	厨	53
畜	314	移	436	毫	136	惨	35	超	43	厦	315
救	191	笨	19	麻	241	惯	129	提	362	硬	445
副	109	笼	233	痒	429	寄	163	堤	73	确	304
票	280	符	106	痕	139	寂	164	博	29	裂	228
戚	286	第	75	廊	215	宿	348	喜	396	雄	415
爽	342	敏	254	康	199	密	251	搽	39	〔丨〕	
聋	234	做	501	鹿	235	谋	258	插	38	辈	18
盛	326	袋	65	盗	72	谎	151	搜	347	悲	17
雪	420	偿	42	章	467	祷	70	煮	487	紫	494
辆	226	偶	269	竟	189	祸	155	援	454	辉	152

字	页	字	页	字	页	字	页	字	页	字	页
赏	318	锋	103	曾	38	**13 画**		睡	343	腿	374
掌	467	甥	324	港	114	〔一〕		眯	33	触	55
晴	298	短	85	湖	145	瑰	130	嗜	334	解	181
最	499	智	482	湿	327	摸	255	愚	451		
量	225	鹅	89	温	385	填	364	暖	268	〔丶〕	
喷	275	剩	325	渴	202	鼓	125	嗅	417	酱	174
晶	185	程	48	滑	147	摆	7	暗	3	痰	356
喇	211	稀	394	湾	378	搬	9	照	469	新	410
遇	453	等	73	渡	84	摇	431	跳	365	意	438
喊	135	筑	489	游	448	塘	358	跪	132	数	339
景	187	策	36	愤	101	摊	356	路	235	塑	349
跌	78	筒	369	慌	150	勤	296	跟	118	慈	59
跑	274	答	63	惰	88	蓝	213	蜗	387	煤	247
跛	29	筝	473	愧	209	鼻	260	蜂	102	煌	150
遗	437	傲	4	愉	451	幕	260	置	481	满	243
蛙	376	牌	271	割	116	蓄	418	罪	499	漠	257
蛛	486	集	160	寒	134	蒙	249			源	456
蜓	367	傍	13	富	108	蒸	474	〔丿〕		滤	237
晾	226	储	54	窝	388	献	401	错	63	溜	232
喱	219	街	179	窗	57	禁	183	锡	393	滚	132
喝	137	舒	338	遍	24	楚	55	锣	239	溶	309
喂	385	释	334	裕	453	想	403	矮	2	滩	356
喉	142	禽	297	裤	206	楼	234	辞	59	慎	323
喻	453	脾	277	裙	305	概	111	稚	479	寞	257
啼	362	猩	412	谢	409	感	113	愁	52	寒	311
幅	106	猴	142			碍	2	签	291	谨	183
帽	245	然	305	〔一〕		碎	351	简	170	福	106
赌	84			属	339	碰	276	筷	207		
赔	274	〔丶〕		强	293	碗	379	毁	152	〔一〕	
黑	139	装	491	粥	485	碌	236	舅	191	群	305
		就	191	疏	338	雷	217	鼠	339	媳	395
〔丿〕		痛	370	隔	117	零	230	催	62	嫁	167
铺	284	童	368	嫂	313	雾	392	傻	315	缝	103
链	224	阔	210	婿	418	输	338	像	404		
销	405	善	317	登	73			躲	88	**14 画**	
锁	352	羡	402	缆	214	〔丨〕		微	382	〔一〕	
锄	54	普	285	编	23	龄	231	遥	431	静	188
锅	132	尊	499	骗	279	睛	185	腰	430	璃	219
锈	416	道	71			睦	259			墙	293

(18)

境 189
摘 465
摔 341
聚 193
慕 260
蔗 470
模 255
榴 232
榜 12
歌 116
酸 350
碟 78
愿 457
需 417

〔 丨 〕
雌 59
颗 201
嗽 348
蜻 297
蜡 212
蝇 445
蜘 476
赚 491

〔 丿 〕
锻 86
舞 390
稳 387
算 350
箩 239
管 128
鼻 20
貌 245
膀 12
鲜 399
疑 436
孵 104

〔 丶 〕
敲 294
膏 115
遮 469
腐 107
瘦 336
辣 211
端 85
旗 287
精 186
歉 292
粽 496
熄 392
漆 285
漱 340
漂 280
滴 74
演 427
漏 234
慢 243
赛 312
察 39
蜜 250

〔 一 〕
隧 351
嫩 264
熊 415
缩 352

15 画
〔 一 〕
撕 344
趣 302
播 28
撞 491
增 463
聪 60
鞋 408

蕉 175
蔬 338
横 140
橡 404
飘 280
醉 499

〔 丨 〕
题 362
暴 16
嘻 394
瞎 397
影 445
踢 361
踏 353
踪 495
蝶 78
蝴 144
蝌 201
墨 257

〔 丿 〕
镇 472
靠 200
稻 71
稿 115
箱 402
箭 172
篇 279
躺 359
僻 278
德 72
艘 347

〔 丶 〕
熟 339
颜 424
糊 144
遵 500
潮 44

懂 81
额 89

〔 一 〕
慰 385
劈 277

16 画
〔 一 〕
操 36
燕 427
薪 410
薄 14
橱 54
橙 48
整 474
醒 413

〔 丨 〕
餐 34
嘴 498
螃 272
器 290
赠 464
默 257

〔 丿 〕
镜 188
赞 460
篮 213
篱 219
邀 431

〔 丶 〕
磨 256
辨 24
辩 23
糖 358
糕 115
燃 305

激 158
懒 213

〔 一 〕
壁 21
避 21
缴 177

17 画
〔 一 〕
戴 66
擦 31
藏 36

〔 丨 〕
瞧 294
蹈 71

〔 丿 〕
繁 93
鳄 89

〔 丶 〕
赢 444
燥 461

〔 一 〕
臂 22

18 画
〔 一 〕
鞭 22
覆 110

〔 丿 〕
翻 92

〔 丶 〕
鹰 443
糟 173
瀑 285

19 画
〔 一 〕
警 187

〔 丨 〕
蹲 87

〔 丿 〕
薄 31
蟹 409

〔 丶 〕
爆 15

20 画
〔 丨 〕
耀 432

〔 丿 〕
籍 159

〔 丶 〕
魔 256

21 画
〔 一 〕
霸 6
露 236

23 画
罐 129

音序检字表
Phonetic Index

说　明

1. 本表按汉语拼音字母顺序排列。同音不同调的字，按新加坡《中小学华文字表》（以下简称《字表》）所采用的排列顺序（轻声、阴平、阳平、上声、去声）排列。同音同调的字，也按照《字表》所列顺序排列。

2. 多音字按照不同的读音分别出现。

3. 单字右面的数码是本字典正文的页码。

A								
			吧	5		板	10	
		ba	吧	5	bàn	绊	10	bei 臂 16 22
a	啊 1		八	5		办	10	bēi 杯 16
ā	啊 1		巴	5		半	10	背 16
	阿 1		叭	5		伴	11	悲 17
á	啊 1		笆	6		扮	11	
ǎ	啊 1		扒	269	bāng	邦	11	běi 北 17
à	啊 1	bá	拔	6		帮	11	bèi 肯 16
āi	哀 1	bǎ	把	6	bǎng	膀	12	备 17
ái	癌 1	bà	罢	4		绑	12	贝 17
			霸	6		榜	12	被 18
ǎi	矮 2		把	6	bàng	蚌	12	倍 18
ài	碍 2		爸	7		傍	13	辈 18
	爱 2	bái	白	7		棒	13	bēn 奔 18
ān	安 2	bǎi	百	7	bāo	剥	13	běn 本 18
àn	暗 3		摆	7		包	13	bèn 笨 19
	岸 3		伯	28		胞	14	bēng 崩 19
	按 3	bài	败	8		炮	273	bī 逼 19
	案 3		拜	8	báo	薄	14	bí 鼻 20
āng	肮 4	bān	颁	8	bǎo	宝	14	bǐ 比 20
āo	凹 4		班	8		饱	14	笔 20
ào	傲 4		搬	9		保	15	bì 必 20
			般	9		爆	15	壁 21
B			斑	9		抱	15	避 21
		bǎn	版	9		报	15	毕 21
ba	罢 4					豹	16	币 21

闭 22	**bǔ**	补 29	**cēn**	参 34	尘 45
臂 22		卜 29	**céng** 层 37		沉 45
秘 251		捕 30	曾 38		臣 46
biān 鞭 22		怖 30	**chā** 插 38		**chèn** 趁 46
边 22	**bù** 不 30		叉 38	称 46
编 23		布 30	差 38	**chēng**
biǎn 扁 23		步 31	搭 39	**chéng** 称 46
biàn 辨 23		簿 31	**chá** 茶 39	成 46
便 23		部 31	察 39	诚 47
变 24			查 39	承 47
遍 24		**C**	**chà** 差 38	城 47
辨 24			刹 314	乘 47
biāo 标 24				橙 48
表 25	**cā** 擦 31	**chāi** 差 38	程 48
bié 别 25	**cāi** 猜 32	拆 40	吃 48
biè 别 25	**cái** 才 32	**chái** 柴 40	**chī**
bīn 宾 25	财 32	**chǎn** 产 40	**chí** 池 48
bīng 兵 25	材 32	**chāng** 昌 40	迟 49
冰 26	栽 33	**cháng** 长 41	匙 49
bǐng 柄 26	**cǎi** 彩 33	常 41	持 49
饼 26	采 33	尝 41	**chǐ** 尺 49
丙 26	睬 33	场 41	齿 50
bìng 病 27	**cài** 菜 34	偿 42	耻 50
并 27	**cān** 餐 34	肠 42	**chì** 赤 50
卜 29	参 34	**chǎng** 场 41	翅 50
bo	**cán** 惭 34	厂 42	**chōng** 冲 51
bō 剥 13	残 35	**chàng** 唱 42	充 51
玻 27	**cǎn** 惨 35	**chāo** 抄 43	虫 51
波 27	**càn** 灿 35	钞 43	**chóng** 重 483
播 28	**cāng** 苍 35	超 43	
拨 28	**cáng** 藏 36	**cháo** 朝 43	**chōu** 抽 51
bó 薄 14	**cāo** 操 36	潮 44	**chóu** 愁 52
泊 28	**cǎo** 草 36	**chǎo** 吵 44	仇 52
伯 28	**cè** 策 36	炒 44	**chǒu** 丑 52
博 29	测 37	**chē** 车 44	**chòu** 臭 52
bǒ 跛 29	厕 37	**chén** 陈 45	**chū** 出 53
bò 薄 14	册 37	晨 45	初 53
					chú 除 53
					厨 53
					橱 54

	锄	54
chǔ	处	54
	储	54
	楚	55
	础	55
chù	处	54
	畜	55
	触	55
chuān	川	56
	穿	56
chuán	船	56
	传	56
chuàn	串	57
chuāng	疮	57
	窗	57
	创	57
chuáng	床	58
chuàng	创	57
chuī	吹	58
chūn	春	58
chún	唇	58
cī	差	38
cí	辞	59
	雌	59
	词	59
	慈	59
cǐ	此	60
cì	次	60
	刺	60
cōng	聪	60
	匆	61
cóng	从	61
	丛	61
cū	粗	61
cù	促	62
cuī	催	62

cūn	村	62
cún	存	62
cùn	寸	63
cuò	错	63

D

dā	搭	63
	答	63
dá	答	63
	达	64
dǎ	打	64
dà	大	64
dāi	待	64
	呆	65
dǎi	歹	65
dài	大	64
	待	64
	带	65
	待	65
	代	66
	戴	66
dān	丹	66
	单	66
	担	67
dǎn	胆	67
dàn	担	67
	蛋	67
	但	67
	淡	68
	弹	68
	诞	68
	旦	68
dāng	当	69
dǎng	挡	69
dàng	当	69
dāo	刀	69

dǎo	祷	70
	倒	70
	岛	70
	导	70
	蹈	71
dào	倒	70
	稻	71
	到	71
	道	71
	盗	72
	得	72
de	的	74
	地	75
dé	得	72
	德	72
děi	得	72
dēng	灯	72
	登	73
děng	等	73
dī	堤	73
	低	73
	滴	74
	提	362
dí	敌	74
	的	74
dǐ	底	74
	抵	75
dì	的	74
	地	75
	弟	75
	第	75
	帝	76
diǎn	点	76
	典	76
diàn	电	76
	店	77
	吊	77

	掉	77
	钓	77
	调	365
diē	跌	78
	爹	78
dié	蝶	78
	碟	78
dīng	丁	79
	钉	79
dǐng	顶	79
dìng	钉	79
	定	79
	订	80
diū	丢	80
dōng	东	80
	冬	80
dǒng	懂	81
dòng	动	81
	洞	81
	冻	81
dōu	都	83
dǒu	抖	82
	斗	82
	蚪	82
dòu	斗	82
	豆	82
dū	都	83
dú	读	83
	毒	83
	独	83
dǔ	肚	84
	赌	84
dù	肚	84
	度	84
	渡	84
duān	端	85

duǎn	短	85
duàn	断	85
	段	85
	锻	86
duī	堆	86
duì	队	86
	对	86
dūn	蹲	87
dùn	顿	87
	盾	87
duō	多	87
duó	度	84
	夺	88
duǒ	朵	88
	躲	88
duò	惰	88

E

ē	阿	1
é	额	89
	鹅	89
ě	恶	89
è	恶	89
	鳄	89
	饿	90
ēn	恩	90
ér	儿	90
	而	90
ěr	耳	91
èr	二	91

F

fā	发	91
fá	乏	91
	罚	92
fǎ	法	92
fà	发	91
fān	翻	92
	帆	92
fán	烦	93
	繁	93
	凡	93
fǎn	反	93
	返	94
fàn	饭	94
	贩	94
	范	94
	犯	95
fāng	芳	95
	方	95
fáng	房	95
	防	96
	妨	96
fǎng	访	96
	仿	96
fàng	放	97
fēi	飞	97
	非	97
	啡	97
féi	肥	98
fěi	匪	98
fèi	费	98
	废	98
	肺	99
	吠	99
fēn	芬	99
	分	99
	吩	100
	纷	100
	坟	100
fén		
fēn	粉	100
fèn	分	99
	份	101
	愤	101
	奋	101
fēng	风	101
	蜂	102
	封	102
	丰	102
	疯	102
	锋	103
	峰	103
féng	逢	103
	缝	103
fèng	奉	104
fó	佛	104
fū	孵	104
	夫	104
	肤	105
fú	伏	105
	服	105
	扶	105
	福	106
	浮	106
	符	106
	幅	106
fǔ	府	107
	斧	107
	腐	107
fù	父	107
	附	108
	咐	108
	富	108
	付	108
	妇	109
	负	109
	复	109
	副	109
	覆	110

G

gā	咖	198
gāi	该	110
gǎi	改	110
gài	盖	110
	丐	111
	概	111
gān	柑	111
	竿	111
	干	112
	肝	112
	甘	112
gǎn	赶	112
	敢	113
	感	113
gàn	干	112
gāng	扛	199
	缸	114
	岗	113
	刚	113
	钢	114
gǎng	岗	113
	港	114
gāo	高	114
	糕	115
	膏	115
gǎo	稿	115
gào	告	115
gē	哥	116
	歌	116
	割	116
	鸽	116

gé	革 117		鼓 125	guò	过 133	hěn	很 139	
	隔 117	gù	故 125				狠 140	
	格 117		顾 125	**H**		hèn	恨 140	
gè	个 117		固 126			héng	恒 140	
	各 118	guā	瓜 126	hā	哈 133		横 140	
gěi	给 118		刮 126	hāi	咳 201	hèng	横 140	
gēn	跟 118	guà	挂 126	hái	孩 134	hōng	轰 141	
	根 118	guāi	乖 127		还 149		烘 141	
gēng	更 119	guài	怪 127	hǎi	海 134	hóng	洪 141	
	耕 119	guān	关 127	hài	害 134		红 141	
gèng	更 119		观 127	hán	寒 134		虹 142	
gòng	工 119		官 128		含 135	hóu	猴 142	
	公 119		冠 128		汗 135		喉 142	
	功 120	guǎn	管 128	hǎn	喊 135	hòu	后 142	
	弓 120		馆 128	hàn	汗 135		候 143	
	攻 120	guàn	观 127		旱 135		厚 143	
	宫 120		冠 128		汉 136	hū	呼 143	
	恭 121		惯 129	háng	行 412		忽 143	
	供 121		罐 129		航 136		糊 144	
gòng	供 121	guāng	光 129	háo	毫 136	hú	和 137	
	共 121	guǎng	广 129		号 136		糊 144	
	贡 121	guī	龟 130	hǎo	好 137		蝴 144	
gōu	勾 122		规 130	hào	号 136		狐 144	
	沟 122		归 130		好 137		胡 144	
	钩 122		瑰 130	hē	喝 137		壶 145	
gǒu	狗 122	guǐ	轨 131	hé	河 137		湖 145	
gòu	够 123		鬼 131		和 137	hǔ	虎 145	
	购 123	guì	柜 131		合 138	hù	糊 144	
	构 123		贵 131		盒 138		互 145	
gū	辜 123		跪 132		何 138		护 146	
	姑 124	guǎn	滚 132		荷 138		户 146	
	骨 124	gùn	棍 132	hè	和 137	huā	花 146	
gǔ	骨 124	guō	锅 132		荷 138	huá	华 146	
	谷 124	guó	国 133		贺 139		滑 147	
	股 124	guǒ	果 133		吓 398		划 147	
	古 125			hēi	黑 139	huà	华 146	
				hén	痕 139		划 147	

(24)

	话 147		**J**		既 164			浆 173
	画 147				寂 164	jiǎng	讲 173	
	化 148	jī	讥 156		系 397		奖 173	
huái	怀 148		肌 156	jiā	佳 165	jiàng	将 172	
huài	坏 148		机 157		家 165		浆 173	
huān	欢 148		鸡 157		加 165		糨 173	
huán	还 149		圾 157		夹 165		匠 174	
	环 149		积 157	jiǎ	甲 166		降 174	
huàn	患 149		几 158		假 166		酱 174	
	换 149		饥 158	jià	假 166		强 293	
huāng	慌 150		击 158		架 166	jiāo	娇 174	
	荒 150		激 158		价 166		交 175	
huáng	煌 150		姬 159		驾 167		浇 175	
	黄 150		基 159		嫁 167		蕉 175	
	皇 151		奇 287	jiān	间 167		骄 175	
huǎng	谎 151	jí	籍 159		尖 167		教 176	
huī	灰 151		级 159		坚 168		郊 176	
	恢 151		急 160		监 168		胶 176	
	挥 152		极 160		奸 168		椒 176	
	辉 152		及 160		艰 168	jiǎo	脚 177	
huí	回 152		集 160		肩 169		角 177	
huǐ	毁 152		吉 161	jiǎn	剪 169		狡 177	
	悔 153		即 161		减 169		缴 177	
huì	惠 153		疾 161		检 169	jiào	教 176	
	会 153	jǐ	几 158		简 170		叫 178	
hūn	昏 153		己 161		捡 170		较 178	
	婚 154		挤 162		俭 170		觉 196	
hùn	混 154	jì	给 118	jiàn	间 167		校 407	
huó	和 137		迹 156		监 168	jiē	阶 178	
	活 154		纪 162		见 170		接 178	
huǒ	伙 154		绩 162		件 171		街 179	
	火 155		记 162		剑 171		结 179	
huò	和 137		寄 163		健 171	jié	结 179	
	货 155		计 163		建 171		杰 179	
	祸 155		继 163		渐 172		捷 179	
	或 155		季 163		箭 172		节 180	
	获 156		技 164		将 172		洁 180	
			际 164	jiāng	江 172			

	劫 180		镜 188		军 197	kòng	空 204
jiě	姐 180		竞 189		君 197		控 205
jiè	解 181		竟 189		均 197	kǒu	口 205
	解 181		境 189	jùn	俊 197	kòu	扣 205
	界 181	jiū	纠 189			kū	哭 205
	借 181		究 190	**K**			枯 206
	介 181	jiǔ	九 190			kǔ	苦 206
	戒 182		久 190	kā	咖 198	kù	裤 206
jīn	今 182		酒 190	kǎ	卡 198	kuā	夸 206
	巾 182	jiù	就 191	kāi	开 198	kuài	会 153
	金 182		舅 191	kān	看 198		快 207
	斤 183		救 191	kǎn	砍 199		块 207
	荤 183		旧 191	kàn	看 198		筷 207
jǐn	谨 183	jū	车 44	kāng	康 199	kuān	宽 207
	紧 183		居 192	káng	扛 199	kuǎn	款 208
	尽 184	jú	菊 192	kàng	抗 199	kuáng	狂 208
jìn	禁 183		局 192	kǎo	考 200	kuàng	矿 208
	尽 184		举 192		烤 200		况 208
	劲 184	jǔ	聚 193	kào	靠 200		
	进 184	jù	具 193	kē	科 200	kuī	亏 209
	近 184		句 193		棵 201		愧 209
	浸 185		巨 193		颗 201		
jīng	晶 185		剧 194		蝌 201	kūn	昆 209
	睛 185		距 194	ké	咳 201	kùn	困 209
	经 185		据 194		壳 202	kuò	括 210
	精 186		拒 194	kě	可 202		阔 210
	惊 186	juān	捐 195		渴 202		扩 210
	京 186	juǎn	卷 195	kè	课 202		
jǐng	井 186	juàn	卷 195		客 203	**L**	
	景 187		倦 195		刻 203		
	警 187		圈 302		克 203	lā	啦 210
	颈 187	juě	角 177	kěn	肯 203		拉 211
			掘 195		恳 204		垃 211
jìng	劲 184		觉 196	kōng	空 204	lǎ	喇 211
	径 187		决 196	kǒng	孔 204	là	辣 211
	净 188		绝 196		恐 204		蜡 212
	敬 188	jūn	菌 196				落 240
	静 188					lái	来 212

(26)

lán	拦 212		丽 221	líng	铃 230	lún	轮 238	
	栏 212		立 221		零 230	lùn	论 238	
	蓝 213		粒 221		灵 230	luó	锣 239	
	篮 213		利 221		龄 231		箩 239	
	兰 213		历 222	lǐng	领 231		罗 239	
lǎn	懒 213		励 222	lìng	令 231		萝 239	
	览 214		厉 222		另 231	luò	骆 240	
	缆 214		例 222	liū	溜 232		落 240	
làn	烂 214	lián	梿 223	liú	榴 232		络 240	
láng	狼 214		连 223		留 232			
	廊 215		怜 223	liù	溜 232	**M**		
	郎 215		联 223		六 233			
	朗 215	liǎn	脸 224	lóng	隆 233	ma	吗 240	
làng	浪 215	liàn	链 224		笼 233	mā	妈 241	
láo	劳 216		练 224		龙 233		抹 256	
	牢 216		炼 224		聋 234	má	麻 241	
lǎo	老 216	liáng	凉 225	lǒng	笼 233	mǎ	吗 240	
le	了 227		良 225	lòng	弄 267		马 241	
lè	乐 216		量 225	lóu	楼 234		蚂 241	
léi	雷 217	liǎng	两 225	lòu	漏 234		码 242	
	累 217	liàng	量 225		露 236	mà	骂 242	
lěi	累 217		亮 226	lú	炉 234	mái	埋 242	
lèi	累 217		辆 226	lù	路 235			
	泪 217		谅 226		鹿 235	mǎi	买 242	
	类 217		晾 226		陆 235	mài	卖 243	
lěng	冷 218	liáo	疗 227		录 235		麦 243	
lí	离 218	liǎo	了 227		碌 236		埋 242	
	狸 218	liào	料 227		露 236	mán	满 243	
	梨 218	liè	劣 227	lǚ		mǎn	慢 243	
	喱 219		裂 228		旅 236	màn		
	璃 219		猎 228		绿 236	máng	芒 244	
	篱 219		烈 228		律 237		忙 244	
lǐ	里 219		列 228		虑 237		盲 244	
	礼 220	lín	林 229		滤 237	māo	猫 244	
	理 220		邻 229		率 342	máo	毛 245	
	李 220		淋 229	luǎn	卵 237		矛 245	
	力 220		临 229	luàn	乱 238	mào	帽 245	
lì		lìn	吝 230	lüè	略 238		貌 245	
							冒 246	

me	么	246	míng	鸣	254	nán	男	262	ǒu	呕	269
méi	枚	246		明	254		南	262		偶	269
	没	246		名	255		难	262			
	眉	247	mìng	命	255	nàn	难	262	**P**		
	玫	247	mō	摸	255	nǎo	脑	262	pá	爬	269
	煤	247	mó	模	255		恼	263		扒	269
měi	每	247		魔	256	nào	闹	263	pà	怕	270
	美	248		磨	256	ne	呢	263		帕	270
mèi	妹	248	mǒ	抹	256	né	哪	260	pāi	拍	270
men	们	248	mò	没	246	něi	哪	260	pái	排	270
mēn	闷	248		抹	256	nèi	内	263		牌	271
mén	门	249		末	256	nèn	嫩	264	pǎi	迫	284
mèn	闷	248		漠	257	néng	能	264	pài	派	271
mēng	蒙	249		默	257	ní	呢	263	pán	盘	271
méng	蒙	249		墨	257		泥	264		胖	273
měng	蒙	249		寞	257	nǐ	你	264	pàn	盼	271
	猛	249		陌	258	nián	年	265		判	272
mèng	梦	249	móu	谋	258	niàn	念	265	pāng	乒	272
mí	迷	250	mǒu	某	258	niáng	娘	265	páng	膀	12
	谜	250	mú	模	255	niǎo	鸟	265		旁	272
mǐ	米	250	mǔ	母	258	nín	您	266		螃	272
mì	蜜	250	mù	木	259	níng	宁	266	pàng	胖	273
	秘	251		目	259	nìng	宁	266	pāo	抛	273
	密	251		睦	259	niú	牛	266	páo	袍	273
mián	棉	251		牧	259	niǔ	扭	266		炮	273
	眠	251		墓	260		钮	267	pǎo	跑	274
miǎn	免	252		幕	260	nóng	农	267	pào	炮	273
	勉	252		慕	260		浓	267	péi	陪	274
miàn	面	252				nòng	弄	267		培	274
miáo	苗	252	**N**			nǔ	努	268		赔	274
miǎo	秒	253	na	哪	260	nù	怒	268	pèi	配	275
miào	妙	253	ná	拿	261	nǚ	女	268		佩	275
	庙	253	nǎ	哪	260	nuǎn	暖	268	pēn	喷	275
miè	灭	253	nà	那	261				pén	盆	275
mín	民	254	nǎi	奶	261	**O**			pèn	喷	275
mǐn	敏	254	nài	耐	261	ōu	区	301	péng	棚	276
										朋	276

(28)

pěng	捧 276		迫 284		钱 292	qiū	丘 299
pèng	碰 276	pū	铺 284	qiǎn	浅 292		秋 299
pī	劈 277		扑 284	qiàn	欠 292		蚯 300
	批 277	pú	葡 284		歉 292	qiú	仇 52
pí	皮 277			qiāng	枪 293		球 300
	脾 277	pǔ	普 285	qiáng	墙 293		求 300
	疲 278		朴 285		强 293	qū	曲 300
pǐ	匹 278	pù	铺 284	qiǎng	强 293		区 301
pì	屁 278		瀑 285		抢 293	qǔ	曲 300
	僻 278			qiāo	敲 294		取 301
piān	扁 23		**Q**	qiáo	桥 294		娶 301
	篇 279	qī	漆 285		瞧 294	qù	去 301
	片 279		七 286	qiǎo	巧 294		趣 302
	偏 279		期 286		雀 304	quān	圈 302
pián	便 23		戚 286	qiào	壳 202	quán	全 302
piàn	片 279		欺 286	qiē	切 295		权 302
	骗 279		妻 287	qiě	且 295		泉 303
piāo	飘 280	qí	祈 287	qiè	切 295		拳 303
	漂 280		旗 287		窃 295	quàn	券 303
piǎo	漂 280		奇 287		怯 295		劝 303
piào	漂 280		齐 288	qīn	亲 296	quē	缺 304
	票 280		其 288		侵 296		雀 304
pīn	拼 280		骑 288	qín	勤 296		却 304
pín	贫 281		棋 288		琴 296		确 304
pǐn	品 281	qǐ	起 289		禽 297	qún	群 305
pīng	乒 281		乞 289	qīng	蜻 297		裙 305
píng	凭 281	qì	弃 289		青 297		
	平 282		气 289		清 297	**R**	
	苹 282		汽 290		轻 298		
	瓶 282		器 290	qíng	情 298	rǎn	燃 305
	评 282	qiǎ	卡 198		晴 298		然 305
pō	泊 28	qià	恰 290	qǐng	请 298		染 306
	坡 283	qiān	千 290	qìng	亲 296	ràng	让 306
	泼 283		铅 291		庆 299	rào	绕 306
pó	婆 283		牵 291	qióng	穷 299	rè	热 306
pò	破 283		签 291			rén	人 307
		qián	前 291				仁 307
							任 307

(29)

rěn	忍 307	shā	刹 314		呻 321			识 329
rèn	任 307		杀 314		身 321			实 329
	认 308		沙 315		深 321	shǐ	使 330
rēng	扔 308		纱 315	shén	伸 322		始 330
réng	仍 308	shǎ	傻 315		甚 322		史 330
rì	日 308	shà	厦 315		什 322		驶 330
róng	溶 309				神 322	shì	势 331
	容 309	shǎi	色 313	shěn	审 323		侍 331
	荣 309	shài	晒 316		婶 323		士 331
róu	柔 309	shān	山 316	shèn	慎 323		室 331
ròu	肉 310		扇 316		甚 322		是 332
rú	如 310		删 316	shēng	生 323		视 332
rǔ	乳 310				声 324		事 332
rù	入 310	shǎn	闪 317		升 324		示 332
		shàn	扇 316		牲 324		世 333
ruǎn	软 311		善 317		锣 324		试 333
ruò	弱 311	shāng	伤 317	shéng	绳 325		市 333
			商 317		省 325		适 333
S		shǎng	上 318	shèng	乘 47		释 334
			赏 318		胜 325		式 334
sǎ	洒 311	shàng	上 318		剩 325		嗜 334
sāi	塞 311		尚 318		盛 326		饰 334
sài	塞 311	shāo	烧 318		圣 326		似 346
	赛 312	shǎo	少 319	shi	匙 49	shōu	收 335
sān	三 312	shào	少 319	shī	尸 326	shǒu	手 335
sǎn	伞 312		绍 319		师 326		守 335
	散 312	shé	舌 319		狮 327		首 335
sàn	散 312		蛇 319		失 327	shòu	寿 336
			折 469		湿 327		受 336
sāng	丧 313				施 327		瘦 336
sàng	丧 313	shě	舍 320		诗 328		售 336
		shè	舍 320	shí	什 322		兽 337
sǎo	扫 313		设 320		十 328	shū	书 337
	嫂 313		射 320		石 328		叔 337
sào	扫 313		社 320		时 328		梳 337
sè	塞 311	shéi	谁 343		拾 329		舒 338
	色 313	shēn	参 34		食 329		疏 338
	啬 314		申 321				输 338
sēn	森 314						

	蔬 338	sòng	诵 347		太 355	tián	甜 364
shú	熟 339		送 347		态 355		田 364
shǔ	属 339	sōu	搜 347	tān	贪 355		填 364
	鼠 339		艘 347		摊 356	tiāo	挑 365
	数 339	sòu	嗽 348		滩 356	tiáo	条 365
shù	数 339	sú	俗 348	tán	谈 356		调 365
	树 340	sù	宿 348		痰 356	tiǎo	挑 365
	术 340		肃 348		弹 68	tiào	跳 365
	漱 340		诉 349	tǎn	坦 357	tiē	贴 366
	束 340		素 349	tàn	炭 357		帖 366
shuā	刷 341		速 349		探 357	tiě	帖 366
shuǎ	耍 341		塑 349		叹 357		铁 366
shuāi	衰 341	suān	酸 350	tāng	汤 358	tiè	帖 366
	摔 341	suàn	算 350	táng	塘 358	tīng	听 366
shuài	帅 342	suī	虽 350		糖 358		厅 367
	率 342	suí	随 350		堂 358	tíng	蜓 367
shuāng	双 342	suì	隧 351	tǎng	躺 359		庭 367
shuǎng	爽 342		岁 351	tàng	烫 359		停 367
shuí	谁 343		碎 351	táo	陶 359		亭 368
shuǐ	水 343	sūn	孙 351		逃 359	tōng	通 368
shuì	睡 343	sǔn	损 352		桃 360	tóng	同 368
	说 344	suō	缩 352		萄 360		童 368
shùn	顺 343	suǒ	所 352		淘 360		铜 369
shuō	说 344		锁 352	tǎo	讨 360	tǒng	桶 369
shuò	数 339			tào	套 361		统 369
sī	撕 344	**T**		tè	特 361		筒 369
	司 344			téng	疼 361	tòng	痛 370
	思 344	tā	他 353	tī	踢 361	tou	头 370
	丝 345		她 353		梯 362	tōu	偷 370
	私 345		它 353	tí	题 362	tóu	头 370
	斯 345		踏 353		提 362		投 370
sǐ	死 345	tǎ	塔 354		啼 362	tòu	透 371
sì	四 346	tà	踏 353	tǐ	体 363	tū	凸 371
	寺 346	tāi	胎 354	tì	涕 363		突 371
	似 346	tái	台 354		替 363		屠 371
sōng	松 346		抬 354	tiān	天 363	tú	图 372
		tài	汰 355		添 364		

	途 372	wáng	王 380	wū	巫 389	xiā	虾 397
	徒 372		亡 380		屋 389		瞎 397
	涂 372	wǎng	往 380		乌 389	xiá	侠 398
tǔ	土 373		网 381		污 389	xià	厦 315
	吐 373	wàng	忘 381	wú	无 390		下 398
tù	吐 373		望 381	wǔ	五 390		吓 398
	兔 373	wēi	危 381		午 390		夏 398
tuán	团 373		威 382		舞 390	xiān	先 399
tuī	推 374		微 382		伍 391		鲜 399
tuǐ	腿 374	wéi	为 382		武 391		仙 399
tuì	退 374		围 382	wù	恶 89	xián	闲 399
tūn	吞 374		维 383		物 391		衔 400
tuō	托 375	wěi	委 383		务 391		贤 400
	脱 375		尾 383		误 392	xiǎn	险 400
	拖 375		伟 383		雾 392		显 400
tuó	驼 375	wèi	为 382		悟 392	xiàn	现 401
			未 384				线 401
tuǒ	妥 376		味 384		**X**		限 401
			卫 384				献 401
W			位 384	xī	熄 392		美 402
			喂 385		锡 393		
			胃 385		西 393	xiāng	香 402
wā	蛙 376		慰 385		吸 393		相 402
	挖 376	wēn	温 385		希 393		箱 402
wá	娃 376	wén	文 386		息 394		乡 403
wǎ	瓦 377		蚊 386		惜 394	xiáng	降 174
wà	袜 377		闻 386		嘻 394		祥 403
wāi	歪 377		纹 386		稀 394	xiǎng	想 403
wài	外 377	wěn	稳 387		夕 395		响 403
wān	湾 378	wèn	问 387		牺 395		享 404
	弯 378	wēng	翁 387	xí	席 395	xiàng	相 402
wán	玩 378	wō	蜗 387		媳 395		象 404
	完 378		窝 388		习 396		像 404
	丸 379	wǒ	我 388	xǐ	洗 396		橡 404
	顽 379				喜 396		向 405
wǎn	晚 379	wò	卧 388	xì	戏 396		巷 405
	碗 379		握 388		细 397		项 405
wàn	万 380				系 397	xiāo	销 405

(32)

	消 406	xiōng	兄 414	**Y**		yāo	腰 430
	削 406		凶 414				要 430
xiǎo	小 406		胸 414	ya	呀 422		妖 431
	晓 406	xióng	雄 415	yā	呀 422		邀 431
xiào	校 407		熊 415		鸭 422	yáo	遥 431
	笑 407	xiū	休 415		鸦 422		摇 431
	孝 407		修 415		压 422	yǎo	咬 432
	效 407		羞 416	yá	牙 423	yào	要 430
xiē	些 408	xiǔ	宿 348		芽 423		药 432
xié	协 408	xiù	臭 52	yǎ	哑 423		耀 432
	鞋 408		宿 348	yà	亚 423	yē	椰 432
	斜 408		秀 416	yān	烟 424	yé	爷 433
xiě	写 409		袖 416		淹 424	yě	也 433
	血 420		锈 416	yán	颜 424		野 433
xiè	解 181		嗅 417		言 424	yè	液 433
	谢 409	xū	须 417		沿 425		叶 434
	泻 409		需 417		严 425		业 434
	蟹 409	xǔ	许 417		盐 425		夜 434
xīn	薪 410	xù	畜 55		延 425		页 434
	心 410		蓄 418		炎 426	yī	一 435
	新 410		续 418		研 426		衣 435
	辛 410		序 418	yǎn	掩 426		医 435
	欣 411		婿 418		眼 426		依 435
xìn	信 411	xuān	宣 419		演 427	yí	姨 436
xīng	兴 411	xuán	旋 419	yàn	厌 427		宜 436
	星 411	xuǎn	选 419		燕 427		移 436
	猩 412	xuàn	旋 419		验 427		疑 436
xíng	行 412	xuē	削 406		宴 428		仪 437
	形 412	xué	学 419	yāng	央 428		遗 437
	刑 412	xuě	雪 420	yáng	羊 428	yǐ	椅 437
	型 413	xuè	血 420		阳 428		以 437
xǐng	省 325	xún	巡 420		洋 429		蚁 438
	醒 413		寻 420		扬 429		乙 438
xìng	兴 411		询 421	yǎng	痒 429		已 438
	幸 413	xùn	讯 421		养 429	yì	意 438
	姓 413		训 421		仰 430		易 439
	性 414		迅 421	yàng	样 430		益 439

	义 439
	艺 439
	谊 440
	异 440
	忆 440
	议 440
yīn	因 441
	音 441
	阴 441
yín	吟 441
	银 442
yǐn	引 442
	饮 442
	蚓 442
yìn	印 443
yīng	英 443
	应 443
	鹰 443
	婴 444
yíng	赢 444
	迎 444
	营 444
	蝇 445
yǐng	影 445
yìng	应 443
	硬 445
	映 445
yōng	佣 446
	拥 446
yǒng	泳 446
	勇 446
	永 447
yòng	佣 446
	用 447
yōu	忧 447
	优 447

yóu	游 448
	由 448
	邮 448
	油 448
	尤 449
yǒu	友 449
	有 449
yòu	又 449
	右 450
	幼 450
yú	鱼 450
	渔 450
	愉 451
	于 451
	余 451
	愚 451
	娱 452
yǔ	雨 452
	语 452
	羽 452
	与 453
yù	与 453
	喻 453
	裕 453
	遇 453
	育 454
	预 454
	玉 454
yuán	援 454
	园 455
	圆 455
	元 455
	原 455
	员 456
	源 456
yuǎn	远 456
yuàn	院 456

	愿 457
	怨 457
yuē	约 457
yuè	乐 216
	月 457
	越 458
	阅 458
yún	云 458
yùn	孕 458
	运 459

Z

za	扎 464
zá	杂 459
zāi	栽 459
	灾 459
zǎi	载 460
zài	载 460
	在 460
	再 460
zàn	赞 460
zāng	脏 461
zàng	藏 36
	脏 461
	葬 461
zǎo	早 461
zào	燥 461
	造 462
	皂 462
zé	择 462
	则 462
	责 463
zéi	贼 463
zěn	怎 463
zěng	曾 38
	增 463

zèng	赠 464
zhā	查 39
	扎 464
zhá	扎 464
	炸 464
zhǎ	眨 464
zhà	炸 464
zhāi	斋 465
	摘 465
zhǎi	窄 465
zhān	占 465
zhǎn	展 466
zhàn	占 465
	站 466
	战 466
zhāng	张 466
	章 467
zhǎng	长 41
	掌 467
	涨 467
zhàng	涨 467
	仗 467
	丈 468
	帐 468
zhāo	朝 43
	招 468
	着 493
zháo	着 493
zhǎo	找 468
	爪 469
zhào	照 469
zhe	着 493
zhē	遮 469
	折 469
zhé	折 469

zhě	者 470	佺 478	株 486	zǐ	紫 494
zhè	这 470	zhǐ 只 475	zhú 竹 487		仔 494
	蔗 470	纸 478	烛 487	zò	字 494
zhèi	这 470	指 479	zhǔ 主 487		自 495
zhēn	真 470	止 479	煮 487	zōng	棕 495
	针 471	址 479	zhù 蛀 488		踪 495
	珍 471	zhì 识 329	住 488		宗 495
zhěn	枕 471	稚 479	助 488	zǒng	总 496
	诊 471	志 480	注 488	zòng	粽 496
zhèn	振 472	制 480	祝 489	zǒu	走 496
	阵 472	秩 480	筑 489	zòu	奏 496
	镇 472	至 480	柱 489	zū	租 497
zhēng	争 472	治 481	著 489	zú	足 497
	筝 473	致 481	zhuā 抓 490		族 497
	正 473	置 481	zhuǎ 爪 469	zǔ	组 497
	征 473	质 481	zhuān 砖 490		祖 498
	挣 473	智 482	专 490		阻 498
	睁 474	zhōng 中 482	zhuǎn 转 490	zuān	钻 498
	蒸 474	忠 482	zhuàn 传 56	zuàn	钻 498
zhěng	整 474	钟 482	转 490	zuǐ	嘴 498
zhèng	正 473	终 483	赚 491	zuì	最 499
	挣 473	zhǒng 种 483	zhuāng 装 491		罪 499
	政 475	肿 483	zhuàng 壮 491		醉 499
	证 475	zhòng 中 482	撞 491	zūn	尊 499
zhī	只 475	种 483	状 492		遵 500
	汁 475	重 483	zhuī 追 492	zuō	作 500
	枝 475	众 484	zhǔn 准 492		昨 500
	知 476	zhōu 州 484	zhuō 捉 492	zuó	左 500
	支 476	舟 484	桌 493	zuǒ	作 500
	蜘 476	周 484	zhuó 著 489	zuò	坐 501
	之 476	洲 485	着 493		做 501
	织 477	粥 485	zǎi 仔 494		座 501
zhí	执 477	zhǒu 帚 485	zi 子 494		
	直 477	zhū 诸 485	zī 姿 493		
	值 477	猪 486	资 493		
	植 478	珠 486			
	职 478	蛛 486			

啊 (啊)

a		啊，真忙啊。	Oh, what a busy time!
ā		啊，下雨了！	Ah, it's raining!
á		啊，有这事？	Oh, can that be true?
ǎ		啊，你说什么？	Eh, what did you say?
à		啊，原来是你！	Aha, so it's you there!

✏️ 10 画

🗂 合体字

🏠 口部

👤 1-4年级

阿 (阿)

ā	阿姨	āyí	aunt; auntie
ē	刚正不阿	gāngzhèngbù'ē	be upright and never stoop to fawning

✏️ 7 画

🗂 合体字

🏠 阝部

👤 1-4年级

哀 (哀)

āi	悲哀	bēi'āi	grief; sadness
	哀悼	āidào	mourn over somebody's death
	哀求	āiqiú	beg humbly; entreat

✏️ 9 画

🗂 合体字

🏠 亠部

👤 5-6年级

癌 (癌)

ái	癌	ái	cancer
	癌症	áizhèng	cancer
	肝癌	gān'ái	cancer of the liver

✏️ 17 画

🗂 合体字

🏠 疒部

👤 高级华文

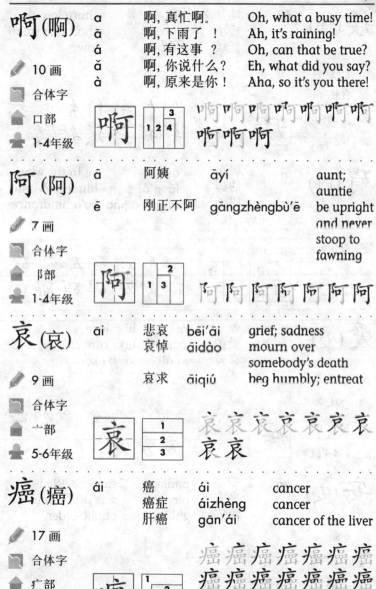

矮 (矮)

ǎi	矮	ǎi	short; low
	矮小	ǎixiǎo	short and small
	低矮	dīǎi	low

🖊 13 画

▢ 合体字

🏠 矢部

👤 1-4年级

碍 (礙)

ài	碍事	àishì	be in the way
	妨碍	fáng'ài	hinder; obstruct
	碍手碍脚	àishǒu-àijiǎo	be a hindrance

🖊 13 画

▢ 合体字

"寸" 不是 "寸"。

🏠 石部

👤 高级华文

爱 (愛)

ài	爱	ài	like; love
	爱护	àihù	take care of
	喜爱	xǐ'ài	love; like

🖊 10 画

▢ 合体字

🏠 爪(爫)部

👤 1-4年级

安 (安)

ān	安定	āndìng	stable; settled
	平安	píng'ān	safe and sound
	治安	zhì'ān	public order

🖊 6 画

▢ 合体字

🏠 宀部

👤 1-4年级

暗 (暗) | àn

暗	àn	dark; dim
黑暗	hēi'àn	dark
暗号	ànhào	password

✏️ 13 画

🔲 合体字

🏛️ 日部

👤 1-4年级

暗 | 1 2 / 3

暗 暗 暗 暗 暗 暗 暗 暗 暗 暗 暗 暗 暗

岸 (岸) | àn

岸	àn	bank; shore
河岸	hé'àn	river bank
回头是岸	huítóushì'àn	repent and be saved

✏️ 8 画

🔲 合体字

🏛️ 山部

👤 1-4年级

岸 | 1 / 2 3

岸 岸 岸 岸 岸 岸 岸 岸

按 (按) | àn

按	àn	press; push down
按照	ànzhào	according to
按时	ànshí	on time

✏️ 9 画

🔲 合体字

🏛️ 扌部

👤 1-4年级

按 | 1 2 / 3

按 按 按 按 按 按 按 按 按

案 (案) | àn

案子	ànzi	counter; case
方案	fāng'àn	scheme; plan
图案	tú'àn	pattern; design

✏️ 10 画

🔲 合体字

🏛️ 宀(木)部

👤 5-6年级

案 | 1 / 2 / 3

案 案 案 案 案 案 案 案 案 案

肮(肮)

āng　　肮脏　　āngzāng　　dirty; filthy

✏️ 8 画

🔲 合体字

🏠 月部

👤 1-4年级

肮 | 1 2 / 3

肮肮肮肮肮肮肮肮

凹(凹)

āo

凹　　　　　āo　　　　　hollow; sunken
凹面镜　　　āomiànjìng　concave mirror
凹凸不平　　āotūbùpíng　full of bumps
　　　　　　　　　　　　　and holes

✏️ 5 画

🔲 独体字

🏠 丨(凵)部

👤 5-6年级

凹 | 1

凹凹凹凹凹

傲(傲)

ào

傲气　　àoqì　　　arrogance
骄傲　　jiāo'ào　　arrogant; proud
高傲　　gāo'ào　　arrogant; haughty

✏️ 12 画

🔲 合体字

🏠 亻部

👤 1-4年级

"攵"不是"夂"。

傲 | 1 2 / 3 4

傲傲傲傲傲傲傲
傲傲傲傲傲

罢(罢)

ba
bà

(同"吧")走罢　　zǒu ba　　Let's go.
罢休　　　　　bàxiū　　　give up
罢了　　　　　bàle　　　　that's all;
　　　　　　　　　　　　　all right

✏️ 10 画

🔲 合体字

🏠 罒部

👤 1-4年级

罢 | 1 / 2 / 3

罢罢罢罢罢罢罢
罢罢罢

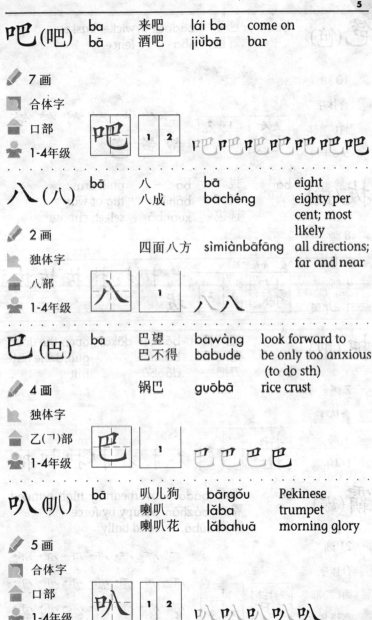

吧 (吧)　ba　来吧　lái ba　come on
　　　　　bā　酒吧　jiǔbā　bar

🖊 7画
🔲 合体字
🏠 口部
👤 1-4年级

八 (八)　bā　八　bā　eight
　　　　　　　八成　bāchéng　eighty per cent; most likely
　　　　　　　四面八方　sìmiànbāfāng　all directions; far and near

🖊 2画
🔲 独体字
🏠 八部
👤 1-4年级

巴 (巴)　bā　巴望　bāwàng　look forward to
　　　　　　　巴不得　bābude　be only too anxious (to do sth)
　　　　　　　锅巴　guōbā　rice crust

🖊 4画
🔲 独体字
🏠 乙(一)部
👤 1-4年级

叭 (叭)　bā　叭儿狗　bārgǒu　Pekinese
　　　　　　　喇叭　lǎba　trumpet
　　　　　　　喇叭花　lǎbahuā　morning glory

🖊 5画
🔲 合体字
🏠 口部
👤 1-4年级

笆(笆)

bā

笆斗　bādǒu　wicker basket
篱笆　líba　fence

- ✏️ 10 画
- 合体字
- 竹(⺮)部
- 5-6年级

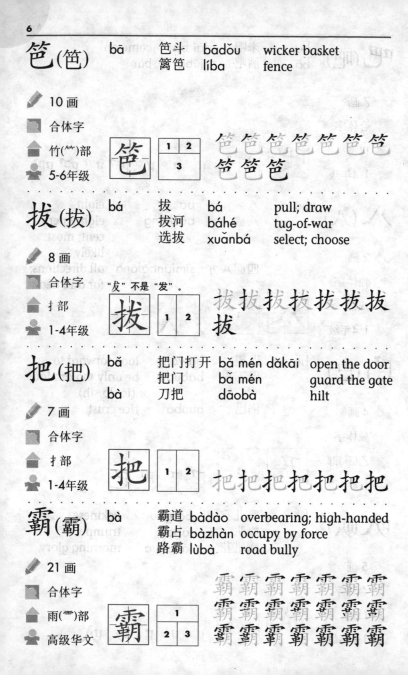

1	2
3	

笆笆笆笆笆笆笆
笆笆笆

拔(拔)

bá

拔　　bá　　pull; draw
拔河　báhé　tug-of-war
选拔　xuǎnbá　select; choose

- ✏️ 8 画
- 合体字　"发"不是"发"。
- 扌部
- 1-4年级

拔拔拔拔拔拔拔
拔

把(把)

bǎ

把门打开　bǎ mén dǎkāi　open the door
把门　　　bǎ mén　　guard the gate

bà

刀把　　　dāobà　　hilt

- ✏️ 7 画
- 合体字
- 扌部
- 1-4年级

1	2

把把把把把把把

霸(霸)

bà

霸道　bàdào　overbearing; high-handed
霸占　bàzhàn　occupy by force
路霸　lùbà　road bully

- ✏️ 21 画
- 合体字
- 雨(⻗)部
- 高级华文

1	
2	3

霸霸霸霸霸霸霸
霸霸霸霸霸霸霸
霸霸霸霸霸霸霸

爸(爸) bà 爸爸 bàba papa

8 画

合体字

父部

1-4年级

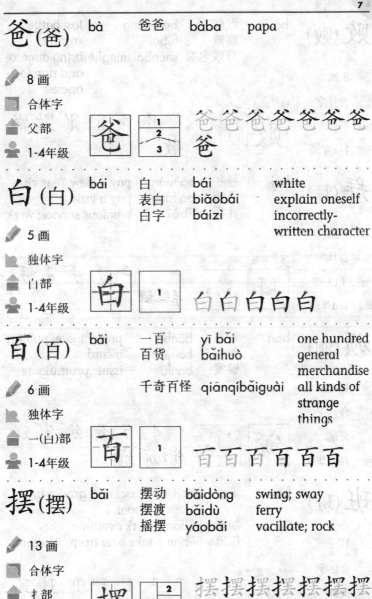

白 (白) bái 白 bái white
表白 biǎobái explain oneself
白字 báizì incorrectly-written character

5 画

独体字

⺈部

1-4年级

百 (百) bǎi 一百 yī bǎi one hundred
百货 bǎihuò general merchandise
千奇百怪 qiānqíbǎiguài all kinds of strange things

6 画

独体字

一(白)部

1-4年级

摆(摆) bǎi 摆动 bǎidòng swing; sway
摆渡 bǎidù ferry
摇摆 yáobǎi vacillate; rock

13 画

合体字

扌部

1-4年级

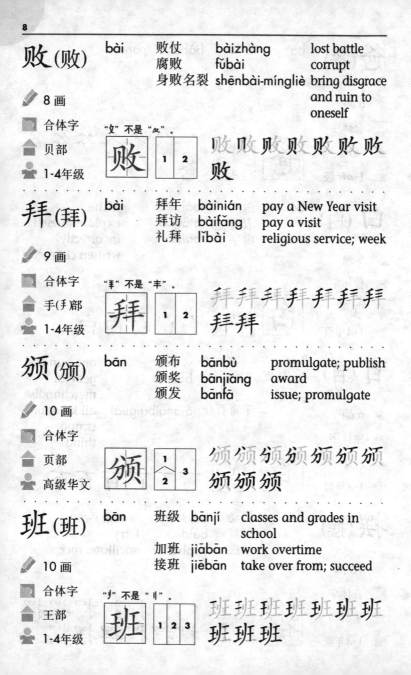

败 (败) bài

败仗	bàizhàng	lost battle
腐败	fǔbài	corrupt
身败名裂	shēnbài-míngliè	bring disgrace and ruin to oneself

8 画

合体字

"攵" 不是 "夂"。

贝部

1-4年级

拜 (拜) bài

拜年	bàinián	pay a New Year visit
拜访	bàifǎng	pay a visit
礼拜	lǐbài	religious service; week

9 画

合体字

"手" 不是 "丰"。

手(手)部

1-4年级

颁 (颁) bān

颁布	bānbù	promulgate; publish
颁奖	bānjiǎng	award
颁发	bānfā	issue; promulgate

10 画

合体字

页部

高级华文

班 (班) bān

班级	bānjí	classes and grades in school
加班	jiābān	work overtime
接班	jiēbān	take over from; succeed

10 画

合体字

"丬" 不是 "刂"。

王部

1-4年级

搬 (搬) bān

搬	bān	take away; move
搬运	bānyùn	carry; transport
搬弄	bānnòng	fiddle with

✏️ 13 画

🔲 合体字

🔳 扌部

🔳 1-4年级

般 (般) bān

一般	yībān	general; ordinary
百般	bǎibān	in every possible way
万般	wànbān	all kinds

✏️ 10 画

🔲 合体字

🔳 舟部

🔳 1-4年级

斑 (斑) bān

斑点	bāndiǎn	spot; stain; speckle
汗斑	hànbān	sweat stain
斑马线	bānmǎxiàn	zebra crossing

✏️ 12 画

🔲 合体字

🔳 工部

🔳 1-4年级

版 (版) bǎn

出版	chūbǎn	publish
初版	chūbǎn	first edition
版权	bǎnquán	copyright

✏️ 8 画

🔲 合体字

🔳 片部

🔳 高级华文

板(板)   bǎn

板书	bǎnshū	writing on the blackboard
木板	mùbǎn	plank; board
老板	lǎobǎn	boss

8 画

合体字

木部

1-4年级

板板板板板板板板
板

绊(绊)   bàn

绊脚石	bànjiǎoshí	obstacle
绊手绊脚	bànshǒu-bànjiǎo	be in the way

8 画

合体字

纟(糸)部

高级华文

绊绊绊绊绊绊绊
绊

办(办)   bàn

办事	bàn shì	handle an affair
办法	bànfǎ	way; means; method
开办	kāibàn	open; set up; start

4 画

独体字

力部

1-4年级

办办办办

半(半)   bàn

半	bàn	half
半边	bànbiān	half; one side
深更半夜	shēngēng-bànyè	at midnight

5 画

独体字

、部

1-4年级

半半半半半

伴(伴) bàn

伴奏	bànzòu	accompany (with musical instruments)
同伴	tóngbàn	companion
伙伴	huǒbàn	partner; companion

7 画

合体字

亻 部

1-4年级

伴 | 1 | 2

伴 伴 伴 伴 伴 伴 伴

扮(扮) bàn

打扮	dǎban	dress up; make up
假扮	jiǎbàn	dress up as
扮演	bànyǎn	play the part of

7 画

合体字 "八" 不是 "入" 或 "人"。

扌 部

1-4年级

扮 | 1 | 2 / 3

扮 扮 扮 扮 扮 扮 扮

邦(邦) bāng

邦交	bāngjiāo	diplomatic relation
邻邦	línbāng	neighbouring country
联邦	liánbāng	federation; commonwealth

6 画

合体字 "丰" 不是 "丰"。

阝 部

高级华文

邦 | 1 | 2

邦 邦 邦 邦 邦 邦

帮(帮) bāng

帮助	bāngzhù	help; assist
帮忙	bāngmáng	lend a hand
匪帮	fěibāng	bandit; gang

9 画

合体字 "阝" 不是 "卩"。 "丰" 不是 "丰"。

巾 部

1-4年级

帮 | 1 | 2 / 3

帮 帮 帮 帮 帮 帮 帮 帮 帮

膀(膀)　**bǎng**　臂膀　bìbǎng　arm
　　　　　　　肩膀　jiānbǎng　shoulder
　　　　páng　膀胱　pángguāng　bladder

✏ 14 画
📑 合体字
🏠 月部
👤 1-4年级

绑(綁)　**bǎng**　绑　bǎng　bind; tie
　　　　　　　绑票　bǎngpiào　kidnap
　　　　　　　捆绑　kǔnbǎng　tie up

✏ 9 画
📑 合体字
🏠 纟(糸)部　　"纟"不是"丰"。
👤 1-4年级

榜(榜)　**bǎng**　榜样　bǎngyàng　example; model
　　　　　　　发榜　fābǎng　publish a list of
　　　　　　　　　　　　　successful candidates
　　　　　　　甘榜　gānbǎng　Malay village;
　　　　　　　　　　　　　kampong

✏ 14 画
📑 合体字
🏠 木部
👤 5-6年级

蚌(蚌)　**bàng**　蚌　bàng　clam

✏ 10 画
📑 合体字
🏠 虫部
👤 高级华文

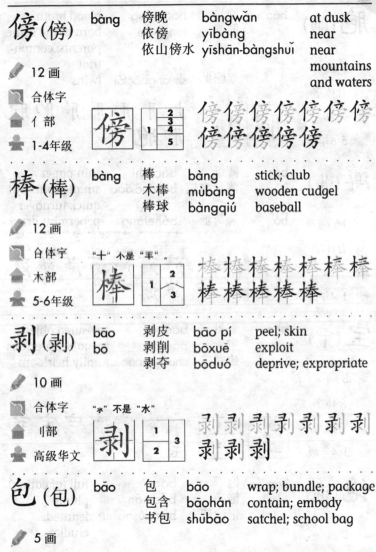

傍(傍)	bàng	傍晚	bàngwǎn	at dusk
		依傍	yībàng	near
		依山傍水	yīshān-bàngshuǐ	near mountains and waters

12 画
合体字
亻部
1-4年级

棒(棒)	bàng	棒	bàng	stick; club
		木棒	mùbàng	wooden cudgel
		棒球	bàngqiú	baseball

12 画
合体字　"十" 不是 "丰"。
木部
5-6年级

剥(剥)	bāo	剥皮	bāo pí	peel; skin
	bō	剥削	bōxuē	exploit
		剥夺	bōduó	deprive; expropriate

10 画
合体字　"⺌" 不是 "水"
刂部
高级华文

包(包)	bāo	包	bāo	wrap; bundle; package
		包含	bāohán	contain; embody
		书包	shūbāo	satchel; school bag

5 画
合体字
勹部
1-4年级

胞 (胞)	bāo	胞兄	bāoxiōng	blood brothers
		同胞	tóngbāo	born of the same parents; compatriot
9 画		双胞胎	shuāngbāotāi	twins
合体字				
月部				
5-6年级				

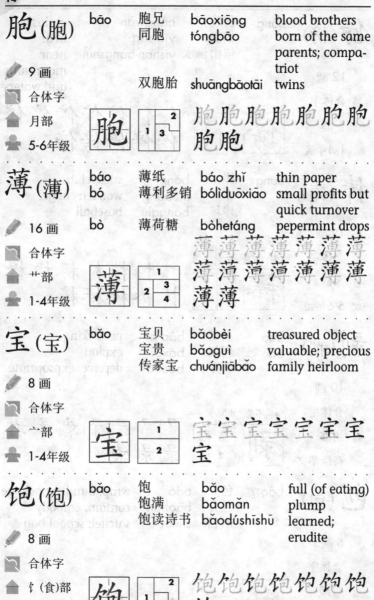

薄 (薄)	báo	薄纸	báo zhǐ	thin paper
	bó	薄利多销	bólìduōxiāo	small profits but quick turnover
16 画	bò	薄荷糖	bòhetáng	pepermint drops
合体字				
艹部				
1-4年级				

宝 (宝)	bǎo	宝贝	bǎobèi	treasured object
		宝贵	bǎoguì	valuable; precious
8 画		传家宝	chuánjiābǎo	family heirloom
合体字				
宀部				
1-4年级				

饱 (饱)	bǎo	饱	bǎo	full (of eating)
		饱满	bǎomǎn	plump
8 画		饱读诗书	bǎodúshīshū	learned; erudite
合体字				
饣(食)部				
1-4年级				

保(保)	bǎo	保护	bǎohù	protect; safeguard
		保存	bǎocún	preserve; keep
		担保	dānbǎo	assure; guarantee

✏ 9画

🔲 合体字

🏠 亻部

👤 1-4年级

保保保保保保保
保保

爆(爆)	bào	爆	bào	burst; quick-fry
		爆炸	bàozhà	explode; blow up
		引爆	yǐnbào	ignite; detonate

✏ 19画

🔲 合体字

🏠 火部

👤 高级华文

"水" 不是 "小"。

爆爆爆爆爆爆爆
爆爆爆爆爆爆爆
爆爆爆爆爆

抱(抱)	bào	抱	bào	carry in the arms
		抱怨	bàoyuàn	complain; grumble
		拥抱	yōngbào	embrace; hug

✏ 8画

🔲 合体字

🏠 火部

👤 1-4年级

抱抱抱抱抱抱抱
抱

报(报)	bào	报纸	bàozhǐ	newspaper
		报名	bàomíng	sign up; enter one's name for
		画报	huàbào	pictorial

✏ 7画

🔲 合体字

🏠 扌部

👤 1-4年级

"及" 不是 "及"。

报报报报报报报

豹(豹) bào

豹子	bàozi	panther; puma
雪豹	xuěbào	snow leopard
金钱豹	jīnqiánbào	leopard

- ✏ 10 画
- 🔲 合体字
- 🔺 豸部
- 👤 5-6年级

暴(暴) bào

暴行	bàoxíng	savage act; atrocity
暴露	bàolù	expose; reveal
粗暴	cūbào	rude; brutal

- ✏ 15 画
- 🔲 合体字
- 🔺 日部 "氺"不是"小"。
- 👤 5-6年级

杯(杯) bēi

杯子	bēizi	cup; glass
酒杯	jiǔbēi	wine cup
奖杯	jiǎngbēi	cup (as a prize)

- ✏ 8 画
- 🔲 合体字
- 🔺 木部
- 👤 1-4年级

背(背)

	bēi	背带	bēidài	braces; suspenders
	bèi	背	bèi	the back of the body the back of an object
		背诵	bèisòng	recite; repeat from memory

- ✏ 9 画
- 🔲 合体字
- 🔺 月部
- 👤 1-4年级

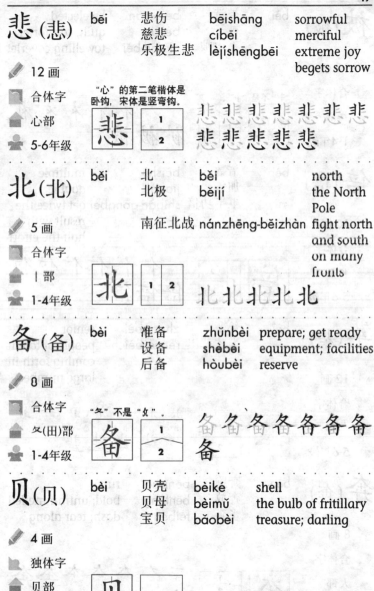

悲 (悲)

bēi

悲伤	bēishāng	sorrowful
慈悲	cíbēi	merciful
乐极生悲	lèjíshēngbēi	extreme joy begets sorrow

12 画

合体字

"心"的第二笔楷体是卧钩，宋体是竖弯钩。

心部

5-6年级

北 (北)

bĕi

北	bĕi	north
北极	bĕijí	the North Pole
南征北战	nánzhēng-bĕizhàn	fight north and south on many fronts

5 画

合体字

丨部

1-4年级

备 (备)

bèi

准备	zhŭnbèi	prepare; get ready
设备	shèbèi	equipment; facilities
后备	hòubèi	reserve

8 画

合体字

"夂"不是"攵"。

夂(田)部

1-4年级

贝 (贝)

bèi

贝壳	bèiké	shell
贝母	bèimŭ	the bulb of fritillary
宝贝	bǎobèi	treasure; darling

4 画

独体字

贝部

1-4年级

被 (被) | bèi | 被选 | bèi xuǎn | be elected
| | 被子 | bèizi | quilt; comforter
| | 毛巾被 | máojīnbèi | towelling coverlet

✏️ 10 画

🔲 合体字

🏠 衤 部

👥 1-4年级

"衤"不是"礻"。

倍 (倍) | bèi | 倍数 | bèishù | multiple
| | 加倍 | jiābèi | double
| | 事半功倍 | shìbàn-gōngbèi | get twice the result with half the effort

✏️ 10 画

🔲 合体字

🏠 亻 部

👥 5-6年级

辈 (辈) | bèi | 长辈 | zhǎngbèi | senior
| | 人才辈出 | réncáibèichū | people of talent coming forth in large numbers

✏️ 12 画

🔲 合体字

🏠 车部

👥 5-6年级

奔 (奔) | bēn | 奔跑 | bēnpǎo | run
| | 奔放 | bēnfàng | bold; untrammelled
| | 飞奔 | fēibēn | dash; tear along

✏️ 8 画

🔲 合体字

🏠 大部

👥 5-6年级

本(本)   běn

根本	gēnběn	essential; fundamental
课本	kèběn	textbook
本质	běnzhì	essence; nature

✏️ 5画

🔲 独体字

🏠 一(木)部

1-4年级

本 | 1

本 木 朩 朩 本

笨(笨)   bèn

笨	bèn	silly; slow-witted
笨重	bènzhòng	ponderous; lumpish
愚笨	yúbèn	foolish; stupid

✏️ 11画

🔲 合体字

🏠 竹(⺮)口部

1-4年级

笨 | 1 2 / 3

笨 笨 笨 笨 笨 笨 笨
笨 笨 笨 笨

崩(崩)   bēng

崩溃	bēngkuì	collapse; fall apart
雪崩	xuě bēng	snow slide
土崩瓦解	tǔbēng-wǎjiě	crumble

✏️ 11画

🔲 合体字

🏠 山部

高级华文

崩 | 1 / 2 3

崩 崩 崩 崩 崩 崩 崩
崩 崩 崩 崩

逼(逼)   bī

逼	bī	force; compel
逼迫	bīpò	coerce; threaten
威逼	wēibī	intimidate; threaten by force

✏️ 12画

🔲 合体字

"辶"，楷体比宋体多一个弯曲。

🏠 辶部

高级华文

逼 | 1 / 2 / 3 / 4

逼 逼 逼 逼 逼 逼 逼
逼 逼 逼 逼 逼

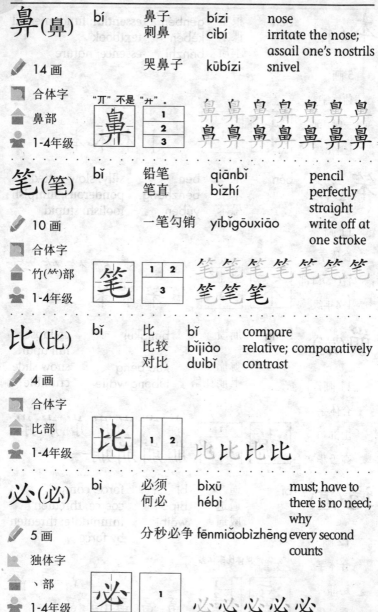

鼻(鼻)　bí

鼻子	bízi	nose
刺鼻	cìbí	irritate the nose; assail one's nostrils
哭鼻子	kūbízi	snivel

14 画

合体字

鼻部

1-4年级

"丌"不是"卄"。

笔(笔)　bǐ

铅笔	qiānbǐ	pencil
笔直	bǐzhí	perfectly straight
一笔勾销	yībǐgōuxiāo	write off at one stroke

10 画

合体字

竹(⺮)部

1-4年级

比(比)　bǐ

比	bǐ	compare
比较	bǐjiào	relative; comparatively
对比	duìbǐ	contrast

4 画

合体字

比部

1-4年级

必(必)　bì

必须	bìxū	must; have to
何必	hébì	there is no need; why
分秒必争	fēnmiǎobìzhēng	every second counts

5 画

独体字

、部

1-4年级

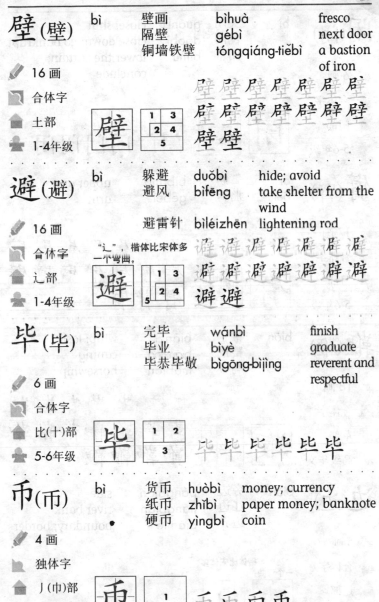

壁 (壁) bì

壁画	bìhuà	fresco
隔壁	gébì	next door
铜墙铁壁	tóngqiáng-tiěbì	a bastion of iron

- 16 画
- 合体字
- 土部
- 1-4年级

避 (避) bì

躲避	duǒbì	hide; avoid
避风	bìfēng	take shelter from the wind
避雷针	bìléizhēn	lightening rod

- 16 画
- 合体字
- 辶部
- 1-4年级

"辶", 楷体比宋体多一不弯曲。

毕 (毕) bì

完毕	wánbì	finish
毕业	bìyè	graduate
毕恭毕敬	bìgōng-bìjìng	reverent and respectful

- 6 画
- 合体字
- 比(十)部
- 5-6年级

币 (币) bì

货币	huòbì	money; currency
纸币	zhǐbì	paper money; banknote
硬币	yìngbì	coin

- 4 画
- 独体字
- 丿(巾)部
- 5-6年级

22

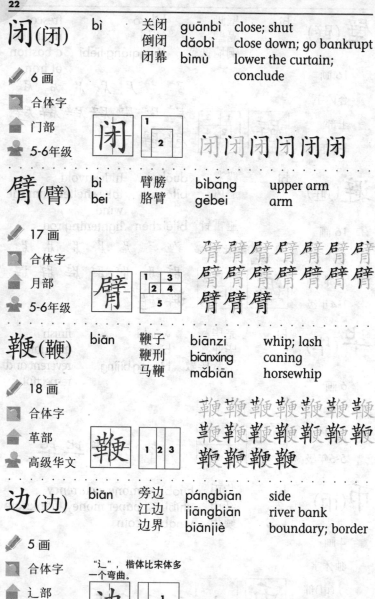

闭(闭)

bì	关闭	guānbì	close; shut
	倒闭	dǎobì	close down; go bankrupt
	闭幕	bìmù	lower the curtain; conclude

6 画
合体字
门部
5-6年级

闭闭闭闭闭闭

臂(臂)

bì	臂膀	bìbǎng	upper arm
bei	胳臂	gēbei	arm

17 画
合体字
月部
5-6年级

臂臂臂臂臂臂臂
臂臂臂臂臂臂臂
臂臂臂

鞭(鞭)

biān	鞭子	biānzi	whip; lash
	鞭刑	biānxíng	caning
	马鞭	mǎbiān	horsewhip

18 画
合体字
革部
高级华文

鞭鞭鞭鞭鞭鞭鞭
鞭鞭鞭鞭鞭鞭鞭
鞭鞭鞭鞭

边(边)

biān	旁边	pángbiān	side
	江边	jiāngbiān	river bank
	边界	biānjiè	boundary; border

5 画
合体字
辶部
"辶",楷体比宋体多一个弯曲。
1-4年级

边边边边边

编(編)	biān	编号	biānhào	number
		编造	biānzào	compile; concoct
		新编	xīnbiān	new version; new edition

🖊 12 画

▨ 合体字

🏠 纟(糸)部

👤 5-6年级

编编编编编编编
编编编编编

扁(扁)	biǎn	扁	biǎn	flat
		扁担	biǎndān	carrying pole; shoulder pole
	pián	扁舟	piānzhōu	small boat; skiff

🖊 9 画

▨ 合体字

🏠 户部

👤 高级华文

扁扁扁扁扁扁扁
扁扁

辩(辯)	biàn	辩论	biànlùn	debate; argue
		辩护	biànhù	defend; plead
		争辩	zhēngbiàn	contend; wrangle

🖊 16 画

▨ 合体字　"訁" 不是 "辛"。

🏠 辛(訁)部

👤 高级华文

辩辩辩辩辩辩辩
辩辩辩辩辩辩辩
辩辩

便(便)	biàn	方便	fāngbiàn	convenient
		大便	dàbiàn	defecate; shit
	pián	便宜	piányi	cheap; inexpensive

🖊 9 画

▨ 合体字

🏠 亻部

👤 1-4年级

便便便便便便便
便便

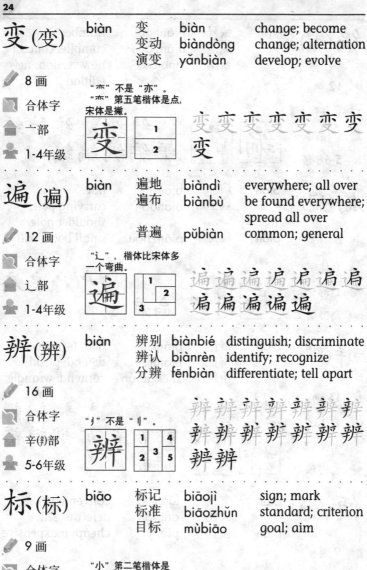

变(變) biàn

变	biàn	change; become
变动	biàndòng	change; alternation
演变	yǎnbiàn	develop; evolve

8 画

合体字

"亦" 不是 "亦"。
"亦" 第五笔楷体是点，
宋体是撇。

亠部

1-4年级

遍(遍) biàn

遍地	biàndì	everywhere; all over
遍布	biànbù	be found everywhere; spread all over
普遍	pǔbiàn	common; general

12 画

合体字

"辶"，楷体比宋体多
一个弯曲。

辶部

1-4年级

辨(辨) biàn

辨别	biànbié	distinguish; discriminate
辨认	biànrèn	identify; recognize
分辨	fēnbiàn	differentiate; tell apart

16 画

合体字

"丿" 不是 "丨"。

辛(辛)部

5-6年级

标(标) biāo

标记	biāojì	sign; mark
标准	biāozhǔn	standard; criterion
目标	mùbiāo	goal; aim

9 画

合体字

"小" 第二笔楷体是
点，宋体是撇。

木部

1-4年级

表 (表) biǎo 表格 biǎogé form; table
表演 biǎoyǎn perform; act
手表 shǒubiǎo wrist watch

8 画

合体字

一部

1-4年级

表表表表表表表
表

别 (别) bié 分别 fēnbié part; differentiate
别处 biéchù elsewhere
biè 别扭 bièniu awkward;
uncomfortable

7 画

合体字

"力" 不是 "刀"。

刂部

1-4年级

别别别别别别别

宾 (宾) bīn 宾客 bīnkè guest; visitor
宾馆 bīnguǎn guesthouse
来宾 láibīn guest; visitor

10 画

合体字

宀部

5-6年级

宾宾宾宾宾宾宾
宾宾宾

兵 (兵) bīng 兵器 bīngqì weapon; arms
士兵 shìbīng soldier; privates
练兵 liàn bīng troop training

7 画

合体字

八部

1-4年级

兵兵兵兵兵兵兵

冰(冰) bīng

冰	bīng	ice
冰箱	bīngxiāng	icebox; refrigerator
溜冰	liū bīng	skating

✏ 6 画
🔲 合体字
🏠 冫部
👤 1-4年级

冰 1 2   冰冰冰冰冰冰

柄(柄) bǐng

刀柄	dāo bǐng	the handle of a knife
把柄	bǎbǐng	handle
话柄	huàbǐng	subject for ridicule

✏ 9 画
🔲 合体字
🏠 木部
👤 高级华文

柄 1 2   柄柄柄柄柄柄柄柄柄

饼(饼) bǐng

饼干	bǐnggān	biscuit; cracker
肉饼	ròubǐng	meat pie
月饼	yuèbǐng	moon cake

✏ 9 画
🔲 合体字
🏠 饣(食)部
👤 1-4年级

饼 1 2 3   饼饼饼饼饼饼饼饼饼

丙(丙) bǐng

| 甲乙丙丁 | jiǎ yǐ bǐng dīng | A, B, C and D; first, second, third and forth |

✏ 5 画
🔲 独体字
🏠 一部
👤 1-4年级

丙 1   丙丙丙丙丙

病(病) bìng 病人 bìngrén patient
疾病 jíbìng disease
治病救人 zhìbìngjiùrén cure a patient of a disease

✏ 10 画
🔲 合体字
🏠 疒部
👤 1-4年级

病病病病病病病
病病病

并(并) bìng 并且 bìngqiě moreover; furthermore
合并 hébìng merge; amalgamate
并肩 bìngjiān shoulder to shoulder; side by side

✏ 6 画
🔲 合体字
🏠 八(丷)部
👤 1-4年级

并并并并并并

玻(玻) bō 玻璃 bōlí glass
玻璃纸 bōlizhǐ cellophane; glassine
毛玻璃 máobōlí frosted glass

✏ 9 画
🔲 合体字
🏠 王部
👤 1-4年级

玻玻玻玻玻玻玻
玻玻

波(波) bō 波浪 bōlàng wave
风波 fēngbō storm; disturbance
短波 duǎnbō short-wave

✏ 8 画
🔲 合体字
🏠 氵部
👤 1-4年级

波波波波波波波
波

播(播)

bō

播音	bōyīn	transmit; broadcast
广播	guǎngbō	broadcast
传播	chuánbō	propagate; spread

- ✏ 15 画
- ▣ 合体字
- ⌂ 扌部
- ☺ 1-4年级

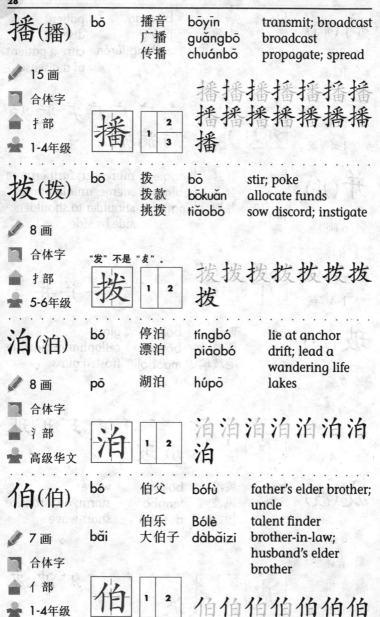

拨(拨)

bō

拨	bō	stir; poke
拨款	bōkuǎn	allocate funds
挑拨	tiǎobō	sow discord; instigate

- ✏ 8 画
- ▣ 合体字
- ⌂ 扌部
- ☺ 5-6年级

"发" 不是 "犮"。

泊(泊)

bó

| 停泊 | tíngbó | lie at anchor |
| 漂泊 | piāobó | drift; lead a wandering life |

pō

| 湖泊 | húpō | lakes |

- ✏ 8 画
- ▣ 合体字
- ⌂ 氵部
- ☺ 高级华文

伯(伯)

bó

| 伯父 | bófù | father's elder brother; uncle |
| 伯乐 | Bólè | talent finder |

bǎi

| 大伯子 | dàbǎizi | brother-in-law; husband's elder brother |

- ✏ 7 画
- ▣ 合体字
- ⌂ 亻部
- ☺ 1-4年级

博(博) bó

广博	guǎngbó	erudite; extensive
博士	bóshì	doctor
博物馆	bówùguǎn	museum

12 画

合体字 "十" 不是 "忄"。

十部

5-6年级

博 博 博 博 博 博 博
博 博 博 博 博

跛(跛) bǒ

| 跛脚 | bǒjiǎo | lame |
| 跛子 | bǒzi | lame person; cripple |

12 画

合体字

足(𧾷 部

5-6年级

跛 跛 跛 跛 跛 跛 跛
跛 跛 跛 跛 跛

补(补) bǔ

补充	bǔchōng	replenish; supplement
补血	bǔ xuè	enrich the blood
修补	xiūbǔ	mend; repair

7 画

合体字 "衤" 不是 "礻"。

衤部

1-4年级

补 补 补 补 补 补 补

卜(卜)

bǔ	占卜	zhānbǔ	divine
	生死未卜	shēngsǐwèibǔ	hard to tell if one is alive or not
bo	萝卜	luóbo	turnip

2 画

独体字

卜部

5-6年级

卜 卜

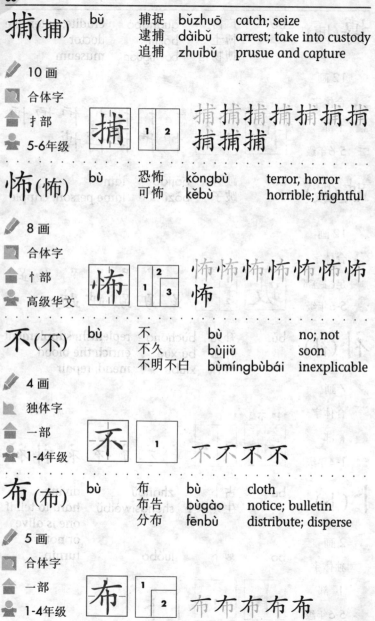

捕(捕) bǔ

捕捉	bǔzhuō	catch; seize
逮捕	dàibǔ	arrest; take into custody
追捕	zhuībǔ	prusue and capture

10 画

合体字

扌部

5-6年级

捕捕捕捕捕捕捕
捕捕捕

怖(怖) bù

| 恐怖 | kǒngbù | terror, horror |
| 可怖 | kěbù | horrible; frightful |

8 画

合体字

忄部

高级华文

怖怖怖怖怖怖怖
怖

不(不) bù

不	bù	no; not
不久	bùjiǔ	soon
不明不白	bùmíngbùbái	inexplicable

4 画

独体字

一部

1-4年级

不不不不

布(布) bù

布	bù	cloth
布告	bùgào	notice; bulletin
分布	fēnbù	distribute; disperse

5 画

合体字

一部

1-4年级

布布布布布

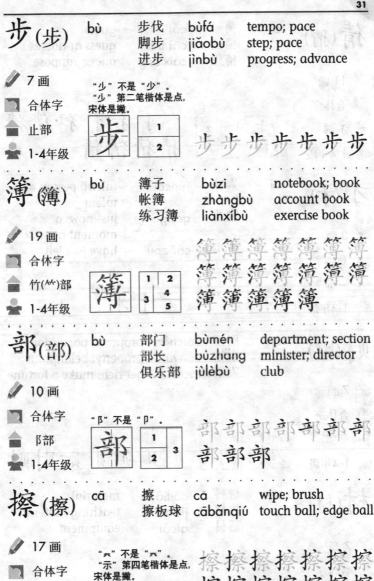

步 (步) bù

步伐	bùfá	tempo; pace
脚步	jiǎobù	step; pace
进步	jìnbù	progress; advance

7 画

合体字

止部

1-4年级

"少"不是"少"。
"少"第二笔楷体是点,宋体是撇。

簿 (簿) bù

簿子	bùzi	notebook; book
帐簿	zhàngbù	account book
练习簿	liànxíbù	exercise book

19 画

合体字

竹(⺮)部

1-4年级

部 (部) bù

部门	bùmén	department; section
部长	bùzhǎng	minister; director
俱乐部	jùlèbù	club

10 画

合体字

阝部

1-4年级

"阝"不是"卩"。

擦 (擦) cā

| 擦 | cā | wipe; brush |
| 擦板球 | cābǎnqiú | touch ball; edge ball |

17 画

合体字

扌部

1-4年级

"⺗"不是"⺗"。
"示"第四笔楷体是点,宋体是撇。

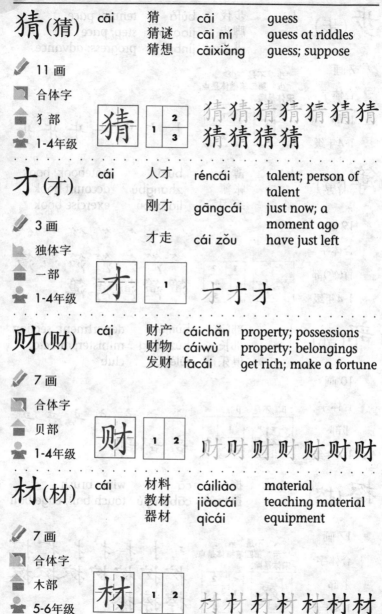

猜(猜)

	cāi		
		猜	cāi	guess
		猜谜	cāi mí	guess at riddles
		猜想	cāixiǎng	guess; suppose

11 画

合体字

犭 部

1-4年级

1 2 / 3

才(才)

	cái		
		人才	réncái	talent; person of talent
		刚才	gāngcái	just now; a moment ago
		才走	cái zǒu	have just left

3 画

独体字

一部

1-4年级

ヽ

财(财)

	cái		
		财产	cáichǎn	property; possessions
		财物	cáiwù	property; belongings
		发财	fācái	get rich; make a fortune

7 画

合体字

贝 部

1-4年级

1 2

材(材)

	cái		
		材料	cáiliào	material
		教材	jiàocái	teaching material
		器材	qìcái	equipment

7 画

合体字

木 部

5-6年级

1 2

裁 (裁) cái

裁	cái	cut
裁缝	cáifeng	tailor
体裁	tǐcái	genre; form of literary works

✏ 12 画

▨ 合体字

🏠 衣部

👤 5-6年级

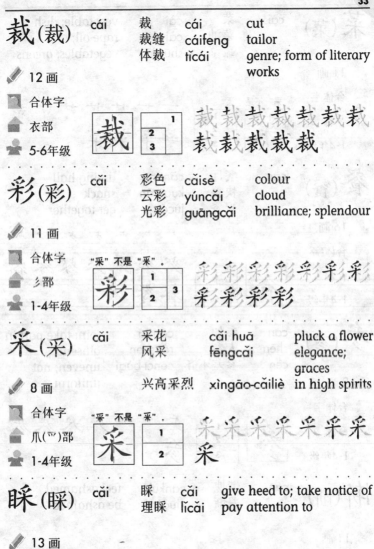

彩 (彩) cǎi

彩色	cǎisè	colour
云彩	yúncǎi	cloud
光彩	guāngcǎi	brilliance; splendour

✏ 11 画

▨ 合体字

🏠 彡部

👤 1-4年级

"采" 不是 "采"。

采 (采) cǎi

采花	cǎi huā	pluck a flower
风采	fēngcǎi	elegance; graces
兴高采烈	xìngāo-cǎiliè	in high spirits

✏ 8 画

▨ 合体字

🏠 爪(⺤)部

👤 1-4年级

"采" 不是 "采"。

睬 (睬) cǎi

睬	cǎi	give heed to; take notice of
理睬	lǐcǎi	pay attention to

✏ 13 画

▨ 合体字

🏠 目部

👤 5-6年级

"采" 不是 "采"。

菜(菜)

cài	菜	cài	vegetable; dish
	菜油	càiyóu	rape oil;
	蔬菜	shūcài	vegetables; greens

11 画

合体字

"采"不是"采"。

艹部

1-4年级

餐(餐)

cān	餐厅	cāntīng	dining hall
	快餐	kuàicān	snack
	聚餐	jùcān	get-together

16 画

合体字

食部

1-4年级

参(参)

cān	参加	cānjiā	join; take part in
shēn	人参	rénshēn	ginseng
cēn	参差不齐	cēncī-bùqí	uneven; not uniform

8 画

合体字

厶部

1-4年级

惭(惭)

| cán | 惭愧 | cánkuì | feel ashamed |
| | 羞惭 | xiūcán | be ashamed |

11 画

合体字

忄部

5-6年级

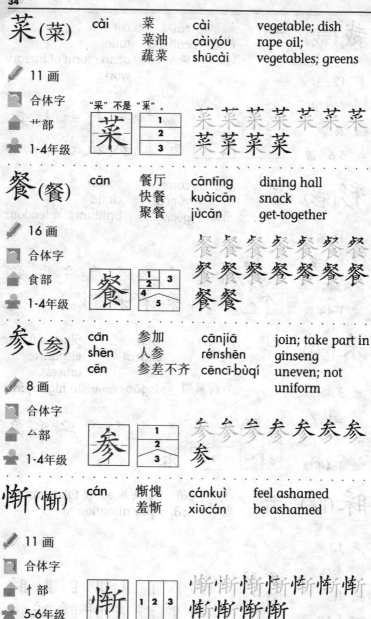

残 (残)

cán

残废	cánfèi	disabled; maimed
残暴	cánbào	brutal; savage
伤残	shāngcán	disabled in an injury; seriously hurt and not fully recovered

9 画

合体字

歹部

5-6年级

残残残残残残残
残残

惨 (惨)

cǎn

惨痛	cǎntòng	painful; bitter
惨败	cǎnbài	smashing defeat
悲惨	bēicǎn	tragic; miserable

11 画

合体字

忄部

5-6年级

惨惨惨惨惨惨惨
惨惨惨惨

灿 (灿)

càn

灿烂	cànlàn	bright; brilliant
光灿灿	guāngcàncàn	glossy; lustrous
金灿灿	jīncàncàn	golden shiny; splendid

7 画

合体字

火部

高级华文

灿灿灿灿灿灿灿

苍 (苍)

cāng

苍蝇	cāngyíng	fly; housefly
苍白	cāngbái	pale; pallid
苍天	cāngtiān	Heaven; the blue sky

7 画

合体字

艹部

"巳" 不是 "匕"。

5-6年级

苍苍苍苍苍苍苍

藏 (藏)

cáng	藏	cáng	hide; store up
	躲藏	duǒcáng	conceal; hide
zàng	宝藏	bǎozàng	treasure

✏️ 17 画

🔲 合体字

🏠 艹部

👤 1-4年级

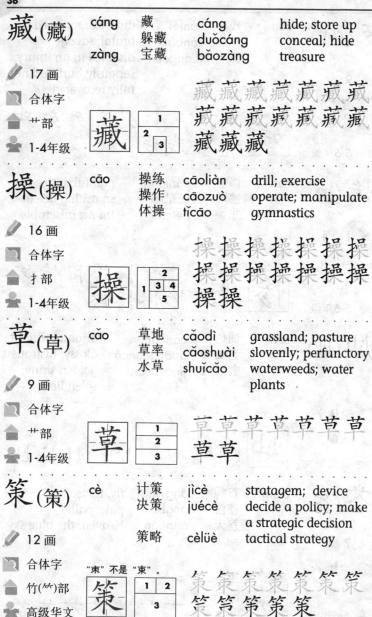

藏藏藏藏藏藏藏
藏藏藏藏藏藏藏
藏藏藏

操 (操)

cāo	操练	cāoliàn	drill; exercise
	操作	cāozuò	operate; manipulate
	体操	tǐcāo	gymnastics

✏️ 16 画

🔲 合体字

🏠 扌部

👤 1-4年级

操操操操操操操
操操操操操操操
操操

草 (草)

cǎo	草地	cǎodì	grassland; pasture
	草率	cǎoshuài	slovenly; perfunctory
	水草	shuǐcǎo	waterweeds; water plants

✏️ 9 画

🔲 合体字

🏠 艹部

👤 1-4年级

草草草草苄草草
草草

策 (策)

cè	计策	jìcè	stratagem; device
	决策	juécè	decide a policy; make a strategic decision
	策略	cèlüè	tactical strategy

✏️ 12 画

🔲 合体字

"朿" 不是 "束"。

🏠 竹(𥫗)部

👤 高级华文

策策策策策策策
筞筞筞策策

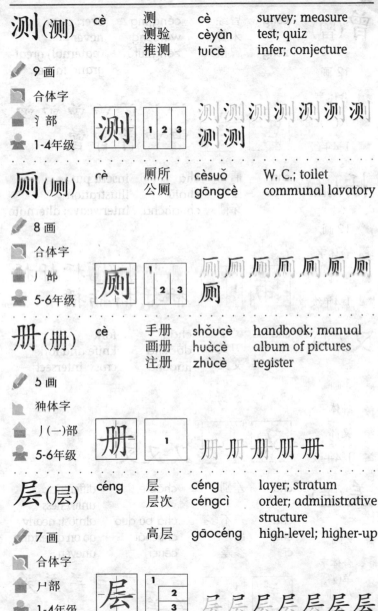

测(測)	cè	测	cè	survey; measure
		测验	cèyàn	test; quiz
		推测	tuīcè	infer; conjecture

9画

合体字

氵部

1-4年级

测测测测测测测
测测

厕(廁)	cè	厕所	cèsuǒ	W. C.; toilet
		公厕	gōngcè	communal lavatory

8画

合体字

厂部

5-6年级

厕厕厕厕厕厕厕
厕

册(冊)	cè	手册	shǒucè	handbook; manual
		画册	huàcè	album of pictures
		注册	zhùcè	register

5画

独体字

丿(一)部

5-6年级

册册册册册

层(層)	céng	层	céng	layer; stratum
		层次	céngcì	order; administrative structure
		高层	gāocéng	high-level; higher-up

7画

合体字

尸部

1-4年级

层层层层层层层

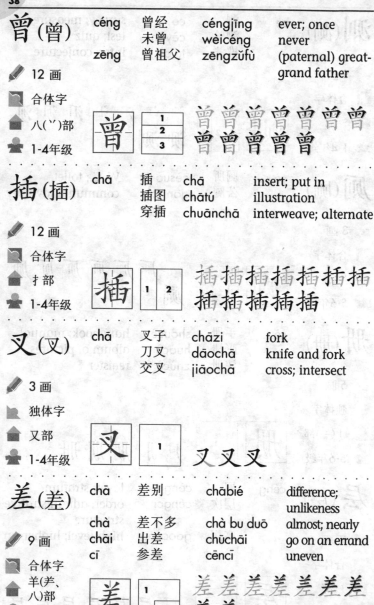

曾 (曽)	céng	曾经 未曾	céngjīng wèicéng	ever; once never
	zēng	曾祖父	zēngzǔfù	(paternal) great-grandfather

12 画

合体字

八('')部

1-4年级

插 (插)	chā	插 插图 穿插	chā chātú chuānchā	insert; put in illustration interweave; alternate

12 画

合体字

扌部

1-4年级

叉 (叉)	chā	叉子 刀叉 交叉	chāzi dāochā jiāochā	fork knife and fork cross; intersect

3 画

独体字

又部

1-4年级

差 (差)	chā	差别	chābié	difference; unlikeness
	chà	差不多	chà bu duō	almost; nearly
	chāi	出差	chūchāi	go on an errand
	cī	参差	cēncī	uneven

9 画

合体字

羊(䒑、八)部

1-4年级

搽 (搽) | chá | 搽 | chá | apply; rub
| | 搽药 | chá yào | apply an ointment to; rub an ointment on

12 画

合体字

扌部

高级华文

"术"不是"木"。
"术"第三笔楷体是点，宋体是撇。

茶 (茶) | chá | 茶馆 | cháguǎn | teahouse
| | 茶花 | cháhuā | camellia
| | 奶茶 | nǎichá | tea with milk

9 画

合体字

艹部

1-4年级

"术"不是"木"。
"术"第三笔楷体是点，宋体是撇。

察 (察) | chá | 察看 | chákàn | inspect; look over
| | 警察 | jǐngchá | police; policeman
| | 观察 | guānchá | observe

14 画

合体字

宀部

1-4年级

"夕"不是"夕"。
"小"第二笔楷体是点，宋体是撇。

查 (查) | chá | 查 | chá | check; examine
| | 调查 | diàochá | look into; investigate
| zhā | 查 | zhā | Zha (surname)

9 画

合体字

木部

1-4年级

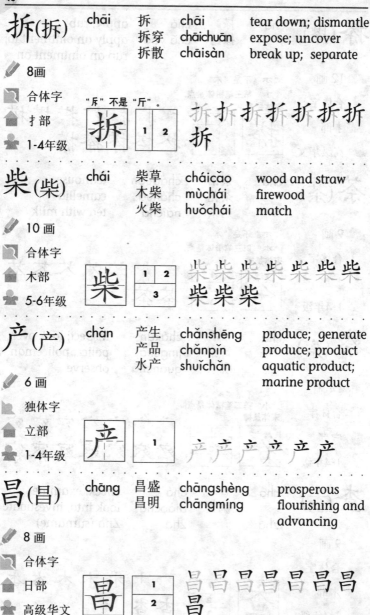

拆(拆) chāi

拆	chāi	tear down; dismantle
拆穿	chāichuān	expose; uncover
拆散	chāisàn	break up; separate

8画

合体字

"斥"不是"斤"。

扌部

1-4年级

拆 | 1 | 2

柴(柴) chái

柴草	cháicǎo	wood and straw
木柴	mùchái	firewood
火柴	huǒchái	match

10画

合体字

木部

5-6年级

柴 | 1 | 2 | 3

产(产) chǎn

产生	chǎnshēng	produce; generate
产品	chǎnpǐn	produce; product
水产	shuǐchǎn	aquatic product; marine product

6画

独体字

立部

1-4年级

产 | 1

昌(昌) chāng

| 昌盛 | chāngshèng | prosperous |
| 昌明 | chāngmíng | flourishing and advancing |

8画

合体字

日部

高级华文

昌 | 1 | 2

长(长)	cháng	长	cháng	long
		延长	yáncháng	prolong; extend
	zhǎng	长	zhǎng	older; senior
		长大	zhǎngdà	grow up

4 画

独体字

丿部

1-4年级

长 长 长 长

常 (常)	cháng	常识	chángshí	common sense
		经常	jīngcháng	often; frequently
		反常	fǎncháng	abnormal; unusual

11 画

合体字

小(⺌、巾)部

1-4年级

常 常 常 常 常 常 常
常 常 常 常

尝 (尝)	cháng	尝试	chángshì	try; attempt
		品尝	pǐncháng	taste; savour
		未尝	wèicháng	never

9 画

合体字

小(⺌)部

1-4年级

尝 尝 尝 尝 尝 尝 尝
尝 尝

场 (场)	cháng	场院	chángyuàn	threshing ground
	chǎng	操场	cāochǎng	playground; drill ground
		广场	guǎngchǎng	public square

6 画

合体字

土部

1-4年级

场 场 场 场 场 场

偿(偿) cháng

偿还	chánghuán	repay; pay back
补偿	bǔcháng	reimburse; recoup
赔偿	péicháng	compensate

✏️ 11 画

🔲 合体字

🏠 亻部

📚 5-6年级

偿偿偿偿偿偿偿
偿偿偿偿

肠(肠) cháng

肠子	chángzi	intestines; bowels
肠胃	chángwèi	bowels and stomach
心肠	xīncháng	heart; mood

✏️ 7 画

🔲 合体字

🏠 月部

📚 5-6年级

肠肠肠肠肠肠肠

厂(厂) chǎng

厂房	chǎngfáng	factory building; factory premises
工厂	gōngchǎng	factory; plant
钢铁厂	gāngtiěchǎng	iron and steel works

✏️ 2 画

🔲 独体字

🏠 厂部

📚 1-4年级

厂厂

唱(唱) chàng

唱	chàng	sing
唱片	chàngpiàn	record; disc
合唱	héchàng	chorus

✏️ 11 画

🔲 合体字

🏠 口部

📚 1-4年级

唱唱唱唱唱唱唱
唱唱唱唱

抄 (抄)

chāo	抄	chāo	copy
	抄身	chāoshēn	search a person
	摘抄	zhāichāo	extract; excerpt

✏ 7画

▢ 合体字

🏠 扌部

"少"第二笔楷体是点，宋体是撇。

抄 | 1 2

抄 抄 抄 扌 扌 扌 抄

👤 1-4年级

钞 (钞)

chāo	钞票	chāopiào	banknote; bill
	现钞	xiànchāo	cash
	会钞	huìchāo	stand treat

✏ 9画

▢ 合体字

🏠 钅(金)部

"少"第二笔楷体是点，宋体是撇。

钞 | 1 2

钞 钅 钅 钅 钅 钅 钅
钞 钞

👤 5-6年级

超 (超)

chāo	超出	chāochū	overstep; exceed
	超等	chāoděng	superior grade
	高超	gāochāo	superb; excellent

✏ 12画

▢ 合体字

🏠 走部

超 | 1 3 / 2 4

超 超 超 超 超 超 超
超 超 超 超 超

👤 5-6年级

朝 (朝)

cháo	朝	cháo	face; towards
	朝代	cháodài	dynasty
zhāo	朝气	zhāoqì	vigour; vitality

✏ 12画

▢ 合体字

🏠 月部

朝 | 1 / 2 4 / 3

朝 朝 朝 卓 卓 卓 卓
卓 朝 朝 朝 朝

👤 5-6年级

44

潮 (潮)

cháo

潮水	cháoshuǐ	tide
潮流	cháoliú	trend; current
回潮	huícháo	resurgence; reversion

- 15 画
- 合体字
- 氵部
- 5-6年级

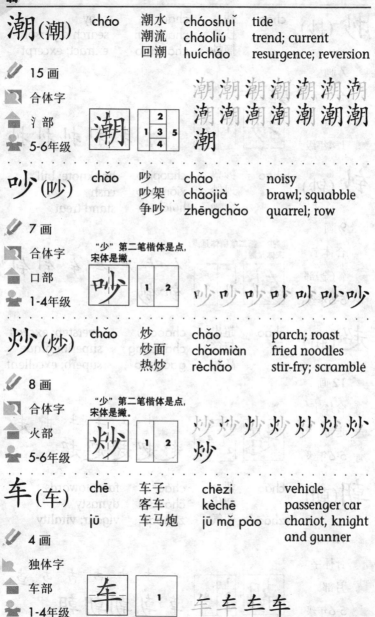

吵 (吵)

chǎo

吵	chǎo	noisy
吵架	chǎojià	brawl; squabble
争吵	zhēngchǎo	quarrel; row

- 7 画
- 合体字
- 口部
- 1-4年级

"少" 第二笔楷体是点，宋体是撇。

炒 (炒)

chǎo

炒	chǎo	parch; roast
炒面	chǎomiàn	fried noodles
热炒	rèchǎo	stir-fry; scramble

- 8 画
- 合体字
- 火部
- 5-6年级

"少" 第二笔楷体是点，宋体是撇。

车 (車)

chē

| 车子 | chēzi | vehicle |
| 客车 | kèchē | passenger car |

jū

| 车马炮 | jū mǎ pào | chariot, knight and gunner |

- 4 画
- 独体字
- 车部
- 1-4年级

陈 (陳)　chén

陈列	chénliè	display
陈旧	chénjiù	out of date
推陈出新	tuīchén-chūxīn	weed through the old to bring forth the new

✏ 7 画

▢ 合体字

▲ 阝 部

👤 1-4年级

"东" 不是 "东"。
"东" 第四笔楷体是点，宋体是撇。

陈 | 1 | 2

陈陈陈陈陈陈陈

晨 (晨)　chén

早晨	zǎochén	morning
清晨	qīngchén	early morning
晨星	chénxīng	morning star

✏ 11 画

▢ 合体字

▲ 日部

👤 1-4年级

晨 | 1 / 2 / 3 / 4

晨晨晨晨晨晨晨
晨晨晨晨

尘 (塵)　chén

尘土	chéntǔ	dirt
灰尘	huīchén	dust
吸尘器	xīchénqì	dust catcher; vacuum cleaner

✏ 6 画

▢ 合体字

▲ 小(土)部

👤 1-4年级

"小" 第二笔楷体是点，宋体是撇。

尘 | 1 / 2

尘尘尘尘尘尘

沉 (沉)　chén

沉	chén	sink; heavy
沉重	chénzhòng	heavy; weighty
低沉	dīchén	gloomy; depressed

✏ 7 画

▢ 合体字

▲ 氵部

👤 1-4年级

"冗" 不是 "尤"。

沉 | 1 / 2 / 3

沉沉沉沉沉沉沉

臣 (臣)

chén	臣子 chénzǐ	subject; courtier
	大臣 dàchén	(king's) minister
	忠臣 zhōngchén	official loyal to his sovereign

🖊 6 画

独体字

臣部

5-6年级

臣 臣 臣 臣 臣 臣

趁 (趁)

chèn	趁早 chènzǎo	seize the first opportunity
	趁热打铁 chènrèdǎtiě	strike while the iron is hot

🖊 12 画

合体字

走部

5-6年级

趁 趁 趁 趁 趁 趁 趁
趁 趁 趁 趁 趁

称 (称)

chēng	称 chēng	call; address
	称呼 chēnghu	call; address
chèn	称心 chènxīn	be content; contended

🖊 10 画

合体字

"小"第二笔楷体是点，宋体是撇。

禾部

1-4年级

称 称 称 称 称 称 称
称 称 称

成 (成)

chéng	成功 chénggōng	succeed
	成绩 chéngjì	achievement; success
	三成 sān chéng	thirty percent

🖊 6 画

独体字

戈 部

1-4年级

成 成 成 成 成 成

诚 (诚) chéng
诚恳	chéngkěn	sincere
诚实	chéngshí	honest and reliable
忠诚	zhōngchéng	loyal; faithful

8 画
合体字
讠(言)部
1-4年级

诚诚诚诚诚诚诚诚

承 (承) chéng
承认	chéngrèn	acknowledge
承担	chengdan	undertake; assume
继承	jìchéng	inherit; carry on

8 画
独体字
乙(乛)部
1-4年级

承承承承承承承承

城 (城) chéng
城市	chéngshì	city; town
京城	jīngchéng	capital city
名城	míngchéng	well-known city

9 画
合体字
土部
1-4年级

城城城城城城城城城

乘 (乘) chéng
| 乘车 | chéng che | by car |
| 乘法 | chéngfǎ | multiplication |
shèng | 千乘之国 | qiānshèngzhīguó | state with a thousand chariots |

10 画
合体字
禾(丿)部
1-4年级

乘乘乘乘乘乘乘乘乘乘

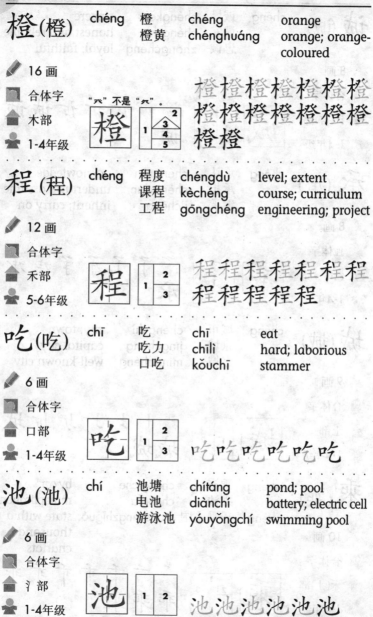

橙 (橙) chéng　橙　chéng　orange
橙黄　chénghuáng　orange; orange-coloured

- 16 画
- 合体字
- 木部
- 1-4年级

"⺈" 不是 "⺈"。

橙橙橙橙橙橙橙橙橙橙橙橙橙橙
橙橙

程 (程) chéng　程度　chéngdù　level; extent
课程　kèchéng　course; curriculum
工程　gōngchéng　engineering; project

- 12 画
- 合体字
- 禾部
- 5-6年级

程程程程程程程
程程程程程

吃 (吃) chī　吃　chī　eat
吃力　chīlì　hard; laborious
口吃　kǒuchī　stammer

- 6 画
- 合体字
- 口部
- 1-4年级

吃吃吃吃吃吃

池 (池) chí　池塘　chítáng　pond; pool
电池　diànchí　battery; electric cell
游泳池　yóuyǒngchí　swimming pool

- 6 画
- 合体字
- 氵部
- 1-4年级

池池池池池池

迟 (遲) chí

迟	chí	late; tardy
迟到	chídào	late; behind time
推迟	tuīchí	postpone; put off

- 7 画
- 合体字
- 辶部
- 1-4年级

"辶"，楷体比宋体多一个弯曲。

迟 迟 迟 尺 迟 迟 迟

匙 (匙) chí / shi

汤匙	tāngchí	table spoon
茶匙	cháchí	teaspoon
钥匙	yàoshi	key

- 11 画
- 合体字
- 口部
- 1-4年级

"匕" 不是 "七"。

匙 匙 匙 匙 匙 匙 匙
匙 匙 匙 匙

持 (持) chí

持续	chíxù	last; continue
保持	bǎochí	maintain; retain
坚持	jiānchí	persist (in); insist (on)

- 9 画
- 合体字
- 扌部
- 1-4年级

持 持 持 持 持 持 持
持 持

尺 (尺) chǐ

尺	chǐ	ruler
尺寸	chǐcùn	measurement; dimension
公尺	gōngchǐ	metre

- 4 画
- 独体字
- 尸部
- 1-4年级

尺 尺 尺 尺

齿 (齿)

chǐ

牙齿	yáchǐ	tooth; teeth
齿轮	chǐlún	gear
咬牙切齿	yǎoyá-qièchǐ	grind one's teeth

✏️ 8 画

📑 合体字

🏠 止(齿)部

👤 1-4年级

齿齿齿齿齿齿齿
齿

耻 (耻)

chǐ

耻笑	chǐxiào	scoff (at); sneer (at)
羞耻	xiūchǐ	shame
可耻	kěchǐ	ignominious; disgraceful

✏️ 10 画

📑 合体字

🏠 耳部

👤 5-6年级

耻耻耻耻耻耻耻
耻耻耻

赤 (赤)

chì

赤脚	chì jiǎo	bare one's feet
赤字	chìzì	deficit
面红耳赤	miànhóng-ěrchì	blush to the roots of one's hair

✏️ 7 画

📑 合体字

"赤"第六笔楷体是点，宋体是撇。

🏠 赤部

👤 高级华文

赤赤赤赤赤赤赤

翅 (翅)

chì

翅膀	chìbǎng	wing
展翅	zhǎnchì	spread the wings
插翅难飞	chāchìnánfēi	unable to escape even if given wings

✏️ 10 画

📑 合体字

🏠 羽部

👤 1-4年级

翅翅翅翅翅翅翅
翅翅翅

冲 (沖)	chōng	冲	chōng	rush; dash
		冲刷	chōngshuā	scour
	chòng	冲劲儿	chòngjìnr	full of energy; dynamic

✏️ 6 画

🔲 合体字

🔺 冫部

👤 1-4年级

冲 冲 冲 冲 冲 冲

充 (充)	chōng	充满	chōngmǎn	be full; be filled (with)
		充足	chōngzú	abundant; sufficient
		补充	bǔchōng	replenish; supplement

✏️ 6 画

🔲 合体字

🔺 亠(儿)部

👤 1-4年级

充 充 充 充 充 充

虫 (蟲)	chóng	虫子	chóngzi	insect; worm
		昆虫	kūnchóng	insect
		害虫	hàichóng	destructive insect

✏️ 6 画

🔲 独体字

🔺 虫部

👤 1-4年级

虫 虫 虫 虫 虫 虫

抽 (抽)	chōu	抽	chōu	take out; shrink
		抽签	chōuqiān	draw lots
		抽查	chōuchá	selective examination; spot check

✏️ 8 画

🔲 合体字

🔺 扌部

👤 1-4年级

抽 抽 抽 抽 抽 抽 抽

愁 (愁)

chóu	愁	chóu	worry; be anxious
	愁闷	chóumèn	feel gloomy; be in low spirits
	忧愁	yōuchóu	sad; worried

13 画

合体字

心部

1-4年级

仇 (仇)

chóu	仇恨	chóuhèn	hatred; enmity
	报仇	bàochóu	revenge; avenge
qiú	仇	qiú	a Chinese surname

4画

合体字

亻部

1-4年级

丑 (丑)

chǒu	丑恶	chǒu'è	ugly; repulsive
	小丑	xiǎochǒu	clown; buffoon
	献丑	xiànchǒu	show one's incompetence; show oneself up

4 画

独体字

乙(乛、一)部

5-6年级

臭 (臭)

| chòu | 臭气 | chòuqì | bad smell |
| xiù | 乳臭 | rǔxiù | smelling of milk (childish) |

10 画

合体字

自部

1-4年级

出 (出)	chū	出生	chūshēng	be born
		出动	chūdòng	set out; dispatch
		退出	tuìchū	secede; withdraw

5 画

独体字

乙(乛、丨、凵)部

1-4年级

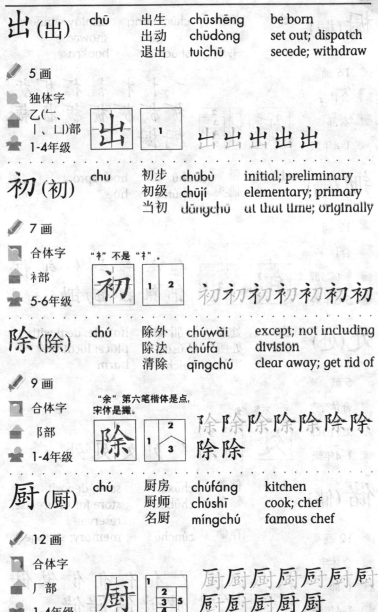

出 出 出 出 出

初 (初)	chū	初步	chūbù	initial; preliminary
		初级	chūjí	elementary; primary
		当初	dāngchū	at that time; originally

7 画

合体字

"衤" 不是 "礻"。

衤部

5-6年级

初 初 初 初 初 初 初

除 (除)	chú	除外	chúwài	except; not including
		除法	chúfǎ	division
		清除	qīngchú	clear away; get rid of

9 画

合体字

"余" 第六笔楷体是点, 宋体是撇。

阝部

1-4年级

除 除 除 除 除 除 除 除 除

厨 (厨)	chú	厨房	chúfáng	kitchen
		厨师	chúshī	cook; chef
		名厨	míngchú	famous chef

12 画

合体字

厂部

1-4年级

厨 厨 厨 厨 厨 厨 厨 厨 厨 厨 厨 厨

橱 (橱)   chú   橱窗   chúchuāng   display window; showcase

书橱   shūchú   bookcase

- 16 画
- 合体字
- 木部
- 1-4年级

橱橱橱橱橱橱橱橱橱橱橱橱橱橱橱橱

锄 (鋤)   chú   锄   chú   hoe; uproot

锄头   chútóu   hoe

- 12 画
- 合体字
- 钅(金)部
- 5-6年级

锄锄锄锄锄锄锄锄锄锄锄锄

处 (處)   chǔ   处理   chǔlǐ   handle; deal with

chù   处所   chùsuǒ   place; location

害处   hàichu   harm

- 5 画
- 合体字

"夂"不是"攵"。

- 夂(卜)部
- 1-4年级

处处处处处

储 (儲)   chǔ   储蓄   chǔxù   save; deposit

储备   chǔbèi   store for future use; reserve

- 12 画

存储   cúnchǔ   memory; storage

- 合体字
- 亻部
- 1-4年级

储储储储储储储储储储储储

楚 (楚) chǔ

清楚　qīngchu　clear
苦楚　kǔchǔ　misery
衣冠楚楚　yīguānchǔchǔ　neat and trim in appearance

- 13 画
- 合体字
- 疋(木)部
- 1-4年级

楚 楚 楚 楚 楚 楚 楚 楚 楚 楚 楚 楚 楚

础 (础) chǔ

基础　jīchǔ　foundation; basis

- 10 画
- 合体字
- 石部
- 5-6年级

础 础 础 础 础 础 础 础 础 础

畜 (畜) chù

牲畜　shēngchù　livestock
家畜　jiāchù　livestock

xù 畜牧　xùmù　raise livestock or poultry

- 10 画
- 合体字
- 田部
- 高级华文

畜 畜 畜 畜 畜 畜 畜 畜 畜 畜

触 (触) chù

触　chù　touch; hit
触角　chùjiǎo　antenna
抵触　dǐchù　conflict; contradict

- 13 画
- 合体字
- 角部
- 5-6年级

触 触 触 触 触 触 触 触 触 触 触 触

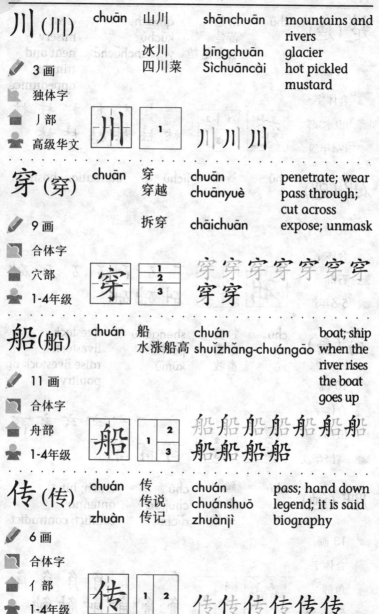

川 (川)

chuān | 山川 | shānchuān | mountains and rivers
| 冰川 | bīngchuān | glacier
| 四川菜 | Sìchuāncài | hot pickled mustard

3 画

独体字

丿部

高级华文

川 | 丿 | 川 川 川

穿 (穿)

chuān | 穿 | chuān | penetrate; wear
| 穿越 | chuānyuè | pass through; cut across
| 拆穿 | chāichuān | expose; unmask

9 画

合体字

穴部

1-4年级

穿 | 1 2 3 | 穿穿穿穿穿穿穿 穿穿

船 (船)

chuán | 船 | chuán | boat; ship
| 水涨船高 | shuǐzhǎng-chuángāo | when the river rises the boat goes up

11 画

合体字

舟部

1-4年级

船 | 1 2 3 | 船船船船船船船 船船船船

传 (传)

chuán | 传 | chuán | pass; hand down
zhuàn | 传说 | chuánshuō | legend; it is said
| 传记 | zhuànjì | biography

6 画

合体字

亻部

1-4年级

传 | 1 2 | 传传传传传传

串 (串)
7 画
独体字
｜部
1-4年级

chuàn 串通 chuàntōng collaborate; collude
一连串 yīliánchuàn a succession of; a series of

疮 (疮)
9 画
合体字
"⺈" 不是 "仑".
疒部
高级华文

chuāng 疮
百孔千疮 bǎikǒng-qiānchuāng sore riddled with gaping wounds

窗 (窗)
12 画
合体字
宀部
1-4年级

chuāng 窗户 chuānghu window; casement
同窗 tóngchuāng schoolmate; classmate

创 (创)
6 画
合体字
"⺈" 不是 "仑".
刂部
1-4年级

chuāng 创伤 chuāngshāng wound; trauma
chuàng 创造 chuàngzào create; produce
独创 dúchuàng original creation

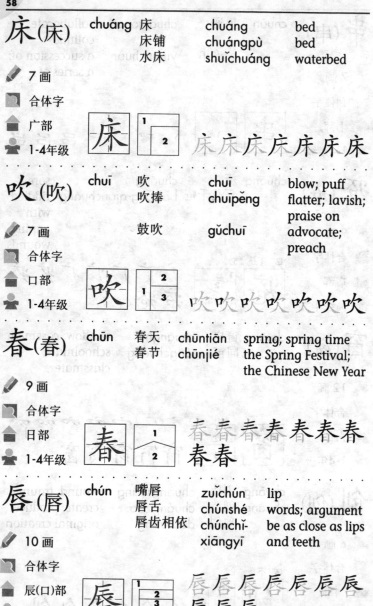

床(床) chuáng

床	chuáng	bed
床铺	chuángpù	bed
水床	shuǐchuáng	waterbed

7 画

合体字

广部

1-4年级

床床床床床床床

吹(吹) chuī

吹	chuī	blow; puff
吹捧	chuīpěng	flatter; lavish; praise on
鼓吹	gǔchuī	advocate; preach

7 画

合体字

口部

1-4年级

吹吹吹吹吹吹吹

春(春) chūn

| 春天 | chūntiān | spring; spring time |
| 春节 | chūnjié | the Spring Festival; the Chinese New Year |

9 画

合体字

日部

1-4年级

春春春春春春春
春春

唇(唇) chún

嘴唇	zuǐchún	lip
唇舌	chúnshé	words; argument
唇齿相依	chúnchǐxiāngyī	be as close as lips and teeth

10 画

合体字

辰(口)部

1-4年级

唇唇唇唇唇唇唇
辰唇唇

辞(辞)

cí

辞别	cíbié	bid farewell; take one's leave
致辞	zhìcí	deliver a speech; address

13 画

合体字

舌(辛)部

高级华文

雌(雌)

cí

雌	cí	female
雌雄	cíxióng	victory and defeat

14 画

合体字

"隹"不是"住"。

隹部

高级华文

词(词)

cí

词	cí	word; term
词典	cídiǎn	dictionary
贺词	hècí	message of congratulation; congratulations

7 画

合体字

讠(言)部

5-6年级

慈(慈)

cí

慈祥	cíxiáng	kindly
慈善	císhàn	charitable; charity
仁慈	réncí	benevolent; merciful

13 画

合体字

心部

5-6年级

此 (此) cǐ

此刻	cǐkè	the moment; now
从此	cóngcǐ	henceforth; from the time on
因此	yīncǐ	therefore; consequently

6 画

合体字

止部

1-4年级

此 | 1 | 2

此 此 此 此 此 此

次 (次) cì

次序	cìxù	order; sequence
次要	cìyào	subordinate; secondary
初次	chūcì	the first time

6 画

合体字

冫(欠)部

1-4年级

次 | 1 | 2 | 3

次 次 次 次 次 次

刺 (刺) cì

刺	cì	stab; thorn
刺刀	cìdāo	bayonet
挑刺	tiāocì	find fault; pick holes

8 画

合体字

"束"不是"束"。

刂部

1-4年级

刺 | 1 | 2

刺 刺 刺 刺 刺 束 刺 刺

聪 (聪) cōng

| 聪明 | cōngmíng | clever |
| 耳聪目明 | ěrcōng-mùmíng | can see and hear clearly |

15 画

合体字

耳部

1-4年级

聪 | 1 | 2 | 3 | 4

聪 聪 聪 聪 聪 聪 聪
聪 聪 聪 聪 聪 聪 聪
聪

匆(匆) cōng

匆忙　cōngmáng　hastily; in a hurry
匆促　cōngcù　hastily; in a rush
匆匆　cōngcōng　hurriedly; in a hurry

5 画

独体字

勹部

1-4年级

匆匆匆匆匆

从(从) cóng

从来　cónglái　at all times; all along
听从　tīngcóng　heed; comply with

4 画

合体字

人部

1-4年级

从从从从

丛(丛) cóng

草丛　cǎocóng　a thick growth of grass
丛书　cóngshū　a series of books; collection

5 画

合体字

一(人)部

5-6年级

丛丛丛丛丛

粗(粗) cū

粗　cū　thick
粗心　cūxīn　careless
粗枝大叶　cūzhī-dàyè　crude and careless

11 画

合体字

米部

1-4年级

粗粗粗粗粗粗
粗粗粗粗

促(促) cù
促进	cùjìn	promote; accelerate
促销	cùxiāo	sales promotion
急促	jícù	hurried; rapid

✏️ 9画
🔲 合体字
🏠 亻部
👤 高级华文

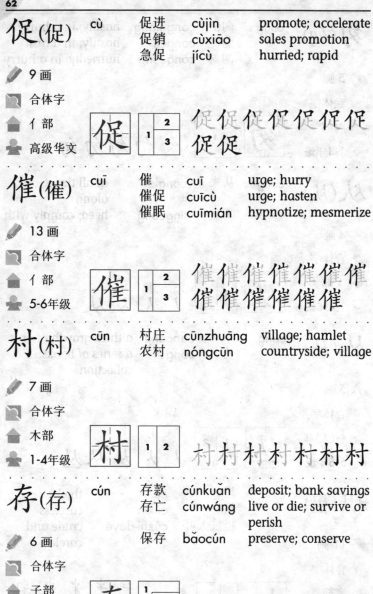

促促促促促促促
促促

催(催) cuī
催	cuī	urge; hurry
催促	cuīcù	urge; hasten
催眠	cuīmián	hypnotize; mesmerize

✏️ 13画
🔲 合体字
🏠 亻部
👤 5-6年级

催催催催催催催
催催催催催催

村(村) cūn
| 村庄 | cūnzhuāng | village; hamlet |
| 农村 | nóngcūn | countryside; village |

✏️ 7画
🔲 合体字
🏠 木部
👤 1-4年级

村村村村村村村

存(存) cún
存款	cúnkuǎn	deposit; bank savings
存亡	cúnwáng	live or die; survive or perish
保存	bǎocún	preserve; conserve

✏️ 6画
🔲 合体字
🏠 子部
👤 1-4年级

存存存存存存

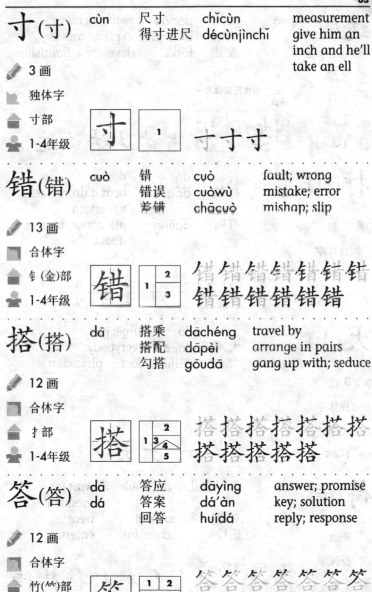

寸 (寸)　cùn　尺寸　chǐcùn　measurement
得寸进尺　décùnjìnchǐ　give him an inch and he'll take an ell

3 画

独体字

寸部

1-4年级

寸 寸 寸

错 (错)　cuò　错　cuò　fault; wrong
错误　cuòwù　mistake; error
差错　chācuò　mishap; slip

13 画

合体字

钅 (金)部

1-4年级

错 错 错 错 错 错 错 错 错 错 错 错

搭 (搭)　dā　搭乘　dāchéng　travel by
搭配　dāpèi　arrange in pairs
勾搭　gōudā　gang up with; seduce

12 画

合体字

扌部

1-4年级

搭 搭 搭 搭 搭 搭 搭 搭 搭 搭 搭 搭

答 (答)　dā　答应　dāyìng　answer; promise
dá　答案　dá'àn　key; solution
回答　huídá　reply; response

12 画

合体字

竹 (⺮)部

1-4年级

答 答 答 答 答 答 答 答 答 答 答 答

达(达)

dá

达到	dádào	reach; achieve
表达	biǎodá	express; convey
发达	fādá	developed; flourishing

✏️ 6 画

📄 合体字　"辶" 楷体比宋体多一个弯曲。

🏠 辶部

👤 1-4年级

达达大达达达

打(打)

dá
dǎ

打	dá	dozen
打鼓	dǎgǔ	beat a drum; feel uncertain
打听	dǎting	ask about; inquire about

✏️ 5 画

📄 合体字

🏠 扌部

👤 1-4年级

打打打打打

大(大)

dà

dài

大	dà	large; great
大家	dàjiā	everybody
大夫	dàifu	doctor; physician

✏️ 3 画

📄 独体字

🏠 大部

👤 1-4年级

大大大

待(待)

dāi

dài

待一会儿	dāiyīhuìr	wait for a moment
对待	duìdài	treat
招待	zhāodài	entertain

✏️ 9 画

📄 合体字　"土" 不是 "士"。

🏠 彳部

👤 1-4年级

待待待待待待待待待

呆(呆)	dāi	发呆	fādāi	stare blankly
		书呆子	shūdāizi	bookworm; nerd
7 画		呆头呆脑	dāitóu-dāinǎo	dull-looking
合体字				
口部				
5-6年级				

歹 (歹)	dǎi	歹徒	dǎitú	scoundrel; ruffian
		好歹	hǎodǎi	anyhow
4 画		为非作歹	wéifēi-zuòdǎi	do evil; commit crimes
独体字				
歹部				
5-6年级				

带(带)	dài	带	dài	take; lead
		带领	dàilǐng	lead; guide
9 画		连带	liándài	related
合体字				
巾部				
1-4年级				

"世" 不是 "卅"。

袋(袋)	dài	袋鼠	dàishǔ	kangaroo
		口袋	kǒudài	bag; sack
11 画		脑袋	nǎodài	head
合体字				
衣部				
1-4年级				

代(代)

dài

代替	dàitì	replace; substitute for
代表	dàibiǎo	representative; stand for
时代	shídài	times; epoch

5 画

合体字

亻部

1-4年级

代代代代代

戴(戴)

dài

戴	dài	wear; respect
佩戴	pèidài	wear; put on
爱戴	àidài	love and respect

17 画

合体字

戈部

1-4年级

戴戴戴戴戴戴戴戴戴戴戴戴戴戴戴戴戴

丹(丹)

dān

丹心	dānxīn	loyalty
牡丹	mǔdan	peony
灵丹妙药	língdān-miàoyào	miraculous cure; panacea

4 画

独体字

丿部

1-4年级

丹月月丹

单(单)

dān

单纯	dānchún	pure; merely
单独	dāndú	singlehanded; on one's own
名单	míngdān	name list

8 画

独体字

八(丷)部

1-4年级

单单单单单单单单

担(担)

dān　担当　dāndāng　undertake; assume
　　　担心　dānxīn　worry; feel anxious
dàn　重担　zhòngdàn　heavy burden; difficult task

- 8 画
- 合体字
- 扌部
- 1-4年级

担担担担担担担担

胆(胆)

dǎn　胆量　dǎnliàng　guts; courage
　　　大胆　dàdǎn　bold; audacious
　　　瓶胆　píngdǎn　glass liner

- 9 画
- 合体字
- 月部
- 1-4年级

胆胆胆胆胆胆胆胆胆

蛋(蛋)

dàn　蛋糕　dàngāo　cake
　　　鸡蛋　jīdàn　egg
　　　坏蛋　huàidàn　bad egg; bastard

- 11 画
- 合体字
- 疋(虫)部
- 1-4年级

蛋蛋蛋蛋蛋蛋蛋蛋蛋蛋

但(但)

dàn　但是　dànshì　but; nevertheless
　　　非但　fēidàn　not only

- 7 画
- 合体字
- 亻部
- 1-4年级

但但但但但但但

淡 (淡)	dàn	淡薄	dànbó	flag; faint
		冷淡	lěngdàn	indifferent; desolate
		平淡	píngdàn	insipid; prosaic

✏️ 11 画

📑 合体字

🏠 氵部

🎓 1-4年级

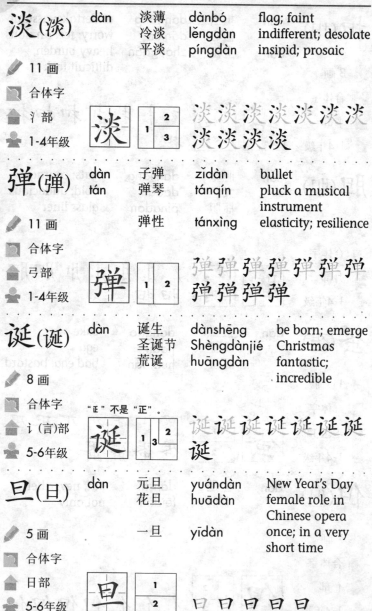

淡淡淡淡淡淡淡
淡淡淡淡

弹 (彈)	dàn	子弹	zǐdàn	bullet
	tán	弹琴	tánqín	pluck a musical instrument
		弹性	tánxìng	elasticity; resilience

✏️ 11 画

📑 合体字

🏠 弓部

🎓 1-4年级

弹弹弹弹弹弹弹
弹弹弹弹

诞 (誕)	dàn	诞生	dànshēng	be born; emerge
		圣诞节	Shèngdànjié	Christmas
		荒诞	huāngdàn	fantastic; incredible

✏️ 8 画

📑 合体字

🏠 讠(言)部

🎓 5-6年级

"正" 不是 "正"。

诞诞诞诞诞诞诞
诞

旦 (旦)	dàn	元旦	yuándàn	New Year's Day
		花旦	huādàn	female role in Chinese opera
		一旦	yīdàn	once; in a very short time

✏️ 5 画

📑 合体字

🏠 日部

🎓 5-6年级

旦旦旦旦旦

当 (當) dāng 当时 dāngshí then; at that time
充当 chōngdāng serve as; act as
dàng 恰当 qiàdàng proper; appropriate

6 画

合体字

小(⺌、⼹)部

1-4年级

当 | 当当当当当当

挡 (擋) dǎng 挡 dǎng ward off; block
阻挡 zǔdǎng resist; obstruct

9 画

合体字

扌部

5-6年级

挡 | 挡挡挡挡挡挡挡挡挡

荡 (蕩) dàng 荡秋千 dàngqiūqiān play on a swing
摇荡 yáodàng rock; sway
动荡 dòngdàng upheaval; unrest

9 画

合体字

艹部

5-6年级

荡 | 荡荡荡荡荡荡荡荡荡

刀 (刀) dao 刀 dāo knife
巴冷刀 bālěngdāo Malay knife; parang
两面三刀 liǎngmiàn-sāndāo double-faced tactics

2 画

独体字

刀部

1-4年级

刀 | 刀刀

祷(祷)	dǎo	祷告 祈祷	dǎogào qídǎo	pray; say one's prayers pray; say one's prayers

✏️ 11 画

🔲 合体字

🏠 礻(示)部

👤 高级华文

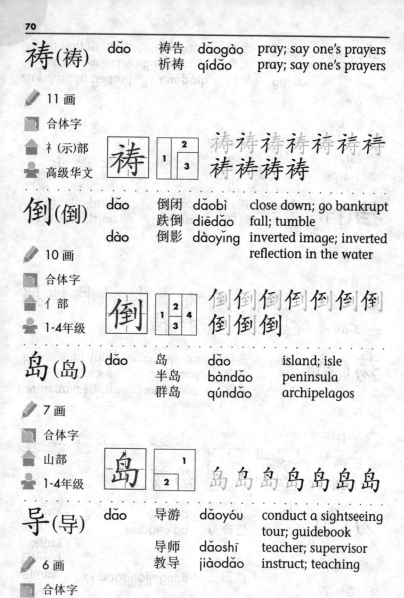

倒(倒)	dǎo	倒闭 跌倒	dǎobì diēdǎo	close down; go bankrupt fall; tumble
	dào	倒影	dàoyǐng	inverted image; inverted reflection in the water

✏️ 10 画

🔲 合体字

🏠 亻部

👤 1-4年级

岛(岛)	dǎo	岛 半岛 群岛	dǎo bàndǎo qúndǎo	island; isle peninsula archipelagos

✏️ 7 画

🔲 合体字

🏠 山部

👤 1-4年级

导(导)	dǎo	导游 导师 教导	dǎoyóu dǎoshī jiàodǎo	conduct a sightseeing tour; guidebook teacher; supervisor instruct; teaching

✏️ 6 画

🔲 合体字

🏠 巳(寸)部

👤 1-4年级

蹈(蹈)	dǎo	舞蹈	wǔdǎo	dance
		手舞足蹈	shǒuwǔ-zúdǎo	dance for joy

17 画

合体字

"臼" 不是 "白"。

足(𧾷)部

5-6年级

稻(稻)	dào	稻田	dàotián	paddy field; rice field
		水稻	shuǐdào	paddy; rice

15 画

合体字

"臼" 不是 "白"。

禾部

高级华文

到(到)	dào	到	dào	arrive; reach
		来到	láidào	arrive; come
		周到	zhōudào	attentive and satisfactory; considerate

8 画

合体字

刂部

1-4年级

道(道)	dào	道喜	dàoxǐ	congratulate somebody on a happy occasion
		过道	guòdào	passageway; corridor
		知道	zhīdào	know; realize

12 画

合体字

"辶" 楷体比宋体多一个弯曲。

辶部

1-4年级

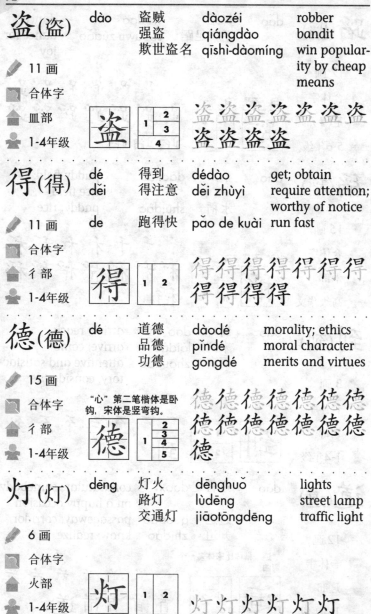

盗(盗) dào

盗贼 dàozéi robber
强盗 qiángdào bandit
欺世盗名 qīshì-dàomíng win popularity by cheap means

11 画

合体字

皿部

1-4年级

盗盗盗盗盗次次
盗盗盗盗

得(得) dé
děi

得到 dédào get; obtain
得注意 děi zhùyì require attention; worthy of notice
跑得快 pǎo de kuài run fast

de

11 画

合体字

彳部

1-4年级

得得得得得得
得得得得

德(德) dé

道德 dàodé morality; ethics
品德 pǐndé moral character
功德 gōngdé merits and virtues

15 画

合体字

"心"第二笔楷体是卧钩，宋体是竖弯钩。

彳部

1-4年级

德德德德德德德
德德德德德德德
德

灯(灯) dēng

灯火 dēnghuǒ lights
路灯 lùdēng street lamp
交通灯 jiāotōngdēng traffic light

6 画

合体字

火部

1-4年级

灯灯灯灯灯灯

登 (登)

dēng

登山	dēngshān	mountain-climbing
登记	dēngjì	register
一步登天	yībùdēngtiān	have a meteoric rise

- 12 画
- 合体字
- 豆部
- 5-6年级

"癶"，不是"癶"。

登 登登登登登登登 登登登登登

等 (等)

děng

等于	děngyú	equal to; equivalent to
等候	děnghòu	wait; expect
优等	yōuděng	first rate; excellent

- 12 画
- 合体字
- 竹(⺮)部
- 1-4年级

等 等等等等等等等 等等等等等

堤 (堤)

dī

堤岸	dī'àn	embankment
堤防	dīfáng	dyke; embankment
长堤	chángdī	long levee

- 12 画
- 合体字
- 土部
- 高级华文

堤 堤堤堤堤堤堤堤 堤堤堤堤堤

低 (低)

dī

低	dī	low
低温	dīwēn	low temperature

- 7 画
- 合体字
- 亻部
- 1-4年级

右边是"氐"，不是"氏"。

低低低低低低低

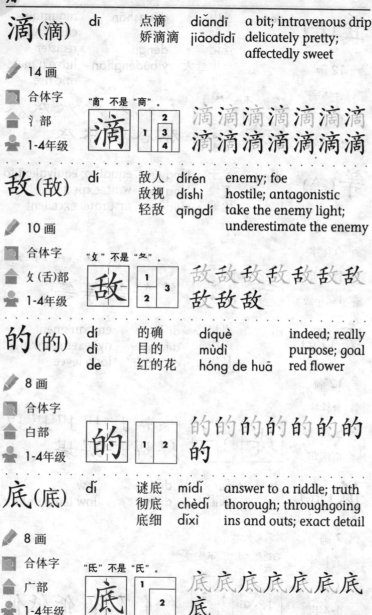

滴(滴)

dī

点滴　diǎndī　a bit; intravenous drip
娇滴滴　jiāodīdī　delicately pretty; affectedly sweet

14 画

合体字

"啇"不是"商"。

氵部

1-4年级

滴 滴 滴 滴 滴 滴 滴
滴 滴 滴 滴 滴 滴 滴

敌(敵)

dí

敌人　dírén　enemy; foe
敌视　díshì　hostile; antagonistic
轻敌　qīngdí　take the enemy light; underestimate the enemy

10 画

合体字

"攵"不是"夂"。

攵(舌)部

1-4年级

敌 敌 敌 敌 敌 敌 敌
敌 敌 敌

的(的)

dí
dì
de

的确　díquè　indeed; really
目的　mùdì　purpose; goal
红的花　hóng de huā　red flower

8 画

合体字

白部

1-4年级

的 的 的 的 的 的 的
的

底(底)

dǐ

谜底　mídǐ　answer to a riddle; truth
彻底　chèdǐ　thorough; throughgoing
底细　dǐxì　ins and outs; exact detail

8 画

合体字

"氐"不是"氏"。

广部

1-4年级

底 底 底 底 底 底 底
底

抵(抵) dǐ

抵达	dǐdá	arrive; reach
抵消	dǐxiāo	offset; counteract
抵制	dǐzhì	resist; boycott

✏ 8画

🔲 合体字

右边是"氐"，不是"氏"。

🏠 扌部

👤 1-4年级

抵 | 1 | 2

抵 抵 抵 抵 抵 抵 抵 抵

地(地) dì

de

地面	dìmiàn	ground; area
荒地	huāngdì	wasteland
慢慢地走	mànmànde zǒu	walk slowly

✏ 6画

🔲 合体字

🏠 土部

👤 1-4年级

地 | 1 | 2

地 地 地 地 地 地

弟(弟) dì

| 弟弟 | dìdi | younger brother |
| 称兄道弟 | chēngxiōng-dàodì | fraternize with; be on friendly terms |

✏ 7画

🔲 合体字

🏠 八(丷)部

👤 1-4年级

弟 | 1 / 2

弟 弟 弟 弟 弟 弟 弟

第(第) dì

| 第一 | dì-yī | the first; the best |
| 等第 | děngdì | class; rank |

✏ 11画

🔲 合体字

🏠 竹(⺮)部

👤 1-4年级

第 | 1 2 / 3

第 第 第 第 第 第 第 第 第 第 第

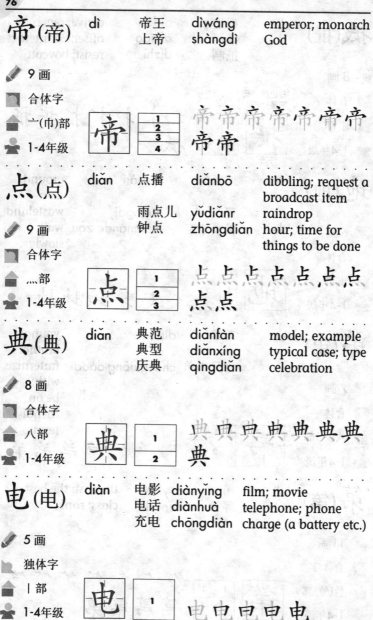

帝(帝) dì

帝王　dìwáng　emperor; monarch
上帝　shàngdì　God

9 画
合体字
亠(巾)部
1-4年级

帝帝帝帝帝帝帝
帝帝

点(点) diǎn

点播　diǎnbō　dibbling; request a broadcast item
雨点儿　yǔdiǎnr　raindrop
钟点　zhōngdiǎn　hour; time for things to be done

9 画
合体字
灬部
1-4年级

点点点点点点点
点点

典(典) diǎn

典范　diǎnfàn　model; example
典型　diǎnxíng　typical case; type
庆典　qìngdiǎn　celebration

8 画
合体字
八部
1-4年级

典典典典典典典
典

电(电) diàn

电影　diànyǐng　film; movie
电话　diànhuà　telephone; phone
充电　chōngdiàn　charge (a battery etc.)

5 画
独体字
丨部
1-4年级

电电电电电

店(店) diàn

店铺	diànpù	shop; store
商店	shāngdiàn	shop; store
书店	shūdiàn	bookshop; bookstore

- 8画
- 合体字
- 广部
- 1-4年级

店店店店店店店
店

吊(吊) diào

吊车	diàochē	crane
吊灯	diàodēng	pendent lamp
提心吊胆	tíxīn-diàodǎn	filled with anxiety or fear

- 6画
- 合体字
- 冂部
- 高级华文

吊吊吊吊吊吊

掉(掉) diào

掉换	diàohuàn	exchange; swap
掉队	diàoduì	drop out; fall behind
忘掉	wàngdiào	forget; let slip from one's mind

- 11画
- 合体字
- 扌部
- 1-4年级

掉掉掉掉掉掉
掉掉掉掉

钓(钓) diào

钓鱼	diào yú	fish with a hook and line
钓竿	diàogān	fishing rod
钓钩	diàogōu	fishhook

- 8画
- 合体字
- 钅(金)部
- 1-4年级

"勺"不是"勹"。

钓钓钓钓钓钓钓
钓

跌 (跌)

diē	跌	diē	tumble; drop
	跌倒	diēdǎo	fall; tumble
	暴跌	bàodiē	steep fall; slump

🖊 12 画

📖 合体字

🏠 足(⻊)部

👤 1-4年级

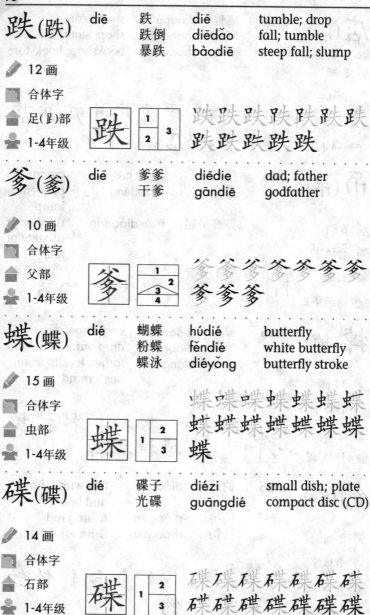

跌 跌 跌 跌 跌 跌 跌
跌 跌 跌 跌 跌

爹 (爹)

diē	爹爹	diēdie	dad; father
	干爹	gāndiē	godfather

🖊 10 画

📖 合体字

🏠 父部

👤 1-4年级

爹 爹 爹 爹 爹 爹 爹
爹 爹 爹

蝶 (蝶)

dié	蝴蝶	húdié	butterfly
	粉蝶	fěndié	white butterfly
	蝶泳	diéyǒng	butterfly stroke

🖊 15 画

📖 合体字

🏠 虫部

👤 1-4年级

蝶 蝶 蝶 蝶 蝶 蝶 蝶
蝶 蝶 蝶 蝶 蝶 蝶 蝶
蝶

碟 (碟)

dié	碟子	diézi	small dish; plate
	光碟	guāngdié	compact disc (CD)

🖊 14 画

📖 合体字

🏠 石部

👤 1-4年级

碟 碟 碟 碟 碟 碟 碟
碟 碟 碟 碟 碟 碟 碟

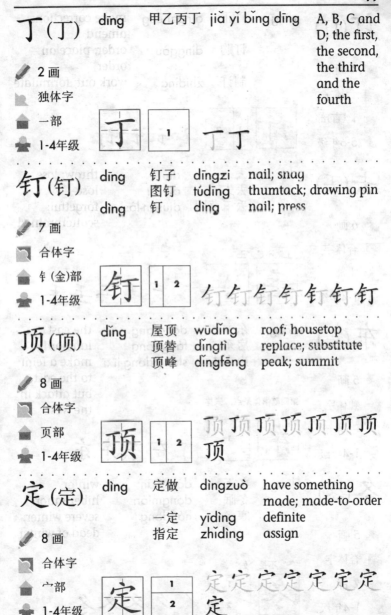

丁 (丁) dīng 甲乙丙丁 jiǎ yǐ bǐng dīng A, B, C and D; the first, the second, the third and the fourth

2 画
独体字
一部
1-4年级

丁 ｜ 丁 丁

钉 (钉) dīng 钉子 dīngzi nail; snag
图钉 túdīng thumbtack; drawing pin
dìng 钉 dìng nail; press

7 画
合体字
钅(金)部
1-4年级

钉 ｜ 钅 | 丁 钉 钉 钉 钉 钉 钉 钉

顶 (顶) dǐng 屋顶 wūdǐng roof; housetop
顶替 dǐngtì replace; substitute
顶峰 dǐngfēng peak; summit

8 画
合体字
页部
1-4年级

顶 ｜ 丁 | 页 顶 顶 顶 顶 顶 顶 顶 顶

定 (定) dìng 定做 dìngzuò have something made; made-to-order
一定 yīdìng definite
指定 zhǐdìng assign

8 画
合体字
宀部
1-4年级

定 ｜ 宀 | 疋 定 定 定 定 定 定 定 定

订 (订) dìng

订正 dìngzhèng make corrections; amend
订购 dìnggòu order; place an order
制订 zhìdìng work out; formulate

✏️ 4 画
🔲 合体字
🏠 讠(言)部
🎓 5-6年级

订订订订

丢 (丢) diū

丢 diū throw; lose
丢失 diūshī lose
丢三落四 diūsān-làsì forgetful; scatterbrained

✏️ 6 画
🔲 合体字
🏠 丿部
🎓 1-4年级

"王" 不是 "王"。

丢丢丢丢丢丢

东 (东) dōng

东方 dōngfāng the east
房东 fángdōng landlord
声东击西 shēngdōng-jīxī make a feint to the east but attack in the west

✏️ 5 画
🔲 独体字
🏠 一(木)部
🎓 1-4年级

第四笔楷体是点，宋体是撇。

东东东东东

冬 (冬) dōng

冬天 dōngtiān winter
冬眠 dōngmián hibernation
寒冬 hándōng severe winter; dead of winter

✏️ 5 画
🔲 合体字
🏠 夂部
🎓 1-4年级

"冬" 不是 "夂"。

冬冬冬冬冬

懂(懂) dǒng

懂 dǒng understand; know
懂事 dǒngshì sensible; intelligent

15 画
合体字
忄部
1-4年级

动(动) dòng

动 dòng move; change
动听 dòngtīng interesting; pleasant
运动 yùndòng sports

6 画
合体字
力部
1-4年级

洞(洞) dòng

洞 dòng hole; cavity
山洞 shāndòng cave; cavern
洞察 dòngchá see clearly; have an insight into

9 画
合体字
氵部
1-4年级

冻(冻) dòng

冻结 dòngjié freeze; congeal
冻冰 dòngbīng freeze
解冻 jiědòng thaw; unfreeze

7 画
合体字
"东"第四笔楷体是点，宋体是撇。
冫部
5-6年级

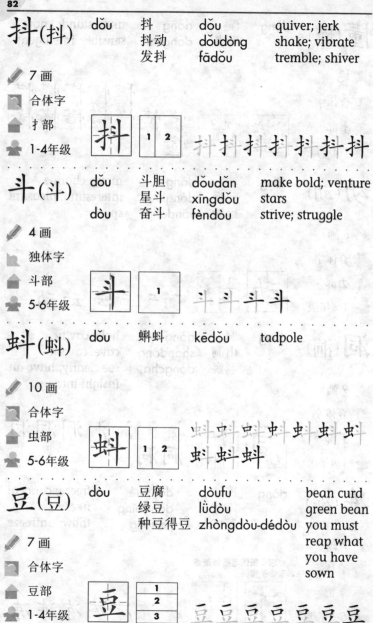

抖(抖)　dǒu　抖　dǒu　quiver; jerk
　　　　　　抖动　dǒudòng　shake; vibrate
　　　　　　发抖　fādǒu　tremble; shiver

7 画
合体字
扌部
1-4年级

斗(斗)　dǒu　斗胆　dǒudǎn　make bold; venture
　　　　　　星斗　xīngdǒu　stars
　　　　dòu　奋斗　fèndòu　strive; struggle

4 画
独体字
斗部
5-6年级

蚪(蚪)　dǒu　蝌蚪　kēdǒu　tadpole

10 画
合体字
虫部
5-6年级

豆(豆)　dòu　豆腐　dòufu　bean curd
　　　　　　绿豆　lǜdòu　green bean
　　　　　　种豆得豆　zhòngdòu-dédòu　you must reap what you have sown

7 画
合体字
豆部
1-4年级

都(都)

dū	都市	dūshì	city; metropolis
	首都	shǒudū	capital city
dōu	都来	dōu lái	all come

✏ 10 画

▢ 合体字

⌂ 阝部

👤 1-4年级

都都都都都者者者都都

读(读)

dú	读	dú	read; attend school
	读本	dúběn	textbook; reader
	朗读	lǎngdú	read aloud

✏ 10 画

▢ 合体字

"龷" 不是 "土"。

⌂ 讠(言)部

👤 1-4年级

读读读读读读读读读读

毒(毒)

dú	毒	dú	poison; toxin
	毒贩	dúfàn	drug smuggler
	消毒	xiāodú	disinfect; sterilize

✏ 9 画

▢ 合体字

"母" 不是 "毌"。

⌂ 母(一)部

👤 5-6年级

毒毒毒毒毒毒毒毒毒

独(独)

dú	独自	dúzì	alone; by oneself
	独立	dúlì	stand alone; independent
	单独	dāndú	singlehanded; on one's own

✏ 9 画

▢ 合体字

⌂ 犭部

👤 5-6年级

独独独独独独独独独

肚(肚)　dǔ　　牛肚　niúdǔ　　tripe
　　　　　dù　　肚子　dùzi　　belly; abdomen
　　　　　　　　肚量　dùliàng　tolerance; magnanimity

7 画

合体字

月部

1-4年级

肚 | 1 | 2

刀 月 月 月 肚 肚 肚

赌(赌)　dǔ　　赌　　dǔ　　gamble
　　　　　　　　赌气　dǔqì　feel wronged and act rashly
　　　　　　　　打赌　dǎdǔ　bet; wager

12 画

合体字

贝部

5-6年级

赌 | 1 | 2 | 3

赌 赌 赌 赌 赌 赌 赌 赌 赌 赌 赌

度(度)　dù　　度量　dùliàng　tolerance; magnanimity
　　　　　　　　制度　zhìdù　system; institution
　　　　　dúo　测度　cèduó　estimate; infer

9 画

合体字

广部

1-4年级

度 | 1 | 2 | 3

度 度 度 度 度 度 度 度 度

渡(渡)　dù　　渡口　dùkǒu　ferry
　　　　　　　　轮渡　lúndù　(steam) ferry
　　　　　　　　引渡　yǐndù　extradite

12 画

合体字

氵部

5-6年级

渡 | 1 | 2 | 3 | 4

渡 渡 渡 渡 渡 渡 渡 渡 渡 渡 渡 渡

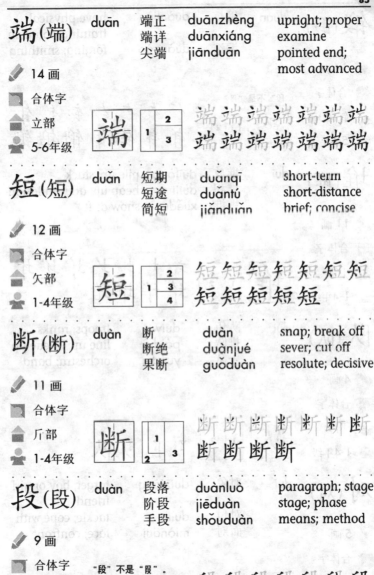

端(端) duān

端正	duānzhèng	upright; proper
端详	duānxiáng	examine
尖端	jiānduān	pointed end; most advanced

14 画

合体字

立部

5-6年级

端端端端端端端
端端端端端端端

短(短) duǎn

短期	duǎnqī	short-term
短途	duǎntú	short-distance
简短	jiǎnduǎn	brief; concise

12 画

合体字

欠部

1-4年级

短短短短短短短
短短短短短

断(断) duàn

断	duàn	snap; break off
断绝	duànjué	sever; cut off
果断	guǒduàn	resolute; decisive

11 画

合体字

斤部

1-4年级

断断断断断断断
断断断断

段(段) duàn

段落	duànluò	paragraph; stage
阶段	jiēduàn	stage; phase
手段	shǒuduàn	means; method

9 画

合体字

殳部

5-6年级

"段"不是"叚"。

段段段段段段段
段段

锻 (鍛) **duàn**

锻炼 duànliàn — have physical training; toughen

锻造 duànzào — forging; smithing

14 画

合体字

"段"不是"叚"。

钅(金)部

5-6年级

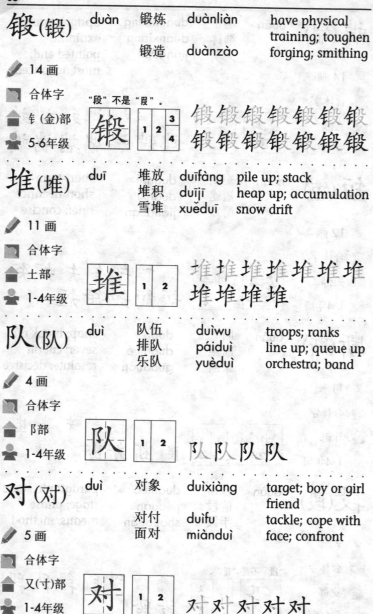

堆 (堆) **duī**

堆放 duīfàng — pile up; stack

堆积 duījī — heap up; accumulation

雪堆 xuěduī — snow drift

11 画

合体字

土部

1-4年级

队 (隊) **duì**

队伍 duìwu — troops; ranks

排队 páiduì — line up; queue up

乐队 yuèduì — orchestra; band

4 画

合体字

阝部

1-4年级

对 (對) **duì**

对象 duìxiàng — target; boy or girl friend

对付 duìfu — tackle; cope with

面对 miànduì — face; confront

5 画

合体字

又(寸)部

1-4年级

蹲(蹲)   dūn   蹲   dūn   squat; crouch down

- 19 画
- 合体字   "酉" 不是 "西"。
- 足(⻊)部
- 高级华文

顿(頓)   dùn

顿时	dùnshí	immediately; at once
停顿	tíngdùn	pause; halt
整顿	zhěngdùn	reorganize; overhaul

- 10 画
- 合体字
- 页部
- 1-4年级

盾(盾)   dùn

盾牌	dùnpái	shield; pretext
后盾	hòudùn	backing; backup force
矛盾	máodùn	contradictory; contradiction

- 9 画
- 合体字   "厂" 不是 "厂"。
- 目部
- 5-6年级

多(多)   duō

多	duō	many; a lot
多心	duōxīn	oversensitive; suspicious
许多	xǔduō	many; a great deal of

- 6 画
- 合体字
- 夕部
- 1-4年级

夺 (奪) duó

夺取 duóqǔ strive for; seize
夺目 duómù dazzling
争夺 zhēngduó fight for

✏️ 6 画

🔲 合体字

🏠 大部

👤 5-6年级

夺 夳 夼 夲 夺 夺

朵 (朵) duǒ

花朵 huāduǒ flower
耳朵 ěrduo ear

✏️ 6 画

🔲 合体字

"木" 不是 "朩"。

🏠 几(木)部

👤 1-4年级

朵 朵 朵 朵 朵 朵

躲 (躲) duǒ

躲避 duǒbì avoide; dodge
躲藏 duǒcáng go into hiding; conceal
躲闪 duǒshǎn dodge; evade

✏️ 13 画

🔲 合体字

"木" 不是 "朩"。

🏠 身部

👤 1-4年级

躲 躲 躲 躲 躲 躲 身
身 躲 躲 躲 躲 躲

惰 (惰) duò

懒惰 lǎnduò lazy
惰性 duòxìng inertia

✏️ 12 画

🔲 合体字

🏠 忄部

👤 1-4年级

惰 惰 惰 惰 惰 惰 惰
惰 惰 惰 惰 惰

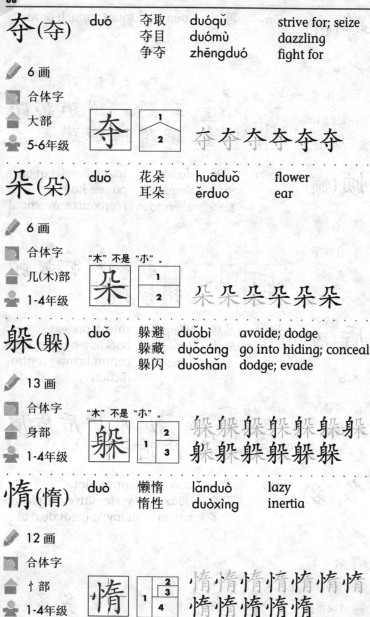

额 (額) é

额头	étóu	forehead
额外	éwài	extra; additional
名额	míng'é	quota of people

- 15 画
- 合体字
- 页部
- 高级华文

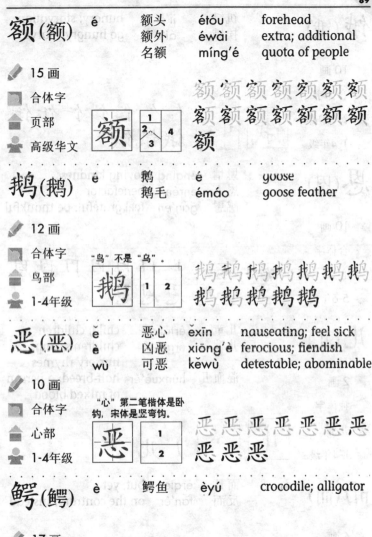

鹅 (鵝) é

| 鹅 | é | goose |
| 鹅毛 | émáo | goose feather |

- 12 画
- 合体字
- 鸟部 — "鸟" 不是 "乌"。
- 1-4年级

恶 (惡)

è	恶心	ěxīn	nauseating; feel sick
è	凶恶	xiōng'è	ferocious; fiendish
wù	可恶	kěwù	detestable; abominable

- 10 画
- 合体字
- 心部 — "心" 第二笔楷体是卧钩，宋体是竖弯钩。
- 1-4年级

鳄 (鱷) è

| 鳄鱼 | èyú | crocodile; alligator |

- 17 画
- 合体字
- 鱼(魚)部
- 高级华文

饿(饿) è

| 饥饿 | jī'è | hungry; starvation |
| 挨饿 | ái'è | go hungry; starve |

10 画

合体字

饣(食)部

1-4年级

饿 | 1 | 2

饿饿饿饿饿饣饿
饿饿饿

恩(恩) ēn

恩情	ēnqíng	loving-kindness
恩人	ēnrén	benefactor
感恩	gǎn'ēn	feel grateful; be thankful

10 画

合体字

心部

5-6年级

恩 | 1 | 2 | 3

恩恩恩恩恩恩恩
恩恩恩

儿(儿) ér

儿童	értóng	child; children
儿歌	érgē	children's song; nursery rhymes
混血儿	hùnxuè'ér	half-breed; a person of mixed blood

2 画

独体字

儿部

1-4年级

儿 | ˋ

儿儿

而(而) ér

| 而且 | érqiě | but; yet |
| 反而 | fǎn'ér | on the contrary; instead |

6 画

独体字

一部

1-4年级

而 | ˋ

而而而而而而

	ěr	耳机	ěrjī	earphone; headset
耳(耳)		耳目一新	ěrmùyīxīn	a pleasant change of atmosphere

6 画

独体字

耳部

1-4年级

耳 丨 耳 耳 耳 耳 耳 耳

	èr	二	èr	two
二(二)		二胡	èrhú	a two-stringed Chinese fiddle
		独一无二	dúyī-wúèr	unique

2 画

独体字

二部

1-4年级

二 丨 二 二

---

	fā	发	fā	distribute; deliver
发(發)		发现	fāxiàn	find; discover
	fà	头发	tóufà	hair

5 画

独体字

乙(一)部

1-4年级

发 丨 发 发 发 发 发

---

	fá	乏味	fáwèi	dull; insipid
乏(乏)		疲乏	pífá	weary; tired
		贫乏	pínfá	poor; lacking

4 画

独体字

丿部

高级华文

乏 丨 乏 乏 乏 乏

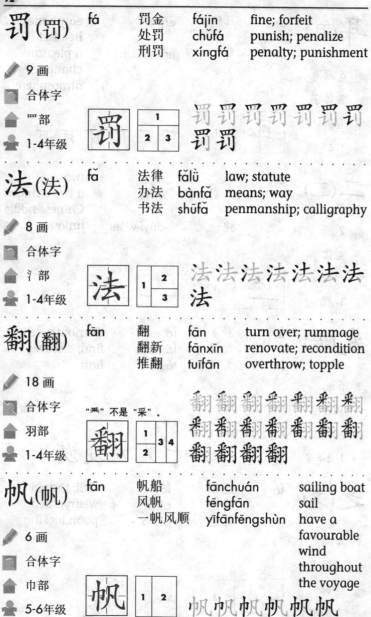

罚 (罚)   fá

罚金	fájīn	fine; forfeit
处罚	chǔfá	punish; penalize
刑罚	xíngfá	penalty; punishment

9 画

合体字

罒部

1-4年级

法 (法)   fǎ

法律	fǎlǜ	law; statute
办法	bànfǎ	means; way
书法	shūfǎ	penmanship; calligraphy

8 画

合体字

氵部

1-4年级

翻 (翻)   fān

翻	fān	turn over; rummage
翻新	fānxīn	renovate; recondition
推翻	tuīfān	overthrow; topple

18 画

合体字

"釆" 不是 "采"。

羽部

1-4年级

帆 (帆)   fān

帆船	fānchuán	sailing boat
风帆	fēngfān	sail
一帆风顺	yīfānfēngshùn	have a favourable wind throughout the voyage

6 画

合体字

巾部

5-6年级

烦(煩) fán

烦闷	fánmèn	be unhappy; be worried
烦心	fánxīn	be vexed; be worried
麻烦	máfan	troublesome; bother

✏️ 10 画

📑 合体字

🏠 火(页)部

🎓 1-4年级

烦 | 1 2

烦烦烦烦烦烦烦
烦烦烦

繁(繁) fán

繁荣	fánróng	flourishing; prosper
纷繁	fēnfán	numerous and complicated

✏️ 17 画

📑 合体字

🏠 糸部

🎓 5-6年级

"攵"不是"纟"。

繁 |
| 1 3 |
| 2 |
| 4 |
| 5 |

繁繁繁繁繁繁繁
繁繁繁繁繁繁繁
繁繁繁

凡(凡) fán

平凡	píngfán	ordinary; common
凡是	fánshì	every; all

✏️ 3 画

📑 独体字

🏠 几部

🎓 5-6年级

凡 | 1

凡凡凡

反(反) fǎn

反面	fǎnmiàn	opposite; reverse side
反正	fǎnzhèng	anyway; in any case
相反	xiāngfǎn	opposite; contrary

✏️ 4 画

📑 合体字

🏠 丿(又)部

🎓 1-4年级

反 | 1 2

反反反反

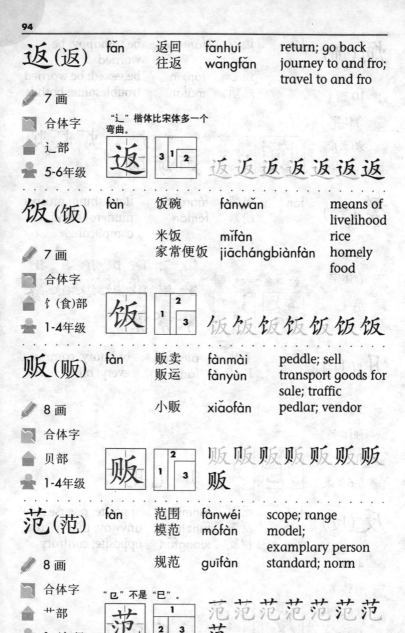

返(返) fǎn

返回 fǎnhuí — return; go back
往返 wǎngfǎn — journey to and fro; travel to and fro

✏️ 7画

📄 合体字

🏠 辶部

👤 5-6年级

"辶" 楷体比宋体多一个弯曲。

返 返 迈 反 返 返 返

饭(饭) fàn

饭碗 fànwǎn — means of livelihood
米饭 mǐfàn — rice
家常便饭 jiāchángbiànfàn — homely food

✏️ 7画

📄 合体字

🏠 饣(食)部

👤 1-4年级

饭 饭 饭 饭 饭 饭 饭

贩(贩) fàn

贩卖 fànmài — peddle; sell
贩运 fànyùn — transport goods for sale; traffic
小贩 xiǎofàn — pedlar; vendor

✏️ 8画

📄 合体字

🏠 贝部

👤 1-4年级

贩 贩 贩 贩 贩 贩 贩 贩

范(范) fàn

范围 fànwéi — scope; range
模范 mófàn — model; examplary person
规范 guīfàn — standard; norm

✏️ 8画

📄 合体字

🏠 艹部

👤 1-4年级

"⺈" 不是 "巳"。

范 范 范 范 范 范 范 范

95

犯(犯)　fàn

5 画
合体字
犭部
5-6年级

犯罪　fànzuì　commit a crime; be guilty of a criminal offense
罪犯　zuìfàn　criminal; culprit
侵犯　qīnfàn　encroach on; infringe

"㔾" 不是 "巳"。

犯犯犯犯犯

芳(芳)　fāng

7 画
合体字
艹部
高级华文

芳香　fāngxiāng　fragrant
流芳百世　liúfāngbǎishì　leave a good name to posterity

芳芳芳芳芳芳芳

方(方)　fāng

4 画
独体字
方部
1-4年级

方　fāng　square
方法　fāngfǎ　method; means
对方　duìfāng　the other side; the other party

方方方方

房(房)　fáng

8 画
合体字
户部
1-4年级

房屋　fángwū　house; building
住房　zhùfáng　housing; lodgings
乳房　rǔfáng　breast

房房房房房房房房

防(防) fáng

防备 fángbèi guard against; take precautions against
防卫 fángwèi defend
国防 guófáng national defence

✏️ 6画
🔲 合体字
🏠 阝部
👤 1-4年级

防 | 1 | 2 | 防防防防防防

妨(妨) fáng

妨碍 fáng'ài hinder; hamper
妨害 fánghài impair; jeopardize
不妨 bùfáng there is no harm in; might as well

✏️ 7画
🔲 合体字
🏠 女部
👤 5-6年级

妨 | 1 | 2 | 妨妨妨妨妨妨妨

访(访) fǎng

访问 fǎngwèn visit; call on
采访 cǎifǎng cover; interview
回访 huífǎng pay a return visit

✏️ 6画
🔲 合体字
🏠 讠(言)部
👤 1-4年级

访 | 1 | 2 | 访访访访访访

仿(仿) fǎng

仿佛 fǎngfú seem; be alike
仿照 fǎngzhào imitate; follow
模仿 mófǎng imitate; model oneself on

✏️ 6画
🔲 合体字
🏠 亻部
👤 5-6年级

仿 | 1 | 2 | 仿仿仿仿仿仿

放(放)   fàng

放心	fàngxīn	be at ease; rest assured
放射	fàngshè	radiate; rediation
开放	kāifàng	be open; lift a ban

8 画

合体字

"攵" 不是 "夂"。

攵(方)部

1-4年级

放 放 放 放 放 放 放 放

飞(飞)   fēi

飞	fēi	fly; hover
飞跑	fēipǎo	dash; tear along
起飞	qǐfēi	take off

3 画

独体字

乙(乀)部

1-4年级

飞 飞 飞

非(非)   fēi

非常	fēicháng	extraordinary; unusual
除非	chúfēi	only if; unless
是非	shìfēi	right and wrong

8 画

独体字

丨部

1-4年级

非 非 非 非 非 非 非 非

啡(啡)   fēi

| 咖啡 | kāfēi | coffee |

11 画

合体字

口部

1-4年级

啡 啡 啡 啡 啡 啡 啡 啡 啡 啡 啡

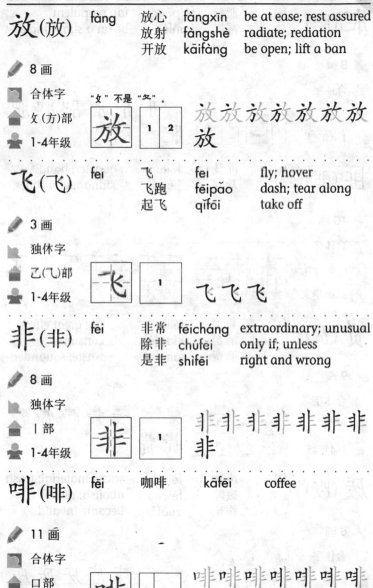

肥(肥)

féi   肥胖   féipàng   fat; corpulent
      减肥   jiǎnféi   be on a slimming diet

🖊 8 画

▨ 合体字

🏠 月部

👤 1-4年级

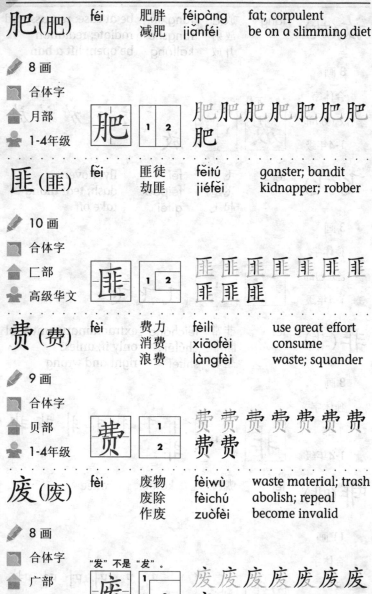

肥 肥 肥 肥 肥 肥 肥 肥

匪(匪)

fěi   匪徒   fěitú   ganster; bandit
      劫匪   jiéfěi   kidnapper; robber

🖊 10 画

▨ 合体字

🏠 匚部

👤 高级华文

匪 匪 匪 匪 匪 匪 匪 匪 匪 匪

费 (费)

fèi   费力   fèilì   use great effort
      消费   xiāofèi   consume
      浪费   làngfèi   waste; squander

🖊 9 画

▨ 合体字

🏠 贝部

👤 1-4年级

费 费 费 费 费 费 费 费 费

废(废)

fèi   废物   fèiwù   waste material; trash
      废除   fèichú   abolish; repeal
      作废   zuòfèi   become invalid

🖊 8 画

▨ 合体字

"发" 不是 "友"。

🏠 广部

👤 1-4年级

废 废 废 废 废 废 废 废

肺(肺)

fèi

肺	fèi	lung
肺病	fèibìng	pulmonary tuberculosis; TB
狼心狗肺	lángxīn-gǒufèi	cruel and unscrupulous

8 画

合体字

月部

5-6年级

"巿" 不是 "市"。

肺 ① ②

丿 几 月 月 肝 肺 肺 肺

吠(吠)

fèi

| 狂吠 | kuángfèi | bark furiously; howl |

7 画

合体字

口部

5-6年级

吠 ① ②

吠 吠 吠 吠 吠 吠 吠

芬(芬)

fēn

| 芬芳 | fēnfāng | sweet-smelling; fragrant |

7 画

合体字

艹部

高级华文

"八" 不是 "人" 或 "入"。

芬 ① ② ③

芬 芬 芬 芬 芬 芬 芬

分(分)

fēn

| 分 | fēn | divide; separate |
| 分散 | fēnsàn | disperse; scatter |

fèn

| 身分 | shēnfèn | status; identity |

4 画

合体字

八(刀)部

1-4年级

"八" 不是 "人" 或 "入"。

分 ① ②

分 分 分 分

吩(吩)　fēn　吩咐　fēnfù　instruct; tell

✏️ 7 画

◻️ 合体字　"八" 不是 "人" 或 "入"。

⬜ 口部

👤 1-4年级

吩 吩 吩 吩 吩 吩 吩

纷(纷)　fēn　纷乱　fēnluàn　numerous and disorderly

糾纷　jiūfēn　dispute; issue

✏️ 7 画

◻️ 合体字　"八" 不是 "人" 或 "入"。

⬜ 纟（糸）部

👤 5-6年级

纷 纷 纷 纷 纷 纷 纷

坟(坟)　fén　坟墓　fénmù　grave; tomb

上坟　shàngfén　visit a grave to honour the memory of the dead

✏️ 7 画

◻️ 合体字

⬜ 土部

👤 5-6年级

坟 坟 坟 坟 坟 坟 坟

粉(粉)　fěn　粉　fěn　powder; pink

粉笔　fěnbǐ　chalk

奶粉　nǎifěn　milk powder; dried milk

✏️ 10 画

◻️ 合体字　"八" 不是 "人" 或 "入"。

⬜ 米部

👤 1-4年级

粉 粉 粉 粉 粉 粉 粉
粉 粉 粉

份 (份)

fèn

份	fèn	share; portion
年份	niánfèn	age; a particular year
省份	shěngfèn	province

6 画

合体字

"八"不是"人"或"入"。

亻部

1-4年级

份 份 份 份 份 份

愤 (憤)

fèn

愤怒	fènnù	indignation; wrath
气愤	qìfèn	indignant; furious
公愤	gōngfèn	public indignation

12 画

合体字

忄部

5-6年级

愤 愤 愤 愤 愤 愤 愤
愤 愤 愤 愤 愤

奋 (奮)

fèn

| 奋勇 | fènyǒng | summon up all one's courage and energy |
| 兴奋 | xīngfèn | be excited; excitation |

8 画

合体字

大部

5-6年级

奋 奋 奋 奋 奋 奋 奋 奋

风 (風)

fēng

风	fēng	wind; air
风景	fēngjǐng	scenery; landscape
学风	xuéfēng	style of study

4 画

合体字

几(风)部

1-4年级

风 风 风 风

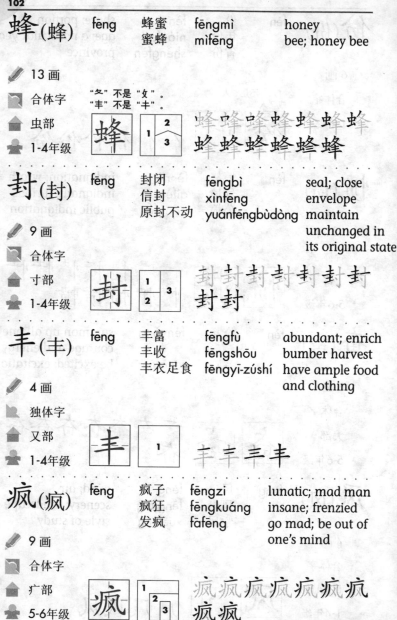

蜂(蜂) fēng 蜂蜜 fēngmì honey
蜜蜂 mìfēng bee; honey bee

13 画

合体字 "夂"不是"攵"。
"丰"不是"丰"。

虫部

1-4年级

蜂

封(封) fēng 封闭 fēngbì seal; close
信封 xìnfēng envelope
原封不动 yuánfēngbùdòng maintain
unchanged in
its original state

9 画

合体字

寸部

1-4年级

封

丰(丰) fēng 丰富 fēngfù abundant; enrich
丰收 fēngshōu bumber harvest
丰衣足食 fēngyī-zúshí have ample food
and clothing

4 画

独体字

又部

1-4年级

丰

疯(疯) fēng 疯子 fēngzi lunatic; mad man
疯狂 fēngkuáng insane; frenzied
发疯 fāfēng go mad; be out of
one's mind

9 画

合体字

疒部

5-6年级

疯

锋(鋒) fēng 锋利 fēnglì sharp; pungent
先锋 xiānfēng vanguard; van

✏️ 12 画

📄 合体字 "夂"不是"攵"。"丰"不是"丰"。

🏛 钅(金)部

👤 5-6年级

峰(峰) fēng 山峰 shānfēng mountain peak
高峰 gāofēng summit; peak
峰会 fēnghuì summit

✏️ 10 画

📄 合体字 "夂"不是"攵"。"丰"不是"丰"。

🏛 山部

👤 5-6年级

逢(逢) féng 逢 féng meet; come upon
相逢 xiāngféng meet; come across
棋逢对手 qíféngduìshǒu meet one's match in a chess game

✏️ 10 画

📄 合体字 "夂"不是"攵"。"丰"不是"丰"。

🏛 辶部

👤 5-6年级

缝(縫) féng 缝 féng sew; stitch
裁缝 cáiféng tailor; dressmaker
门缝 ménfèng a crack between a door and its frame

✏️ 13 画

📄 合体字 "夂"不是"攵"。"丰"不是"丰"。

🏛 纟(糸)部

👤 1-4年级

奉(奉) fèng

奉献	fèngxiàn	offer as a tribute
奉陪	fèngpéi	keep somebody company
侍奉	shìfèng	wait upon

✏ 8 画

▢ 合体字

⌂ 一部

☂ 5-6年级

"龶" 不是 "丰"。

奉 奉 奉 奉 奉 奉 奉 奉 奉 奉

佛(佛) fó

佛教	fójiào	Buddhism
佛经	fójīng	Buddhist Scripture
念佛	niànfó	chant the name of Buddha

✏ 7 画

▢ 合体字

⌂ 亻部

☂ 5-6年级

佛 佛 佛 佛 佛 佛 佛

孵(孵) fū

| 孵 | fū | hatch; brood |
| 孵化 | fūhuà | hatching; incubation |

✏ 14 画

▢ 合体字

⌂ 丿部

☂ 1-4年级

孵 孵 孵 孵 孵 卵 卵 孵 孵 孵 孵 孵 孵 孵

夫(夫) fū

夫妻	fūqī	husband and wife
姐夫	jiěfu	brother-in-law
渔夫	yúfū	fisherman; fisherfolk

✏ 4 画

▢ 独体字

⌂ 一(大)部

☂ 1-4年级

夫 夫 夫 夫

肤(肤) fū　皮肤　pífū　skin
肤浅　fūqiǎn　superficial; shallow

- 8 画
- 合体字
- 月部
- 1-4年级

肤 | 1 2 | 肤肤肤肤肤肤肤肤

伏(伏) fú　伏兵　fúbīng　soldiers lying in ambush; ambush
埋伏　máifú　lay in ambush

- 6 画
- 合体字
- 亻部
- 高级华文

伏 | 1 2 | 伏伏伏伏伏伏

服(服) fú　服装　fúzhuāng　clothing; costume
服药　fúyào　take medicine
心服口服　xīnfú-kǒufú　fully convinced

- 8 画
- 合体字
- 月部
- 1-4年级

服 | 1 2 | 服服服服服服服服

扶(扶) fú　扶　fú　support with hand
扶养　fúyǎng　foster; bring up
救死扶伤　jiùsǐ-fúshāng　heal the wounded and rescue the dying

- 7 画
- 合体字
- 扌部
- 1-4年级

扶 | 1 2 | 扶扶扶扶扶扶扶

福 (福) fú

福气	fúqì	happy lot; good fortune
幸福	xìngfú	happiness; well-being
祝福	zhùfú	blessing; benediction

- 13 画
- 合体字
- 礻(示)部
- 1-4年级

"礻" 不是 "衤"。

福福福福福福福
福福福福福福

浮 (浮) fú

浮	fú	float; superficial
浮动	fúdòng	drift; fluctuate
飘浮	piāofú	float; showy

- 10 画
- 合体字
- 氵部
- 1-4年级

浮浮浮浮浮浮浮
浮浮浮

符 (符) fú

符合	fúhé	accord with; conform to
符号	fúhào	symbol; mark
护身符	hùshēnfú	amulet; protective talisman

- 11画
- 合体字
- 竹(⺮)部
- 5-6年级

符符符符符符符
符符符符

幅 (幅) fú

幅	fú	size
幅度	fúdù	range; scope
篇幅	piānfú	length; space

- 12 画
- 合体字
- 巾部
- 5-6年级

幅幅幅幅幅幅幅
幅幅幅幅幅

府(府)

fǔ

政府	zhèngfǔ	government
首府	shǒufǔ	the capital of a prefecture
学府	xuéfǔ	seat of learning

8 画

合体字

广部

1-4年级

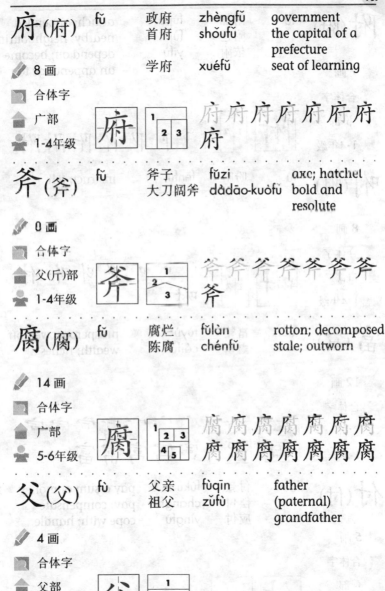

府府府府府斤府府

斧(斧)

fǔ

斧子	fǔzi	axe; hatchet
大刀阔斧	dàdāo-kuòfǔ	bold and resolute

0 画

合体字

父(斤)部

1-4年级

斧斧斧斧斧斧斧斧

腐(腐)

fǔ

腐烂	fǔlàn	rotton; decomposed
陈腐	chénfǔ	stale; outworn

14 画

合体字

广部

5-6年级

腐腐腐腐腐腐腐腐腐腐腐腐腐

父(父)

fù

父亲	fùqīn	father
祖父	zǔfù	(paternal) grandfather

4 画

合体字

父部

1-4年级

父父父父

附(附) fù 附加 fùjiā attach; appended
附近 fùjìn nearby; neighbouring
依附 yīfù depend on; become
an appendage to

7 画

合体字

阝 部

1-4年级

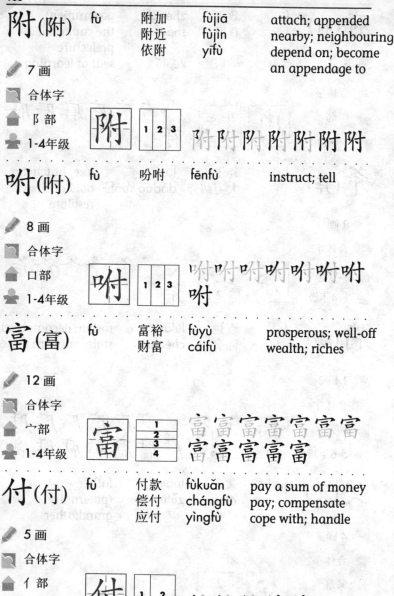

阝 阝附 阝附 阝附 阝附 附 附

吩(吩) fù 吩咐 fēnfù instruct; tell

8 画

合体字

口 部

1-4年级

吩咐 吩咐 吩咐 吩 吩 吩咐
吩咐

富(富) fù 富裕 fùyù prosperous; well-off
财富 cáifù wealth; riches

12 画

合体字

宀 部

1-4年级

富富富富富富富
富富富富富

付(付) fù 付款 fùkuǎn pay a sum of money
偿付 chángfù pay; compensate
应付 yìngfù cope with; handle

5 画

合体字

亻 部

1-4年级

付付付付付

妇(妇) fù

妇女	fùnǚ	woman
主妇	zhǔfù	housewife
夫妇	fūfù	husband and wife

- 6 画
- 合体字
- "ㅋ" 不是 "ㅌ"。
- 女部
- 1-4年级

妇 | 1 2

乆 夊 妒 妇 妇 妇

负(负) fù

负担	fùdān	burden; load
负数	fùshù	negative number
欺负	qīfu	bully

- 6 画
- 合体字
- 刀(贝)部
- 1-4年级

负 | 1 / 2

负 负 负 负 负 负

复(复) fù

复数	fùshù	plural number
复杂	fùzá	complicated; complex
恢复	huīfù	resume; recover

- 9 画
- 合体字
- 丿(夂)部
- 5-6年级

复 | 1 / 2 / 3

复 复 复 复 复 复 复 复 复

副(副) fù

| 副刊 | fùkān | supplement |
| 名副其实 | míngfùqíshí | the name matches the reality |

- 11 画
- 合体字
- 刂部
- 5-6年级

副 | 1 2 4 / 3

副 副 副 副 副 副 副 副 副 副 副

覆(覆) fù

覆盖 fùgài cover; vegetation
覆没 fùmò be overwhelmed
翻覆 fānfù turn upside down

18画

合体字

覀部

1-4年级

"覀"不是"西"。
"夂"不是"攵"。

该(该) gāi

应该 yīnggāi should; ought to
活该 huógāi serve somebody right

8画

合体字

讠(言)部

1-4年级

改(改) gǎi

改变 gǎibiàn change; transform
改正 gǎizhèng correct; amend
批改 pīgǎi correct

7画

合体字

攵部

1-4年级

"己"不是"已"。
"攵"不是"夂"。

盖(盖) gài

盖 gài lid; cover
遮盖 zhēgài hide; overspread
掩盖 yǎngài cover; conceal

11画

合体字

皿部

1-4年级

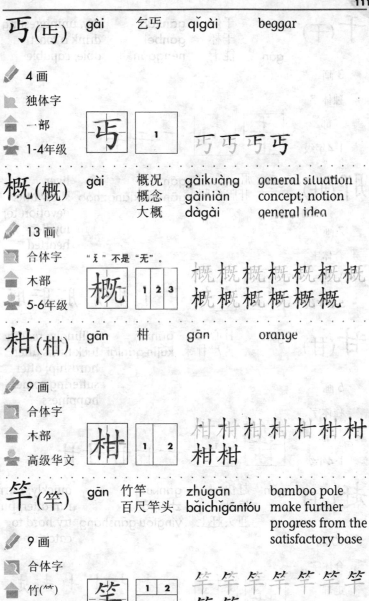

丐(丐) gài 乞丐 qǐgài beggar

✏️ 4画

独体字

一部

1-4年级

概(概) gài 概况 gàikuàng general situation
概念 gàiniàn concept; notion
大概 dàgài general idea

✏️ 13画

合体字 "丿" 不是 "无"。

木部

5-6年级

柑(柑) gān 柑 gān orange

✏️ 9画

合体字

木部

高级华文

竿(竿) gān 竹竿 zhúgān bamboo pole
百尺竿头 bǎichǐgāntóu make further
progress from the
satisfactory base

✏️ 9画

合体字

竹(⺮)

高级华文

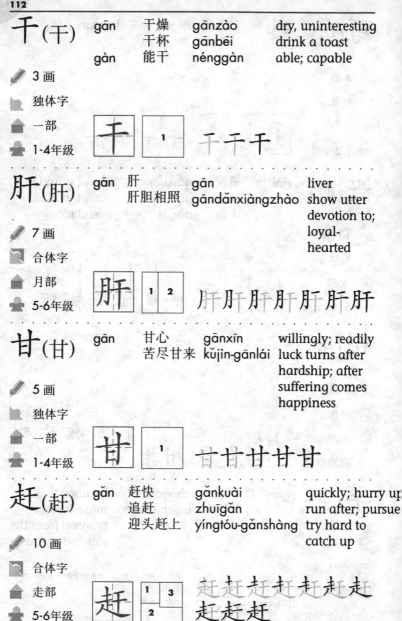

干(干) gān 干燥 gānzào dry, uninteresting
干杯 gānbēi drink a toast
gàn 能干 nénggàn able; capable

3 画
独体字
一部
1-4年级

干 一 干干干

肝(肝) gān 肝 gān liver
肝胆相照 gāndǎnxiàngzhào show utter devotion to; loyal-hearted

7 画
合体字
月部
5-6年级

肝 1 2 肝肝肝肝肝肝肝

甘(甘) gān 甘心 gānxīn willingly; readily
苦尽甘来 kǔjìn-gānlái luck turns after hardship; after suffering comes happiness

5 画
独体字
一部
1-4年级

甘 甘甘甘甘甘

赶(赶) gǎn 赶快 gǎnkuài quickly; hurry up
追赶 zhuīgǎn run after; pursue
迎头赶上 yíngtóu-gǎnshàng try hard to catch up

10 画
合体字
走部
5-6年级

赶 1 3 2 赶赶赶赶赶赶赶赶赶赶

敢 (敢)

gǎn

勇敢 yǒnggǎn — brave; courageous
胆敢 dǎngǎn — dare; have the audacity to do

11 画

合体字

"夂" 不是 "攵"。

攵 部

1-4年级

敢 敢 敢 敢 敢 敢 敢 敢 敢 敢 敢

感 (感)

gǎn

感动 gǎndòng — move; touch
感冒 gǎnmào — cold; have a cold
情感 qínggǎn — emotion; feeling

13 画

合体字

心部

1-4年级

感 感 感 感 感 感 感 感 感 感 感 感 感

岗 (崗)

gǎng
gǎng

山岗 shāngǎng — low hill; hillock
岗位 gǎngwèi — post; position
站岗 zhàngǎng — stand guard; stand sentry

7 画

合体字

山部

高级华文

岗 岗 岗 岗 岗 岗 岗

刚 (剛)

gāng

刚巧 gāngqiǎo — exactly; happen to
刚强 gāngqiáng — firm; unyielding
金刚 Jīngāng — Buddha's warrior attendant

6 画

合体字

刂部

1-4年级

刚 刚 刚 刚 刚 刚

缸 (缸) gāng

| 缸子 | gāngzi | mug |
| 水缸 | shuǐgāng | water vat |

✏️ 9画

🔲 合体字

🏠 缶部 "缶"不是"钅"。

👤 1-4年级

缸缸缶缶缶缶缸
缸缸

钢 (钢) gāng

钢铁	gāngtiě	iron and steel
钢笔	gāngbǐ	pen; fountain pen
不锈钢	búxiùgāng	stainless steel

✏️ 9画

🔲 合体字

🏠 钅部

👤 1-4年级

钢钢钢钢钢钢钢
钢钢

港 (港) gǎng

港湾	gǎngwān	harbour
海港	hǎigǎng	seaport; harbour
自由港	zìyóugǎng	free port

✏️ 12画

🔲 合体字

🏠 氵部

👤 5-6年级

港港港港港港港
港洪港港港

高 (高) gāo

| 高 | gāo | high; of a high level or degree |
| 高兴 | gāoxìng | glad; cheerful |

✏️ 10画

🔲 合体字

🏠 亠部

👤 1-4年级

高高高高高高高
高高高

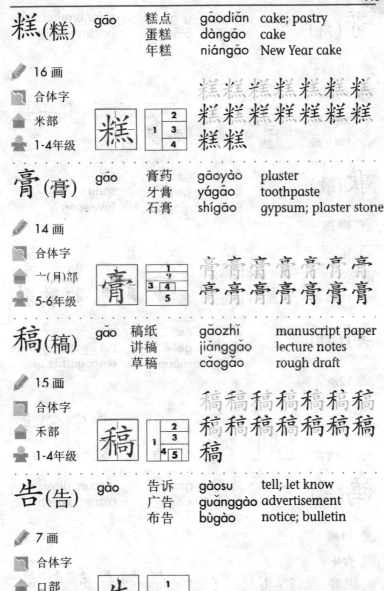

糕(糕) gāo

糕点	gāodiǎn	cake; pastry
蛋糕	dàngāo	cake
年糕	niángāo	New Year cake

✏ 16 画

▢ 合体字

🏠 米部

🎓 1-4年级

膏 (膏) gāo

膏药	gāoyào	plaster
牙膏	yágāo	toothpaste
石膏	shígāo	gypsum; plaster stone

✏ 14 画

▢ 合体字

🏠 亠(月)部

🎓 5-6年级

稿(稿) gāo

稿纸	gǎozhǐ	manuscript paper
讲稿	jiǎnggǎo	lecture notes
草稿	cǎogǎo	rough draft

✏ 15 画

▢ 合体字

🏠 禾部

🎓 1-4年级

告 (告) gào

告诉	gàosu	tell; let know
广告	guǎnggào	advertisement
布告	bùgào	notice; bulletin

✏ 7 画

▢ 合体字

🏠 口部

🎓 1-4年级

哥 (哥) gē

| 哥哥 | gēge | elder brother |
| 表哥 | biǎogē | cousin |

- 🖊 10 画
- ▢ 合体字
- ⬆ 一(口)部
- 👤 1-4年级

哥哥哥

歌 (歌) gē

歌唱	gēchàng	sing
歌曲	gēqǔ	song
情歌	qínggē	love song

- 🖊 14 画
- ▢ 合体字
- ⬆ 欠部
- 👤 1-4年级

歌歌歌歌歌歌歌

割 (割) gē

割	gē	cut
割裂	gēliè	cut apart; separate
收割	shōugē	reap; gather in

- 🖊 12画
- ▢ 合体字 　　"丰" 不是 "主"。
- ⬆ 刂部
- 👤 1-4年级

害害害害割割

鸽 (鸽) gē

| 鸽子 | gēzi | pigeon; dove |
| 信鸽 | xìngē | carrier pigeon |

- 🖊 11画
- ▢ 合体字
- ⬆ 鸟部
- 👤 1-4年级

鸽鸽鸽鸽

革(革) gé

革命	gémìng	revolution
皮革	pígé	leather; hide
变革	biàngé	transform; change

9 画

独体字

革部

高级华文

革革革革革革革
革革

隔(隔) gé

隔	gé	separate; partition
隔夜	géyè	of the previous night
间隔	jiàngé	interval; intermission

12 画

合体字

"鬲" 不是 "鬲"。

阝部

1-4年级

隔隔隔隔隔隔隔
隔隔隔隔隔

格(格) gé

格子	gézi	check; checker
格外	géwài	especially; all the more
及格	jígé	pass

10 画

合体字

木部

1-4年级

格格格格格格格
格格格

个(个) gè

自个儿	zìgěr	oneself; by oneself
个子	gèzi	hight; build
整个	zhěnggè	complete; entire

3 画

合体字

人部

1-4年级

个个个

各(各)

gè

各	gè	each; various
各自	gèzì	each; respective
各得其所	gèdéqísuǒ	each is in his proper place

✏ 6 画

🔲 合体字

"夂" 不是 "夂"。

🏠 夂(口)部

🧑 1-4年级

各 夂 各 各 各 各

给(给)

gěi
jǐ

给	gěi	give; grant
给予	jǐyǔ	give; render
供给	gōngjǐ	supply; furnish

✏ 9 画

🔲 合体字

🏠 纟(糸)部

🧑 1-4年级

给 给 给 给 给 给 给 给 给

跟(跟)

gēn

跟	gēn	follow; and
跟随	gēnsuí	follow; come after
脚跟	jiǎogēn	heel

✏ 13 画

🔲 合体字

🏠 足(⻊)部

🧑 1-4年级

跟 跟 跟 跟 跟 跟 跟 跟 跟 跟 跟 跟

根(根)

gēn

根本	gēnběn	basic; fundamental
根源	gēnyuán	source; origin
命根子	mìnggēnzi	one's very life; lifehood

✏ 10 画

🔲 合体字

🏠 木部

🧑 1-4年级

根 根 根 根 根 根 根 根 根 根

更(更) gēng 更换 gēnghuàn change; replace
变更 biàngēng change; alter
gèng 更加 gèngjiā still more; even more

7 画

独体字

一部

1-4年级

更 更 更 更 更 更 更

耕(耕) gēng 耕种 gēngzhòng till; cultivate
笔耕 bǐgēng live on one's writing

10 画

合体字

耒 部

1-4年级

耕 耕 耕 耕 耕 耕 耕 耕 耕 耕

工(工) gōng 工人 gōngrén worker; workman
工业 gōngyè industry
分工 fēngōng divide the work; division of labour

3 画

独体字

工部

1-4年级

工 工 工

公(公) gōng 办公 bàngōng handle official business
公德 gōngdé social ethics; social morality

4 画

合体字

"八"不是"人"或"入"。

八部

1-4年级

公 公 公 公

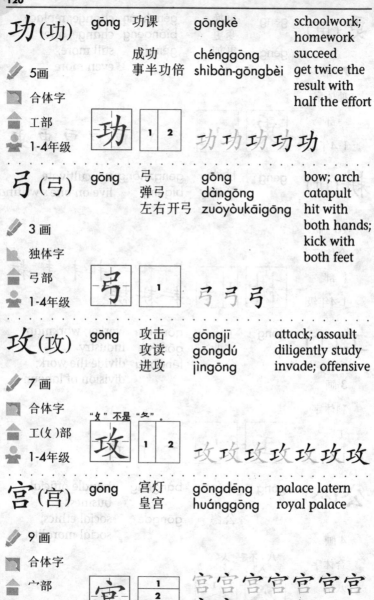

功(功) gōng

功课 gōngkè schoolwork; homework
成功 chénggōng succeed
事半功倍 shìbàn-gōngbèi get twice the result with half the effort

5画
合体字
工部
1-4年级

功 | 1 2 | 功 功 功 功 功

弓(弓) gōng

弓 gōng bow; arch
弹弓 dàngōng catapult
左右开弓 zuǒyòukāigōng hit with both hands; kick with both feet

3画
独体字
弓部
1-4年级

弓 | 1 | 弓 弓 弓

攻(攻) gōng

攻击 gōngjī attack; assault
攻读 gōngdú diligently study
进攻 jìngōng invade; offensive

7画
合体字
"攵"不是"夂"。
工(攵)部
1-4年级

攻 | 1 2 | 攻 攻 攻 攻 攻 攻 攻

宫(宫) gōng

宫灯 gōngdēng palace latern
皇宫 huánggōng royal palace

9画
合体字
宀部
1-4年级

宫 | 1 2 3 | 宫宫宫宫宫宫宫 宫宫

恭(恭) gōng 恭喜 gōngxǐ congratulations
恭敬 gōngjìng respectful

10 画

合体字

忄(小、一) 部

5-6年级

"小" 不是 "水"。

供(供) gōng 供应 gōngyìng supply; provide
提供 tígōng provide; furnish
gòng 口供 kǒugòng statement made by the accused under examination

8 画

合体字

亻 部

1-4年级

共(共) gòng 共同 gòngtóng common; jointly
共和国 gònghéguó republic
公共 gōnggòng public; communal

6 画

合体字

八(艹)部

1-4年级

贡(贡) gòng 贡献 gòngxiàn contribute; devote
进贡 jìngòng pay tribute

7 画

合体字

工(贝)部

5-6年级

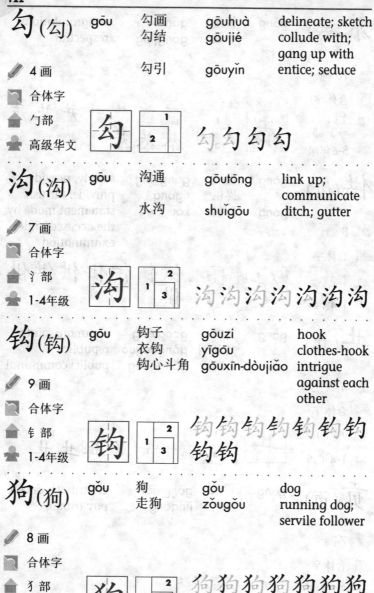

勾 (勾) gōu

勾画	gōuhuà	delineate; sketch
勾结	gōujié	collude with; gang up with
勾引	gōuyǐn	entice; seduce

4 画
合体字
勹部
高级华文

勾 勾 勾 勾

沟 (沟) gōu

沟通	gōutōng	link up; communicate
水沟	shuǐgōu	ditch; gutter

7 画
合体字
氵部
1-4年级

沟 沟 沟 沟 沟 沟 沟

钩 (钩) gōu

钩子	gōuzi	hook
衣钩	yīgōu	clothes-hook
钩心斗角	gōuxīn-dòujiǎo	intrigue against each other

9 画
合体字
钅部
1-4年级

钩 钩 钩 钩 钩 钩 钩 钩 钩

狗 (狗) gǒu

狗	gǒu	dog
走狗	zǒugǒu	running dog; servile follower

8 画
合体字
犭部
1-4年级

狗 狗 狗 狗 狗 狗 狗 狗

够(夠) gòu

够	gòu	enough; sufficient
够格	gòugé	be qualified
能够	nénggòu	be able to; be capable of

11 画

合体字

夕部

1-4年级

够 够 够 够 够 够 够 够 够 够 够

购(購) gòu

购买	gòumǎi	purchase; buy
定购	dìnggòu	order; place an order for something
收购	shōugòu	buy; purchase

8 画

合体字

贝部

1-4年级

购 购 购 购 购 购 购 购

构(構) gòu

构造	gòuzào	structure; construction
结构	jiégòu	structure; composition
机构	jīgòu	mechanism; organization

8 画

合体字

木部

5-6年级

构 构 构 构 构 构 构 构

辜(辜) gū

辜负	gūfù	let down; fail to live up to
无辜	wúgū	innocent; an innocent person

12 画

合体字

辛部

1-4年级

辜 辜 辜 辜 辜 辜 辜 辜 辜 辜 辜 辜

姑 (姑)　gū

姑夫	gūfu	uncle
姑息	gūxī	appease; tolerate
尼姑	nígū	Buddhist nun

✏️ 8 画

🔖 合体字

🏠 女部

🎓 1-4年级

姑	1 2 / 3	𡥀 姑 姑 姑 姑 姑 姑

骨 (骨)　gū / gǔ

骨朵儿	gūduor	flower bud
骨肉	gǔròu	kindred
露骨	lùgǔ	undisguised; barefaced

✏️ 9 画

🔖 合体字

🏠 骨部

🎓 1-4年级

骨	1 2	骨 骨 骨 骨 骨 骨 骨 骨 骨

谷 (谷)　gǔ

谷物	gǔwù	cereal; grain
稻谷	dàogǔ	paddy
山谷	shāngǔ	mountain valley

✏️ 7 画

🔖 合体字

🏠 谷(口、八)部

🎓 5-6年级

谷	1 2 3	谷 谷 谷 谷 谷 谷 谷

股 (股)　gǔ

股票	gǔpiào	share; stock
股东	gǔdōng	shareholder
合股	hégǔ	form a partnership

✏️ 8 画

🔖 合体字

🏠 月部

🎓 高级华文

股	2 1 3	股 股 股 股 股 股 股 股

古(古) gǔ

古代	gǔdài	ancient times; antiquity
古老	gǔlǎo	ancient; age-old
考古	kǎogǔ	archaeology

✏️ 5画

🔲 合体字

🏠 十(口)部

🎓 1-4年级

古 古 古 古 古

鼓(鼓) gǔ

鼓	gǔ	drum
鼓掌	gǔzhǎng	clap one's hands
打退堂鼓	dǎtuìtánggǔ	beat a retreat; draw in one's horns

✏️ 13画

🔲 合体字

🏠 士部

🎓 5-6年级

鼓 鼓 鼓 鼓 鼓 鼓 鼓
鼓 鼓 鼓 鼓 鼓 鼓

故(故) gù

故乡	gùxiāng	hometown; birthplace
故意	gùyì	intentionally; wilfully
事故	shìgù	accident

✏️ 9画

🔲 合体字

🏠 攵部

🎓 1-4年级

故 故 故 故 故 故 故
故 故

顾(顾) gù

顾客	gùkè	customer; client
回顾	huígù	look after; review
照顾	zhàogù	give consideration; look after

✏️ 10画

🔲 合体字

"厄"不是"厄"。

🏠 页部

🎓 1-4年级

顾 顾 顾 顾 顾 顾 顾
顾 顾 顾

固(固)   gù

固定	gùdìng	fixed; regular
牢固	láogù	firm; secure
顽固	wángù	obstinate; stubborn

8 画

合体字

口部

5-6年级

固 固 固 固 固 固 固
固

瓜(瓜)   guā

西瓜	xīguā	watermelon
瓜分	guāfēn	carve up; divide up
瓜子脸	guāzǐliǎn	an oval face

5 画

独体字

瓜部

1-4年级

瓜 瓜 瓜 瓜 瓜

刮(刮)   guā

刮	guā	scrape; blow
刮风	guāfēng	blow (of the wind)
搜刮	sōuguā	extort; plunder

8 画

合体字

刂部

1-4年级

刮 刮 刮 刮 舌 舌 刮
刮

挂(挂)   guà

挂	guà	hang; hitch
挂念	guàniàn	have something weighing on one's mind
牵挂	qiānguà	worry; care

9 画

合体字

扌部

1-4年级

挂 挂 挂 挂 挂 挂 挂
挂 挂

乖 (乖) guāi

乖 guāi well-behaved; shrewd

乖巧 guāiqiǎo clever; cute

8 画

合体字

丿 部

高级华文

怪 (怪) guài

奇怪 qíguài strange; odd

鬼怪 guǐguài ghosts and monsters

怪罪 guàizuì blame

8 画

合体字

"圣" 不是 "圣"。

忄 部

1-4年级

关 (关) guān

关 guān shut; close down

关系 guānxì relation; relationship

公关 gōngguān public relation

6 画

合体字

八 (丷) 部

1-4年级

观 (观) guān

观看 guānkàn watch; view

观众 guānzhòng audience; spectator

观 guàn

道观 dàoguàn Taoist temple

6 画

合体字

又 部

1-4年级

官(官)	guān	官方	guānfāng	official
		外交官	wàijiāoguān	diplomat
		器官	qìguān	organ; apparatus

8 画

合体字

宀部

1-4年级

"目" 不是 "吕"。

官官官官官官官官

冠(冠)	guān	鸡冠	jīguān	cockscomb
		衣冠	yīguān	hat and clothes
	guàn	冠军	guànjūn	champion

9 画

合体字

冖部

1-4年级

"冖" 不是 "宀"。

冠冠冠冠冠冠冠冠冠

管(管)	guǎn	管乐	guǎnyuè	orchestral music
		管理	guǎnlǐ	administer; supervise
		保管	bǎoguǎn	take care of; certainly

14 画

合体字

竹(⺮)部

1-4年级

"目" 不是 "吕"。

管管管管管管管
管管管管管管管

馆(馆)	guǎn	旅馆	lǚguǎn	hotel; guest house
		展览馆	zhǎnlǎnguǎn	exhibition centre

11 画

合体字

饣(食)部

1-4年级

"目" 不是 "吕"。

馆馆馆馆馆馆馆
馆馆馆馆

惯 (惯) guàn 习惯 xíguàn habit; be used to
惯例 guànlì convention;
usual practice

✏️ 12 画

🔲 合体字

🏠 忄部

👤 1-4年级

罐 (罐) guàn 罐头 guàntou tin; can
水罐 shuǐguàn water pitcher

✏️ 23 画

🔲 合体字

🏠 缶部

👤 5-6年级

"缶"不是"缶"。

光 (光) guāng 光 guāng light; ray
观光 guānguāng go sightseeing
光临 guānglín presence; the
honour of your
presence

✏️ 6 画

🔲 合体字

🏠 小(儿)部

👤 1-4年级

广 (广) guǎng 广大 guǎngdà vast; extensive
广场 guǎngchǎng public square
推广 tuīguǎng popularize;
spread

✏️ 3 画

🔲 独体字

🏠 广部

👤 1-4年级

龟 (龜) guī

| 乌龟 | wūguī | tortoise; turtle |
| 龟缩 | guīsuō | huddle up like a turtle in its head and legs; withdraw into passive defence |

7 画

独体字

刀(⺈)部

1-4年级

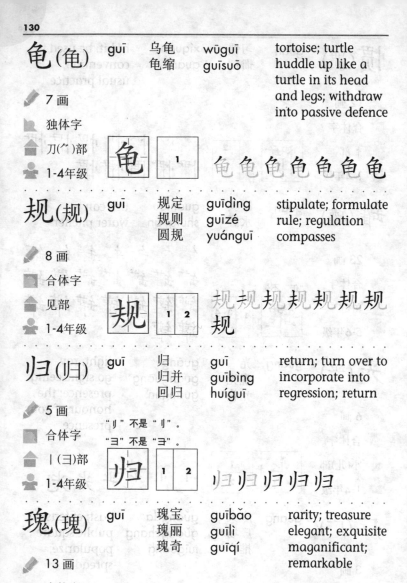

龟 龟 龟 龟 龟 龟 龟

规 (規) guī

规定	guīdìng	stipulate; formulate
规则	guīzé	rule; regulation
圆规	yuánguī	compasses

8 画

合体字

见部

1-4年级

规 规 规 规 规 规 规 规

归 (歸) guī

归	guī	return; turn over to
归并	guībìng	incorporate into
回归	huíguī	regression; return

5 画

合体字

"刂" 不是 "刂"。
"彐" 不是 "彐"。

丨(彐)部

1-4年级

归 彐 彐 归 归 归

瑰 (瑰) guī

瑰宝	guībǎo	rarity; treasure
瑰丽	guīlì	elegant; exquisite
瑰奇	guīqí	maganificent; remarkable

13 画

合体字

王部

5-6年级

瑰 瑰 瑰 瑰 瑰 瑰 瑰
瑰 瑰 瑰 瑰 瑰 瑰

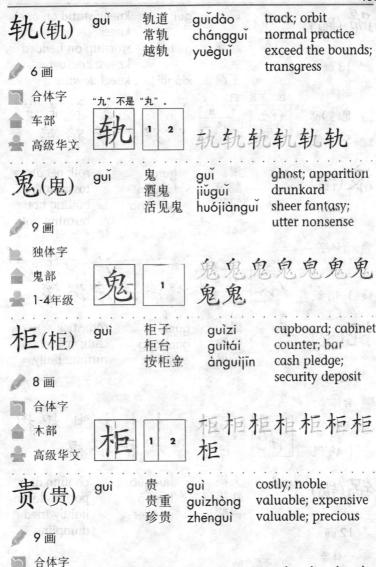

轨(軌) guǐ

轨道	guǐdào	track; orbit
常轨	chángguǐ	normal practice
越轨	yuèguǐ	exceed the bounds; transgress

6 画

合体字

"九"不是"丸"。

车部

高级华文

鬼(鬼) guǐ

鬼	guǐ	ghost; apparition
酒鬼	jiǔguǐ	drunkard
活见鬼	huójiànguǐ	sheer fantasy; utter nonsense

9 画

独体字

鬼部

1-4年级

柜(櫃) guǐ

柜子	guìzi	cupboard; cabinet
柜台	guìtái	counter; bar
按柜金	ànguìjīn	cash pledge; security deposit

8 画

合体字

木部

高级华文

贵(貴) guì

贵	guì	costly; noble
贵重	guìzhòng	valuable; expensive
珍贵	zhēnguì	valuable; precious

9 画

合体字

贝部

1-4年级

跪 (跪) guì

跪 guì — kneel; stand on one's knees

跪拜 guìbài — worship on bended knees; koutow

下跪 xiàguì — kneel down

13 画

合体字

足(⻊)部

5-6年级

"已" 不是 "巳"。

滚 (滚) gǔn

滚 gǔn — roll; get away

翻滚 fāngǔn — toss; tumble

滚烫 gǔntàng — boiling hot; burning hot

13 画

合体字

氵部

1-4年级

棍 (棍) gùn

棍子 gùnzi — rod; stick

棍棒 gùnbàng — club; cudgel

恶棍 ègùn — ruffian; bully

12 画

合体字

木部

1-4年级

锅 (锅) guō

火锅 huǒguō — chafing dish

铁锅 tiěguō — pot; cauldron

锅贴儿 guōtiēr — lightly fried dumpling

12 画

合体字

钅(金)部

5-6年级

"内" 不是 "内"。

国 (国)	guó	国家 国产	guójiā guóchǎn	country; nation made in one's own country
		岛国	dǎoguó	island country

8 画

合体字

口部

1-4年级

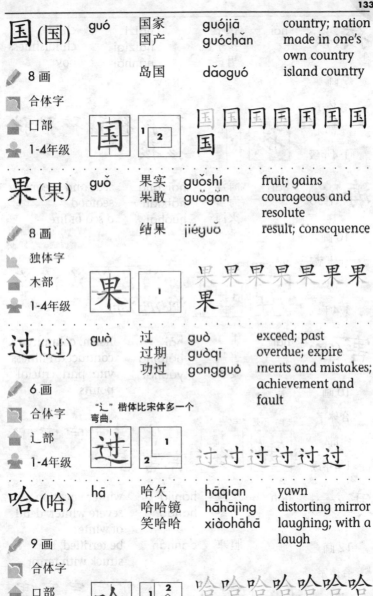

国国国国国国国
国

果 (果)	guǒ	果实 果敢	guǒshí guǒgǎn	fruit; gains courageous and resolute
		结果	jiéguǒ	result; consequence

8 画

独体字

木部

1-4年级

果果果果果果果
果

过 (过)	guò	过 过期 功过	guò guòqī gōngguò	exceed; past overdue; expire merits and mistakes; achievement and fault

6 画

合体字

"辶"楷体比宋体多一个弯曲。

辶部

1-4年级

过过过过过过

哈 (哈)	hā	哈欠 哈哈镜 笑哈哈	hāqian hāhājìng xiàohāhā	yawn distorting mirror laughing; with a laugh

9 画

合体字

口部

1-4年级

哈哈哈哈哈哈
哈哈

孩(孩) hái

孩子	háizi	child
孩子气	háiziqì	childishness
男孩	nánhái	boy

9 画

合体字

子部

1-4年级

海(海) hǎi

海洋	hǎiyáng	seas and oceans
海鲜	hǎixiān	seafood
火海	huǒhǎi	a sea of fire

10 画

合体字

"母" 不是 "毋"。

氵部

1-4年级

害(害) hài

害	hài	harm; calamity
害病	hàibìng	contract an illness
要害	yàohài	vital part; crucial points

10 画

合体字

"丰" 不是 "圭"。

宀部

1-4年级

寒(寒) hán

寒假	hánjià	winter vacation
寒冬	hándōng	severe winter; dead of winter
胆寒	dǎnhán	be terrified; be struck with terror

12 画

合体字

宀部

1-4年级

含(含)	hán	含	hán	keep in the mouth; contain
		含意	hányì	meaning; implication
		包含	bāohán	embody; include

7画

合体字

"今"不是"令"。

人(口)部

1-4年级

含 含 含 含 含 含 含

喊(喊)	hǎn	喊	hǎn	shout; yell
		喊叫	hǎnjiào	shout; cry out
		呼喊	hūhǎn	exclaim; call out

12画

合体字

口部

1-4年级

喊 喊 喊 喊 喊 喊 喊
喊 喊 喊 喊 喊

汗(汗)	hàn	汗	hàn	sweat; perspiration
		汗衫	hànshān	undershirt; T-shirt
	hán	可汗	kèhán	khan (ruler of the northern Chinese tribes in the ancient times)

6画

合体字

氵部

1-4年级

汗 汗 汗 汗 汗 汗

| 旱(旱) | hàn | 旱灾 | hànzāi | drought |
| | | 抗旱 | kànghàn | fight against the drought; drought-resistant |

7画

合体字

日部

高级华文

旱 旱 旱 旱 旱 旱 旱

汉(汉)	hàn	汉语	Hànyǔ	the Chinese language
		汉子	hànzi	fellow; man
5 画		男子汉	nánzihàn	man; manly

合体字

氵部

5-6年级

汉 | 1 | 2

汉 汉 汉 汉 汉

航(航)	háng	航海	hánghǎi	navigation
		航空	hángkōng	aviation
10 画		护航	hùháng	escort; convoy

合体字

舟部

5-6年级

航 | 1 | 2 | 3

航 航 航 航 航 航 航
航 航 航

毫(毫)	háo	毫毛	háomáo	soft hair on the body
		羊毫笔	yángháobǐ	writing brush made of goat's hair
11 画		丝毫	sīháo	a shred; the slightest amount or degree

合体字

亠(毛)部

高级华文

毫 | 1 | 2 | 3 | 4

毫 毫 毫 毫 毫 毫 毫
毫 毫 毫 毫

号(号)	háo	号哭	háokū	wail; howl
	hào	号令	hàolìng	verbal command; order
5 画		信号	xìnhào	signal

合体字

口部

1-4年级

号 | 1 | 2

号 号 号 号 号

好(好)	hǎo	好	hǎo	good; friendly
		好像	hǎoxiàng	seem; be like
	hào	好奇	hàoqí	be curious; be full of curiosity

✏ 6 画

▦ 合体字

🏠 女部

👤 1-4年级

| 好 | 1 | 2 |

好 好 好 好 好 好

喝(喝)	hē	喝	hē	drink
		喝茶	hēchá	drink tea
		喝彩	hēcǎi	acclaim; cheer

✏ 12 画

▦ 合体字

🏠 口部

👤 1-4年级

| 喝 | 1 | 2 3 4 5 |

喝 喝 喝 喝 喝 喝 喝
喝 喝 喝 喝 喝

河(河)	hé	河	hé	river
		河流	héliú	rivers and streams
		山河	shānhé	mountains and rivers; the land of one's country

✏ 8 画

▦ 合体字

🏠 氵部

👤 1-4年级

| 河 | 1 2 3 |

河 河 河 河 河 河 河
河

和(和)	hé	和	hé	and
	hè	和诗	hèshī	compose poems in reply
	hú	和	hú	complete a set in mahjong
	huó	和面	huómiàn	knead dough
	huò	和弄	huònong	stir; mix

✏ 8 画

▦ 合体字

🏠 禾(口)部

👤 1-4年级

| 和 | 1 2 |

和 和 和 和 和 和 和
和

合(合) hé

合并	hébìng	merge; amalgamate
合格	hégé	qualified; up to standard
配合	pèihé	co-operate; concert

6 画

合体字

人(口)部

1-4年级

合 合 合 合 合 合

盒(盒) hé

盒子	hézi	box; casket
饭盒	fànhé	lunch box; dinner pail
铅笔盒	qiānbǐhé	pencil-case

11 画

合体字

皿部

1-4年级

盒 盒 盒 盒 盒 盒 盒
盒 盒 盒 盒

何(何) hé

何人	hé rén	who; whom
何必	hébì	there is no need; why

7 画

合体字

亻部

1-4年级

何 何 何 何 何 何 何

荷(荷) hé

荷花	héhuā	lotus
荷包	hébāo	pouch; small bag
负荷	fùhè	load

10 画

合体字

艹部

5-6年级

荷 荷 荷 荷 荷 荷 荷
荷 荷 荷

贺 (贺)

hè

贺年	hènián	extend New Year greetings; pay a New Year call
贺电	hèdiàn	congratulatory telegram
庆贺	qìnghè	congratulate; celebrate

9 画

合体字

贝部

5-6年级

贺贺贺贺贺贺贺
贺贺

黑 (黑)

hēi

黑	hēi	black; secret
黑板	hēibǎn	blackboard
漆黑	qīhēi	pitch-dark; pitch-black

12 画

合体字

"黑" 不是 "里"。

黑部

1-4年级

黑黑黑黑黑黑黑
黑黑黑黑黑

痕 (痕)

hén

痕迹	hénjì	trace; vestige
泪痕	lèihén	tear stain
伤痕	shānghén	scar; bruise

11 画

合体字

疒部

高级华文

痕痕痕痕痕痕痕
痕痕痕痕

很 (很)

hěn

| 很 | hěn | very; quite |

9 画

合体字

彳部

1-4年级

很很很很很很很
很很

狠 (狠)

hěn

狠心	hěnxīn	cruel-hearted; heartless
狠毒	hěndú	vicious; venomous
发狠	fāhěn	make a high resolve; turn angry

✏️ 9 画

📖 合体字

🏠 犭部

🎓 5-6年级

狠狠狠狠狠狠狠
狠狠

1 2

恨 (恨)

hèn

仇恨	chóuhèn	hatred; enmity
解恨	jiěhèn	vent one's hatred
痛恨	tònghèn	hate bitterly; utterly detest

✏️ 9 画

📖 合体字

🏠 忄部

🎓 5-6年级

恨恨恨恨恨恨恨
恨恨

1 2

恒 (恒)

héng

恒心	héngxīn	perseverance
恒温	héngwēn	constant temperature
永恒	yǒnghéng	eternal; perpetual

✏️ 9 画

📖 合体字

🏠 忄部

🎓 5-6年级

恒恒恒恒恒恒恒
恒恒

1 2 3 4

横 (横)

héng
hèng

| 横排 | héngpái | horizental rank |
| 骄横 | jiāohèng | arrogant and imperious; overbearing |

✏️ 15 画

📖 合体字

🏠 木部

🎓 5-6年级

"由" 不是 "田"。

横横横横横横横
横横横横横横横
横

1 2 3 4

轰(轟) hōng 轰动 hōngdòng cause a sensation

轰轰烈烈 hōnghōnglièliè vigorous; dynamic

8画

合体字

车部

5-6年级

轰轰轰轰轰轰轰
轰

烘(烘) hōng 烘托 hōngtuō set off by contrast

烘箱 hōngxiāng oven

热烘烘 rèhōnghōng very warm

10画

合体字

火部

5-6年级

烘烘烘烘烘烘烘
烘烘烘

洪(洪) hóng 洪水 hóngshuǐ flood; floodwater

洪亮 hóngliàng loud and clear; sonorous

防洪 fánghóng prevent flood; flood-control

9画

合体字

氵部

高级华文

洪洪洪洪洪洪洪
洪洪

红(紅) hóng 红 hóng red; revolutionary

红利 hónglì bonus; extra dividend

眼红 yǎnhóng covet; furious

6画

合体字

纟(糸)部

1-4年级

红红红红红红

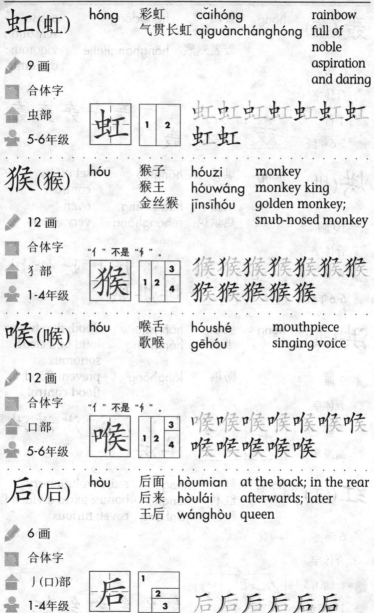

虹(虹) hóng 彩虹 cǎihóng rainbow
气贯长虹 qìguànchánghóng full of noble aspiration and daring

9 画
合体字
虫部
5-6年级

猴(猴) hóu 猴子 hóuzi monkey
猴王 hóuwáng monkey king
金丝猴 jīnsīhóu golden monkey; snub-nosed monkey

12 画
合体字
"亻"不是"彳"。
犭部
1-4年级

喉(喉) hóu 喉舌 hóushé mouthpiece
歌喉 gēhóu singing voice

12 画
合体字
"亻"不是"彳"。
口部
5-6年级

后(后) hòu 后面 hòumian at the back; in the rear
后来 hòulái afterwards; later
王后 wánghòu queen

6 画
合体字
丿(口)部
1-4年级

候(候)

hòu

候补	hòubǔ	be an alternate
时候	shíhou	time
气候	qìhòu	weather; climate

✏ 10 画

▢ 合体字

🏠 亻部

"亻" 不是 "彳"。

👤 1-4年级

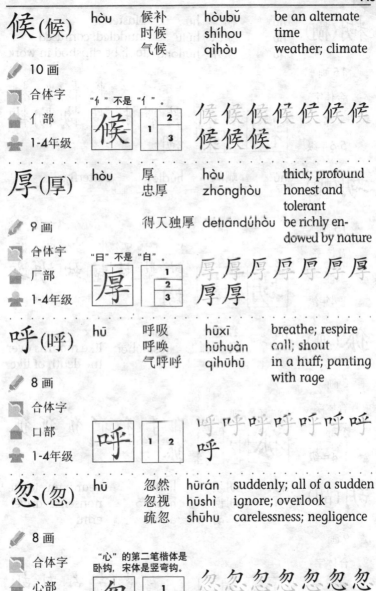

候候候候候候候
候候候

厚(厚)

hòu

厚	hòu	thick; profound
忠厚	zhōnghòu	honest and tolerant
得天独厚	détiāndúhòu	be richly endowed by nature

✏ 9 画

▢ 合体字

🏠 厂部

"日" 不是 "白"。

👤 1-4年级

厚厚厚厚厚厚厚
厚厚

呼(呼)

hū

呼吸	hūxī	breathe; respire
呼唤	hūhuàn	call; shout
气呼呼	qìhūhū	in a huff; panting with rage

✏ 8 画

▢ 合体字

🏠 口部

👤 1-4年级

呼呼呼呼呼呼呼
呼

忽(忽)

hū

忽然	hūrán	suddenly; all of a sudden
忽视	hūshì	ignore; overlook
疏忽	shūhu	carelessness; negligence

✏ 8 画

▢ 合体字

🏠 心部

"心" 的第二笔楷体是卧钩，宋体是竖弯钩。

👤 1-4年级

忽忽忽忽忽忽忽
忽

糊(糊)

hū	糊	hū	plaster
hú	糊涂	hútu	muddled; confused
hù	糊弄	hùnong	fool; be slipshod in work

✏️ 15 画

🔖 合体字

🏠 米部

👤 5-6年级

糊 糊 糊 糊 糊 糊 糊
粘 粘 粘 粘 粘 糊 糊
糊

蝴(蝴)

| hú | 蝴蝶 | húdié | butterfly |

✏️ 15 画

🔖 合体字

🏠 虫部

👤 1-4年级

蝴 蝴 蝴 虫 虫 虫 虫
虫 虫 蛄 蛄 蚴 蝴 蝴
蝴

狐(狐)

| hú | 狐狸 | húli | fox |
| | 兔死狐悲 | tùsǐhúbēi | like mourns over the death of like |

✏️ 8 画

🔖 合体字

🏠 犭部

👤 1-4年级

"瓜"不是"爪"。

狐 狐 狐 狐 狐 狐 狐
狐

胡(胡)

hú	胡须	húxū	beard; mustache
	胡说	húshuō	nonsense; drivel
	二胡	èrhú	erhu

✏️ 9 画

🔖 合体字

🏠 月部

👤 1-4年级

胡 胡 胡 胡 胡 胡 胡
胡 胡

壶 (壺)	hú	茶壶	cháhú	teapot
		喷壶	pēnhú	watering can
		酒壶	jiǔhú	wine pot; flagon

✏ 10 画

▨ 合体字　"土"不是"士"。"业"不是"亚"。

🏠 士部

👤 1-4年级

壶	1
	2
	3

壶 壶 壶 壶 壶 壶 壶 壶 壶 壶

| 湖 (湖) | hú | 湖 | hú | lake |
| | | 江湖 | jiānghú | all corners of the country; quacks |

✏ 12 画

▨ 合体字

🏠 氵部

👤 1-4年级

| 湖 | 2 | |
| | 1 | 3 | 4 |

湖 湖 湖 湖 湖 湖 湖 湖 湖 湖 湖 湖

虎 (虎)	hǔ	老虎	lǎohǔ	tiger; tigress
		马虎	mǎhu	careless; casual
		拦路虎	lánlùhǔ	formidable obstacle; stumbling block

✏ 8 画

▨ 合体字　"几"不是"儿"。

🏠 虍部

👤 1-4年级

| 虎 | 1 | 2 |
| | | 3 |

虎 虎 虎 虎 虎 虎 虎 虎

互 (互)	hù	互相	hùxiāng	mutual; each other
		互助	hùzhù	help each other
		互利	hùlì	mutually beneficial; of mutual benefit

✏ 4 画

▨ 独体字

🏠 一部

👤 1-4年级

| 互 | 1 |

互 互 互 互

146

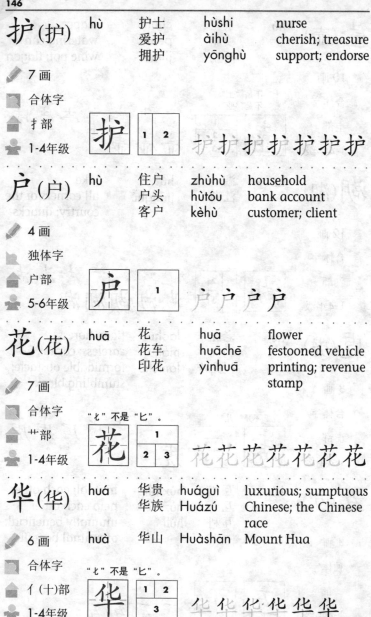

护(護) hù
- 护士 hùshi — nurse
- 爱护 àihù — cherish; treasure
- 拥护 yōnghù — support; endorse

7 画
合体字
扌部
1-4年级

护 护 护 护 护 护 护

户(戶) hù
- 住户 zhùhù — household
- 户头 hùtóu — bank account
- 客户 kèhù — customer; client

4 画
独体字
户部
5-6年级

户 户 户 户

花(花) huā
- 花 huā — flower
- 花车 huāchē — festooned vehicle
- 印花 yìnhuā — printing; revenue stamp

7 画
合体字
"钅" 不是 "匕"。
艹部
1-4年级

花 花 花 花 花 花 花

华(華) huá
- 华贵 huáguì — luxurious; sumptuous
- 华族 Huázú — Chinese; the Chinese race

huà
- 华山 Huàshān — Mount Hua

6 画
合体字
"钅" 不是 "匕"。
亻(十)部
1-4年级

华 华 华 华 华 华

滑 (滑)

huá	滑 huá	slippery; smooth
	滑轮 huálún	pulley; block
	光滑 guānghuá	glossy; sleek

12 画

合体字

氵部

1-4年级

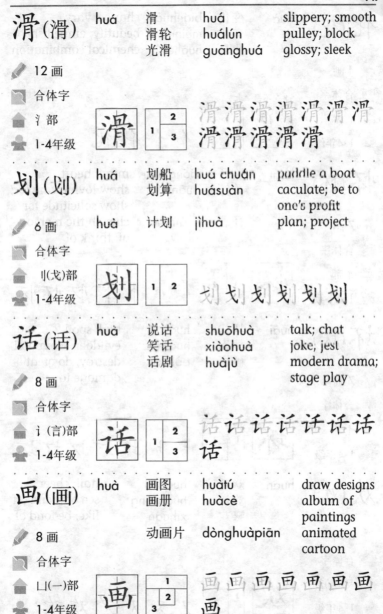

滑滑滑滑滑滑滑 滑滑滑滑滑

划 (劃)

huá	划船 huá chuán	paddle a boat
	划算 huásuàn	caculate; be to one's profit
huà	计划 jìhuà	plan; project

6 画

合体字

刂(戈)部

1-4年级

划戈戈戈划划

话 (話)

huà	说话 shuōhuà	talk; chat
	笑话 xiàohuà	joke, jest
	话剧 huàjù	modern drama; stage play

8 画

合体字

讠(言)部

1-4年级

话话话话话话话 话

画 (畫)

huà	画图 huàtú	draw designs
	画册 huàcè	album of paintings
	动画片 dònghuàpiān	animated cartoon

8 画

合体字

凵(一)部

1-4年级

画画画画画画画 画

化(化)

huà

变化	biànhuà	change; vary
美化	měihuà	beautify; embellish
化合	huàhé	chemical combination

✏ 4 画

🔲 合体字

"𠤎" 不是 "匕"。

🏠 亻部

👤 1-4年级

化 化 化 化

怀(怀)

huái

胸怀	xiōnghuái	mind; heart
关怀	guānhuái	show loving care for; show solicitude for
怀念	huáiniàn	cherish the memory of; think of

✏ 7 画

🔲 合体字

🏠 忄部

👤 1-4年级

怀 怀 怀 怀 怀 怀 怀

坏(坏)

huài

坏	huài	bad; spoil
坏人	huàirén	evildoer; scoundrel
破坏	pòhuài	destroy; do great damage to

✏ 7 画

🔲 合体字

🏠 土部

👤 1-4年级

坏 坏 坏 坏 坏 坏 坏

欢(欢)

huān

欢呼	huānhū	hail; cheer
欢送	huānsòng	see off; send off
喜欢	xǐhuan	like; be fond of

✏ 6 画

🔲 合体字

🏠 又(欠)部

👤 1-4年级

欢 欢 欢 欢 欢 欢

	huán	还	huán	go back; repay
还(还)		发还	fāhuán	return; give back
	hái	还	hái	still; yet

✏️ 7 画

▢ 合体字

"辶" 楷体比宋体多一个弯曲。

🏠 辶部

👤 1-4年级

还 不 不 不 还 还 还

	huán	花环	huāhuán	garland; floral hoop
环(环)		循环	xúnhuán	circulate; cycle
		环境	huánjìng	environment; circumstances

✏️ 8 画

▢ 合体字

🏠 土部

👤 5-6年级

环 环 环 环 环 环 环 环

	huàn	患病	huànbìng	suffer from an illness; fall ill
患(患)		患难	huànnàn	trials and tribulations
		后患	hòuhuàn	future trouble

✏️ 11 画

▢ 合体字

"心" 的第二笔楷体是卧钩，宋体是竖弯钩。

🏠 心部

👤 高级华文

患 患 患 患 患 患 患 患 患 患 患

	huàn	换	huàn	exchange; change
换(换)		换钱	huànqián	change money; sell
		交换	jiāohuàn	exchange; swap

✏️ 10 画

▢ 合体字

🏠 扌部

👤 1-4年级

换 换 换 换 换 换 换 换 换 换

慌 (慌)

huāng

慌张	huāngzhāng	flurried; flustered
恐慌	kǒnghuāng	panic; panic-stricken
慌忙	huāngmáng	hurriedly; in a great rush

12 画

合体字

"亡" 不是 "亾"。

忄部

1-4年级

慌 慌 慌 慌 慌 慌 慌 慌 慌 慌 慌 慌

荒 (荒)

huāng

荒凉	huāngliáng	bleak and desolate
开荒	kāihuāng	open up wasteland; reclaim wasteland
饥荒	jīhuāng	famine; be short of money

9 画

合体字

"亡" 不是 "亾"。

艹部

5-6年级

荒 荒 荒 荒 荒 荒 荒 荒 荒

煌 (煌)

huáng

| 辉煌 | huīhuáng | brilliant; splendid |

13 画

合体字

火部

高级华文

煌 煌 煌 煌 煌 煌 煌 煌 煌 煌 煌 煌 煌

黄 (黄)

huáng

黄	huáng	yellow; fizzle out
黄金	huángjīn	gold
炎黄	Yán-Huáng	glorious Chinese emperors in the ancient times

11 画

合体字

"由" 不是 "田"。

艹部

1-4年级

黄 黄 黄 黄 黄 黄 黄 黄 黄 黄 黄

皇(皇) huáng

皇帝	huángdì	emperor
堂皇	tánghuáng	grand; stately

- 9画
- 合体字
- 白部
- 1-4年级

谎(謊) huǎng

谎话	huǎnghuà	lie; falsehood
谎报	huǎngbào	give false information; start a canard
说谎	shuōhuǎng	tell a lie; lie

- 11画
- 合体字
- "亡"不是"云"。
- 讠(言)部
- 1-4年级

灰(灰) huī

灰尘	huīchén	dust; dirt
银灰	yínhuī	silver-grey
死灰复燃	sǐhuīfùrán	dying embers glowing again; resurgence; revival

- 6画
- 合体字
- 火部
- 1-4年级

恢(恢) huī

恢复	huīfù	resume; recover
恢恢	huīhuī	extensive; vast

- 9画
- 合体字
- 忄部
- 5-6年级

挥(揮) huī

挥舞	huīwǔ	wave; brandish
发挥	fāhuī	give free rein to; bring into play
指挥	zhǐhuī	command; direct

9 画

合体字

扌部

5-6年级

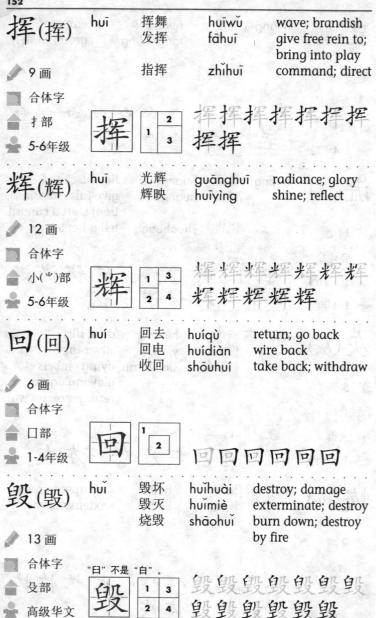

挥挥挥挥挥挥挥挥挥

辉(輝) huī

光辉	guānghuī	radiance; glory
辉映	huīyìng	shine; reflect

12 画

合体字

小(⺌)部

5-6年级

辉辉辉辉辉辉辉辉辉辉辉辉

回(回) huí

回去	huíqù	return; go back
回电	huídiàn	wire back
收回	shōuhuí	take back; withdraw

6 画

合体字

口部

1-4年级

回回回回回回

毁(毀) huǐ

毁坏	huǐhuài	destroy; damage
毁灭	huǐmiè	exterminate; destroy
烧毁	shāohuǐ	burn down; destroy by fire

13 画

合体字

"臼"不是"白"。

殳部

高级华文

毁毁毁毁毁毁毁毁毁毁毁毁毁

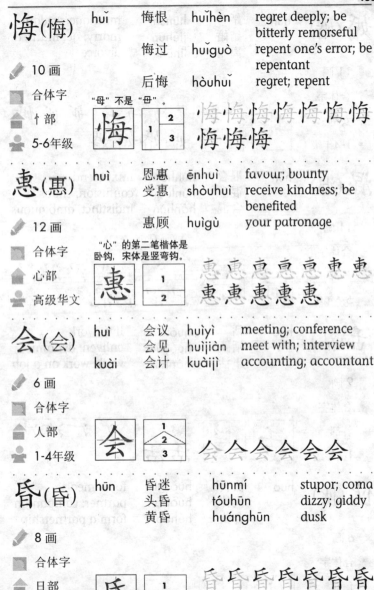

悔(悔)	huǐ	悔恨	huǐhèn	regret deeply; be bitterly remorseful
		悔过	huǐguò	repent one's error; be repentant
10 画		后悔	hòuhuǐ	regret; repent

合体字

"母" 不是 "毋"。

忄部

5-6年级

惠(惠)	huì	恩惠	ēnhuì	favour; bounty
		受惠	shòuhuì	receive kindness; be benefited
12 画		惠顾	huìgù	your patronage

合体字

"心" 的第二笔楷体是卧钩，宋体是竖弯钩。

心部

高级华文

会(会)	huì	会议	huìyì	meeting; conference
		会见	huìjiàn	meet with; interview
	kuài	会计	kuàijì	accounting; accountant

6 画

合体字

人部

1-4年级

昏(昏)	hūn	昏迷	hūnmí	stupor; coma
		头昏	tóuhūn	dizzy; giddy
		黄昏	huánghūn	dusk

8 画

合体字

日部

1-4年级

婚(婚)

hūn	婚事	hūnshì	marriage; wedding
	结婚	jiéhūn	marry; get married
	离婚	líhūn	divorce

✏️ 11 画

▢ 合体字

🏠 女部

👤 1-4年级

婚 | 1 | 2 |
| | 3 |

亻婚 婚 婚 婚 婚 婚
婚 婚 婚 婚

混(混)

hùn	混合	hùnhé	mix; blend
	混乱	hùnluàn	confusion; chaos
	含混	hánhùn	indistinct; ambiguous

✏️ 11 画

▢ 合体字

🏠 氵部

👤 5-6年级

混 | 1 | 2 |
| | 3 | 4 |

混 混 混 混 混 混 混
混 混 混 混

活(活)

huó	活	huó	live; work
	活跃	huóyuè	enliven; dynamic
	干活	gànhuó	work; work on a job

✏️ 9 画

▢ 合体字

🏠 氵部

👤 1-4年级

活 | 1 | 2 |
| | 3 |

活 活 活 活 活 活 活
活 活

伙(伙)

huǒ	伙食	huǒshí	food; meals
	伙伴	huǒbàn	partner; companion
	合伙	héhuǒ	form a partnership

✏️ 6 画

▢ 合体字

🏠 亻部

👤 高级华文

伙 | 1 | 2 |

伙 伙 伙 伙 伙 伙

火 (火) huǒ

火	huǒ	fire; anger
火患	huǒhuàn	fire; disaster
恼火	nǎohuǒ	annoyed; vexed

4 画

独体字

火部

1-4年级

火 火 火 火

货 (货) huò

货物	huòwù	goods; commodity
货币	huòbì	money; currency
百货	bǎihuò	general merchandize

8 画

合体字

"七"不是"匕"。

贝部

1-4年级

货 货 货 货 货 货 货 货

祸 (祸) huò

祸害	huòhài	disaster; scourge
闯祸	chuǎnghuò	get into trouble; bring disaster
车祸	chēhuò	traffic accident

11 画

合体字

"礻"不是"衤"。
"内"不是"禸"。

礻(示)部

1-4年级

祸 祸 祸 祸 祸 祸 祸 祸 祸 祸

或 (或) huò

或	huò	perhaps; maybe
或者	huòzhě	or; perhaps
或许	huòxǔ	probably; maybe

8 画

合体字

戈部

1-4年级

或 或 或 或 或 或 或 或

获 (獲) huò

获得	huòdé	gain; obtain
获胜	huòshèng	win victory; triumph
收获	shōuhuò	harvest; gather in the crops

- ✏️ 10 画
- 🔲 合体字
- 🏠 艹部
- 🎓 5-6年级

"犬" 不是 "大"。

获获获获获获获
获获获

讥 (譏) jī

讥笑	jīxiào	mock; jeer
讥刺	jīcì	deride; ridicule
反唇相讥	fǎnchúnxiāngjī	ridicule; satirize

- ✏️ 4 画
- 🔲 合体字
- 🏠 讠(言)部
- 🎓 高级华文

讥讥讥讥

肌 (肌) jī

肌肉	jīròu	muscle
肌体	jītǐ	human body; organism
面黄肌瘦	miànhuáng-jīshòu	sallow and emaciated

- ✏️ 6 画
- 🔲 合体字
- 🏠 月部
- 🎓 高级华文

肌肌肌肌肌肌

迹 (跡) jī

足迹	zújì	footprint; track
奇迹	qíjì	miracle; wonder
迹象	jīxiàng	sign; indication

- ✏️ 9 画
- 🔲 合体字
- 🏠 辶部
- 🎓 高级华文

"亦" 第五笔楷体是点，宋体是撇。
"辶" 楷体比宋体多一个弯曲。

迹迹迹迹迹迹迹
迹迹

机(機) jī

机器	jīqì	machinery; apparatus
机会	jīhuì	chance; opportunity
飞机	fēijī	aeroplane; aircraft

✏️ 6画

📑 合体字

🏠 木部

👤 1-4年级

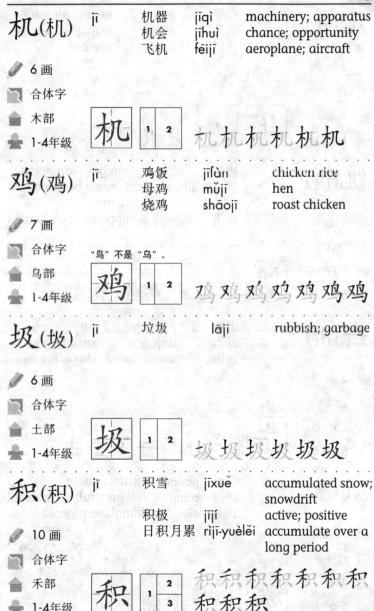

机 机 机 机 机 机

鸡(鷄) jī

鸡饭	jīfàn	chicken rice
母鸡	mǔjī	hen
烧鸡	shāojī	roast chicken

✏️ 7画

📑 合体字

"鸟"不是"乌"。

🏠 鸟部

👤 1-4年级

鸡 鸡 鸡 鸡 鸡 鸡 鸡

圾(圾) jī

垃圾	lājī	rubbish; garbage

✏️ 6画

📑 合体字

🏠 土部

👤 1-4年级

圾 圾 圾 圾 圾 圾

积(積) jī

积雪	jīxuě	accumulated snow; snowdrift
积极	jījí	active; positive
日积月累	rìjī-yuèlěi	accumulate over a long period

✏️ 10画

📑 合体字

🏠 禾部

👤 1-4年级

积 积 积 积 积 积 积
积 积 积

几(几) jī

几乎	jīhū	nearly; almost
茶几	chájī	teapoy; side table
几时	jǐshí	when

2 画

独体字

几部

1-4年级

几 几

饥(饥) jī

饥饿	jī'è	hunger; starvation
饥荒	jīhuāng	famine; be short of money
充饥	chōngjī	appease one's hunger

5 画

合体字

饣(食)部

5-6年级

饥 饥 饥 饥 饥

击(击) jī

击中	jīzhòng	hit
打击	dǎjī	strike; attack
射击	shèjī	shoot; fire

5 画

独体字

凵(一)部

5-6年级

击 击 击 击 击

激(激) jī

激动	jīdòng	excite; agitate
感激	gǎnjī	feel grateful; be thankful
刺激	cìjī	stimulate; provoke

16 画

合体字

"攵"不是"夂"。

氵部

5-6年级

激 激 激 激 激 激 激 激 激 激 激 激 激 激 激 激

姬 (姬)

jī	姬 jī	a complimentary term for female entertainer of ancient China; a Chinese surname

- 10 画
- 合体字
- 女部
- 5-6年级

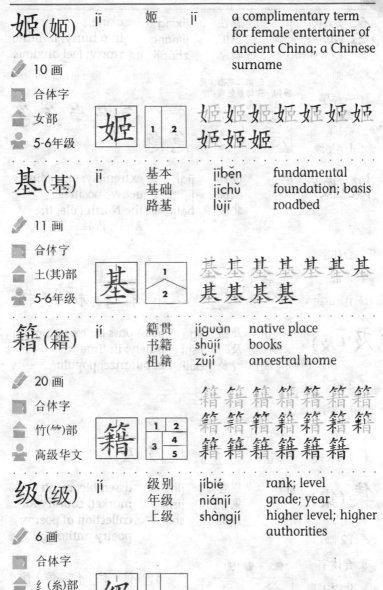

姬

基 (基)

jī	基本	jīběn	fundamental
	基础	jīchǔ	foundation; basis
	路基	lùjī	roadbed

- 11 画
- 合体字
- 土(其)部
- 5-6年级

基

籍 (籍)

jí	籍贯	jíguàn	native place
	书籍	shūjí	books
	祖籍	zǔjí	ancestral home

- 20 画
- 合体字
- 竹(⺮)部
- 高级华文

籍

级 (级)

jí	级别	jíbié	rank; level
	年级	niánjí	grade; year
	上级	shàngjí	higher level; higher authorities

- 6 画
- 合体字
- 纟(糸)部
- 1-4年级

级

急(急) jí 急性 jíxìng acute
急忙 jímáng in a hurry; in haste
着急 zháojí worry; feel anxious

9 画

合体字

刀(ク、心)部

1-4年级

"心" 的第二笔楷体是卧钩，宋体是竖弯钩。"ヨ" 不是 "ヨ"。

急 急 急 急 急 急 急 急 急 急

极(极) jí 极其 jíqí extremely; exceedingly
积极 jījí active; positive
北极 běijí the North Pole; the Arctic Pole

7 画

合体字

木部

1-4年级

极 极 极 极 极 极 极 极

及(及) jí 及格 jígé pass; pass an examination
及时 jíshí timely; in time
普及 pǔjí popularize; popular

3 画

独体字

丿部

1-4年级

及 及 及

集(集) jí 集合 jíhé assemble; muster
集市 jíshì market; country fair
诗集 shījí collection of poems; poetry anthology

12 画

合体字

隹(木)部

1-4年级

"隹" 不是 "住"。

集 集 集 集 集 集 集 集 集 集 集 集

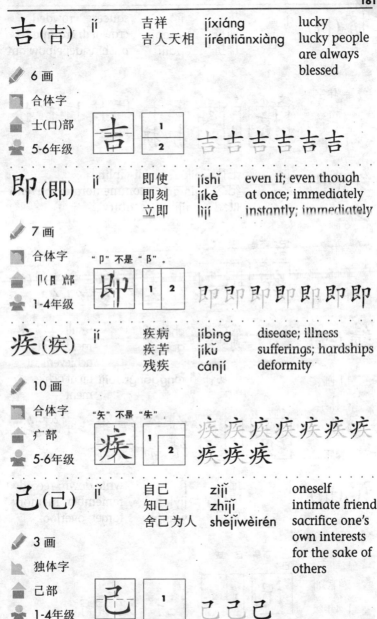

吉(吉) jí　吉祥　jíxiáng　lucky
　　　　　吉人天相　jíréntiānxiàng　lucky people are always blessed

6画
合体字
士(口)部
5-6年级

吉吉吉吉吉吉

即(即) jí　即使　jíshǐ　even if; even though
　　　　　即刻　jíkè　at once; immediately
　　　　　立即　lìjí　instantly; immediately

7画
合体字
"卩"不是"阝"。
卩(日)部
1-4年级

即即即即即即即

疾(疾) jí　疾病　jíbìng　disease; illness
　　　　　疾苦　jíkǔ　sufferings; hardships
　　　　　残疾　cánjí　deformity

10画
合体字
"矢"不是"失"
疒部
5-6年级

疾疾疾疾疾疾疾疾疾

己(己) jǐ　自己　zìjǐ　oneself
　　　　　知己　zhījǐ　intimate friend
　　　　　舍己为人　shějǐwèirén　sacrifice one's own interests for the sake of others

3画
独体字
己部
1-4年级

己己己

挤 (挤)

jǐ

挤	jǐ	squeeze; crowded
拥挤	yōngjǐ	crowded; cramped
排挤	páijǐ	push aside; elbow out

9 画

合体字

"文" 不是 "夂"。

扌 部

1-4年级

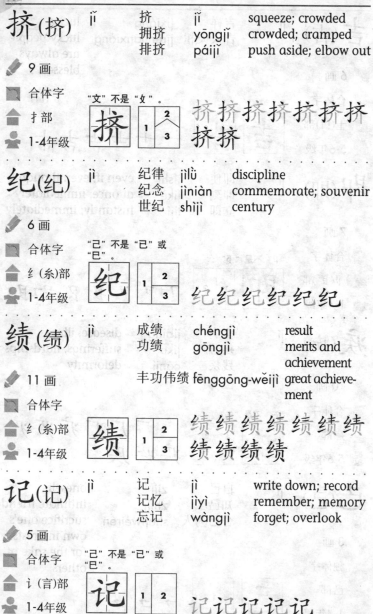

挤挤挤挤挤挤挤
挤挤

纪 (纪)

jì

纪律	jìlǜ	discipline
纪念	jìniàn	commemorate; souvenir
世纪	shìjì	century

6 画

合体字

"己" 不是 "已" 或 "巳"。

纟 (糸) 部

1-4年级

纪纪纪纪纪纪

绩 (绩)

jì

成绩	chéngjì	result
功绩	gōngjì	merits and achievement
丰功伟绩	fēnggōng-wěijì	great achievement

11 画

合体字

纟 (糸) 部

1-4年级

绩绩绩绩绩绩绩
绩绩绩绩

记 (记)

jì

记	jì	write down; record
记忆	jìyì	remember; memory
忘记	wàngjì	forget; overlook

5 画

合体字

"己" 不是 "已" 或 "巳"。

讠 (言) 部

1-4年级

记记记记记

寄 (寄) jì

寄	jì	send; post
寄托	jìtuō	entrust to the care of somebody
寄宿	jìsù	lodge; board

🖉 11 画

🔲 合体字

🏠 宀部

👤 1-4年级

寄寄寄寄寄寄寄
寄寄寄寄

计 (计) jì

计算	jìsuàn	compute; calculate
统计	tǒngjì	statistics; add up

🖉 4 画

🔲 合体字

🏠 讠 (言)部

👤 1-4年级

计计计计

继 (继) jì

继续	jìxù	continue; go on
继承	jìchéng	inherit; carry on
夜以继日	yèyǐjìrì	day and night; round the clock

🖉 10 画

🔲 合体字

🏠 纟 (糸)部

👤 1-4年级

继继继继继继继
继继继

季 (季) jì

季节	jìjié	season
四季	sìjì	the four seasons of the year
月季	yuèjì	Chinese rose

🖉 8 画

🔲 合体字

🏠 禾部

👤 5-6年级

季季季季季季季
季

技(技)   jì

技术	jìshù	technology; skill
技巧	jìqiǎo	craftsmanship; skill
特技	tèjì	stunt; trick

✏ 7画

▢ 合体字

⬆ 扌部

👤 5-6年级

技技技技技技技

际(际)   jì

国际	guójì	international; between nations
交际	jiāojì	social intercourse
边际	biānjì	limit; boundary

✏ 7画

▢ 合体字

"示"第四笔楷体是点，宋体是撇。

⬆ 阝部

👤 5-6年级

际际际际际际际

既(既)   jì

| 既然 | jìrán | since; now that |
| 一如既往 | yīrújìwǎng | just as in the past; as always |

✏ 9画

▢ 合体字

"旡"不是"无"。

⬆ 艮部

👤 5-6年级

既既既既既既既既既

寂(寂)   jì

寂寞	jìmò	lonely; lonesome
寂静	jìjìng	quiet; silent
沉寂	chénjì	quiet; still

✏ 11画

▢ 合体字

"𧘇"第五笔楷体是点，宋体是撇。

⬆ 宀部

👤 1-4年级

寂寂寂寂寂寂寂寂寂寂寂

佳(佳) jiā

佳节 jiājié — happy festival time; festival
佳句 jiājù — beautiful line; well-toned phrase
佳人 jiārén — beautiful woman

✎ 8 画
合体字
亻 部
1-4年级

佳佳佳佳佳佳佳佳

家(家) jiā

家 jiā — family
国家 guójiā — country
白手起家 báishǒuqǐjiā — start from scratch

✎ 10 画
合体字
宀 部
1-4年级

家家家家家家家家家家

加(加) jiā

加 jiā — add; augment
加班 jiābān — work overtime; work on extra shift
参加 cānjiā — take part in; attend

✎ 5 画
合体字
力 部
1-4年级

加加加加加

夹(夹) jiā

夹 jiā — press from both sides; mix
夹心 jiāxīn — with filling
皮夹子 píjiāzi — wallet; pocket book

✎ 6 画
独体字
一(大)部
1-4年级

夹夹夹夹夹夹

甲 (甲)

jiǎ	甲乙丙丁	jiǎ yǐ bǐng dīng	A, B, C and D
	甲板	jiǎbǎn	deck
	指甲	zhǐjia	fingernail

5 画

独体字

丨(田)部

1-4年级

甲 甲 甲 甲 甲

假 (假)

jiǎ	假	jiǎ	false; artificial
	假设	jiǎshè	suppose; presume
jià	假期	jiàqī	vacation; period of leave

11 画

合体字

"叚" 不是 "段"。

亻部

1-4年级

假假假假假假假 假假假假

架 (架)

jià	架设	jiàshè	erect; build
	架子	jiàzi	frame; shelf
	吵架	chǎojià	quarrel; have a row

9 画

合体字

木部

1-4年级

架架架架架架架 架架

价 (价)

jià	价钱	jiàqián	price
	物价	wùjià	(commodity) prices
	大减价	dàjiǎnjià	on sale; sell at a reduced price

6 画

合体字

亻部

1-4年级

价价价价价价

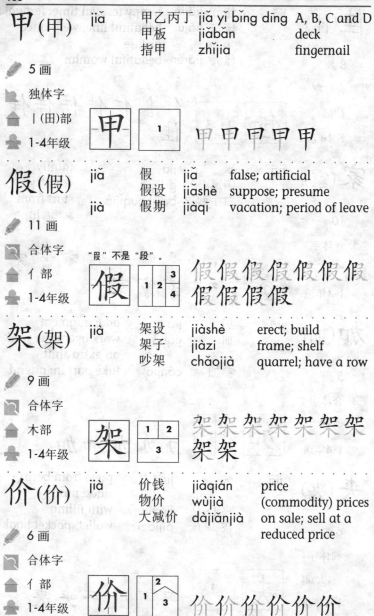

| 驾(驾) | jià | 驾驶 | jiàshǐ | drive; pilot |
| | | 劳驾 | láojià | excuse me |

✏️ 8 画

🔲 合体字

🏠 马部

🎓 5-6年级

驾 驾 驾 驾 驾 驾 驾 驾

嫁(嫁)	jià	嫁	jià	marry; transfer
		嫁接	jiàjiē	grafting
		出嫁	chūjià	(a woman) get married; marry

✏️ 13 画

🔲 合体字

🏠 女部

🎓 5-6年级

嫁 嫁 嫁 嫁 嫁 嫁 嫁 嫁 嫁 嫁 嫁 嫁 嫁

间(间)	jiān	房间	fángjiān	room
		时间	shíjiān	time
	jiàn	间接	jiànjiē	indirect; second-hand

✏️ 7 画

🔲 合体字

🏠 门部

🎓 1-4年级

间 间 间 间 间 间 间

尖(尖)	jiān	尖	jiān	point; piercing
		尖端	jiānduān	pointed end; most advanced
		笔尖	bǐjiān	nib; pen point

✏️ 6 画

🔲 合体字

"小"第二笔楷体是点，宋体是撇。

🏠 小(大)部

🎓 1-4年级

尖 尖 尖 尖 尖 尖

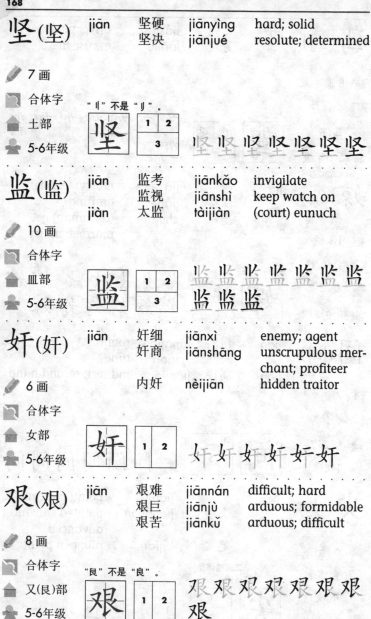

坚(堅) jiān

坚硬 jiānyìng hard; solid
坚决 jiānjué resolute; determined

7 画

合体字

土部

5-6年级

"刂"不是"刂"。

监(監) jiān

监考 jiānkǎo invigilate
监视 jiānshì keep watch on

jiàn

太监 tàijiàn (court) eunuch

10 画

合体字

皿部

5-6年级

奸(姦) jiān

奸细 jiānxì enemy; agent
奸商 jiānshāng unscrupulous merchant; profiteer

6 画

内奸 nèijiān hidden traitor

合体字

女部

5-6年级

艰(艱) jiān

艰难 jiānnán difficult; hard
艰巨 jiānjù arduous; formidable
艰苦 jiānkǔ arduous; difficult

8 画

合体字

又(艮)部

5-6年级

"艮"不是"良"。

肩 (肩) jiān

肩膀	jiānbǎng	shoulder
肩头	jiāntóu	shoulder (informal usage)
并肩	bìngjiān	shoulder to shoulder

✏️ 8 画
📑 合体字
🏠 户(月)部
👥 5-6年级

肩肩肩肩肩肩肩
肩

剪 (剪) jiǎn

剪	jiǎn	scissors; cut
剪纸	jiǎnzhǐ	paper-cut; scissor-cut
裁剪	cáijiǎn	cut out

✏️ 11 画
📑 合体字
🏠 刀部
👥 1-4年级

剪剪剪剪剪剪剪
剪剪剪剪

减 (减) jiǎn

减	jiǎn	reduce
减轻	jiǎnqīng	lighten
偷工减料	tōugōng-jiǎnliào	scamp work and stint material

✏️ 11 画
📑 合体字
🏠 冫部
👥 1-4年级

减减减减减减减
减减减减

检 (检) jiǎn

检查	jiǎnchá	inspect; examine
检讨	jiǎntǎo	self-criticism; reflect on
体检	tǐjiǎn	physical examination; health check-up

✏️ 11 画
📑 合体字
🏠 木部
👥 1-4年级

检检检检检检检
检检检检

170

简 (简) jiǎn

简单	jiǎndān	simple; uncomplicated
简短	jiǎnduǎn	brief; concise
精简	jīngjiǎn	retrench; streamline

- 13 画
- 合体字
- 竹(⺮)部
- 1-4年级

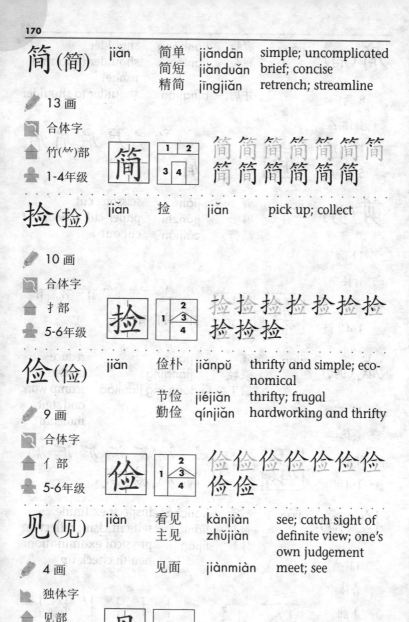

简简简简简简简
简简简简简简

捡 (捡) jiǎn

| 捡 | jiǎn | pick up; collect |

- 10 画
- 合体字
- 扌部
- 5-6年级

捡捡捡捡捡捡捡
捡捡捡

俭 (俭) jiǎn

俭朴	jiǎnpǔ	thrifty and simple; economical
节俭	jiéjiǎn	thrifty; frugal
勤俭	qínjiǎn	hardworking and thrifty

- 9 画
- 合体字
- 亻部
- 5-6年级

俭俭俭俭俭俭俭
俭俭

见 (见) jiàn

看见	kànjiàn	see; catch sight of
主见	zhǔjiàn	definite view; one's own judgement
见面	jiànmiàn	meet; see

- 4 画
- 独体字
- 见部
- 1-4年级

见见见见

件(件) jiàn

件	jiàn	one; piece
部件	bùjiàn	part; component
条件	tiáojiàn	condition; term

✏️ 6 画

▨ 合体字

🏠 亻 部

👤 1-4年级

件件件件件件

剑(劍) jiàn

宝剑	bǎojiàn	double-edged sword
舞剑	wǔjiàn	perform a sword-dance

✏️ 9 画

▨ 合体字

🏠 刂 部

👤 1-4年级

剑剑剑剑剑剑剑剑剑

健(健) jiàn

健康	jiànkāng	health; healthy
健忘	jiànwàng	forgetful; having a bad memory
稳健	wěnjiàn	firm; steady

✏️ 10 画

▨ 合体字

🏠 亻 部

👤 1-4年级

健健健健健健健健健

建(建) jiàn

建立	jiànlì	establish; set up
建设	jiànshè	construct; build
修建	xiūjiàn	build; erect

✏️ 8 画

▨ 合体字

🏠 廴 部

👤 1-4年级

建建建建建建建建

渐 (渐) jiàn
渐渐 jiànjiàn little by little
逐渐 zhújiàn gradually; by degrees
渐变 jiànbiàn gradual change

✏️ 11 画
🔲 合体字
🔺 氵部
👤 1-4年级

渐渐渐渐渐渐渐渐渐渐渐

箭 (箭) jiàn
箭 jiàn arrow
挡箭牌 dǎngjiànpái shield; pretext

✏️ 15 画
🔲 合体字
🔺 竹(𥫗)部
👤 1-4年级

箭箭箭箭箭箭箭箭箭箭箭箭箭箭箭

将 (将) jiāng
将来 jiānglái future
即将 jíjiāng be about to; be on the point of

jiàng
将领 jiànglǐng general; high-ranking military officer

✏️ 9 画
🔲 合体字
"夕" 不是 "夕".
🔺 丬(寸)部
👤 1-4年级

将将将将将将将将将

江 (江) jiāng
江 jiāng river
江山 jiāngshān rivers and mountains; landscape

✏️ 6 画
🔲 合体字
🔺 氵部
👤 5-6年级

江江江江江江

浆(浆)	jiāng	豆浆	dòujiāng	soya-bean milk
	jiàng	浆糊	jiànghu	paste

✏️ 10 画

▨ 合体字

🏠 水部

👤 5-6年级

"夕"不是"夕"。

讲(讲)	jiǎng	讲	jiǎng	speak; explain
		讲话	jiǎnghuà	speech; talk
		演讲	yǎnjiǎng	make a speech; give a lecture

✏️ 6 画

▨ 合体字

🏠 讠(言)部

👤 1-4年级

奖(奖)	jiǎng	奖	jiǎng	reward; prize
		奖品	jiǎngpǐn	trophy; award
		颁奖	bānjiǎng	award; bestow

✏️ 9 画

▨ 合体字

🏠 大部

👤 1-4年级

"夕"不是"夕"。

糨(糨)	jiàng	糨糊	jiànghu	paste

✏️ 18 画

▨ 合体字

🏠 米部

👤 高级华文

匠(匠)	jiàng	匠人	jiàngrén	artisan
		木匠	mùjiàng	carpenter
		能工巧匠	nénggōng-qiǎojiàng	skilful craftsman

6 画

合体字

匚部

1-4年级

匠 匠 匠 匠 匠 匠

降(降)	jiàng	降	jiàng	fall; drop
		降落	jiàngluò	descend; land
	xiáng	投降	tóuxiáng	surrender; capitulate

8 画

合体字　"夂"不是"夂"。"牛"不是"牛"。

阝部

1-4年级

降 降 降 降 降 降 降 降

酱(酱)	jiàng	酱菜	jiàngcài	pickles
		果酱	guǒjiàng	jam
		花生酱	huāshēngjiàng	peanut butter

13 画

合体字　"夕"不是"夕"。"酉"不是"西"。

酉部

5-6年级

酱 酱 酱 酱 酱 酱 酱 酱 酱 酱 酱 酱 酱

娇(娇)	jiāo	娇	jiāo	charming; delicate
		娇生惯养	jiāoshēng-guànyǎng	pampered since childhood

9 画

合体字　"夭"不是"天"。

女部

高级华文

娇 娇 娇 娇 娇 娇 娇 娇 娇

交(交) jiāo

交	jiāo	hand over; deliver
交通	jiāotōng	traffic; communications
结交	jiéjiāo	associate; make friends

✏️ 6画

🔲 合体字

🏠 亠部

👤 1-4年级

交交交交交交

浇(澆) jiāo

浇	jiāo	sprinkle; irrigate

✏️ 9画

🔲 合体字

"尧"不是"尧"。

🏠 氵部

👤 1-4年级

浇浇浇浇浇浇浇浇浇

蕉(蕉) jiāo

香蕉	xiāngjiāo	banana
美人蕉	měirénjiāo	canna

✏️ 15画

🔲 合体字

"隹"不是"住"。

🏠 艹部

👤 1-4年级

蕉蕉蕉蕉蕉蕉蕉蕉蕉蕉蕉蕉蕉蕉蕉

骄(驕) jiāo

骄傲	jiāo'ào	arrogant; take pride in
骄气	jiāoqì	arrogance; overbearing airs

✏️ 9画

🔲 合体字

"夭"不是"天"。

🏠 马部

👤 1-4年级

骄骄骄骄骄骄骄骄骄

教(教)	jiāo	教学	jiāoxué	teach; education
	jiào	教师	jiàoshī	teacher
		宗教	zōngjiào	religion

✏️ 11 画

📄 合体字

"攵"不是"夂"。

🏠 攵部

👤 1-4年级

教教教教教教教 教教教教

郊(郊)	jiāo	郊区	jiāoqū	suburbs; outskirts
		市郊	shìjiāo	suburbs; outskirts

✏️ 8 画

📄 合体字

"阝"不是"卩"。

🏠 阝部

👤 5-6年级

郊郊郊郊郊郊郊 郊

胶(胶)	jiāo	胶水	jiāoshuǐ	glue; mucilage
		胶卷	jiāojuǎn	film; roll film
		橡胶	xiàngjiāo	rubber

✏️ 10 画

📄 合体字

🏠 月部

👤 5-6年级

胶胶胶胶胶胶胶 胶胶胶

椒(椒)	jiāo	胡椒	hújiāo	pepper
		辣椒	làjiāo	chilli; hot pepper

✏️ 12 画

📄 合体字

"木"第五笔楷体是点，宋体是撇。

🏠 木部

👤 5-6年级

椒椒椒椒椒椒椒 椒椒椒椒椒

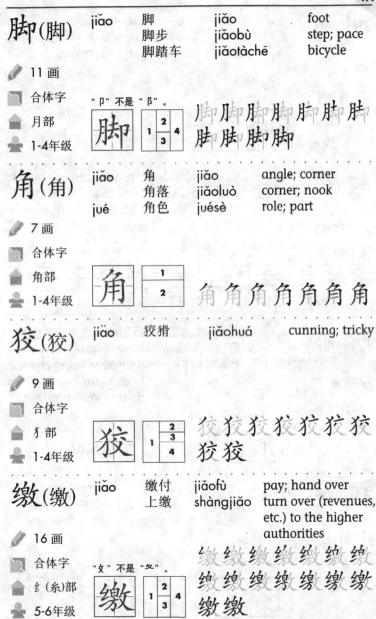

脚(腳)

jiǎo	脚	jiǎo	foot
	脚步	jiǎobù	step; pace
	脚踏车	jiǎotàchē	bicycle

11 画

合体字

月部

1-4年级

"卩" 不是 "阝"。

腳 丿 刀 月 月 肝 胪 肤
肤 肤 脚 脚

角(角)

jiǎo	角	jiǎo	angle; corner
	角落	jiǎoluò	corner; nook
jué	角色	juésè	role; part

7 画

合体字

角部

1-4年级

角 角 角 角 角 角 角

狡(狡)

| jiǎo | 狡猾 | jiǎohuá | cunning; tricky |

9 画

合体字

犭部

1-4年级

狡 狡 狡 狡 狡 狡 狡
狡 狡

缴(繳)

| jiǎo | 缴付 | jiǎofù | pay; hand over |
| | 上缴 | shàngjiǎo | turn over (revenues, etc.) to the higher authorities |

16 画

合体字

纟(糸)部

5-6年级

"攵" 不是 "夂"。

缴 缴 缴 缴 缴 缴 缴
缴 缴 缴 缴 缴 缴 缴
缴 缴

叫 (叫)   jiào

叫	jiào	shout; name
叫好	jiào hǎo	applaud; shout "Bravo"
喊叫	hǎnjiào	shout; cry out

5 画

合体字

口部

1-4年级

叫 叫 叫 叫 叫

较 (较)   jiào

较量	jiàoliàng	have a contest; haggle
比较	bǐjiào	compare; contrast
计较	jìjiào	fuss about; think over

10 画

合体字

车部

1-4年级

较 较 较 较 较 较 较 较 较 较

阶 (阶)   jiē

阶梯	jiētī	ladder; a flight of stairs
阶段	jiēduàn	stage; phase
台阶	táijiē	a flight of steps; chance to extricate oneself from an awkward position

6 画

合体字

阝部

高级华文

阶 阶 阶 阶 阶 阶

接 (接)   jiē

接	jiē	receive; meet
接近	jiējìn	approach; near
迎接	yíngjiē	greet; welcome

11 画

合体字

扌部

1-4年级

接 接 接 接 接 接 接 接 接 接 接

街(街)

12 画
合体字
彳部
1-4年级

jiē	街	jiē	street
	街头巷尾	jiētóu-xiàngwěi	streets and lanes
	华尔街	Huá'ér Jiē	the Wall Street

街 街 街 街 街 街 街
街 街 街 街 街

结(结)

9 画
合体字
纟(糸)部
1-4年级

"士"不是"土"。

jiē	结实	jiēshi	fructify; bear fruit
jié	结合	jiéhé	combine; integrate
	团结	tuánjié	unite; rally

结 结 结 结 结 结 结
结 结

杰(杰)

8 画
合体字
木(灬)部
高级华文

jié	杰出	jiéchū	outstanding; remarkable
	杰作	jiézuò	masterpiece
	俊杰	jùnjié	a person of outstanding talent; hero

杰 朩 朩 木 朩 朩 朩
杰

捷(捷)

11 画
合体字
扌部
高级华文

"ヨ"不是"ヨ"。

jié	捷报	jiébào	news of victory
	敏捷	mǐnjié	agile
	报捷	bàojié	report a success

捷 捷 捷 捷 捷 捷 捷
捷 捷 捷 捷

节(節)   jié

节日	jiérì	festival; holiday
节约	jiéyuē	practise thrift; save
细节	xìjié	details

✏ 5 画

🔲 合体字

🏠 艹部

👤 1-4年级

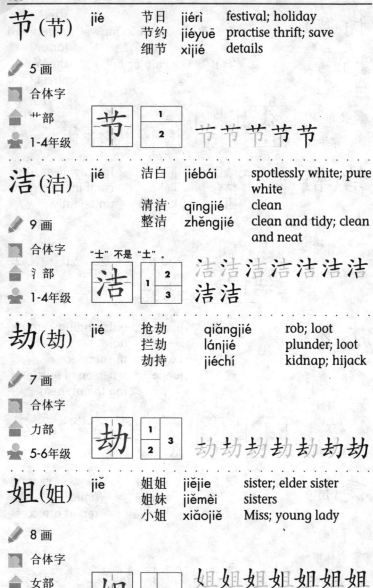

节 节 节 节 节

洁(潔)   jié

洁白	jiébái	spotlessly white; pure white
清洁	qīngjié	clean
整洁	zhěngjié	clean and tidy; clean and neat

✏ 9 画

🔲 合体字

"士"不是"土"。

🏠 氵部

👤 1-4年级

洁 洁 洁 洁 洁 洁 洁 洁 洁

劫(劫)   jié

抢劫	qiǎngjié	rob; loot
拦劫	lánjié	plunder; loot
劫持	jiéchí	kidnap; hijack

✏ 7 画

🔲 合体字

🏠 力部

👤 5-6年级

劫 劫 劫 劫 劫 劫 劫

姐(姐)   jiě

姐姐	jiějie	sister; elder sister
姐妹	jiěmèi	sisters
小姐	xiǎojiě	Miss; young lady

✏ 8 画

🔲 合体字

🏠 女部

👤 1-4年级

姐 姐 姐 姐 姐 姐 姐 姐

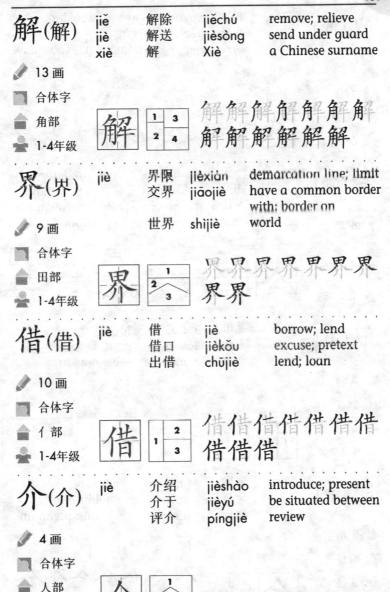

解(解)

jiě	解除	jiěchú	remove; relieve
jiè	解送	jièsòng	send under guard
xiè	解	Xiè	a Chinese surname

13 画

合体字

角部

1-4年级

解解解解角角角 解解解解解解

界(呎)

jiè	界限	jièxiàn	demarcation line; limit
	交界	jiāojiè	have a common border with; border on
	世界	shìjiè	world

9 画

合体字

田部

1-4年级

界界界界界界界 界界

借(借)

jiè	借	jiè	borrow; lend
	借口	jièkǒu	excuse; pretext
	出借	chūjiè	lend; loan

10 画

合体字

亻部

1-4年级

借借借借借借借 借借借

介(介)

jiè	介绍	jièshào	introduce; present
	介于	jièyú	be situated between
	评介	píngjiè	review

4 画

合体字

人部

1-4年级

介介介介

戒(戒) jiè

戒烟	jièyān	give up smoking
戒指	jièzhi	ring
劝戒	quànjiè	admonish; expostulate

7 画

合体字

戈部

5-6年级

今(今) jīn

今天	jīntiān	today
如今	rújīn	nowadays
古往今来	gǔwǎng-jīnlái	through the ages

4 画

合体字

人部

1-4年级

巾(巾) jīn

毛巾	máojīn	towel
头巾	tóujīn	scarf; kerchief
餐巾	cānjīn	table napkin

3 画

独体字

巾部

1-4年级

金(金) jīn

金钱	jīnqián	money
金鱼	jīnyú	goldfish
奖金	jiǎngjīn	bonus; premium

8 画

合体字

钅(金)部

1-4年级

斤(斤) jīn 公斤 gōngjīn kilogram
斤斤计较 jīnjīnjìjiào be calculating

4 画

独体字

斤部

1-4年级

斤 丶

斤 斤 斤 斤

禁(禁) jīn 禁受 jīnshòu bear; endure
jìn 禁止 jìnzhǐ prohibit; forbid
查禁 chájìn bar; prohibit

13 画

合体字

"示"第四笔楷体是点，宋体是撇。

示(木)部

1-4年级

禁 1 2 3 4

禁 禁 禁 禁 禁 禁 禁
禁 禁 禁 禁 禁 禁

谨(谨) jǐn 谨慎 jǐnshèn prudent; circumspect
严谨 yánjǐn strict

13 画

合体字

"廿"不是"艹"。

讠(言)部

高级华文

谨 1 2

谨 谨 谨 谨 谨 谨 谨
谨 谨 谨 谨 谨 谨

紧(紧) jǐn 紧 jǐn tight; stringent
紧张 jǐnzhāng nervous; tense
赶紧 gǎnjǐn hasten; lose no time

10 画

合体字

"糸"第五笔楷体是点，宋体是撇。

糸(纟)部

1-4年级

紧 1 2 3 4

紧 紧 紧 紧 紧 紧 紧
紧 紧 紧

尽 (盡)

jǐn · 尽管 · jǐnguǎn · though; feel free to do
jìn · 尽力 · jìnlì · try one's best; do all one can

6 画

合体字

尸部

1-4年级

详尽 · xiángjìn · detailed; exhaustive

劲 (勁)

jìn · 劲头 · jìntóu · strength; vigour
· 干劲 · gànjìn · enthusiasm; vigour
jìng · 强劲 · qiángjìng · powerful; forceful

7 画

合体字 · "圣" 不是 "圣"。

力部

高级华文

进 (進)

jìn · 进 · jìn · advance; enter
· 进行 · jìnxíng · be in progress; be underway
· 改进 · gǎijìn · improve; make better

7 画

合体字 · "辶" 楷体比宋体多一个弯曲。

辶部

1-4年级

近 (近)

jìn · 近 · jìn · close; intimate
· 近代 · jìndài · modern times
· 亲近 · qīnjìn · be close to; be on intimate terms with

7 画

合体字 · "辶" 楷体比宋体多一个弯曲。

辶部

1-4年级

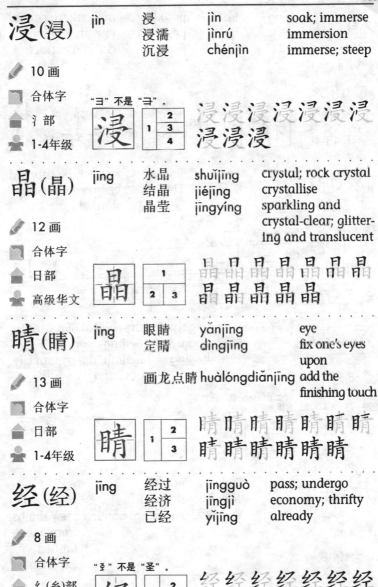

浸 (浸) jìn

浸	jìn	soak; immerse
浸濡	jìnrú	immersion
沉浸	chénjìn	immerse; steep

✏ 10 画

▢ 合体字

🔲 氵部

👤 1-4年级

"彐" 不是 "ヨ"。

晶 (晶) jīng

水晶	shuǐjīng	crystal; rock crystal
结晶	jiéjīng	crystallise
晶莹	jīngyíng	sparkling and crystal-clear; glittering and translucent

✏ 12 画

▢ 合体字

🔲 日部

👤 高级华文

睛 (睛) jīng

眼睛	yǎnjīng	eye
定睛	dìngjīng	fix one's eyes upon
画龙点睛	huàlóngdiǎnjīng	add the finishing touch

✏ 13 画

▢ 合体字

🔲 日部

👤 1-4年级

经 (经) jīng

经过	jīngguò	pass; undergo
经济	jīngjì	economy; thrifty
已经	yǐjīng	already

✏ 8 画

▢ 合体字

🔲 纟(糸)部

👤 1-4年级

"圣" 不是 "圣"。

精(精) jīng

精细	jīngxì	meticulous; careful
精神	jīngshen	vigour; vitality
鸡精	jījīng	chicken extract

🖊 14 画

📖 合体字

🔺 米部

👤 1-4年级

惊(惊) jīng

| 惊奇 | jīngqí | wonder; be suprised |
| 吃惊 | chījīng | be taken aback; be startled |

🖊 11 画

📖 合体字　"京"第七笔楷体是点，宋体是撇。

🔺 忄部

👤 1-4年级

京(京) jīng

京城	jīngchéng	the capital of a country
京剧	jīngjù	Beijing opera
北京	Běijīng	Beijing, the capital city of China

🖊 8 画

📖 合体字　第七笔楷体是点，宋体是撇。

🔺 亠部

👤 5-6年级

井(井) jǐng

井	jǐng	well
水井	shuǐjǐng	water well
坐井观天	zuòjǐngguāntiān	view things from one's limited experience

🖊 4 画

📖 独体字

🔺 一(二)部

👤 1-4年级

景(景)

jǐng

风景	fēngjǐng	scenery; landscape
盆景	pénjǐng	potted landscape; miniature trees and rockery
景色	jǐngsè	scenery; view

12 画

合体字

"京" 第七笔楷体是点，宋体是撇。

日部

1-4年级

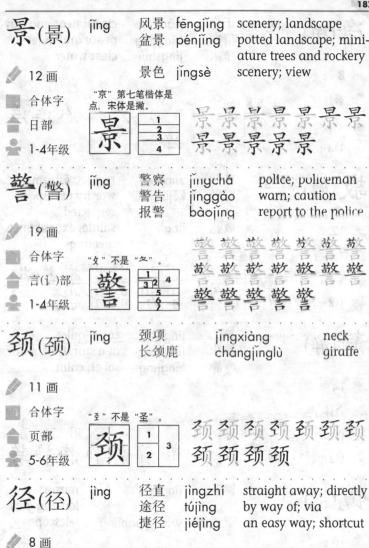

警(警)

jǐng

警察	jǐngchá	police, policeman
警告	jǐnggào	warn; caution
报警	bàojǐng	report to the police

19 画

合体字

"夊" 不是 "夂"。

言(讠)部

1-4年级

颈(颈)

jǐng

颈项	jǐngxiàng	neck
长颈鹿	chángjǐnglù	giraffe

11 画

合体字

"圣" 不是 "圣"。

页部

5-6年级

径(径)

jìng

径直	jìngzhí	straight away; directly
途径	tújìng	by way of; via
捷径	jiéjìng	an easy way; shortcut

8 画

合体字

"圣" 不是 "圣"。

彳部

高级华文

净 (净) jìng

干净	gānjìng	clean; neat and tidy
清净	qīngjìng	peace and quiet
净水	jìngshuǐ	clear water

✏ 8 画

📖 合体字

🏠 丬部

👤 1-4年级

"ヨ" 不是 "ヨ"。

净净净净净净净净

敬 (敬) jìng

尊敬	zūnjìng	respect; esteem
可敬	kějìng	worthy of respect; respected
敬礼	jìnglǐ	salute; extend one's greetings

✏ 12 画

📖 合体字

🏠 夂部

👤 1-4年级

"攵" 不是 "夂"。

敬敬敬敬苟苟苟苟敬敬敬敬敬

静 (静) jìng

静	jìng	calm; quiet
静止	jìngzhǐ	at a standstill; static
冷静	lěngjìng	sober; calm

✏ 14 画

📖 合体字

🏠 青部

👤 1-4年级

"ヨ" 不是 "ヨ"。

静静静静静静静静静静静静静静

镜 (镜) jìng

| 镜子 | jìngzi | mirror; looking glass |
| 望远镜 | wàngyuǎnjìng | telescope |

✏ 16 画

📖 合体字

🏠 钅(金)部

👤 1-4年级

镜镜镜镜镜镜镜镜镜镜镜镜镜镜镜镜

竞(竞)	jìng	竞赛	jìngsài	contest; competition
		竞争	jìngzhēng	compete; rival
		竞走	jìngzǒu	heel-and-toe walking race

10 画

合体字

"口" 不是 "日"。

立部

5-6年级

竞竞竞竞竞竞竞
竞竞竞

竟(竟)	jìng	竟然	jìngrán	unexpectedly; go so far as
		究竟	jiūjìng	actually; after all
		毕竟	bìjìng	after all; all in all

11 画

合体字

立部

5-6年级

竟竟竟竟竟竟竟
竟竟竟竟

境(境)	jìng	境界	jìngjiè	extent; realm
		边境	biānjìng	border; frontier
		梦境	mèngjìng	dreamland; dream world

14 画

合体字

土部

5-6年级

境境境境境境境
境境境境境境境

| 纠(纠) | jiū | 纠纷 | jiūfēn | dispute; issue |
| | | 纠正 | jiūzhèng | correct; put right |

5 画

合体字

纟(糸)部

高级华文

纠纠纠纠纠

究 (究) jiū

究竟	jiūjìng	outcome; actually
追究	zhuījiū	look into; investigate
考究	kǎojiū	observe and study; fastidious

✏️ 7 画

📑 合体字

🏠 穴部

👤 5-6年级

究 究究究究究究究

九 (九) jiǔ

九	jiǔ	nine
九州	jiǔzhōu	a poetic name for China
九死一生	jiǔsǐyīshēng	a narrow escape from death

✏️ 2 画

📑 独体字

🏠 丿部

👤 1-4年级

九 九九

久 (久) jiǔ

久远	jiǔyuǎn	far back
永久	yǒngjiǔ	permanent
天长日久	tiāncháng-rìjiǔ	after a considerable period of time

✏️ 3 画

📑 独体字

🏠 丿部

👤 1-4年级

久 久久久

酒 (酒) jiǔ

酒	jiǔ	wine; liquor
酒店	jiǔdiàn	hotel; wineshop
喜酒	xǐjiǔ	wedding feast

✏️ 10 画

📑 合体字

🏠 氵部

👤 1-4年级

"酉" 不是 "西"。

酒 酒酒酒酒酒酒酒
酒酒酒

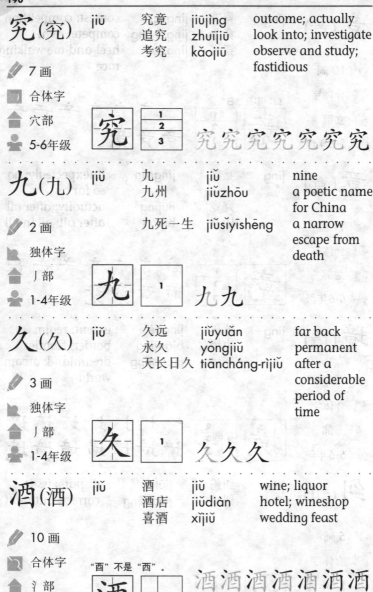

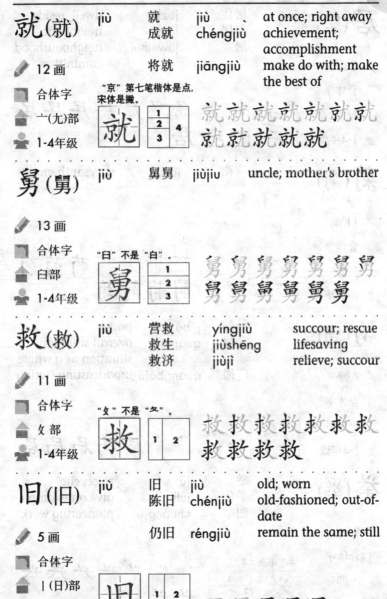

就 (就)

jiù	就	jiù	、 at once; right away
	成就	chéngjiù	achievement; accomplishment
	将就	jiāngjiù	make do with; make the best of

12 画

合体字

"京" 第七笔楷体是点, 宋体是撇。

亠(尢)部

1-4年级

就 就 就 就 就 就 就 就 就 就 就 就

舅 (舅)

| jiù | 舅舅 | jiùjiu | uncle; mother's brother |

13 画

合体字

"臼" 不是 "白"。

臼部

1-4年级

舅 舅 舅 舅 舅 舅 舅 舅 舅 舅 舅 舅

救 (救)

jiù	营救	yíngjiù	succour; rescue
	救生	jiùshēng	lifesaving
	救济	jiùjì	relieve; succour

11 画

合体字

"攵" 不是 "夂"。

攵部

1-4年级

救 救 救 救 救 救 救 救 救 救 救

旧 (旧)

jiù	旧	jiù	old; worn
	陈旧	chénjiù	old-fashioned; out-of-date
	仍旧	réngjiù	remain the same; still

5 画

合体字

丨(日)部

1-4年级

旧 旧 旧 旧 旧

居 (居) jū

居住	jūzhù	dwell; reside
邻居	línjū	neighbour
居委会	jūwěihuì	neighbourhood committee

✏️ 8 画

▨ 合体字

⬚ 尸部

👤 1-4年级

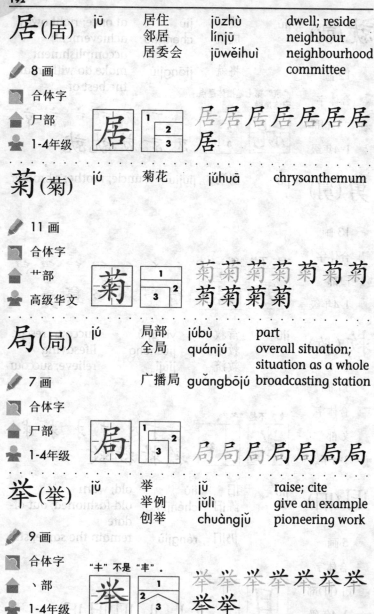

居 居 居 居 居 居 居 居

菊 (菊) jú

菊花	júhuā	chrysanthemum

✏️ 11 画

▨ 合体字

⬚ 艹部

👤 高级华文

菊 菊 菊 菊 菊 菊 菊 菊 菊 菊 菊

局 (局) jú

局部	júbù	part
全局	quánjú	overall situation; situation as a whole
广播局	guǎngbōjú	broadcasting station

✏️ 7 画

▨ 合体字

⬚ 尸部

👤 1-4年级

局 局 局 局 局 局 局

举 (举) jǔ

举	jǔ	raise; cite
举例	jǔlì	give an example
创举	chuàngjǔ	pioneering work

✏️ 9 画

▨ 合体字

"丯" 不是 "丰"。

⬚ 、部

👤 1-4年级

举 举 举 举 举 举 举 举 举

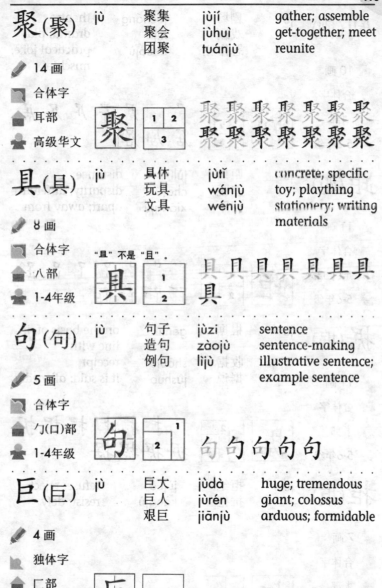

聚(聚)	jù	聚集	jùjí	gather; assemble
		聚会	jùhuì	get-together; meet
		团聚	tuánjù	reunite

14 画

合体字

耳部

高级华文

具(具)	jù	具体	jùtǐ	concrete; specific
		玩具	wánjù	toy; plaything
		文具	wénjù	stationery; writing materials

8 画

合体字

"且" 不是 "且"。

八部

1-4年级

句 (句)	jù	句子	jùzi	sentence
		造句	zàojù	sentence-making
		例句	lìjù	illustrative sentence; example sentence

5 画

合体字

勹(口)部

1-4年级

巨(巨)	jù	巨大	jùdà	huge; tremendous
		巨人	jùrén	giant; colossus
		艰巨	jiānjù	arduous; formidable

4 画

独体字

匚部

1-4年级

剧 (剧) jù

剧场	jùchǎng	theatre
戏剧	xìjù	drama; play
恶作剧	èzuòjù	practical joke; mischief

10 画

合体字

刂部

5-6年级

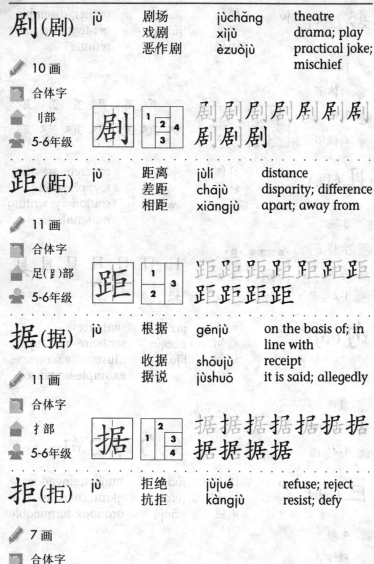

剧 剧 剧 剧 剧 剧 居
居 剧 剧

距 (距) jù

距离	jùlí	distance
差距	chājù	disparity; difference
相距	xiāngjù	apart; away from

11 画

合体字

足 (⻊) 部

5-6年级

距 距 距 距 距 距 距
距 距 距 距

据 (据) jù

根据	gēnjù	on the basis of; in line with
收据	shōujù	receipt
据说	jùshuō	it is said; allegedly

11 画

合体字

扌部

5-6年级

据 据 据 据 据 据 据
据 据 据 据

拒 (拒) jù

拒绝	jùjué	refuse; reject
抗拒	kàngjù	resist; defy

7 画

合体字

扌部

5-6年级

拒 拒 拒 拒 拒 拒 拒

捐(捐)

juān	捐	juān	contribute; donate
	捐献	juānxiàn	contribute; donate

🖊 10画

▢ 合体字

🏠 扌部

👤 5-6年级

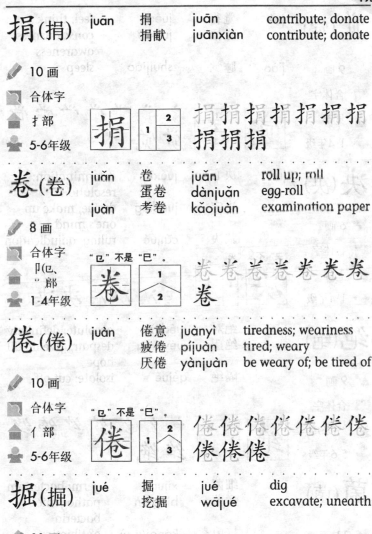

卷(卷)

juǎn	卷	juǎn	roll up; roll
	蛋卷	dànjuǎn	egg-roll
juàn	考卷	kǎojuàn	examination paper

🖊 8画

▢ 合体字
凵(巳、
" 郖

"巳" 不是 "巳"。

👤 1-4年级

倦(倦)

juàn	倦意	juànyì	tiredness; weariness
	疲倦	píjuàn	tired; weary
	厌倦	yànjuàn	be weary of; be tired of

🖊 10画

▢ 合体字

🏠 亻部

"巳" 不是 "巳"。

👤 5-6年级

掘(掘)

jué	掘	jué	dig
	挖掘	wājué	excavate; unearth

🖊 11画

▢ 合体字

🏠 扌部

👤 高级华文

觉 (覺)

jué	觉得	juéde	feel; think
	觉悟	juéwù	consciousness; awareness
jiào	睡觉	shuìjiào	sleep

9 画
合体字
见部
1-4年级

觉 觉 觉 觉 觉 觉 觉
觉 觉

决 (決)

jué	决心	juéxīn	determination; resolution
	决定	juédìng	decide; make up one's mind
	裁决	cáijué	ruling; adjudication

6 画
合体字
"夬"不是"央"。
冫部
1-4年级

决 决 决 决 决 决

绝 (絕)

jué	绝对	juéduì	absolute; definitely
	绝望	juéwàng	despair; give up all hope
	隔绝	géjué	isolate; cut off

9 画
合体字
纟(糸)部
5-6年级

绝 绝 绝 绝 绝 绝 绝
绝 绝

菌 (菌)

jūn	细菌	xìjūn	germ; bacterium
	病菌	bìngjūn	pathogenic bacteria
	抗菌素	kàngjūnsù	antibiotic

11 画
合体字
艹部
高级华文

菌 菌 菌 菌 菌 菌 菌
菌 菌 菌 菌

军 (軍) jūn

军人	jūnrén	soldier
海军	hǎijūn	navy
千军万马	qiānjūn-wànmǎ	thousands and thousands of soldiers and horses

6 画

合体字

冖(车)部

1-4年级

军 军 军 军 军 军 军

君 (君) jūn

君子	jūnzǐ	gentleman; a man of noble character
君王	jūnwáng	monarch; sovereign
暴君	bàojūn	tyrant; despot

7 画

合体字

口部

5-6年级

君 君 君 君 君 君 君

均 (均) jūn

均匀	jūnyún	even; well-distributed
均分	jūnfēn	divide equally; share out equally
平均	píngjūn	average; mean

7 画

合体字

土部

5-6年级

均 均 均 均 均 均 均

俊 (俊) jùn

| 英俊 | yīngjùn | brilliant; handsome and spirited |
| 俊美 | jùnměi | pretty; handsome |

9 画

合体字 "夂"不是"夂"。

亻部

高级华文

俊 俊 俊 俊 俊 俊 俊 俊 俊

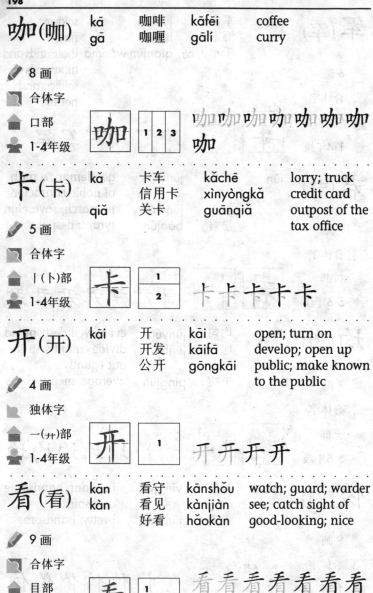

咖(咖)   kā   咖啡   kāfēi   coffee
         gā   咖喱   gālí   curry

✏️ 8 画

🔲 合体字

🏠 口部

🔥 1-4年级

ㄣ咖 咖 咖 叻 叻 咖 咖 咖

卡(卡)   kǎ   卡车   kǎchē   lorry; truck
               信用卡   xìnyòngkǎ   credit card
         qiǎ   关卡   guānqiǎ   outpost of the tax office

✏️ 5 画

🔲 合体字

🏠 丨(卜)部

🔥 1-4年级

卡 卡 卡 卡 卡

开(开)   kāi   开   kāi   open; turn on
               开发   kāifā   develop; open up
               公开   gōngkāi   public; make known to the public

✏️ 4 画

🔲 独体字

🏠 一(廾)部

🔥 1-4年级

开 开 开 开

看(看)   kān   看守   kānshǒu   watch; guard; warder
         kàn   看见   kànjiàn   see; catch sight of
               好看   hǎokàn   good-looking; nice

✏️ 9 画

🔲 合体字

🏠 目部

🔥 1-4年级

看 看 看 看 看 看 看 看 看

砍(砍) kǎn　　砍　kǎn　　cut; chop

- 9 画
- 合体字
- 石部
- 5-6年级

康(康) kāng　健康　jiànkāng　healthy; sound
康复　kāngfù　restored to health
康乐　kānglè　peace and happiness

- 11 画
- 合体字
- 广部　　"彐" 不是 "彐"。
- 1-4年级

扛(扛) káng　扛　káng　shoulder; carry on the shoulder
gāng　扛　gāng　lift with both hands

- 6 画
- 合体字
- 扌部
- 高级华文

抗(抗) kàng　抗辩　kàngbiàn　contradict; demurrer
抗拒　kàngjù　resist; defy
抵抗　dǐkàng　resist; stand up to

- 7 画
- 合体字
- 扌部
- 1-4年级

考 (考)   kǎo

考试	kǎoshì	examination
考验	kǎoyàn	test; trial
思考	sīkǎo	reflection; ponder over

✏ 6 画

▣ 合体字

🏠 老部

👤 1-4年级

考 考 考 考 考 考

烤 (烤)   kǎo

烤	kǎo	toast; warm oneself by the fire
烤鸭	kǎoyā	roast duck
烧烤	shāokǎo	roast; bake

✏ 10 画

▣ 合体字

🏠 火部

👤 5-6年级

烤 烤 烤 烤 烤 烤 烤
烤 烤 烤

靠 (靠)   kào

靠	kào	lean against; depend on
靠背	kàobèi	back (of a chair)
可靠	kěkào	reliable; trustworthy

✏ 15 画

▣ 合体字

🏠 牛(牛)部

👤 1-4年级

靠 靠 靠 靠 靠 靠 靠
靠 靠 靠 靠 靠 靠 靠
靠

科 (科)   kē

科学	kēxué	science
科目	kēmù	subject; course
教科书	jiàokēshū	textbook

✏ 9 画

▣ 合体字

🏠 禾部

👤 1-4年级

科 科 科 科 科 科 科
科 科

棵 (棵)   kē   棵   kē   classifier for plants

- ✏️ 12 画
- 🔲 合体字
- 🏠 木部
- 👤 1-4年级

棵 棵 棵 棵 棵 棵 棵
棵 棵 棵 棵 棵

颗 (颗)   kē   颗   kē   grain; particle

- ✏️ 14 画
- 🔲 合体字
- 🏠 页部
- 👤 1-4年级

颗 颗 颗 颗 颗 颗 颗
颗 颗 颗 颗 颗 颗 颗

蝌 (蝌)   kē   蝌蚪   kēdǒu   tadpole

- ✏️ 15 画
- 🔲 合体字
- 🏠 虫部
- 👤 5-6年级

蝌 蝌 蝌 蝌 蝌 蝌 蝌
蝌 蝌 蝌 蝌 蝌 蝌 蝌
蝌

咳 (咳)   ké   咳嗽   késou   cough
            hāi   咳   hāi   hey

- ✏️ 9 画
- 🔲 合体字
- 🏠 口部
- 👤 1-4年级

咳 咳 咳 咳 咳 咳 咳
咳 咳

壳 (殼)

ké	壳儿	kér	shell
	贝壳	bèiké	shell
qiào	地壳	dìqiào	the earth's crust

7 画

合体字

"士" 不是 "土"。
"几" 不是 "儿"。

士(几)部

5-6年级

壳 壳 壳 壳 壳 壳 壳

可 (可)

kě	可以	kěyǐ	can; passable
	可爱	kě'ài	lovable; lovely
	认可	rènkě	approve

5 画

合体字

一(口)部

1-4年级

可 可 可 可 可

渴 (渴)

kě	渴	kě	thirsty
	渴求	kěqiú	long for; yearn for
	解渴	jiěkě	quench one's thirst

12 画

合体字

"匃" 不是 "匈"。

氵部

1-4年级

渴 渴 渴 渴 渴 渴 渴
渴 渴 渴 渴 渴

课 (課)

kè	课本	kèběn	textbook
	课外	kèwài	extra-curricular; after-class
	功课	gōngkè	school work; homework

10 画

合体字

讠(言)部

1-4年级

课 课 课 课 课 课 课
课 课 课

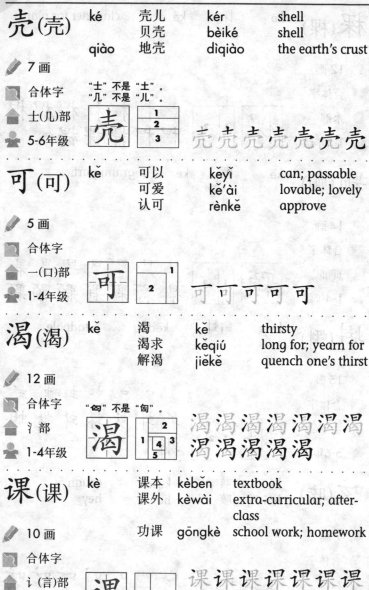

客(客)	kè	客人	kèrén	guest; visitor
		客气	kèqi	polite; courteous
		顾客	gùkè	customer; client

9 画
合体字
"夂"不是"夂"。
宀部
1-4年级

客客客客客客客客客

刻(刻)	kè	刻	kè	carve; a quarter of an hour
		刻苦	kèkǔ	hardworking; painstaking
		石刻	shíkè	carved stone; stone inscription

8 画
合体字
刂部
1-4年级

刻刻刻刻刻刻刻刻

克(克)	kè	克服	kèfú	overcome; conquer
		克制	kèzhì	restrain; exercise restraint
		攻克	gōngkè	capture; take

7 画
合体字
十(儿)部
5-6年级

克克克克克克克

肯(肯)	kěn	肯	kěn	consent; be willing to
		肯定	kěndìng	confirm; certainly
		中肯	zhòngkěn	pertinent; to the point

8 画
合体字
止(月)部
1-4年级

肯肯肯肯肯肯肯肯

恳(恳) kěn 勤恳 qínkěn diligent and conscientious

10 画

合体字

"心"的第二笔楷体是卧钩，宋体是竖弯钩。

心(忄)部

5-6年级

恳恳恳恳恳恳恳
恳恳恳

空(空) kōng 空气 kōngqì air; atmosphere
天空 tiānkōng the sky; the heavens
kòng 空白 kòngbái blank space

8 画

合体字

穴部

1-4年级

空空空空空空空
空

孔(孔) kǒng 毛孔 máokǒng pore
孔洞 kǒngdòng opening or hole
无孔不入 wúkǒngbùrù be all-pervasive

4 画

合体字

乙(乚、子)部

1-4年级

孔孔孔孔

恐(恐) kǒng 恐慌 kǒnghuāng panic
恐龙 kǒnglóng dinosaur

10 画

合体字

"心"第二笔楷体是卧钩，宋体是竖弯钩。

心部

5-6年级

恐恐恐恐恐恐恐
恐恐恐

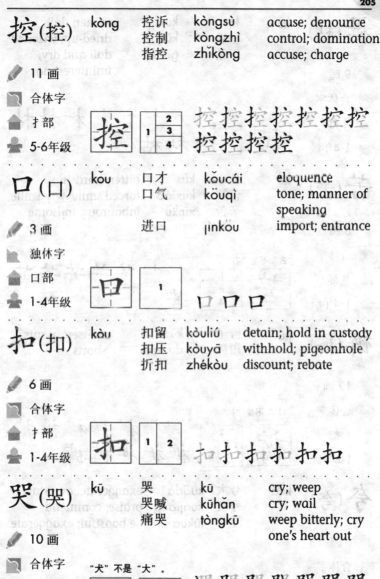

控(控) kòng

控诉	kòngsù	accuse; denounce
控制	kòngzhì	control; domination
指控	zhǐkòng	accuse; charge

11 画

合体字

扌部

5-6年级

控控控控控控控控控控控控

口 (口) kǒu

口才	kǒucái	eloquence
口气	kǒuqì	tone; manner of speaking
进口	jìnkǒu	import; entrance

3 画

独体字

口部

1-4年级

口 口 口

扣(扣) kòu

扣留	kòuliú	detain; hold in custody
扣压	kòuyā	withhold; pigeonhole
折扣	zhékòu	discount; rebate

6 画

合体字

扌部

1-4年级

扣扣扣扣扣扣

哭(哭) kū

哭	kū	cry; weep
哭喊	kūhǎn	cry; wail
痛哭	tòngkū	weep bitterly; cry one's heart out

10 画

合体字

"犬" 不是 "大"。

口(犬)部

1-4年级

哭哭哭哭哭哭哭哭哭哭

枯 (枯)

kū

枯	kū	wither; dull
枯燥	kūzào	dried-up; wizened
干枯	gānkū	dull and dry; uninteresting

✏ 9 画

▣ 合体字

🏠 木部

1-4年级

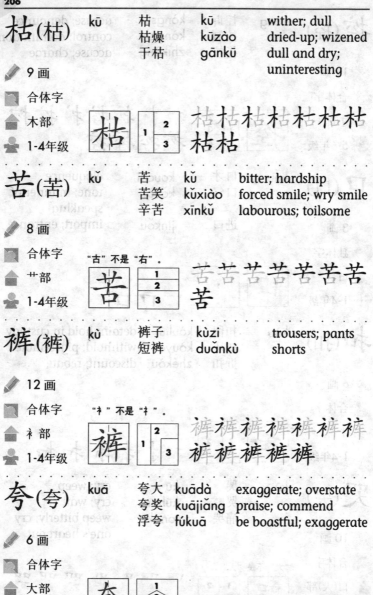

枯枯枯枯枯枯枯枯枯

苦 (苦)

kǔ

苦	kǔ	bitter; hardship
苦笑	kǔxiào	forced smile; wry smile
辛苦	xīnkǔ	labourous; toilsome

✏ 8 画

▣ 合体字

"古"不是"右"。

🏠 艹部

1-4年级

苦苦苦苦苦苦苦苦

裤 (褲)

kù

裤子	kùzi	trousers; pants
短裤	duǎnkù	shorts

✏ 12 画

▣ 合体字

"衤"不是"礻"。

🏠 衤部

1-4年级

裤裤裤裤裤裤裤裤裤裤裤裤

夸 (誇)

kuā

夸大	kuādà	exaggerate; overstate
夸奖	kuājiǎng	praise; commend
浮夸	fúkuā	be boastful; exaggerate

✏ 6 画

▣ 合体字

🏠 大部

5-6年级

夸夸夸夸夸夸

快(快) kuài

快	kuài	fast; before long
快熟面	kuàishúmiàn	instant noodles
凉快	liángkuài	pleasantly cool; cool off

🖊 7 画

▢ 合体字

🏠 忄 部

👤 1-4年级

"夬" 不是 "央"。

快快快快忄快快

块(块) kuài

块	kuài	lump; chunk
石块	shíkuài	stone
方块字	fāngkuàizì	Chinese characters

🖊 7 画

▢ 合体字

🏠 土 部

👤 1-4年级

"夬" 不是 "央"。

块块块块块块块

筷(筷) kuài

筷子	kuàizi	chopsticks
竹筷	zhúkuài	chopsticks made of bamboo

🖊 13 画

▢ 合体字

🏠 竹(⺮)部

👤 1-4年级

"夬" 不是 "央"。

筷筷筷筷筷筷筷
筷筷筷筷筷筷

宽(宽) kuān

宽	kuān	wide; extend
宽容	kuānróng	tolerant; lenient
从宽	cóngkuān	treat with leniency

🖊 10 画

▢ 合体字

🏠 宀 部

👤 1-4年级

宽宽宽宽宽宽宽
宽宽宽

款(款)

kuǎn

12 画

合体字

欠部

高级华文

存款	cúnkuǎn	deposit; bank savings
款项	kuǎnxiàng	a sum of money; fund
款待	kuǎndài	entertain; treat cordially

"士" 不是 "土"。
"示" 第四笔楷体是点, 宋体是撇。

款款款款款款款款
款款款款款

狂(狂)

kuáng

7 画

合体字

犭部

5-6年级

狂风	kuángfēng	violent gale; fierce wind
狂欢	kuánghuān	revelry; carnival
疯狂	fēngkuáng	insane; frenzied

狂狂狂狂狂狂狂

矿(矿)

kuàng

8 画

合体字

石部

高级华文

矿藏	kuàngcáng	mineral resources
矿湖	kuànghú	quarry
锡矿	xīkuàng	tin ore

矿矿矿矿矿矿矿
矿

况(况)

kuàng

7 画

合体字

冫部

5-6年级

境况	jìngkuàng	condition; circumstances
状况	zhuàngkuàng	condition; state of affairs
况且	kuàngqiě	moreover; besides

况况况况况况况

亏(亏)	kuī	亏本	kuīběn	lose money in business; lose one's capital
		吃亏	chīkuī	suffer losses; come to grief
		幸亏	xìngkuī	fortunately; luckily

3 画
合体字
二部
5-6年级

亏 | 1 2 | 亏 亏 亏

| 愧(愧) | kuì | 惭愧 | cánkuì | be ashamed |
| | | 羞愧 | xiūkuì | ashamed; abashed |

12 画
合体字
忄部
5-6年级

愧 | 1 2 | 愧 愧 愧 愧 愧 愧 愧 愧 愧 愧 愧 愧

| 昆(昆) | kūn | 昆虫 | kūnchóng | insect |

8 画
合体字
日部
高级华文

昆 | 1 / 2 3 | 昆 昆 昆 昆 昆 昆 昆 昆

困(困)	kùn	困难	kùnnan	difficulty
		困苦	kùnkǔ	hardship; privation
		贫困	pínkùn	poor; impoverished

7 画
合体字
口部
1-4年级

困 | 1 2 | 困 困 困 困 困 困 困

括(括)　kuò

括号　kuòhào　brackets
包括　bāokuò　include; comprise
概括　gàikuò　summarise; epitomise

9 画
合体字
扌部
高级华文

| | 1 | 2 |
| | 3 | |

括括括括括括括括括

阔(阔)　kuò

宽阔　kuānkuò　broad; wide
开阔　kāikuò　open; tolerant
阔气　kuòqi　extravagant; lavish

12 画
合体字
门部
1-4年级

| | 1 | 3 |
| | 2 | 4 |

阔阔阔阔阔阔阔阔阔阔阔阔

扩(扩)　kuò

扩大　kuòdà　enlarge; expand
扩充　kuòchōng　expand; augment
扩散　kuòsàn　spread; diffuse

6 画
合体字
扌部
5-6年级

| | 1 | 2 |

扩扩扩扩扩扩

啦(啦)　lā

啦啦队　lālāduì　cheer team; cheering squad
哗啦　huālā　clattering noise

11 画
合体字
口部
1-4年级

| | 1 | 2 | 3 |

啦啦啦啦啦啦啦啦啦啦

拉(拉)   lā

拉	lā	pull; haul
拉拢	lālǒng	rope in; draw somebody over to one's side
拖拉	tuōlā	dilatory; sluggish

8 画
合体字
扌部
1-4年级

拉 拉 拉 拉 拉 拉 拉 拉

垃(垃)   lā

| 垃圾 | lājī | rubbish; garbage |

8 画
合体字
土部
1-4年级

垃 垃 垃 垃 垃 垃 垃 垃

喇(喇)   lǎ

| 喇叭 | lǎba | loudspeaker; trumpet |

12 画
合体字
口部
1-4年级

"束" 不是 "束"。

喇 喇 喇 喇 喇 喇 喇 喇 喇 喇 喇 喇

辣(辣)   là

辣	là	hot; burn
辣椒	làjiāo	hot pepper; chilli
泼辣	pōlà	shrewish; pungent

14 画
合体字
辛(辛)部
5-6年级

"束" 不是 "束"。
"辛" 不是 "辛"。

辣 辣 辣 辣 辣 辣 辣 辣 辣 辣 辣 辣 辣 辣

蜡(蜡) là | 蜡烛 | làzhú | candle
| 蜡染 | làrǎn | waxprinting

✏️ 14 画

🔲 合体字

🏠 虫部

👤 5-6年级

蜡 | 1 2 / 3

蜡 蜡 蜡 蜡 蜡 蜡 蜡 蜡 蜡 蜡 蜡 蜡 蜡 蜡

来(来) lái | 来 | lái | come; arrive
| 来往 | láiwǎng | dealings; contacts
| 原来 | yuánlái | original; former

✏️ 7 画

🔲 独体字

🏠 一部

👤 1-4年级

来 | 1

来 来 来 来 来 来 来

拦(拦) lán | 拦 | lán | block; hold back
| 阻拦 | zǔlán | bar the way; obstruct
| 拦击 | lánjī | volley

✏️ 8 画

🔲 合体字

🏠 扌部

👤 高级华文

拦 | 1 2 / 3

拦 拦 拦 拦 拦 拦 拦 拦

栏(栏) lán | 栏杆 | lángān | railing; banisters
| 栏目 | lánmù | column; section

✏️ 9 画

🔲 合体字

🏠 木部

👤 高级华文

栏 | 1 2 / 3

栏 栏 栏 栏 栏 栏 栏 栏 栏

蓝 (蓝) lán

蓝	lán	blue
蓝天	lántiān	the blue sky
蓝图	lántú	blue print

- 13 画
- 合体字
- 艹部
- 1-4年级

"⼁⼁" 不是 "ノノ".

蓝 蓝 蓝 蓝 蓝 蓝 蓝
蓝 蓝 蓝 蓝 蓝 蓝

篮 (篮) lán

篮子	lánzi	basket
篮球	lánqiú	basketball
摇篮	yáolán	cradle

- 16 画
- 合体字
- 竹(⺮)部
- 1-4年级

"⼁⼁" 不是 "ノノ".

篮 篮 篮 篮 篮 篮 篮
篮 篮 篮 篮 篮 篮 篮
篮 篮

兰 (兰) lán

兰花	lánhuā	orchid
兰草	láncǎo	fragrant thoroughwort

- 5 画
- 合体字
- 八(⼍)部
- 5-6年级

兰 兰 兰 兰 兰

懒 (懒) lǎn

懒	lǎn	lazy; slothful
懒惰	lǎnduò	lazy
偷懒	tōulǎn	loaf on the job

- 16 画
- 合体字
- 忄部
- 1-4年级

"束" 不是 "束".

懒 懒 懒 懒 懒 懒 懒
懒 懒 懒 懒 懒 懒 懒
懒 懒

览 (覽) lǎn

游览	yóulǎn	go-sightseeing; tour
展览	zhǎnlǎn	exhibit; put on display
博览会	bólǎnhuì	fair

✏ 9 画

🔲 合体字

🏠 见部

👤 5-6年级

"⺍" 不是 "⺌".

览 览 览 览 览 览 览
览 览

缆 (纜) lǎn

缆车	lǎnchē	cable car
缆绳	lǎnshéng	cable; hawser
电缆	diànlǎn	cable; electric cable

✏ 12 画

🔲 合体字

🏠 纟(糸)部

👤 5-6年级

"⺍" 不是 "⺌".

缆 缆 缆 缆 缆 缆 缆
缆 缆 缆 缆 缆

烂 (爛) làn

烂	làn	sodden; worn-out
破烂	pòlàn	tattered; ragged
腐烂	fǔlàn	decomposed; rotten

✏ 9 画

🔲 合体字

🏠 火部

👤 1-4年级

烂 烂 烂 烂 烂 烂 烂
烂 烂

狼 (狼) láng

| 狼 | láng | wolf |
| 色狼 | sèláng | sex lupine; sex offender |

✏ 10 画

🔲 合体字

🏠 犭部

👤 1-4年级

狼 狼 狼 狼 狼 狼 狼
狼 狼 狼

廊(廊) láng
走廊 zǒuláng corridor; passageway
画廊 huàláng picture gallery
长廊 chángláng long corridor

11 画

合体字 "良" 不是 "艮"。
"阝" 不是 "卩"。

广部

1-4年级

廊廊廊廊廊廊廊
廊廊廊廊

郎(郎) láng
新郎 xīnláng bridegroom
女郎 nǚláng bride

8 画

合体字 "良" 不是 "艮"。
"阝" 不是 "卩"。

阝部

5-6年级

郎郎郎郎郎郎郎
郎

朗(朗) lǎng
朗读 lǎngdú read aloud
朗诵 lǎngsòng recite; declaim
晴朗 qínglǎng fine; sunny

10 画

合体字 "良" 不是 "艮"。

月部

5-6年级

朗朗朗朗朗朗朗
朗朗朗

浪(浪) làng
波浪 bōlàng wave; breaker
流浪 liúlàng roam about; lead a vagrant life
浪费 làngfèi waste; squander

10 画

合体字 "良" 不是 "艮"。

氵部

1-4年级

浪浪浪浪浪浪浪
浪浪浪

劳(劳) láo

劳动 láodòng work; labour
劳改 láogǎi corrective work
勤劳 qínláo diligent; industrious

✏️ 7 画

🔲 合体字

🏠 ⁺⁺(力)部

👤 1-4年级

劳 | 1 2 3

劳 劳 劳 劳 劳 劳 劳

牢(牢) láo

牢 láo durable; firm
牢房 láofáng prison; jail
牢记 láojì remember well; keep firmly in the mind

✏️ 7 画

🔲 合体字

🏠 宀部

👤 5-6年级

牢 | 1 2

牢 牢 牢 牢 牢 牢 牢

老(老) lǎo

老 lǎo old; outdated
老练 lǎoliàn experienced
古老 gǔlǎo ancient; age-old

✏️ 6 画

🔲 合体字

🏠 老部

👤 1-4年级

老 | 1 2

老 老 老 老 老 老

乐(乐) lè

快乐 kuàilè happy; joyful
乐观 lèguān optimistic; sanguine
yuè 音乐 yīnyuè music

✏️ 5 画

🔲 独体字

🏠 丿(木)部

👤 1-4年级

第四笔楷体是点，宋体是撇。

乐 | 丶

乐 乐 乐 乐 乐

雷 (雷) léi

雷	léi	thunder; mine
雷电	léidiàn	thunder and lightning
地雷	dìléi	land mine

13 画

合体字

雨(⻗)部

1-4年级

累 (累) léi / lěi / lèi

累累	léiléi	clusters of; heaps of
累计	lěijì	add up; grand total
劳累	láolèi	over-worked; tired

11 画

合体字

"糹"第五笔楷体是点，宋体是撇。

糹(纟)部

1-4年级

泪 (淚) lèi

眼泪	yǎnlèi	tears
含泪	hánlèi	with tears in one's eyes
泪珠	lèizhū	teardrop

8 画

合体字

氵部

1-4年级

类 (類) lèi

类别	lèibié	classification; category
类推	lèituī	analogise; reason by analogy
鱼类	yúlèi	fishes

9 画

合体字

米部

1-4年级

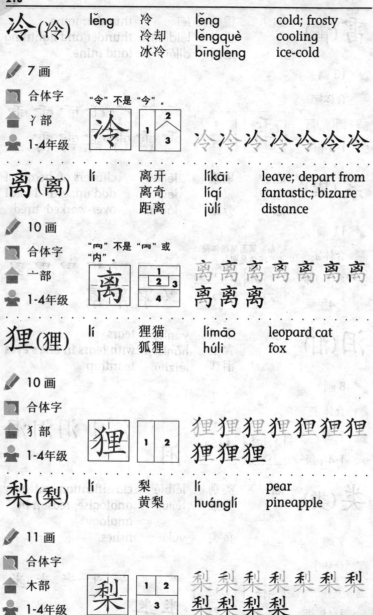

冷(冷) lěng

冷	lěng	cold; frosty
冷却	lěngquè	cooling
冰冷	bīnglěng	ice-cold

✏️ 7 画

📖 合体字　　"令"不是"今"。

🏠 冫部

👤 1-4年级

冷冷冷冷冷冷冷

离(離) lí

离开	líkāi	leave; depart from
离奇	líqí	fantastic; bizarre
距离	jùlí	distance

✏️ 10 画

📖 合体字　　"禸"不是"内"或"内"。

🏠 亠部

👤 1-4年级

离离离离离离离
离离离

狸(狸) lí

狸猫	límāo	leopard cat
狐狸	húli	fox

✏️ 10 画

📖 合体字

🏠 犭部

👤 1-4年级

狸狸狸狸狸狸狸
狸狸狸

梨(梨) lí

梨	lí	pear
黄梨	huánglí	pineapple

✏️ 11 画

📖 合体字

🏠 木部

👤 1-4年级

梨梨梨梨梨梨梨
梨梨梨梨

喱(喱)

lī 咖喱 gālí curry

- ✏️ 12 画
- 合体字
- 口部
- 1-4年级

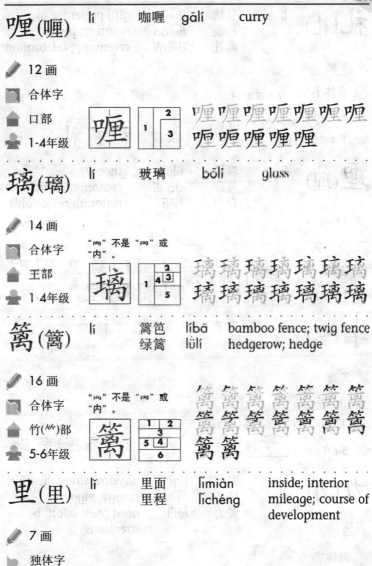

喱喱喱喱喱喱喱
喱喱喱喱喱

璃(璃)

lí 玻璃 bōli glass

- ✏️ 14 画
- 合体字   "禸"不是"禸"或"内"。
- 王部
- 1-4年级

璃璃璃璃璃璃璃
璃璃璃璃璃璃璃

篱(篱)

lí 篱笆 líbā bamboo fence; twig fence
绿篱 lǜlí hedgerow; hedge

- ✏️ 16 画
- 合体字   "禸"不是"禸"或"内"。
- 竹(⺮)部
- 5-6年级

篱篱篱篱篱篱篱
篱篱篱篱篱篱篱
篱篱

里(里)

lǐ 里面 lǐmiàn inside; interior
里程 lǐchéng mileage; course of development

- ✏️ 7 画
- 独体字
- 里部
- 1-4年级

里里里里里里里

礼(礼)   lǐ

礼物	lǐwù	gift; present
礼貌	lǐmào	courtesy; politeness
典礼	diǎnlǐ	ceremony; celebration

✏️ 5 画

🔲 合体字   "礻" 不是 "衤"。

🏠 礻 (示)部

👤 1-4年级

礼礼礼礼礼

理(理)   lǐ

理论	lǐlùn	theory
道理	dàolǐ	reason; argument
合理	hélǐ	rational; reasonable

✏️ 11 画

🔲 合体字

🏠 王部

👤 1-4年级

理理理理理理理
理理理理

李(李)   lǐ

| 李子 | lǐzi | plum |

✏️ 7 画

🔲 合体字

🏠 木部

👤 5-6年级

李李李李李李李

力(力)   lì

力气	lìqi	physical strength; effort
精力	jīnglì	energy; vigour
费力	fèilì	need great effort; be strenuous

✏️ 2 画

🔲 独体字

🏠 力部

👤 1-4年级

力力

丽(麗)	lì	美丽	měilì	beautiful; pretty
		秀丽	xiùlì	graceful; pretty
		壮丽	zhuànglì	magnificent; glorious

7 画
合体字
一部
1-4年级

丽 丽 丽 丽 丽 丽 丽

立(立)	lì	立正	lìzhèng	stand at attention
		起立	qǐlì	stand up; rise to one's feet
		建立	jiànlì	build; establish

5 画
独体字
立部
1-4年级

立 立 立 立 立

| 粒(粒) | lì | 粒 | lì | grain; granule |

11 画
合体字
米部
1-4年级

粒 粒 粒 粒 粒 粒 粒
粒 粒 粒 粒

利(利)	lì	利益	lìyì	benefit; profit
		利息	lìxī	interest
		福利	fúlì	well-being; welfare

7 画
合体字
刂(禾)部
1-4年级

利 利 利 利 利 利 利

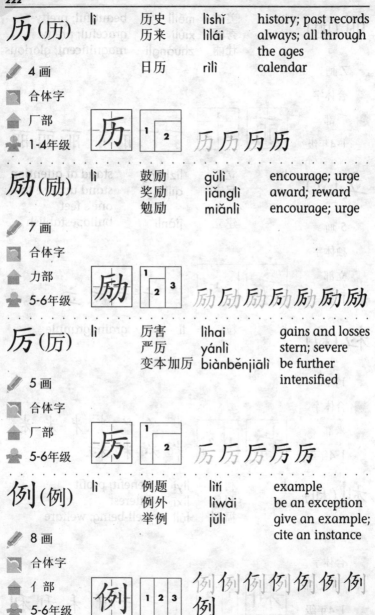

历 (歷) lì

历史	lìshǐ	history; past records
历来	lìlái	always; all through the ages
日历	rìlì	calendar

4 画
合体字
厂部
1-4年级

历 历 历 历

励 (勵) lì

鼓励	gǔlì	encourage; urge
奖励	jiǎnglì	award; reward
勉励	miǎnlì	encourage; urge

7 画
合体字
力部
5-6年级

励 励 励 励 励 励 励

厉 (厲) lì

厉害	lìhai	gains and losses
严厉	yánlì	stern; severe
变本加厉	biànběnjiālì	be further intensified

5 画
合体字
厂部
5-6年级

厉 厉 厉 厉 厉

例 (例) lì

例题	lìtí	example
例外	lìwài	be an exception
举例	jǔlì	give an example; cite an instance

8 画
合体字
亻部
5-6年级

例 例 例 例 例 例 例 例

榴(榴) lián 榴梿 liúlián durian
11 画
合体字
"辶"楷体比宋体多一个弯曲。
木部
1-4年级

榴榴榴榴榴榴榴
榴榴榴榴

连(连) lián
连同 liántóng together with; along with
接连 jiēlián join; link
7 画
合体字
"辶"楷体比宋体多一个弯曲。
辶部
1-4年级

连连连连连连连

怜(怜) lián
可怜 kělián have pity on
怜贫惜老 liánpín-xīlǎo cherish the old and care for the poor
8 画
合体字
"令"不是"今"。
忄部
1-4年级

怜怜怜怜怜怜怜
怜

联(联) lián
联合 liánhé unite; ally
联系 liánxì contact; touch
春联 chūnlián New Year scrolls
12 画
合体字
耳部
5-6年级

联联联联联联联
联联联联联

224

脸（脸） liǎn

脸	liǎn	face; countenance
脸色	liǎnsè	complexion; look
嘴脸	zuǐliǎn	look; features

11 画

合体字

月部

1-4年级

脸 | 1 2 3 4

朋 月 朋 脸 脸 脸 脸
脸 脸 脸 脸

链（链） liàn

链条	liàntiáo	chain
拉链	lāliàn	zipper
项链	xiàngliàn	necklace

12 画

合体字

"辶" 楷体比宋体多一个弯曲。

钅（金）部

高级华文

链 | 1 2 3

链 链 链 链 链 链 链
铁 铁 铼 链 链

练（练） liàn

练习	liànxí	practise; exercise
练兵	liànbīng	troop training; training
磨练	móliàn	temper

8 画

合体字

"东" 第四笔楷体是点，宋体是撇。

纟（糸）部

1-4年级

练 | 1 2

练 练 练 练 练 练 练
练

炼（炼） liàn

炼钢	liàngāng	steelmaking; steel-smelting
锻炼	duànliàn	have physical training
精炼	jīngliàn	refine; purify

9 画

合体字

"东" 第四笔楷体是点，宋体是撇。

火部

5-6年级

炼 | 1 2

炼 炼 炼 炼 炼 炼 炼
炼 炼

凉(涼) liáng

凉	liáng	cool; cold
凉爽	liángshuǎng	nice and cool; pleasantly cool
冰凉	bīngliáng	ice-cold

10 画

合体字

"京"第七笔楷体是点，宋体是撇。

冫部

1-4年级

良(良) liáng

良好	liánghǎo	good; well
良师益友	liángshī-yìyǒu	good teacher and helpful friend
善良	shànliáng	kind-hearted

7 画

独体字

、(艮)部

1-4年级

量(量) liáng liàng

量	liáng	measure
数量	shùliàng	quantity; amount
分量	fènliàng	weight; significance

12 画

合体字

日(日、里)部

1-4年级

两(兩) liǎng

两	liǎng	two; fifty grams
两边	liǎngbiān	both sides; both parties
斤两	jīnliǎng	weight

7 画

独体字

一部

1-4年级

亮 (亮)

liàng

亮	liàng	bright; light
亮相	liàngxiàng	strike a pose on the stage; state one's views
漂亮	piàoliang	handsome; beautiful

9 画

合体字

"几" 不是 "儿"。

一部

1-4年级

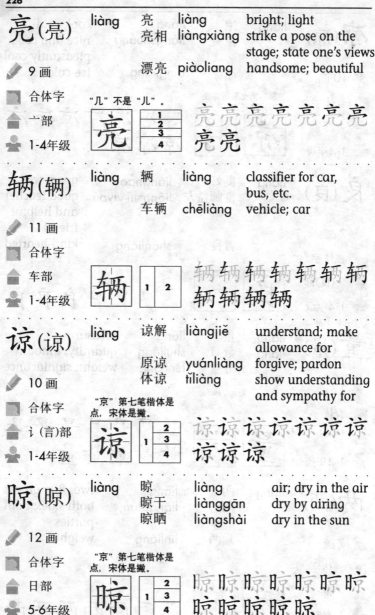

亮亮亮亮亮亮亮亮亮

辆 (辆)

liàng

| 辆 | liàng | classifier for car, bus, etc. |
| 车辆 | chēliàng | vehicle; car |

11 画

合体字

车部

1-4年级

辆辆辆辆辆辆辆辆辆辆

谅 (谅)

liàng

谅解	liàngjiě	understand; make allowance for
原谅	yuánliàng	forgive; pardon
体谅	tǐliàng	show understanding and sympathy for

10 画

合体字

"京" 第七笔楷体是点, 宋体是撇。

讠(言)部

1-4年级

谅谅谅谅谅谅谅谅谅谅

晾 (晾)

liàng

晾	liàng	air; dry in the air
晾干	liànggān	dry by airing
晾晒	liàngshài	dry in the sun

12 画

合体字

"京" 第七笔楷体是点, 宋体是撇。

日部

5-6年级

晾晾晾晾晾晾晾晾晾晾晾晾

| 疗(疗) | liáo | 疗养
医疗
治疗 | liáoyǎng
yīliáo
zhìliáo | recuperate; convalesce
medical treatment
treat; cure |

7 画

合体字

疒部

5-6年级

疗疗疗疗疗疗疗

| 了(了) | liǎo | 了结
明了 | liǎojié
míngliǎo | settle; bring to an end
understand; be clear
about |
| | le | 来了 | lái le | be here already |

2 画

独体字

乙(乛)部

1-4年级

了了

| 料(料) | liào | 料想
材料
饮料 | liàoxiǎng
cáiliào
yǐnliào | expect; presume
material; data
drink; beverage |

10 画

合体字

米(斗)部

1-4年级

料料料料料料料
料料料

| 劣(劣) | liè | 劣等 | lièděng | of inferior quality;
low-grade |
| | | 恶劣
低劣 | èliè
dīliè | odious; abominable
inferior; low-grade |

6 画

合体字

"少"第二笔楷体是
点，宋体是撇。

小(力)部

高级华文

劣劣劣劣劣劣

裂(裂)	liè	裂	liè	split; crack
		裂缝	lièfèng	crevice; fissure
		破裂	pòliè	rapture; crack

- 12 画
- 合体字
- 衣部
- 高级华文

猎(猎)	liè	猎人	lièrén	hunter; huntsman
		猎奇	lièqí	hunt for novelty; seek novelty
		打猎	dǎliè	hunting

- 11 画
- 合体字
- 犭部
- 1-4年级

烈(烈)	liè	烈性	lièxìng	spirited; strong
		烈日	lièrì	burning sun; scorching sun
		猛烈	měngliè	fierce; vigorous

- 10 画
- 合体字
- 灬部
- 1-4年级

列(列)	liè	列车	lièchē	train
		排列	páiliè	arrange; put in order
		并列	bìngliè	stand side by side; be juxtaposed

- 6 画
- 合体字
- 刂(歹)部
- 5-6年级

林(林)	lín	林业	línyè	forestry
		园林	yuánlín	gardens; park
		竹林	zhúlín	bamboo forest; bamboo grove

✏️ 8 画

📑 合体字

🏠 木部

👤 1-4年级

林 林 林 林 林 林 林 林

邻(鄰)	lín	邻居	línjū	neighbour
		邻近	línjìn	adjacent to; close to
		近邻	jìnlín	near neighbour

✏️ 7 画

📑 合体字

"令" 不是 "今"。

🏠 阝部

👤 1-4年级

邻 邻 邻 今 今 邻 邻

| 淋(淋) | lín | 淋湿 | línshī | be drenched |
| | | 淋浴 | línyù | shower bath; shower |

✏️ 11 画

📑 合体字

🏠 氵部

👤 5-6年级

淋 淋 淋 淋 淋 淋 淋 淋 淋 淋 淋

临(臨)	lín	临近	línjìn	close to; close on
		临时	línshí	temporary; for a short time
		光临	guānglín	the honour of your presence

✏️ 9 画

📑 合体字

"刂" 不是 "刂"。

🏠 丨部

👤 5-6年级

临 临 临 临 临 临 临 临 临

吝(吝) lìn 吝嗇 lìnsè stingy; miserly
吝惜 lìnxī grudge; stint

7画

合体字

口(文)部

5-6年级

"文"不是"攵"。

吝 吝 吝 文 文 吝 吝

铃(铃) líng 铃 líng bell
电铃 diànlíng electric bell
风铃 fēnglíng aeolian bells

10画

合体字

钅(金)部

1-4年级

"令"不是"今"。

铃 铃 铃 铃 铃 铃 铃
铃 铃 铃

零(零) líng 零 líng zero; nought
零碎 língsuì scrappy; fragmentary
飘零 piāolíng faded and fallen; adrift

13画

合体字

雨(⻗)部

1-4年级

"令"不是"今"。

零 零 零 零 零 零 零
零 零 零 零 零 零

灵(灵) líng 灵活 línghuó agile; flexible
灵巧 língqiǎo dextrous; nimble
机灵 jīlíng smart; intelligent

7画

合体字

彐(火)部

5-6年级

"彐"不是"彐"。

灵 灵 灵 灵 灵 灵 灵

龄 (齡) líng

年龄	niánlíng	age
学龄	xuélíng	school age
乐龄	lèlíng	senior citizen

✏️ 13 画

📖 合体字 — "囚" 不是 "凶"。"令" 不是 "今"。

🏛 齿部

👥 5-6年级

齿 齿 齿 齿 龄 龄

领 (領) lǐng

领袖	lǐngxiù	leader
领先	lǐngxiān	lead; be in the lead
本领	běnlǐng	ability; capability

✏️ 11 画

📖 合体字 — "令" 不是 "今"。

🏛 页部

👥 1-4年级

领 领 领 领 领 领 领 领 领 领 领

令 (令) lìng

命令	mìnglìng	order; command
口令	kǒulìng	password; watchword
法令	fǎlìng	decree; laws and decrees

✏️ 5 画

📖 合体字

🏛 人部

👥 1-4年级

令 令 令 令 令

另 (另) lìng

另外	lìngwài	in addition; besides
另眼相看	lìngyǎnxiāngkàn	see somebody in a new light

✏️ 5 画

📖 合体字

🏛 口部

👥 1-4年级

另 另 另 另 另

溜(溜)

liū	溜冰	liūbīng	skating
	顺口溜	shùnkǒuliū	doggerel; jingle
liù	一溜烟	yīliùyān	swiftly; in a flash

13 画

合体字

氵部

1-4年级

“戼”不是“卯”。

流(流)

liú	流	liú	flow; stream
	流行	liúxíng	prevalent; popular
	交流	jiāoliú	exchange; interchange

10 画

合体字

氵部

1-4年级

“𠫓”不是“亡”。

榴(榴)

liú	石榴	shíliú	pomegranate
	手榴弹	shǒuliúdàn	grenade; hand grenade

14 画

合体字

木部

1-4年级

“戼”不是“卯”。

留(留)

liú	留	liú	remain; reserve
	留念	liúniàn	keep as a souvenir
	保留	bǎoliú	retain; reserve

10 画

合体字

田部

1-4年级

“戼”不是“卯”。

六(六)

liù 六 liù six

- 4 画
- 合体字
- 亠(八)部
- 1-4年级

六 六 六 六

隆(隆)

lóng
隆重 lóngzhòng grand; ceremonious
兴隆 xīnglóng prosperous; thriving
路隆 lùlóng road hump

- 11 画
- 合体字 "夂"不是"攵"。
- 阝部
- 高级华文

隆 隆 隆 隆 隆 隆 隆 隆 隆 隆 隆

笼(笼)

lóng
灯笼 dēnglong lantern
鸟笼 niǎolóng birdcage
lǒng
笼统 lǒngtǒng general; sweeping

- 11 画
- 合体字 "龙"不是"尤"。
- 竹(⺮)部
- 1-4年级

笼 笼 笼 笼 笼 笼 笼 笼 笼 笼 笼

龙(龙)

lóng
龙灯 lóngdēng dragon lantern
龙卷风 lóngjuǎnfēng tornado
来龙去脉 láilóng-qùmài cause and effect

- 5 画
- 独体字
- 龙(九)部
- 1-4年级

龙 龙 龙 龙 龙

234

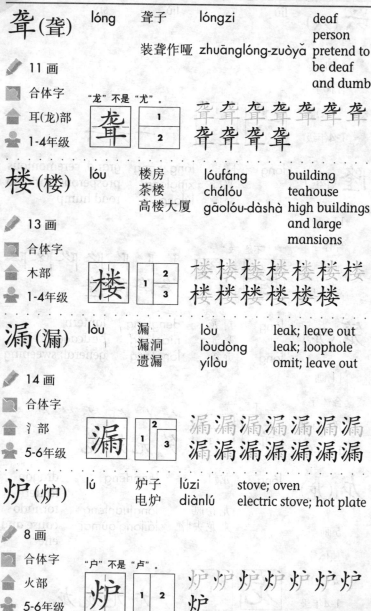

聋(聾) lóng 聋子 lóngzi deaf person

装聋作哑 zhuānglóng-zuòyǎ pretend to be deaf and dumb

- 11 画
- 合体字
- 耳(龙)部 "龙"不是"尤"。
- 1-4年级

楼(樓) lóu
楼房 lóufáng building
茶楼 chálóu teahouse
高楼大厦 gāolóu-dàshà high buildings and large mansions

- 13 画
- 合体字
- 木部
- 1-4年级

漏(漏) lòu
漏 lòu leak; leave out
漏洞 lòudòng leak; loophole
遗漏 yílòu omit; leave out

- 14 画
- 合体字
- 氵部
- 5-6年级

炉(爐) lú
炉子 lúzi stove; oven
电炉 diànlú electric stove; hot plate

- 8 画
- 合体字
- 火部 "户"不是"卢"。
- 5-6年级

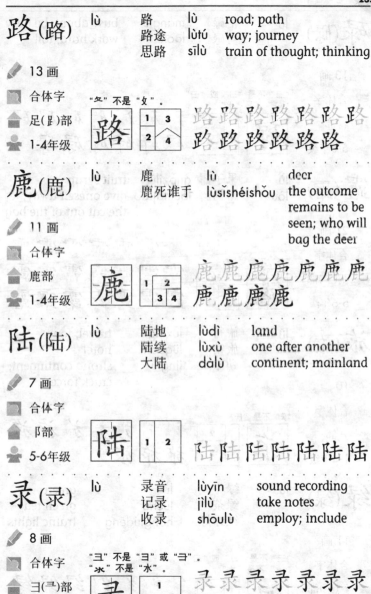

路(路) lù

路	lù	road; path
路途	lùtú	way; journey
思路	sīlù	train of thought; thinking

13 画

合体字

"夂" 不是 "夊"。

足(𧾷)部

1-4年级

路 路 路 路 路 路 路 路
路 路 路 路 路 路

鹿(鹿) lù

| 鹿 | lù | deer |
| 鹿死谁手 | lùsǐshéishǒu | the outcome remains to be seen; who will bag the deer |

11 画

合体字

鹿部

1-4年级

鹿 鹿 鹿 鹿 鹿 鹿 鹿
鹿 鹿 鹿 鹿

陆(陆) lù

陆地	lùdì	land
陆续	lùxù	one after another
大陆	dàlù	continent; mainland

7 画

合体字

阝部

5-6年级

陆 陆 陆 陆 陆 陆 陆

录(录) lù

录音	lùyīn	sound recording
记录	jìlù	take notes
收录	shōulù	employ; include

8 画

合体字

"彐" 不是 "彐" 或 "彐"。
"氺" 不是 "水"。

彐(彑)部

5-6年级

录 录 录 录 录 录 录
录

碌(碌)

| lù | 忙碌 | mánglù | busy about; be busy |
| | 劳碌 | láolù | work hard; toil |

13 画

合体字

"彐" 不是 "彐" 或 "彐"。
"氺" 不是 "水"。

石部

5-6年级

碌 碌 碌 碌 碌 碌 碌
碌 碌 碌 碌 碌 碌

露(露)

| lù | 果子露 | guǒzilù | fruit syrup |
| lòu | 露马脚 | lòumǎjiǎo | give oneself away; let the cat out of the bag |

21 画

合体字

"夊" 不是 "夂"。

雨(⻗)部

5-6年级

露 露 露 露 露 露 露
露 露 露 露 露 露 露
露 露 露 露 露 露 露

旅(旅)

lǚ	旅行	lǚxíng	travel; tour
	旅馆	lǚguǎn	hotel
	劲旅	jìnglǚ	strong contingent; crack force

10 画

合体字

"𭃾" 不是 "氏"。

方部

1-4年级

旅 旅 旅 旅 旅 旅 旅
旅 旅 旅

绿(绿)

lǜ	绿	lǜ	green
	绿茶	lǜchá	green tea
	红绿灯	hónglǜdēng	traffic lights

11 画

合体字

"彐" 不是 "彐" 或 "彐"。
"氺" 不是 "水"。

纟(糸)部

1-4年级

绿 绿 绿 绿 绿 绿 绿
绿 绿 绿 绿

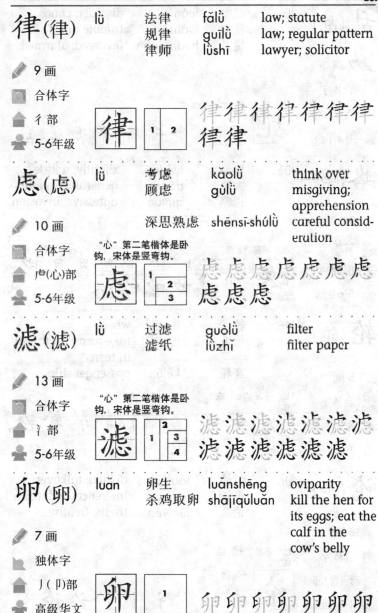

律(律)   lǜ

法律	fǎlǜ	law; statute
规律	guīlǜ	law; regular pattern
律师	lǜshī	lawyer; solicitor

9 画

合体字

彳部

5-6年级

虑(慮)   lǜ

考虑	kǎolǜ	think over
顾虑	gùlǜ	misgiving; apprehension
深思熟虑	shēnsī-shúlǜ	careful consideration

10 画

合体字

"心" 第二笔楷体是卧钩，宋体是竖弯钩。

虍(心)部

5-6年级

滤(濾)   lǜ

过滤	guòlǜ	filter
滤纸	lǜzhǐ	filter paper

13 画

合体字

"心" 第二笔楷体是卧钩，宋体是竖弯钩。

氵部

5-6年级

卵(卵)   luǎn

卵生	luǎnshēng	oviparity
杀鸡取卵	shājīqǔluǎn	kill the hen for its eggs; eat the calf in the cow's belly

7 画

独体字

丿(卩)部

高级华文

乱 (亂) luàn

乱	luàn	disorder; chaos
乱世	luànshì	trouble times
慌乱	huāngluàn	flustered; alarmed

7 画

合体字

舌(乚)部

1-4年级

乱乱乱乱乱乱乱

略 (略) lüè

略微	lüèwēi	slightly; a little
大略	dàlüè	generally; roughly
侵略	qīnlüè	agressive; invasion

11 画

合体字 "夂"不是"攵"。

田部

5-6年级

略略略略略略略略略略略

轮 (輪) lún

轮子	lúnzi	wheel
轮流	lúnliú	take turns; do things in turns
客轮	kèlún	passenger ship

8 画

合体字 "匕"不是"七"或"巳"。

车部

1-4年级

轮轮轮轮轮轮轮轮

论 (論) lùn

讨论	tǎolùn	discuss; talkover
推论	tuīlùn	inference; deduction
论文	lùnwén	thesis; treatise

6 画

合体字 "匕"不是"七"或"巳"。

讠(言)部

1-4年级

论论论论论论

| 锣 (锣) | luó | 锣鼓 | luógǔ | gong and drum |
| | | 敲锣打鼓 | qiāoluó-dǎgǔ | beat drums and strike gongs |

✏️ 13 画

📑 合体字

🏠 钅 (金)部

🎓 高级华文

锣 锣 锣 锣 锣 锣 锣 锣 锣 锣 锣 锣 锣

| 箩 (箩) | luó | 箩 | luó | a square-bottomed basket |

✏️ 14 画

📑 合体字

🏠 竹(⺮)部

🎓 高级华文

箩 箩 箩 箩 箩 箩 箩 箩 箩 箩 箩 箩 箩 箩

罗 (羅)	luó	罗列	luóliè	spread out; enumerate
		罗汉	luóhàn	arhat
		张罗	zhāngluó	take care of; attend to

✏️ 8 画

📑 合体字

🏠 罒 部

🎓 5-6年级

罗 罗 罗 罗 罗 罗 罗 罗

| 萝 (蘿) | luó | 萝卜 | luóbo | radish |

✏️ 11 画

📑 合体字

🏠 艹 部

🎓 5-6年级

萝 萝 萝 萝 萝 萝 萝 萝 萝 萝 萝

骆(骆)

luò　骆驼　luòtuo　camel

- 9 画
- 合体字
- 马部
- 高级华文

"夂" 不是 "夊"。

骆骆骆骆骆骆骆骆骆

落(落)

luò　落实　luòshí　carry out; ascertain
　　角落　jiǎoluò　corner; nook
là　落　là　leave out; leave behind

- 12 画
- 合体字
- 艹部
- 1-4年级

"夂" 不是 "夊"。

落落落落落落落落落落落落

络(络)

luò　联络　liánluò　get in touch with; contact
　　活络　huóluò　loose; indefinite
　　网络　wǎngluò　network

- 9 画
- 合体字
- 纟(糸)部
- 5-6年级

"夂" 不是 "夊"。

络络络络络络络络络

吗(吗)

ma　吗　ma　indication of a question at the end of a sentence
mǎ　吗啡　mǎfēi　morphine

- 6 画
- 合体字
- 口部
- 1-4年级

吗吗吗吗吗吗

妈(媽)   mā   妈妈   māma   mummy; mum

✏️ 6 画

🔲 合体字

🏠 女部

👤 1-4年级

妈 | 1 2 | 妈 妈 妈 妈 妈 妈

麻(蔴)   má   麻木   mámù   numb; insensitive
               肉麻   ròumá   disgusting; nauseating
               芝麻   zhīma   sesame; sesame seed

✏️ 11 画

🔲 合体字

🏠 麻部

👤 1-4年级

麻 | 1 2 3 | 麻 麻 麻 麻 麻 麻 麻 麻 麻 麻 麻

马(馬)   mǎ   马   mǎ   horse
               马路   mǎlù   road; avenue
               拍马   pāimǎ   flatter; fawn on

✏️ 3 画

🔲 独体字

🏠 马部

👤 1-4年级

马 | 1 | 马 马 马

蚂(螞)   mǎ   蚂蚁   mǎyǐ   ant

✏️ 9 画

🔲 合体字

🏠 虫部

👤 1-4年级

蚂 | 1 2 | 蚂 蚂 蚂 蚂 蚂 蚂 蚂 蚂 蚂

码(码)

mǎ	码头	mǎtou	wharf; dock
	尺码	chǐmǎ	size; measures
	号码	hàomǎ	number

8 画

合体字

石部

1-4年级

码 | 1 | 2

码 码 码 码 码 码 码
码

骂(骂)

| mà | 骂 | mà | abuse; curse |
| | 叫骂 | jiàomà | shout curses |

9 画

合体字

口(马)部

1-4年级

骂 | 1 | 2 / 3

骂 骂 骂 骂 骂 骂 骂
骂 骂

埋(埋)

mái	埋藏	máicáng	bury; lie hidden in the earth
	埋没	máimò	cover up; stifle
mán	埋怨	mányuàn	blame; complain

10 画

合体字

土部

5-6年级

埋 | 1 | 2

埋 埋 埋 埋 埋 埋 埋
埋 埋 埋

买(买)

mǎi	买	mǎi	buy; purchase
	买主	mǎizhǔ	buyer; customer
	购买	gòumǎi	purchase; buy

6 画

合体字

乙(一、大)部

1-4年级

"乛"不是"冖"。

买 | 1 / 2

买 买 买 买 买 买

卖(卖)	mài	卖	mài	sell; betray
		卖力	màilì	exert all one's strength
8画		小卖部	xiǎomàibù	snack counter
合体字				
十(大)部		"ㄎ"不是"ㄏ"。		
1-4年级				

卖 卖 卖 卖 卖 卖 卖 卖

麦(麦)	mài	麦子	màizi	wheat
		麦片	màipiàn	oatmeal
7画		小麦	xiǎomài	wheat
合体字				
麦部		"攵"不是"夂"。		
5-6年级				

麦 麦 麦 麦 麦 麦 麦

满(满)	mǎn	满	mǎn	full; expire
		美满	měimǎn	perfectly satisfactory
13画				
合体字				
氵部		"两"不是"雨"。		
1-4年级				

满 满 满 满 满 满 满
满 满 满 满 满 满

慢(慢)	màn	慢	màn	slow; postpone
		快慢	kuàimàn	speed
14画		傲慢	àomàn	arrogant; haughty
合体字				
忄部				
1-4年级				

慢 慢 慢 慢 慢 慢 慢
慢 慢 慢 慢 慢 慢 慢

芒(芒)	máng	芒果	mángguǒ	mongo
		光芒	guāngmáng	rays of light; radiance
6 画		锋芒	fēngmáng	spearhead; abilities
合体字				
艹部				
高级华文				

芒 芒 芒 芒 芒 芒

忙(忙)	máng	忙	máng	busy; fully occupied
		忙乱	mángluàn	in a rush and a muddle
6 画		急忙	jímáng	in a hurry; in a haste
合体字				
忄部				
1-4年级				

忙 忙 忙 忙 忙 忙

盲(盲)	máng	盲人	mángrén	blind person
		盲从	mángcóng	follow blindly
8 画		文盲	wénmáng	illiterate person
合体字				
目部				
5-6年级				

盲 盲 盲 盲 盲 盲 盲 盲

猫(猫)	māo	猫	māo	cat
		猫头鹰	māotóuyīng	owl
11 画		熊猫	xióngmāo	panda
合体字				
犭部				
1-4年级				

猫 猫 猫 猫 猫 猫 猫 猫 猫 猫 猫

毛(毛)

4 画
独体字
毛部
1-4年级

毛	máo	hair; feather
毛利	máolì	gross profit
羽毛球	yǔmáoqiú	badminton; shuttlecock

毛 `1`

毛 毛 毛 毛

矛(矛)

5 画
独体字
矛部
5-6年级

长矛	chángmáo	lance; pike
矛头	máotóu	spearhead
矛盾	máodùn	contradict; disagree

矛 `1`

矛 矛 矛 矛 矛

帽(帽)

12 画
合体字
巾部
1-4年级

帽子	màozi	hat; cap
草帽	cǎomào	straw hat
乌纱帽	wūshāmào	official post

"冒" 不是 "日"。

帽 `1` `2` `3`

帽 帽 帽 帽 帽 帽 帽
帽 帽 帽 帽 帽

貌(貌)

14 画
合体字
豸部
1-4年级

面貌	miànmào	look; appearance
相貌	xiàngmào	facial features; looks
美貌	měimào	good looks

"白" 不是 "臼"。

貌 `1` `2` `3`

貌 貌 貌 貌 貌 貌 貌
貌 貌 貌 貌 貌 貌 貌

冒 (冐)

mào	冒充	màochōng	pretend
	冒火	màohuǒ	burn with anger; flare up
	感冒	gǎnmào	common cold; catch cold

9 画

合体字

"冒" 不是 "日"。

日(日)部

5-6年级

么 (麼)

me	这么	zhème	so; this way
	要么	yàome	or; either ... or ...
	什么	shénme	what

3 画

独体字

丿部

1-4年级

枚 (枚)

méi	枚	méi	classifier for small objects
	不胜枚举	bùshèngméijǔ	too numerous to mention individually

8 画

合体字

"夂" 不是 "文"。

木部

高级华文

没 (没)

méi	没有	méiyǒu	without; there is not
	没趣	méiqù	feel put out
mò	没落	mòluò	decline; wane

7 画

合体字

氵部

1-4年级

眉(眉)

	méi	眉毛 扬眉吐气	méimáo yángméi-tǔqì	eyebrow; brow feel proud and elated

✏️ 9 画

◻️ 合体字

🏠 目部

👤 1-4年级

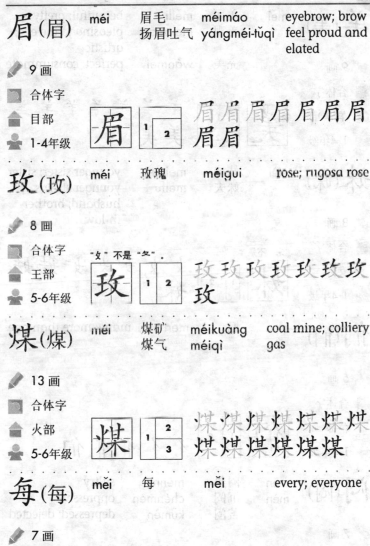

眉 ¹ ²

眉眉眉眉眉眉眉
眉眉

玫(玫)

	méi	玫瑰	méigui	rose; rugosa rose

✏️ 8 画

◻️ 合体字

🏠 王部

👤 5-6年级

"夂"不是"夂"。

玫 ¹ ²

玫玫玫玫玫玫玫
玫

煤(煤)

	méi	煤矿 煤气	méikuàng méiqì	coal mine; colliery gas

✏️ 13 画

◻️ 合体字

🏠 火部

👤 5-6年级

煤 ¹ ² ³

煤煤煤煤煤煤煤
煤煤煤煤煤煤

每(每)

	měi	每	měi	every; everyone

✏️ 7 画

◻️ 合体字

🏠 母(毋)部

👤 1-4年级

每 ¹ ²

每每每每每每每

美(美)

měi

美丽　měilì　beautiful; pretty
美观　měiguān　pleasing to the eye; artistic
完美　wánměi　perfect; consummate

9 画

合体字

羊(羊)部

1-4年级

美 | 1 | 2

妹(妹)

mèi

妹妹　mèimei　younger sister; sister
妹夫　mèifu　younger sister's husband; brother-in-law

8 画

合体字

"未" 不是 "末"。

女部

1-4年级

妹 | 1 | 2

们(们)

men

们　men　many; more than one

5 画

合体字

亻部

1-4年级

们 | 1 | 2

闷(闷)

mēn　闷热　mēnrè　sultry
mèn　沉闷　chénmèn　oppressive
　　　苦闷　kǔmèn　depressed; dejected

7 画

合体字

"心" 第二笔楷体是卧钩，宋体是竖弯钩。

门部

5-6年级

闷 | 1 | 2

门(门)	mén	门	mén	door; gate
		门诊	ménzhěn	outpatient service
3 画		分门别类	fēnmén-biélèi	put into different categories
独体字				
门部				
1-4年级				

门 门 门

蒙(蒙)	mēng	蒙骗	mēngpiàn	cheat; hoodwink
	méng	蒙混	ménghùn	deceive; mislead
	měng	蒙古	Měnggǔ	Mengolia
13 画				
合体字				
艹部				
高级华文				

蒙蒙蒙蒙蒙蒙蒙蒙蒙蒙蒙蒙蒙

猛(猛)	měng	猛烈	měngliè	fierce
		勇猛	yǒngměng	bold and powerful
11 画		突飞猛进	tūfēi-měngjìn	advance by leaps and bounds
合体字				
犭部				
5-6年级				

猛猛猛猛猛猛猛猛猛猛猛

梦(梦)	mèng	梦	mèng	dream
		梦想	mèngxiǎng	dream of
		做梦	zuòmèng	dream
11 画				
合体字				
夕部				
1-4年级				

梦梦梦梦梦梦梦林梦梦梦

迷 (迷)   mí

迷宫	mígōng	labyrinth; maze
迷路	mílù	lose one's way; get lost
球迷	qiúmí	(ball game) fan

9 画

合体字

辶部

1-4年级

"辶" 楷体比宋体多一个弯曲。

迷迷

谜 (谜)   mí

谜语	míyǔ	riddle; puzzle
灯谜	dēngmí	lantern riddle
字谜	zìmí	riddle about a character; word puzzle

11 画

合体字

讠(言)部

1-4年级

"辶" 楷体比宋体多一个弯曲。

谜谜谜谜

米 (米)   mǐ

米	mǐ	rice; metre
米酒	mǐjiǔ	rice wine
虾米	xiāmi	shelled shrimps

6 画

独体字

米部

1-4年级

蜜 (蜜)   mì

| 蜜蜂 | mìfēng | honeybee; bee |
| 甜言蜜语 | tiányán-mìyǔ | fine-sounding words |

14 画

合体字

宀部

1-4年级

"必" 第二笔楷体是卧钩，宋体是竖弯钩。

秘 (秘)

mì	秘密	mìmì	secret; clandestine
	秘书	mìshū	secretary
bì	秘鲁	Bìlǔ	Peru

10 画

合体字

禾部

1-4年级

"必"第二笔楷体是卧钩，宋体是竖弯钩。

秘 | 1 | 2

秘秘秘秘秘秘秘
秘秘秘

密 (密)

mì	密	mì	dense; thick
	严密	yánmì	tight; close
	保密	bǎomì	maintain secrecy, keep something secret

11 画

合体字

宀部

1-4年级

"必"第二笔楷体是卧钩，宋体是竖弯钩。

密 | 1 / 2 / 3

密密密密密密密
密密密密

棉 (棉)

mián	棉花	miánhuā	cotton
	药棉	yàomián	absorbent cotton

12 画

合体字

木部

高级华文

棉 | 1 / 2 / 3

棉棉棉棉棉棉棉
棉棉棉棉棉

眠 (眠)

mián	失眠	shīmián	insomnia
	安眠药	ānmiányào	sleeping pills; soporific

10 画

合体字

目部

5-6年级

眠 | 1 | 2

眠眠眠眠眠眠眠
眠眠眠

免(免) miǎn

免费	miǎnfèi	free; gratis
避免	bìmiǎn	avoid; refrain from
难免	nánmiǎn	hard to avoid

7 画

独体字

刀(⺈)部

1-4年级

免 免 免 免 免 免 免

勉(勉) miǎn

| 慰勉 | wèimiǎn | comfort and encourage; be relieved |
| 勉强 | miǎnqiǎng | manage with an effort; do with difficulty |

9 画

合体字

力部

5-6年级

勉 勉 勉 勉 勉 勉 勉
勉 勉

面(面) miàn

面孔	miànkǒng	face
面包	miànbāo	bread
前面	qiánmian	in front; ahead

9 画

独体字

一部

1-4年级

面 面 面 面 面 面 面
面 面

苗(苗) miáo

| 禾苗 | hémiáo | seedlings of cereal crops |
| 苗条 | miáotiao | slender; slim |

8 画

合体字

艹部

1-4年级

苗 苗 苗 苗 苗 苗 苗
苗

秒(秒)

miǎo　秒　　　　miǎo　　　　　second
　　　分秒必争　fēnmiǎo-bìzhēng　seize every
　　　　　　　　　　　　　　　　　minute and
　　　　　　　　　　　　　　　　　second

9 画

合体字

"少"第二笔楷体是点，宋体是撇。

禾部

1-4年级

秒秒秒秒秒秒秒秒秒

妙(妙)

miào　妙用　miàoyòng　magical effect
　　　美妙　měimiào　splendid; wonderful

7 画

合体字

"少"第二笔楷体是点，宋体是撇。

女部

1-4年级

妙妙妙妙妙妙妙

庙(庙)

miào　庙　　miào　　temple; shrine
　　　寺庙　sìmiào　monastery; mosque

8 画

合体字

广部

5-6年级

庙庙庙庙庙庙庙庙

灭(灭)

miè　灭火　mièhuǒ　put out a fire;
　　　　　　　　　　extinguish a fire
　　　消灭　xiāomiè　perish; die out
　　　扑灭　pūmiè　stamp out; put out

5 画

合体字

火部

1-4年级

灭灭灭灭灭

民 (民)

mín

民用	mínyòng	civil; for civil use
民族	mínzú	nation; race
人民	rénmín	people

5 画

独体字

乙(乛)部

1-4年级

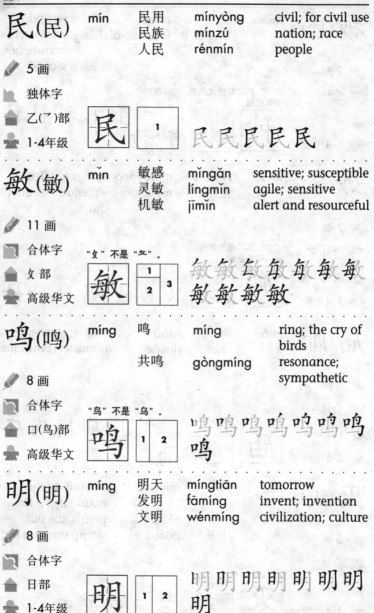

民 | 1 | 民 民 民 民 民

敏 (敏)

mǐn

敏感	mǐngǎn	sensitive; susceptible
灵敏	língmǐn	agile; sensitive
机敏	jīmǐn	alert and resourceful

11 画

合体字

"攵"不是"夂"。

攵部

高级华文

敏 | 1 | 2 | 3 | 敏 敏 勹 勹 勽 勽 每 每 每 敏 敏 敏

鸣 (鳴)

míng

| 鸣 | míng | ring; the cry of birds |
| 共鸣 | gòngmíng | resonance; sympathetic |

8 画

合体字

"鸟"不是"乌"。

口(鸟)部

高级华文

鸣 | 1 | 2 | 鸣 鸣 鸣 鸣 鸣 鸣 鸣 鸣

明 (明)

míng

明天	míngtiān	tomorrow
发明	fāmíng	invent; invention
文明	wénmíng	civilization; culture

8 画

合体字

日部

1-4年级

明 | 1 | 2 | 明 明 明 明 明 明 明 明

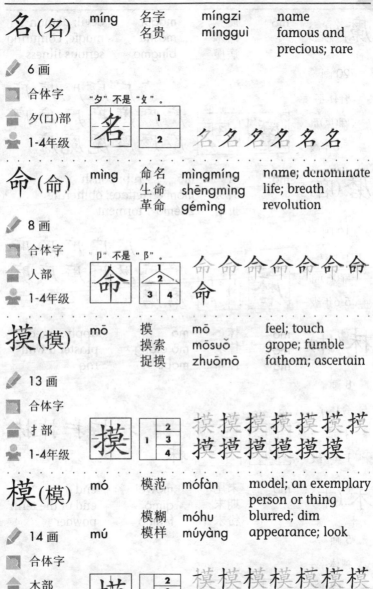

名 (名)

| | míng | 名字 | míngzi | name |
| | | 名贵 | míngguì | famous and precious; rare |

✏️ 6 画

▢ 合体字

"夕" 不是 "攵"。

🏠 夕(口)部

👤 1-4年级

名 夕 夕 名 名 名

命 (命)

	mìng	命名	mìngmíng	name; denominate
		生命	shēngmìng	life; breath
		革命	gémìng	revolution

✏️ 8 画

▢ 合体字

"卩" 不是 "阝"。

🏠 人部

👤 1-4年级

命 命 命 命 命 命 命 命

摸 (摸)

	mō	摸	mō	feel; touch
		摸索	mōsuǒ	grope; fumble
		捉摸	zhuōmō	fathom; ascertain

✏️ 13 画

▢ 合体字

🏠 扌部

👤 1-4年级

摸 摸 摸 摸 摸 摸 摸 摸 摸 摸 摸 摸

模 (模)

	mó	模范	mófàn	model; an exemplary person or thing
		模糊	móhu	blurred; dim
	mú	模样	múyàng	appearance; look

✏️ 14 画

▢ 合体字

🏠 木部

👤 1-4年级

模 模 模 模 模 模 模 模 模 模 模 模 模

魔(魔) mó

魔鬼	móguǐ	devil; demon
魔术	móshù	magic; conjuring
病魔	bìngmó	serious illness

20 画

合体字

麻(鬼)部

5-6年级

魔 魔 魔 魔 魔 魔 魔
魔 魔 魔 魔 魔 魔 魔
魔 魔 魔 魔 魔 魔

磨(磨) mó

磨	mó	rub; polish
磨灭	mómiè	efface; obliterate
折磨	zhémó	torment

16 画

合体字

麻(石)部

5-6年级

磨 磨 磨 磨 磨 磨 磨
磨 磨 磨 磨 磨 磨 磨
磨 磨

抹(抹) mǒ

抹	mǒ	apply; smear
抹墙	mò qiáng	plaster a wall
抹布	mābù	rag

mò
mā

8 画

合体字

"末" 不是 "未"。

扌部

1-4年级

抹 抹 抹 抹 抹 抹 抹
抹

末(末) mò

末尾	mòwěi	end
期末	qīmò	end of the term
粉末	fěnmò	powder

5 画

独体字

一(木)部

高级华文

末 末 末 末 末

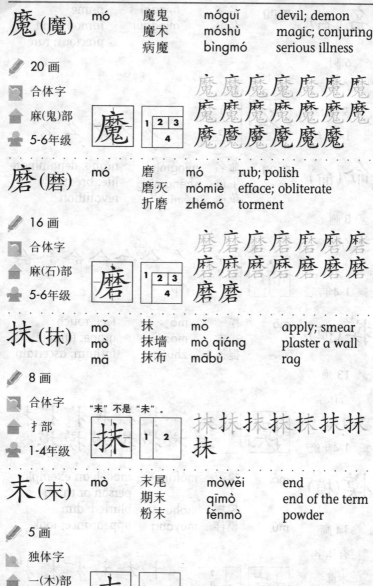

漠(漠) mò 沙漠 shāmò desert
漠不关心 mòbùguānxīn indifferent; unconcerned

13 画

合体字

氵部

高级华文

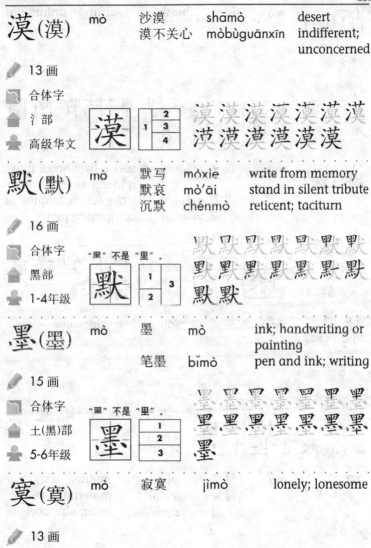

默(默) mò 默写 mòxiě write from memory
默哀 mò'āi stand in silent tribute
沉默 chénmò reticent; taciturn

16 画

合体字

"黑"不是"里"。

黑部

1-4年级

墨(墨) mò 墨 mò ink; handwriting or painting
笔墨 bǐmò pen and ink; writing

15 画

合体字

"黑"不是"里"。

土(黑)部

5-6年级

寞(寞) mò 寂寞 jìmò lonely; lonesome

13 画

合体字

宀部

5-6年级

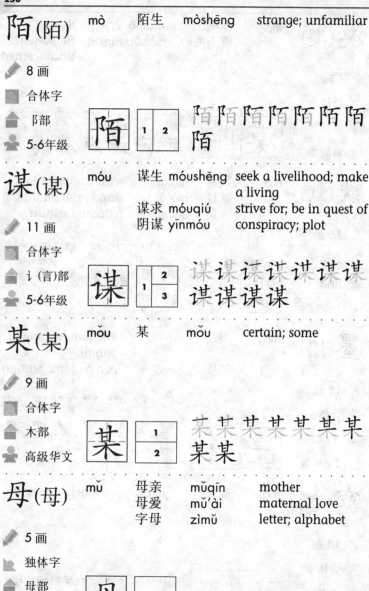

陌(陌)　mò　陌生　mòshēng　strange; unfamiliar

8 画
合体字
阝部
5-6年级

陌陌陌陌陌陌陌陌

谋(谋)　móu　谋生　móushēng　seek a livelihood; make a living
　　　　　　谋求　móuqiú　strive for; be in quest of
　　　　　　阴谋　yīnmóu　conspiracy; plot

11 画
合体字
讠(言)部
5-6年级

谋谋谋谋谋谋谋谋谋谋谋

某(某)　mǒu　某　mǒu　certain; some

9 画
合体字
木部
高级华文

某某某某某某某某某

母(母)　mǔ　母亲　mǔqīn　mother
　　　　　　母爱　mǔ'ài　maternal love
　　　　　　字母　zìmǔ　letter; alphabet

5 画
独体字
母部
1-4年级

母母母母母

木(木)	mù	木	mù	timber; wood
		树木	shùmù	trees
		木马	mùmǎ	vaulting horse; pommelled horse

4 画

独体字

木部

1-4年级

木 木 木 木

目 (目)	mù	目光	mùguāng	sight; vision
		眉目	méimù	features; looks
		题目	tímù	exercise problem

5 画

独体字

目部

1-4年级

目 目 目 目 目

| 睦(睦) | mù | 和睦 | hémù | harmony; concord |
| | | 睦邻 | mùlín | good-neighbourliness |

13 画

合体字

目部

5-6年级

睦 睦 睦 睦 睦 睦 睦
睦 睦 睦 睦 睦 睦

牧(牧)	mù	畜牧	xùmù	herd; pasture
		放牧	fàngmù	put out to pasture; graze
		牧师	mùshī	paster; clergyman

8 画

合体字

牛(牜)部

5-6年级

"攵" 不是 "夂"。

牧 牧 牧 牧 牧 牧 牧
牧

墓(墓) mù

坟墓 fénmù grave; tomb
扫墓 sǎomù visit a grave to pay respect to the dead
墓地 mùdì graveyard; cemetery

13 画

合体字

艹(土)部

5-6年级

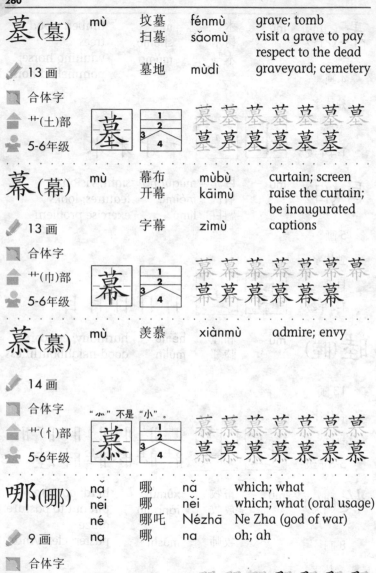

幕(幕) mù

幕布 mùbù curtain; screen
开幕 kāimù raise the curtain; be inaugurated
字幕 zìmù captions

13 画

合体字

艹(巾)部

5-6年级

慕(慕) mù

羡慕 xiànmù admire; envy

14 画

合体字

"灬"不是"小"。

艹(忄)部

5-6年级

哪(哪)

nǎ 哪 nǎ which; what
něi 哪 něi which; what (oral usage)
né 哪吒 Nézhā Ne Zha (god of war)
na 哪 na oh; ah

9 画

合体字

口部

1-4年级

拿(拿) ná

拿	ná	seize; hold
拿手	náshǒu	good at; expert
拿主意	ná zhǔyi	make a decision; make up one's mind

🖊 10画

▣ 合体字

🔺 人(手)部

👤 1-4年级

那(那) nà

那	nà	that; in that case
那些	nàxiē	those

🖊 6画

▣ 合体字

🔺 阝部

👤 1-4年级

奶(奶) nǎi

奶	nǎi	breast; milk
奶妈	nǎimā	wet nurse
牛奶	niúnǎi	milk

🖊 5画

▣ 合体字

🔺 女部

👤 1-4年级

耐(耐) nài

耐心	nàixīn	patient; patience
耐用	nàiyòng	durable
忍耐	rěnnài	exercise patience; restrain oneself

🖊 9画

▣ 合体字

🔺 寸部

👤 1-4年级

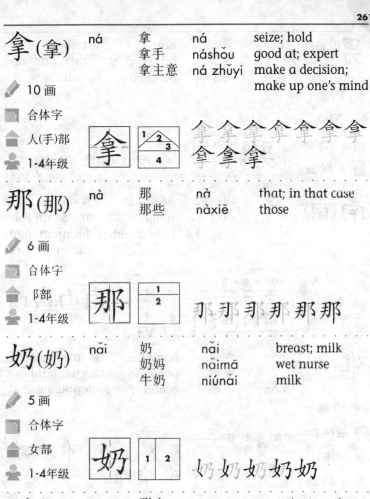

男 (男)

nán

男	nán	male
男装	nánzhuāng	men's clothing
男子汉	nánzǐhàn	man

✏️ 7 画

🔲 合体字

🏠 田(力)部

👤 1-4年级

男 男 男 男 男 男 男

南 (南)

nán

南	nán	south
南极	nánjí	the South Pole
天南地北	tiānnán-dìběi	far apart; from different places

✏️ 9 画

🔲 合体字

🏠 十部

👤 1-4年级

"南" 不是 "冇"。

南 南 南 南 南 南 南 南 南

难 (难)

nán

| 难受 | nánshòu | feel unwell; feel ill |
| 艰难 | jiānnán | difficult; hard |

nàn

| 苦难 | kǔnàn | suffering; misery |

✏️ 10 画

🔲 合体字

🏠 又(隹)部

👤 1-4年级

"隹" 不是 "住"。

难 难 难 难 难 难 难 难 难

脑 (脑)

nǎo

脑子	nǎozi	brain; head
脑力	nǎolì	brains; mentality
电脑	diànnǎo	computer

✏️ 10 画

🔲 合体字

🏠 月部

👤 1-4年级

脑 脑 脑 脑 脑 脑 脑 脑 脑 脑

恼(恼)	nǎo	恼火	nǎohuǒ	annoyed; irritated
		恼怒	nǎonù	angry; furious
		烦恼	fánnǎo	worry; be vexed

9 画

合体字

忄部

5-6年级

忄恼 恼 恼 恼 恼 恼 恼
恼 恼

闹(闹)	nào	闹	nào	noisy; stir up trouble
		闹市	nàoshì	downtown area; busy shopping centre
		热闹	rènao	lively; bustling with noise and excitement

8 画

合体字

门部

1-4年级

闹 闹 闹 闹 闹 闹 闹
闹

| 呢(呢) | ne | 呢 | ne | modal particle at the end of an interrogative sentence |
| | ní | 花呢 | huāní | fancy suiting; tweed |

8 画

合体字

"匕" 不是 "乚"。

口部

1-4年级

呢 呢 呢 呢 呢 呢 呢
呢

内(内)	nèi	内部	nèibù	internal; interior
		内容	nèiróng	content; substance
		日内	rìnèi	in a couple of days; in a few days

4 画

独体字

门部

5-6年级

内 内 内 内

嫩(嫩)

nèn

嫩芽	nèn yá	tender shoot
细嫩	xìnèn	delicate; tender
鲜嫩	xiānnèn	fresh and tender

14 画

合体字

"束"不是"束"。
"攵"不是"夂"。

女部

高级华文

嫩 1 2 3

嫩 嫩 嫩 嫩 嫩 嫩 嫩
嫩 嫩 嫩 嫩 嫩 嫩 嫩

能(能)

néng

能	néng	can; be able to
能力	nénglì	ability; capability
功能	gōngnéng	function

10 画

合体字

厶部

1-4年级

能 1 3 2 4

能 能 能 能 能 能 能
能 能 能

泥(泥)

ní

泥	ní	mud; mashed
烂泥	lànní	slush
拖泥带水	tuōní-dàishuǐ	messy; slovenly

8 画

合体字

"匕"不是"乇"。

氵部

1-4年级

泥 1 2 3

泥 泥 泥 泥 泥 泥 泥
泥

你(你)

nǐ

你	nǐ	you

7 画

合体字

"尔"第四笔楷体是点，
宋体是撇。

亻部

1-4年级

你 1 2 3

你 你 你 你 你 你 你

年(年) nián

年	nián	year
年龄	niánlíng	age
少年	shàonián	juvenile

✏️ 6 画

🪨 独体字

🏠 丿部

👤 1-4年级

年 午 午 午 年 年

念(念) niàn

念头	niàntou	thought; idea
纪念	jìniàn	commemorate; souvenir
想念	xiǎngniàn	miss; long to see again

✏️ 8 画

🪨 合体字

"心"第二笔楷体比宋体多一个弯曲。

🏠 心部

👤 1-4年级

念 念 念 念 念 念 念 念

娘(娘) niáng

娘	niáng	mother
大娘	dàniáng	aunt; wife of father's elder brother
姑娘	gūniang	girl; daughter

✏️ 10 画

🪨 合体字

🏠 女部

👤 1-4年级

娘 娘 娘 娘 娘 娘 娘 娘 娘 娘

鸟(鸟) niǎo

鸟	niǎo	bird
益鸟	yìniǎo	beneficial bird
鸟语花香	niǎoyǔ-huāxiāng	singing birds and fragrant flowers

✏️ 5 画

🪨 独体字

🏠 鸟部

👤 1-4年级

鸟 鸟 鸟 鸟 鸟

您(您) nín 您 nín you

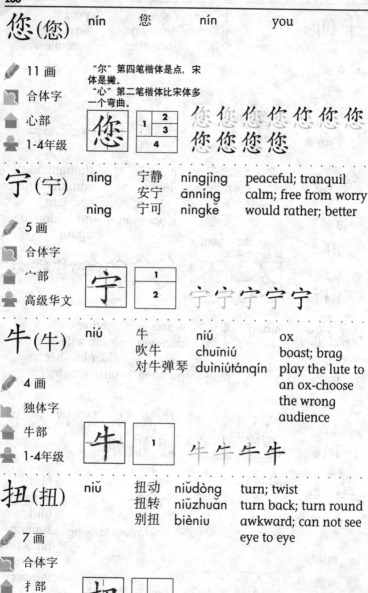

11 画
合体字
心部
1-4年级

"尔"第四笔楷体是点，宋体是撇。
"心"第二笔楷体比宋体多一个弯曲。

宁(宁)

nín	宁静	níngjìng	peaceful; tranquil
	安宁	ānníng	calm; free from worry
nìng	宁可	nìngkě	would rather; better

5 画
合体字
宁部
高级华文

牛(牛)

niú	牛	niú	ox
	吹牛	chuīniú	boast; brag
	对牛弹琴	duìniútánqín	play the lute to an ox-choose the wrong audience

4 画
独体字
牛部
1-4年级

扭(扭)

niǔ	扭动	niǔdòng	turn; twist
	扭转	niǔzhuǎn	turn back; turn round
	别扭	bièniu	awkward; can not see eye to eye

7 画
合体字
扌部
高级华文

钮(钮) niǔ 电钮 diànniǔ electric button; push button

9 画

合体字

钅(金)部

5-6年级

| 钮 | 1 2 |

钮 钮 钮 钮 钮 钮 钮 钮 钮

农(农) nóng 农民 nóngmín peasant; farmer
农作物 nóngzuòwù crops
菜农 càinóng vegetable grower

6 画

独体字

丷部

1-4年级

| 农 | 1 |

农 农 农 农 农 农

浓(浓) nóng 浓 nóng dense; thick
浓度 nóngdù density; concentration
浓缩 nóngsuō condense; enrich

9 画

合体字

氵部

5-6年级

| 浓 | 1 2 |

浓 浓 浓 浓 浓 浓 浓 浓 浓

弄(弄) nòng 弄 nòng play with; handle
搬弄 bānnòng move something about; fiddle with

7 画

lòng 弄 lòng lane; alley

合体字

王(廾)部

1-4年级

| 弄 | 1 2 |

弄 弄 弄 弄 弄 弄 弄

努(努) nǔ

| 努力 | nǔlì | make great efforts; try hard |
| 努嘴 | nǔzuǐ | pout one's lips as a signal |

7 画

合体字

力部

1-4年级

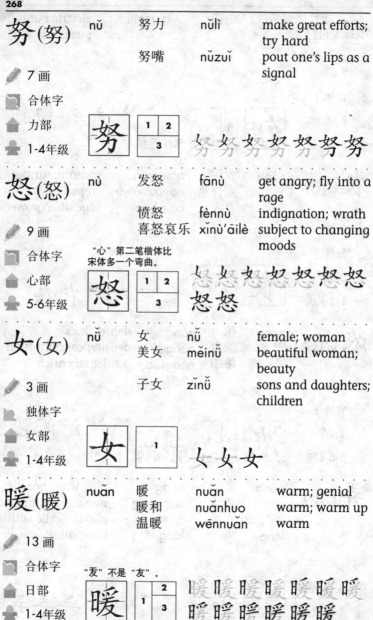

努 努 努 努 努 努 努

怒(怒) nù

发怒	fānù	get angry; fly into a rage
愤怒	fènnù	indignation; wrath
喜怒哀乐	xǐnù'āilè	subject to changing moods

9 画

合体字

"心"第二笔楷体比宋体多一个弯曲。

心部

5-6年级

怒 怒 怒 怒 怒 怒 怒
怒 怒

女(女) nǔ

女	nǔ	female; woman
美女	měinǔ	beautiful woman; beauty
子女	zǐnǔ	sons and daughters; children

3 画

独体字

女部

1-4年级

女 女 女

暖(暖) nuǎn

暖	nuǎn	warm; genial
暖和	nuǎnhuo	warm; warm up
温暖	wēnnuǎn	warm

13 画

合体字

"爰"不是"友"。

日部

1-4年级

暖 暖 暖 暖 暖 暖 暖
暖 暖 暖 暖 暖 暖

呕(呕)	ǒu	呕吐	ǒutù	vomit; throw up

🖊 7 画

🔲 合体字

🏠 口部

🎓 1-4年级

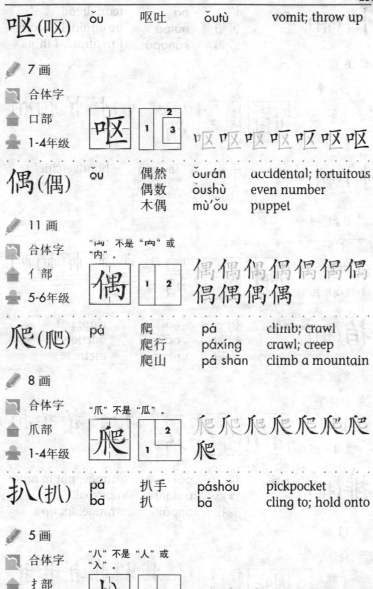

呕 呕 呕 呕 呕 呕 呕

偶(偶)	ǒu	偶然	ǒurán	accidental; fortuitous
		偶数	ǒushù	even number
		木偶	mù'ǒu	puppet

🖊 11 画

🔲 合体字 "禺"不是"内"或"内"。

🏠 亻部

🎓 5-6年级

偶 偶 偶 偶 偶 偶 偶 偶 偶 偶

爬(爬)	pá	爬	pá	climb; crawl
		爬行	páxíng	crawl; creep
		爬山	pá shān	climb a mountain

🖊 8 画

🔲 合体字 "爪"不是"瓜"。

🏠 爪部

🎓 1-4年级

爬 爬 爬 爬 爬 爬 爬 爬

扒(扒)	pá	扒手	páshǒu	pickpocket
	bā	扒	bā	cling to; hold onto

🖊 5 画

🔲 合体字 "八"不是"人"或"入"。

🏠 扌部

🎓 5-6年级

扒 扒 扒 扒 扒

怕 (怕)

	pà		
	怕	pà	fear; dread
	害怕	hàipà	be afraid; be scared
	恐怕	kǒngpà	I'm afraid; I think

✏️ 8 画

🔲 合体字

🏠 忄 部

👤 1-4年级

怕	1	2

怕 怕 怕 怕 怕 怕 怕

帕 (帕)

	pà		
	手帕	shǒupà	handkerchief

✏️ 8 画

🔲 合体字

🏠 巾 部

👤 1-4年级

帕	1	2

帕 帕 帕 帕 帕 帕 帕

拍 (拍)

	pāi		
	拍	pāi	clap; pat
	拍卖	pāimài	auction
	节拍	jiépāi	metre

✏️ 8 画

🔲 合体字

🏠 扌 部

👤 1-4年级

拍	1	2

拍 拍 拍 拍 拍 拍 拍

排 (排)

	pái		
	排	pái	arrange; put in order
	排球	páiqiú	volleyball
	安排	ānpái	arrange; fix up

✏️ 11 画

🔲 合体字

🏠 扌 部

👤 1-4年级

排	1	2

排 排 排 排 排 排 排 排 排 排 排

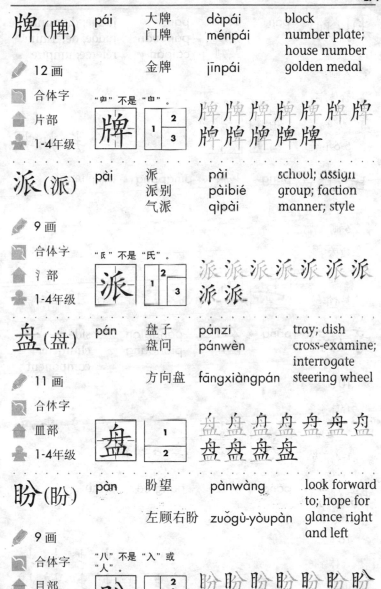

牌(牌) pái

大牌	dàpái	block
门牌	ménpái	number plate; house number
金牌	jīnpái	golden medal

12 画

合体字

片部

1-4年级

"毕"不是"由"。

派(派) pài

派	pài	school; assign
派别	pàibié	group; faction
气派	qìpài	manner; style

9 画

合体字

氵部

1-4年级

"氏"不是"氏"。

盘(盘) pán

盘子	pánzi	tray; dish
盘问	pánwèn	cross-examine; interrogate
方向盘	fāngxiàngpán	steering wheel

11 画

合体字

皿部

1-4年级

盼(盼) pàn

| 盼望 | pànwàng | look forward to; hope for |
| 左顾右盼 | zuǒgù-yòupàn | glance right and left |

9 画

合体字

目部

高级华文

"八"不是"入"或"人"。

判 (判)

pàn

判	pàn	judge; discriminate
判断	pànduàn	judge; determine
裁判	cáipàn	referee; umpire

✏ 7 画

▨ 合体字

▩ 刂部

★ 5-6年级

"半" 不是 "半"。

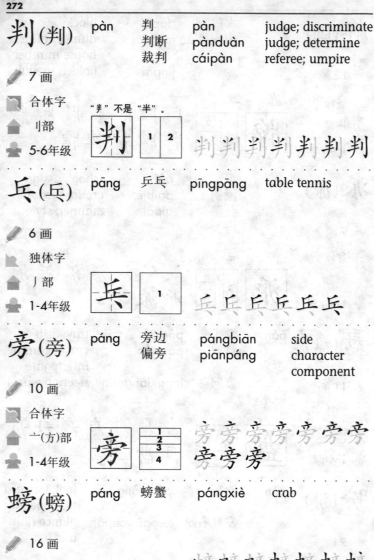

判 判 判 半 判 判 判

乒 (乒)

pāng

乒乓	pīngpāng	table tennis

✏ 6 画

▨ 独体字

▩ 丿部

★ 1-4年级

乒 乒 乒 乒 乒 乒

旁 (旁)

páng

旁边	pángbiān	side
偏旁	piānpáng	character component

✏ 10 画

▨ 合体字

▩ 亠(方)部

★ 1-4年级

旁 旁 旁 旁 旁 旁 旁
旁 旁 旁

螃 (螃)

páng

螃蟹	pángxiè	crab

✏ 16 画

▨ 合体字

▩ 虫部

★ 5-6年级

螃 螃 螃 螃 螃 螃 螃
螃 螃 螃 螃 螃 螃 螃
螃 螃

胖(胖)

pàng	胖	pàng	fat; stout
	肥胖	féipàng	fat; corpulent
pán	心广体胖	xīnguǎng-tǐpán	carefree and contended

9 画

合体字

月部

1-4年级

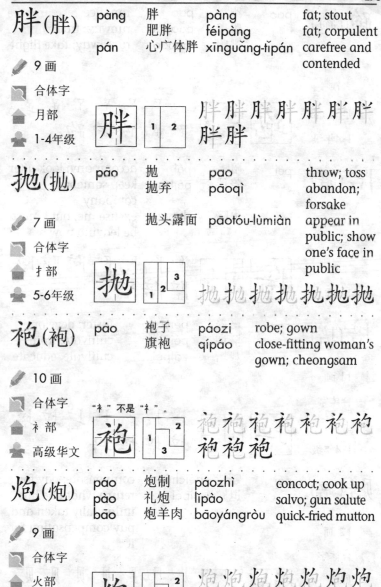

胖 丨 2

丬丬丬丬丬丬丬丬丬
胖 胖

抛(抛)

pāo	抛	pao	throw; toss
	抛弃	pāoqì	abandon; forsake
	抛头露面	pāotóu-lùmiàn	appear in public; show one's face in public

7 画

合体字

扌部

5-6年级

抛 丨 2 3

抛抛抛抛执抛抛

袍(袍)

páo	袍子	páozi	robe; gown
	旗袍	qípáo	close-fitting woman's gown; cheongsam

10 画

合体字

"衤"不是"礻"。

衤部

高级华文

袍 丨 2 3

袍袍袍袍袍袍
袍袍袍

炮(炮)

páo	炮制	páozhì	concoct; cook up
pào	礼炮	lǐpào	salvo; gun salute
bāo	炮羊肉	bāoyángròu	quick-fried mutton

9 画

合体字

火部

5-6年级

炮 丨 2 3

炮炮炮炮炮炮炮
炮炮

跑(跑) pǎo

跑	pǎo	run; flee
跑道	pǎodào	runway; track
逃跑	táopǎo	run away; take flight

12画

合体字

足(⻊)部

1-4年级

跑 跑跑跑跑跑跑跑 跑跑跑跑跑

陪(陪) péi

陪	péi	accompany; look after
陪伴	péibàn	keep somebody company
失陪	shīpéi	excuse me, but I must be leaving now

10画

合体字

阝部

1-4年级

陪 陪陪陪陪陪陪陪 陪陪陪

培(培) péi

培养	péiyǎng	foster; develop
培训	péixùn	cultivate; train
栽培	zāipéi	cultivate; educate

11画

合体字

土部

1-4年级

培 培培培培培培培 培培培培

赔(赔) péi

| 赔偿 | péicháng | compensate; pay for |
| 退赔 | tuìpéi | return what one has unlawfully taken and pay compensation for it |

12画

合体字

贝部

5-6年级

赔 赔赔赔赔赔赔赔 赔赔赔赔赔

配(配)

pèi

配	pèi	join in marriage
配备	pèibèi	provide; fit out
支配	zhīpèi	control; budget

✏️ 10 画

🔲 合体字

"酉" 不是 "西"。
"己" 不是 "已" 或 "巳"。

🔺 酉部

👤 1-4年级

配 配 配 配 配 配 配 配 配 配

佩(佩)

pèi

佩带	pèidài	wear
佩服	pèifú	admire
敬佩	jìngpèi	esteem; admire

✏️ 8 画

🔲 合体字

"巾" 不是 "巿"。

🔺 亻部

👤 5-6年级

佩 佩 佩 佩 佩 佩 佩 佩

喷(噴)

pēn

| 喷 | pēn | spurt; spray |
| 喷水池 | pēnshuǐchí | fountain |

pèn

| 喷香 | pènxiāng | fragrant; delicious |

✏️ 12 画

🔲 合体字

🔺 口部

👤 1-4年级

喷 喷 喷 喷 喷 喷 喷 喷 喷 喷 喷 喷

盆(盆)

pén

盆子	pénzi	tub; pot
盆地	péndì	basin
聚宝盆	jùbǎopén	cornucopia; place rich in natural resources

✏️ 9 画

🔲 合体字

"八" 不是 "入" 或 "人"。

🔺 皿部

👤 1-4年级

盆 盆 盆 盆 盆 盆 盆 盆 盆

棚 (棚)　péng　棚　péng　canopy; shed

- 12 画
- 合体字
- 木部
- 高级华文

棚 十 栅 栅 栅 棚 栅
栅 栅 棚 棚 棚

朋 (朋)　péng

朋友	péngyou	friend; acquaintance
亲朋	qīnpéng	relatives and friends; kith and kin

- 8 画
- 合体字
- 月部
- 1-4年级

朋 刖 刖 刖 朋 朋
朋

捧 (捧)　pěng

捧	pěng	hold in both hands; flatter
捧场	pěngchǎng	sing the praise of
吹捧	chuīpěng	lavish praise on; laud to the skies

- 11 画
- 合体字

"キ" 不是 "丰"。

- 扌部
- 5-6年级

捧 捧 捧 捧 捧 捧
捧 捧 捧 捧

碰 (碰)　pèng

碰	pèng	bump; run into
碰巧	pèngqiǎo	by chance; by coincidence
碰钉子	pèngdīngzi	meet with a rebuff

- 13 画
- 合体字
- 石部
- 1-4年级

碰 石 碰 石 石 石 碰
碰 碰 碰 碰 碰 碰

劈(劈) pī

劈　　　pī　　　cleave; chop
劈头盖脸　pītóu-gàiliǎn　right in the face

15 画

合体字

刀部

高级华文

"启" 不是 "启"。

批(批) pī

批　　　pī　　　refute; batch
批评　　pīpíng　criticise; criticism
大批　　dàpī　　large quantities of

7 画

合体字

扌部

5-6年级

皮(皮) pí

皮　　　pí　　　leather; wrapper
皮球　　píqiú　ball; rubber ball
顽皮　　wánpí　naughty; mischievous

5 画

独体字

皮部

1-4年级

脾(脾) pí

脾气　　píqi　　temperament; bad temper
脾胃　　píwèi　taste
脾性　　píxìng　disposition; temper

12 画

合体字

月部

1-4年级

"申" 不是 "由"。

疲 (疲)

pí

疲倦	píjuàn	tired and sleepy
疲乏	pífá	weary; tired
精疲力尽	jīngpí-lìjìn	exhausted; worn-out

- 🖊 10 画
- 合体字
- 疒部
- 5-6年级

疲疲疲疲疲疲疲
疲疲疲

匹 (匹)

pǐ

| 匹 | pǐ | classifier for horse, mule, etc. |
| 单枪匹马 | dānqiāng-pǐmǎ | single-handed |

- 🖊 4 画
- 合体字
- 匚部
- 1-4年级

匹匹匹匹

屁 (屁)

pì

| 屁股 | pìgu | buttocks; hindquarters |
| 狗屁 | gǒupì | horsehit; rubbish |

- 🖊 7 画
- 合体字
- 尸部
- 高级华文

屁屁屁屁屁屁屁

僻 (僻)

pì

| 僻静 | pìjìng | secluded; lonely |
| 生僻 | shēngpì | uncommon; rare |

- 🖊 15 画
- 合体字
- 亻部
- 5-6年级

"辟" 不是 "启"。

僻僻僻僻僻僻僻
僻僻僻僻僻僻僻
僻

篇 (篇)   piān

篇	piān	a piece of writing
篇幅	piānfú	length; space
长篇	chángpiān	novel; of full length

15 画
合体字
竹 (⺮) 部
1-4 年级

篇篇篇篇篇篇篇
篇篇篇篇篇篇篇
篇

片 (片)   piān / piàn

piān	唱片儿	chàngpiānr	gramophone record; disc
piàn	片面	piànmiàn	unilateral; one-sided
	刀片	dāopiàn	razor blade

4 画
独体字
片部
1-4 年级

片片片片

偏 (偏)   piān

偏差	piānchā	deviation; error
偏偏	piānpiān	wilfully; insistently
偏向	piānxiàng	erroneous tendency

11 画
合体字
亻部
5-6 年级

偏偏偏偏偏偏偏
偏偏偏偏

骗 (骗)   piàn

骗	piàn	deceive; hoodwink
骗子	piànzi	swindler; impostor
欺骗	qīpiàn	dupe; cheat

12 画
合体字
马部
1-4 年级

骗骗骗骗骗骗骗
骗骗骗骗骗

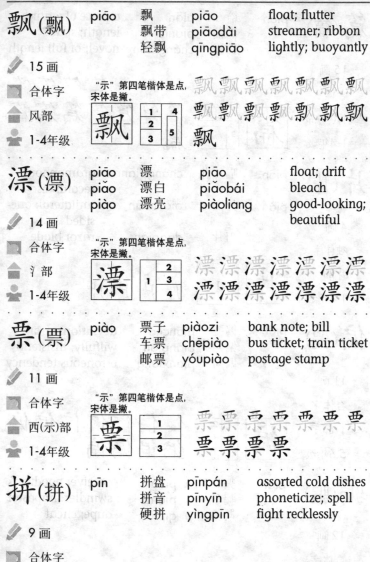

飘 (飄) piāo

飘	piāo	float; flutter
飘带	piāodài	streamer; ribbon
轻飘	qīngpiāo	lightly; buoyantly

✏️ 15 画

▢ 合体字

"示"第四笔楷体是点，宋体是撇。

🔺 风部

🔹 1-4年级

漂 (漂) piāo

漂	piāo	float; drift
漂白	piǎobái	bleach
漂亮	piàoliang	good-looking; beautiful

✏️ 14 画

▢ 合体字

"示"第四笔楷体是点，宋体是撇。

🔺 氵部

🔹 1-4年级

票 (票) piào

票子	piàozi	bank note; bill
车票	chēpiào	bus ticket; train ticket
邮票	yóupiào	postage stamp

✏️ 11 画

▢ 合体字

"示"第四笔楷体是点，宋体是撇。

🔺 西(示)部

🔹 1-4年级

拼 (拼) pīn

拼盘	pīnpán	assorted cold dishes
拼音	pīnyīn	phoneticize; spell
硬拼	yìngpīn	fight recklessly

✏️ 9 画

▢ 合体字

🔺 扌部

🔹 5-6年级

贫（貧） pín

贫穷	pínqióng	poor; needy
贫血	pínxuè	anaemia
济贫	jìpín	relieve somebody in his hour of need

8 画

合体字

"八" 不是 "入" 或 "人"。

贝部

1-4年级

贫 贫 贫 分 分 贫 贫 贫

品（品） pǐn

品质	pǐnzhì	quality
品尝	pǐncháng	taste; savour
样品	yàngpǐn	sample; specimen

9 画

合体字

口部

5-6年级

品 品 品 品 品 品 品 品 品

兵（乒） pīng

| 乒乓 | pīngpāng | table tennis |

6 画

独体字

丿部

1-4年级

乒 乒 乒 乒 乒 乒

凭（憑） píng

凭据	píngjù	evidence; proof
凭空	píngkōng	out of the void; out of thin air
文凭	wénpíng	diploma

8 画

合体字

"壬" 不是 "王"。
"几" 不是 "儿"。

几部

高级华文

凭 凭 凭 凭 凭 凭 凭 凭

平(平) píng

平淡	píngdàn	insipid; pedestrian
平日	píngrì	in peacetime; usually
公平	gōngpíng	fair; just

5 画

独体字

一部

1-4年级

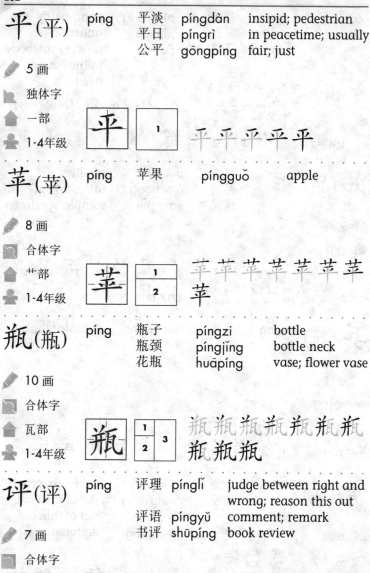

平 平 平 平 平

苹(苹) píng

| 苹果 | píngguǒ | apple |

8 画

合体字

艹部

1-4年级

苹 苹 苹 苹 苹 苹 苹 苹

瓶(瓶) píng

瓶子	píngzi	bottle
瓶颈	píngjǐng	bottle neck
花瓶	huāpíng	vase; flower vase

10 画

合体字

瓦部

1-4年级

瓶 瓶 瓶 瓶 瓶 瓶 瓶 瓶 瓶 瓶

评(评) píng

评理	pínglǐ	judge between right and wrong; reason this out
评语	píngyǔ	comment; remark
书评	shūpíng	book review

7 画

合体字

讠(言)部

5-6年级

评 评 评 评 评 评 评

坡 (坡)   pō   坡地   pōdì   hillside; land on the slopes

山坡   shānpō   hillside; mountain slope

斜坡   xiépō   slope

8 画

合体字

土部

1-4年级

坡 坡 坡 坡 坎 坡 坡 坡

泼 (泼)   pō   泼   pō   splash; spill

泼辣   pōlà   shrewish; bold and vigorous

活泼   huópō   lively; vivacious

8 画

合体字

"发" 不是 "发"。

氵部

5-6年级

泼 泼 泼 泼 泼 泼 泼 泼

婆 (婆)   pó   外婆   wàipó   maternal grandmother

老婆   lǎopo   wife

婆家   pójiā   husband's family

11 画

合体字

女部

1-4年级

婆 婆 婆 婆 婆 婆 婆 婆 婆 婆

破 (破)   pò   破   pò   broken; worn-out

破坏   pòhuài   destroy; do great damage to

突破   tūpò   break through; surmount

10 画

合体字

石部

1-4年级

破 破 破 破 破 破 破 破 破 破

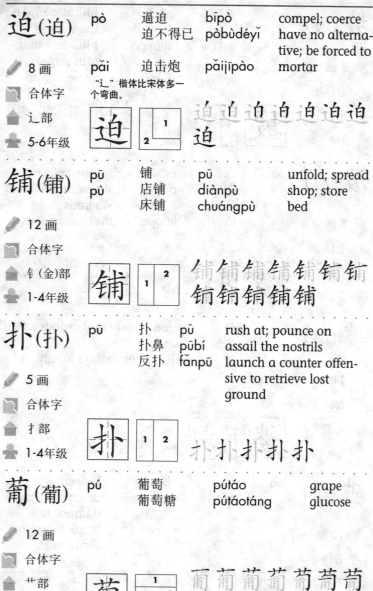

迫 (迫)

pò 逼迫 bīpò compel; coerce
迫不得已 pòbùdéyǐ have no alternative; be forced to

pǎi 迫击炮 pǎijīpào mortar

- 8 画
- 合体字
- 辶 部
- 5-6年级

"辶" 楷体比宋体多一个弯曲。

白 白 白 迫 迫

铺 (铺)

pū 铺 pū unfold; spread
pù 店铺 diànpù shop; store
床铺 chuángpù bed

- 12 画
- 合体字
- 钅(金)部
- 1-4年级

铺 铺 铺 铺 铺 铺 铺
铺 铺 铺 铺 铺

扑 (扑)

pū 扑 pū rush at; pounce on
扑鼻 pūbí assail the nostrils
反扑 fǎnpū launch a counter offensive to retrieve lost ground

- 5 画
- 合体字
- 扌部
- 1-4年级

扑 扑 扑 扑 扑

葡 (葡)

pú 葡萄 pútáo grape
葡萄糖 pútáotáng glucose

- 12 画
- 合体字
- 艹部
- 5-6年级

葡 葡 葡 葡 葡 葡 苟
苟 苟 苟 葡 葡

普(普)

pǔ

普及	pǔjí	popularize; popular
普通	pǔtōng	ordinary; common
吉普车	jípǔchē	jeep

12 画

合体字

日(八)部

5-6年级

普 普 普 普 普 普 普
普 普 普 普 普

朴(朴)

pǔ

朴素	pǔsù	simple; plain
朴实	pǔshí	simple and unadorned; sincere and honest
俭朴	jiǎnpǔ	plain; simple and una- dorned

6 画

合体字

木部

5-6年级

朴 朴 朴 朴 朴 朴

瀑(瀑)

pù

| 瀑布 | pùbù | waterfall; cataract |

18 画

合体字

"氺" 不是 "小"。

氵部

5-6年级

瀑 瀑 瀑 瀑 瀑 瀑 瀑
瀑 瀑 瀑 瀑 瀑 瀑 瀑
瀑 瀑 瀑 瀑

漆(漆)

qī

油漆	yóuqī	paint
漆器	qīqì	lacquerware; lacquerwork
漆黑	qīhēi	pitch-dark; pitch-black

14 画

合体字

"氺" 不是 "小"。

氵部

高级华文

漆 漆 漆 漆 漆 漆 漆
漆 漆 漆 漆 漆 漆 漆

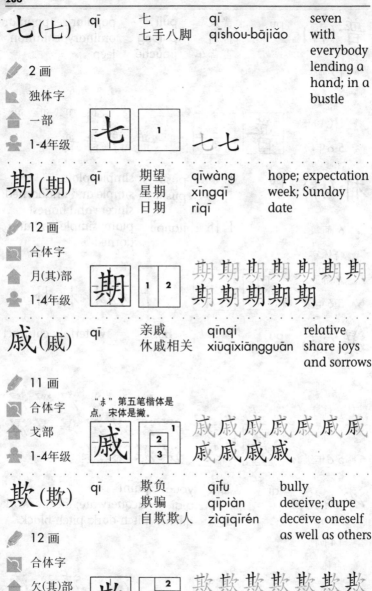

七(七)   qī

七   qī

七手八脚   qīshǒu-bājiǎo   seven; with everybody lending a hand; in a bustle

2 画

独体字

一部

1-4年级

期(期)   qī

期望   qīwàng   hope; expectation

星期   xīngqī   week; Sunday

日期   rìqī   date

12 画

合体字

月(其)部

1-4年级

戚(戚)   qī

亲戚   qīnqi   relative

休戚相关   xiūqīxiāngguān   share joys and sorrows

11 画

合体字

"戊"第五笔楷体是点，宋体是撇。

戈部

1-4年级

欺(欺)   qī

欺负   qīfu   bully

欺骗   qīpiàn   deceive; dupe

自欺欺人   zìqīqīrén   deceive oneself as well as others

12 画

合体字

欠(其)部

1-4年级

287

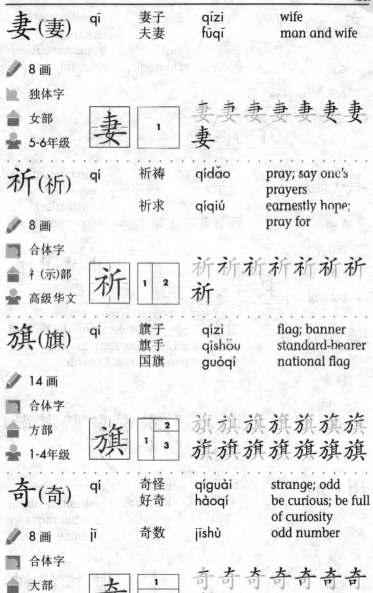

| 妻(妻) | qī | 妻子 | qīzi | wife |
| | | 夫妻 | fūqī | man and wife |

8 画
独体字
女部
5-6年级

| 祈(祈) | qí | 祈祷 | qídǎo | pray; say one's prayers |
| | | 祈求 | qíqiú | earnestly hope; pray for |

8 画
合体字
礻(示)部
高级华文

旗(旗)	qí	旗子	qízi	flag; banner
		旗手	qíshǒu	standard-bearer
		国旗	guóqí	national flag

14 画
合体字
方部
1-4年级

奇(奇)	qí	奇怪	qíguài	strange; odd
		好奇	hàoqí	be curious; be full of curiosity
	jī	奇数	jīshù	odd number

8 画
合体字
大部
1-4年级

齐(齐)

qí

6 画

合体字

文(亠)部

1-4年级

齐全	qíquán	complete; all in readiness
一齐	yīqí	simultaneously
整齐	zhěngqí	neat; tidy

"文" 不是 "夂"。

齐 齐 齐 文 齐 齐

其(其)

qí

8 画

合体字

其部

1-4年级

其次	qícì	next; secondary
尤其	yóuqí	especially; particularly
不计其数	bùjìqíshù	countless; innumerable

其 其 其 其 其 其 其 其

骑(骑)

qí

11 画

合体字

马部

1-4年级

骑	qí	ride; sit on the back of
骑兵	qíbīng	cavalry man
铁骑	tiěqí	crack cavalry

骑 马 马 骑 骑 骑 骑 骑 骑 骑

棋(棋)

qí

12 画

合体字

木部

5-6年级

棋子	qízi	chessman
举棋不定	jǔqíbùdìng	hesitate about what move to make

棋 棋 棋 棋 棋 棋 棋 棋 棋 棋 棋 棋

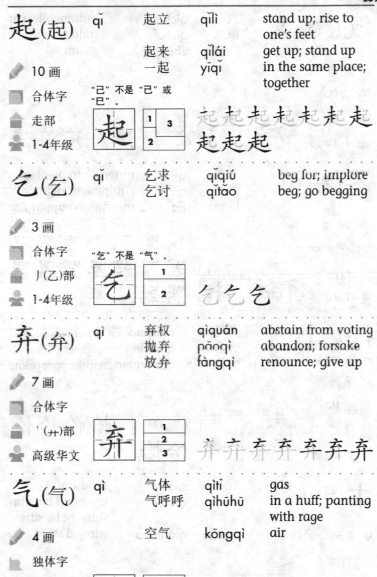

起(起) qǐ

起立	qǐlì	stand up; rise to one's feet
起来	qǐlái	get up; stand up
一起	yīqǐ	in the same place; together

10 画
合体字
"己" 不是 "已" 或 "巳"。
走部
1-4年级

起起起起起起起
起起起

乞(乞) qǐ

| 乞求 | qǐqiú | beg for; implore |
| 乞讨 | qǐtǎo | beg; go begging |

3 画
合体字
"乞" 不是 "气"。
丿(乙)部
1-4年级

乞乞乞

弃(弃) qì

弃权	qìquán	abstain from voting
抛弃	pāoqì	abandon; forsake
放弃	fàngqì	renounce; give up

7 画
合体字
丶(艹)部
高级华文

弃弃弃弃弃弃弃

气(气) qì

气体	qìtǐ	gas
气呼呼	qìhūhū	in a huff; panting with rage
空气	kōngqì	air

4 画
独体字
气部
1-4年级

气气气气

汽 (汽)

qì

汽车	qìchē	automobile; car
汽水	qìshuǐ	soda water
蒸汽	zhēngqì	steam

7 画

合体字

氵部

1-4年级

汽汽汽汽汽汽汽

器 (器)

qì

器具	qìjù	untensil; implement
器材	qìcái	equipment; material
机器	jīqì	machinery; apparatus

16 画

合体字

口部

1-4年级

器器器器器器器
器器器器器器器
器器

恰 (恰)

qià

恰巧	qiàqiǎo	by chance
恰当	qiàdàng	proper
恰如其分	qiàrúqífèn	apt; appropriate

9 画

合体字

忄部

1-4年级

恰恰恰恰恰恰恰
恰恰

千 (千)

qiān

千	qiān	thousand
千万	qiānwàn	under all circumstances; be sure
千里马	qiānlǐmǎ	winged steed

3 画

独体字

丿部

1-4年级

千千千

铅 (铅)

qiān

| 铅笔 | qiānbǐ | pencil |
| 铅球 | qiānqiú | shot |

10 画

合体字

钅(金)部

1-4年级

铅铅铅铅铅铅铅
铅铅铅

牵 (牵)

qiān

| 牵 | qiān | lead along |
| 顺手牵羊 | shùnshǒuqiānyáng | walk off with something |

9 画

合体字

大(牛)部

5-6年级

牵牵牵牵牵牵牵
牵牵

签 (签)

qiān

签名	qiānmíng	sign one's name; autograph
牙签	yáqiān	tooth pick
抽签	chōuqiān	draw lots

13 画

合体字

竹(⺮)部

5-6年级

签签签签签签签
签签签签签签

前 (前)

qián

前	qián	front; ago
从前	cóngqián	before
一往无前	yīwǎngwúqián	press forward with indomitable will

9 画

合体字

八(丷)部

1-4年级

前前前前前前
前前

292

钱(錢)	qián	钱	qián	money; cash
		钱币	qiánbì	coin
		车钱	chēqián	bus (train, ship, etc.) fare

10 画
合体字
钅(金)部
1-4年级

钱钱钱钱钱钱钱钱钱钱

浅(淺)	qiǎn	浅	qiǎn	shallow; superficial
		浅显	qiǎnxiǎn	plain; easy to read and understand
		肤浅	fūqiǎn	superficial; shallow

8 画
合体字
氵部
1-4年级

浅浅浅浅浅浅浅浅

欠(欠)	qiàn	欠	qiàn	owe; lacking
		欠帐	qiànzhàng	bills due; outstanding accounts
		哈欠	hāqian	yawn

4 画
合体字
欠部
1-4年级

欠欠欠欠

歉(歉)	qiàn	歉收	qiànshōu	crop failure; poor harvest
		歉意	qiànyi	apology; regret
		道歉	dàoqiàn	apologize

14 画
合体字
欠部
5-6年级

歉歉歉歉歉歉歉歉歉歉歉歉歉歉

枪(枪)

qiāng 枪 qiāng gun
枪林弹雨 qiānglín-dànyǔ a forest of guns and a hail of bullets

🖊 8 画

🔲 合体字

🏠 木部

👤 1-4年级

"ㄹ" 不是 "ㄴ"

枪 枪 枪 枪 枪 枪 枪 枪

墙(墙)

qiáng 墙壁 qiángbì wall
挖墙脚 wāqiángjiǎo undermine the foundation

🖊 14 画

🔲 合体字

🏠 土部

👤 1-4年级

墙 墙 墙 墙 墙 墙 墙 墙 墙 墙 墙 墙 墙 墙

强(强)

qiáng 强壮 qiángzhuàng strong; sturdy
qiǎng 强迫 qiǎngpò compel; coerce
jiàng 强嘴 jiàngzuǐ reply defiantly; answer back

🖊 12 画

🔲 合体字

🏠 弓部

👤 1-4年级

强 强 强 强 强 强 强 强 强 强 强 强

抢(抢)

qiǎng 抢 qiǎng loot; scramble for
抢救 qiǎngjiù rescue; salvage
抢先 qiǎngxiān do before others have a chance

🖊 7 画

🔲 合体字

🏠 扌部

👤 1-4年级

"ㄹ" 不是 "ㄴ"

抢 抢 抢 抢 抢 抢 抢

敲(敲)	qiāo	敲	qiāo	knock
		推敲	tuīqiāo	weigh
14 画		敲门砖	qiāoménzhuān	a stepping stone to success

合体字

攴部

1-4年级

"攴" 不是 "支"。

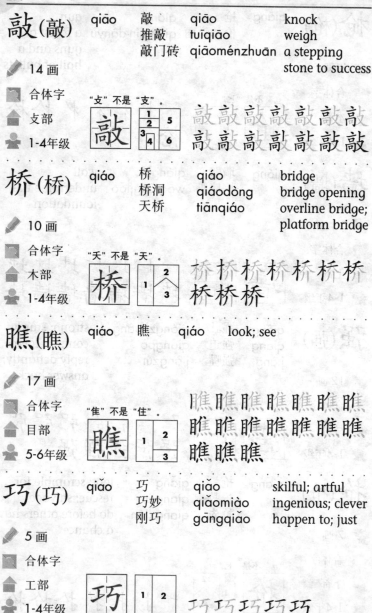

敲敲敲敲敲敲敲
敲敲敲敲敲敲敲

桥(橋)	qiáo	桥	qiáo	bridge
		桥洞	qiáodòng	bridge opening
10 画		天桥	tiānqiáo	overline bridge; platform bridge

合体字

木部

1-4年级

"夭" 不是 "天"。

桥桥桥桥桥桥桥
桥桥桥

| 瞧(瞧) | qiáo | 瞧 | qiáo | look; see |

17 画

合体字

目部

5-6年级

"隹" 不是 "住"。

瞧瞧瞧瞧瞧瞧瞧
瞧瞧瞧瞧瞧瞧瞧
瞧瞧瞧

巧(巧)	qiǎo	巧	qiǎo	skilful; artful
		巧妙	qiǎomiào	ingenious; clever
5 画		刚巧	gāngqiǎo	happen to; just

合体字

工部

1-4年级

巧巧巧巧巧

切 (切)

qiē	切	qiē	cut; slice
	切除	qiēchú	excise; resect
qiè	迫切	pòqiè	urgent; imperative

✏️ 4 画

🔲 合体字　　"士" 不是 "土"。

🏠 刀部

👤 1-4年级

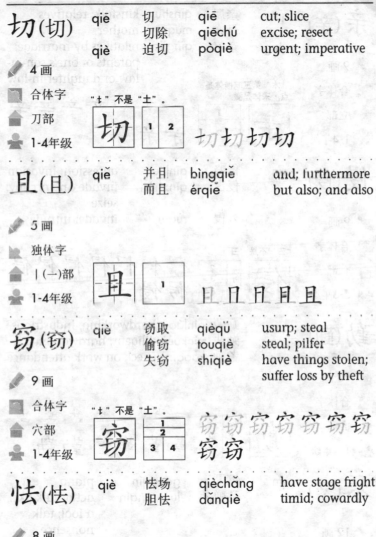

切切切切

且 (且)

qiě	并且	bìngqiě	and; furthermore
	而且	érqiě	but also; and also

✏️ 5 画

🔲 独体字

🏠 丨(一)部

👤 1-4年级

且 刀 日 日 且

窃 (竊)

qiè	窃取	qièqǔ	usurp; steal
	偷窃	tōuqiè	steal; pilfer
	失窃	shīqiè	have things stolen; suffer loss by theft

✏️ 9 画

🔲 合体字　　"士" 不是 "土"。

🏠 穴部

👤 1-4年级

窃窃窃窃窃窃窃
窃窃

怯 (怯)

qiè	怯场	qièchǎng	have stage fright
	胆怯	dǎnqiè	timid; cowardly

✏️ 8 画

🔲 合体字

🏠 忄部

👤 1-4年级

怯怯怯怯怯怯怯
怯

亲 (亲)　qīn　亲属　qīnshǔ　kinsfolk; relatives
　　　　　　　　母亲　mǔqīn　mother
　　　　　qìng　亲家　qìngjia　relatives by marriage; parents of one's son-in-law or daughter-in-law

9 画

合体字

立部

1-4年级

"木" 第三笔楷体是点，宋体是撇。

亲 亲 亲 亲 亲 亲 亲 亲 亲

侵 (侵)　qīn　侵略　qīnlüè　agression; invasion
　　　　　　　　侵占　qīnzhàn　invade and occupy; seize
　　　　　　　　入侵　rùqīn　invade; intrude

9 画

合体字

亻部

5-6年级

"ヨ" 不是 "彐"。

侵 侵 侵 侵 侵 侵 侵 侵 侵

勤 (勤)　qín　勤劳　qínláo　hardworking; industrious
　　　　　　　勤快　qínkuài　diligent; hardworking
　　　　　　　考勤　kǎoqín　check on work attendance

13 画

合体字

力部

1-4年级

勤 勤 勤 勤 勤 勤 勤 勤 勤 勤 勤 勤 勤

琴 (琴)　qín　钢琴　gāngqín　piano
　　　　　　　乱弹琴　luàntánqín　act or talk like a fool; talk nonsense

12 画

合体字

王部

1-4年级

"今" 不是 "令"。

琴 琴 琴 琴 琴 琴 琴 琴 琴 琴 琴 琴

| 禽(禽) | qín | 禽兽
家禽
飞禽 | qínshòu
jiāqín
fēiqín | birds and beasts
fowls; poultry
birds |

12 画

合体字

"离"不是"内"或"内"。

人部

5-6年级

禽 禽 禽 禽 禽 禽 禽 禽 禽 禽 禽 禽

| 蜻(蜻) | qīng | 蜻蜓 | qīngtíng | dragonfly |

14 画

合体字

虫部

高级华文

蜻 蜻 蜻 蜻 蜻 蜻 蜻 蜻 蜻 蜻 蜻 蜻 蜻 蜻

| 青(青) | qīng | 青草
青年
万古长青 | qīngcǎo
qīngnián
wàngǔchángqīng | green grass
youth
remain
fresh
forever |

8 画

合体字

青部

1-4年级

青 青 青 青 青 青 青 青

| 清(清) | qīng | 清洁
清晨
分清 | qīngjié
qīngchén
fēnqīng | clean; tidy
early morning
distinguish; draw a
clear distinction
between |

11 画

合体字

氵部

1-4年级

清 清 清 清 清 清 清 清 清 清 清

轻 (輕)

qīng

轻	qīng	light; gently
轻便	qīngbiàn	portable; light
年轻	niánqīng	young

9 画

合体字

"圣" 不是 "圣"。

车部

1-4年级

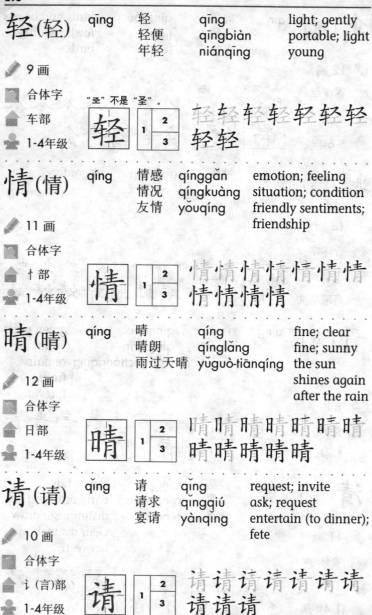

轻轻轻轻轻轻轻
轻轻

情 (情)

qíng

情感	qínggǎn	emotion; feeling
情况	qíngkuàng	situation; condition
友情	yǒuqíng	friendly sentiments; friendship

11 画

合体字

忄部

1-4年级

情情情情情情情
情情情情

晴 (晴)

qíng

晴	qíng	fine; clear
晴朗	qínglǎng	fine; sunny
雨过天晴	yǔguò-tiānqíng	the sun shines again after the rain

12 画

合体字

日部

1-4年级

晴晴晴晴晴晴晴
晴晴晴晴晴

请 (請)

qǐng

请	qǐng	request; invite
请求	qǐngqiú	ask; request
宴请	yànqǐng	entertain (to dinner); fete

10 画

合体字

讠(言)部

1-4年级

请请请请请请
请请请

庆(慶) qìng

庆祝	qìngzhù	celebrate
庆贺	qìnghè	congratulate; celebrate
校庆	xiàoqìng	anniversary of the founding of a school

✏️ 6 画

🔲 合体字

🏠 广部

👤 1-4年级

"大"不是"犬"。

庆 庆 庆 庆 庆 庆

穷(窮) qióng

穷	qióng	poor; poverty-stricken
穷尽	qióngjìn	limit; end
无穷	wúqióng	infinite; endless

✏️ 7 画

🔲 合体字

🏠 穴部

👤 1-4年级

穷 穷 穷 穷 穷 穷 穷

丘(丘) qiū

土丘	tǔqiū	hillock; mound
荒丘	huāngqiū	barren hillock
沙丘	shāqiū	sand dune

✏️ 5 画

🔲 独体字

🏠 丿部

👤 高级华文

丘 丘 丘 丘 丘

秋(秋) qiū

秋天	qiūtiān	autumn
秋千	qiūqiān	swing
中秋	zhōngqiū	the Mid-autumn Festival

✏️ 9 画

🔲 合体字

🏠 禾部

👤 1-4年级

秋 秋 秋 秋 秋 秋 秋 秋 秋

蚯 (蚯)

qiū　蚯蚓　qiūyǐn　earthworm

- 11 画
- 合体字
- 虫部
- 5-6年级

蚯 ① ② 蚯口虫虫虫虫虫虫
蚯蚯蚯蚯

球 (球)

qiú	球	qiú	ball; globe
	球门	qiúmén	goal
	足球	zúqiú	football; soccer

- 11 画
- 合体字
- 王部
- 1-4年级

球 ① ② 球球球球球球球
球球球球

求 (求)

qiú	求	qiú	entreat; beseech
	求救	qiújiù	cry for help
	请求	qǐngqiú	ask; request

- 7 画
- 独体字
- 一部
- 1-4年级

求 ① 求才求求求求求

曲 (曲)

qū	曲折	qūzhé	winding; complications
	弯曲	wānqū	zigzag; meandering
qǔ	歌曲	gēqǔ	song

- 6 画
- 独体字
- 日(丨)部
- 1-4年级

曲 ① 曲由由由曲曲

区 (區)

qū	区别	qūbié	distinguish; differentiate
	地区	dìqū	district; region
Ōu	区	Ōu	a surname

🖊 4 画

独体字

匚部

1-4年级

区 | 区 区 区 区

取 (取)

qǔ	取	qǔ	fetch; adopt
	取消	qǔxiāo	cancel; call off
	进取	jìnqǔ	keep forging ahead; eager to make progress

🖊 8 画

合体字

耳(又)部

1-4年级

取 | 取 取 取 取 取 取 取 取

娶 (娶)

qǔ	娶	qǔ	marry (a woman); take a wife
	娶亲	qǔqīn	(of a man) get married

🖊 11 画

合体字

女部

5-6年级

娶 | 娶 娶 娶 娶 娶 娶 娶 娶 娶 娶

去 (去)

qù	去	qù	go; leave
	去向	qùxiàng	the direction in which somebody or something has gone
	失去	shīqù	lose

🖊 5 画

合体字

土(厶)部

1-4年级

去 | 去 去 去 去 去

趣 (趣)　qù

趣味	qùwèi	interest; taste
兴趣	xìngqù	interest
有趣	yǒuqù	interesting; fascinating

✏ 15画
▢ 合体字
🏠 走部
👤 1-4年级

趣趣趣趣趣趣趣
趣趣趣趣趣趣趣
趣

圈 (圈)　quān

| 圈儿 | quānr | circle; ring |
| 光圈 | guāngquān | diaphragm; aperture |

✏ 11画

juàn

| 圈 | juàn | pen; sty |

▢ 合体字
🏠 口部

"㔾" 不是 "巳"。

👤 1-4年级

圈圈圈圈圈圈圈
圈圈圈圈

全 (全)　quán

全	quán	complete; entire
全部	quánbù	whole; total
周全	zhōuquán	thorough; comprehensive

✏ 6画
▢ 合体字
🏠 人部
👤 1-4年级

全全全全全全

权 (权)　quán

权力	quánlì	power; authority
政权	zhèngquán	power; regime
所有权	suǒyǒuquán	ownership; title

✏ 6画
▢ 合体字
🏠 木部
👤 1-4年级

权权权权权权

泉 (泉)	quán	泉水	quánshuǐ	spring; spring water
		源泉	yuánquán	source; fountain-head
✏️ 9 画		温泉	wēnquán	hot spring
🔲 合体字				
🏠 白(水)部				
👤 5-6年级				

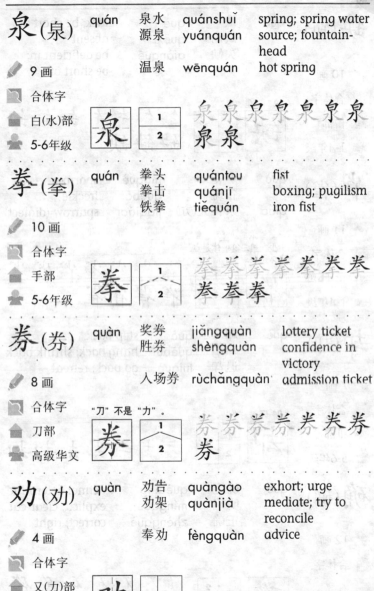

拳 (拳)	quán	拳头	quántou	fist
		拳击	quánjī	boxing; pugilism
✏️ 10 画		铁拳	tiěquán	iron fist
🔲 合体字				
🏠 手部				
👤 5-6年级				

券 (券)	quàn	奖券	jiǎngquàn	lottery ticket
		胜券	shèngquàn	confidence in victory
✏️ 8 画		入场券	rùchǎngquàn	admission ticket
🔲 合体字	"刀"不是"力"。			
🏠 刀部				
👤 高级华文				

劝 (劝)	quàn	劝告	quàngào	exhort; urge
		劝架	quànjià	mediate; try to reconcile
✏️ 4 画		奉劝	fèngquàn	advice
🔲 合体字				
🏠 又(力)部				
👤 1-4年级				

缺 (缺)

quē

缺	quē	lack; be short of
缺席	quēxí	absent
欠缺	qiànquē	be deficient in; be short of

10 画

合体字

"夬"不是"央"。

缶部

1-4年级

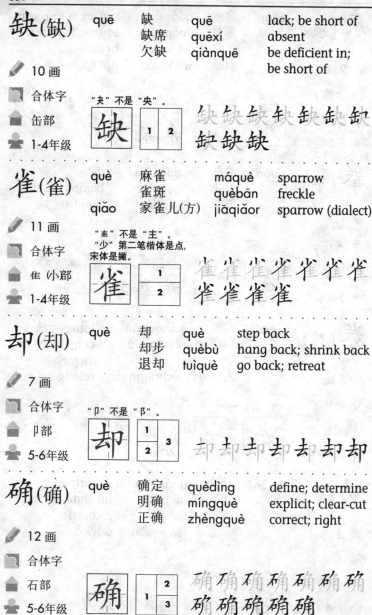

雀 (雀)

què

| 麻雀 | máquè | sparrow |
| 雀斑 | quèbān | freckle |

qiǎo

| 家雀儿(方) | jiāqiǎor | sparrow (dialect) |

11 画

合体字

"圭"不是"主"。
"少"第二笔楷体是点，宋体是撇。

隹 小部

1-4年级

却 (却)

què

却	què	step back
却步	quèbù	hang back; shrink back
退却	tuìquè	go back; retreat

7 画

合体字

"卩"不是"阝"。

卩部

5-6年级

确 (確)

què

确定	quèdìng	define; determine
明确	míngquè	explicit; clear-cut
正确	zhèngquè	correct; right

12 画

合体字

石部

5-6年级

群 (群)

qún	群	qún	group; team
	群岛	qúndǎo	archipelago
	人群	rénqún	crowd

🖊 13画

▢ 合体字

🏠 羊部

👤 1-4年级

裙 (裙)

qún	裙子	qúnzi	shirt
	围裙	wéiqún	apron
	连衣裙	liányīqún	dress

🖊 12画

▢ 合体字

🏠 衤部

👤 1-4年级

燃 (燃)

rán	燃烧	ránshāo	burn; in flames
	燃料	ránliào	fuel
	点燃	diǎnrán	ignite; kindle

🖊 16画

▢ 合体字

🏠 火部

👤 高级华文

然 (然)

rán	然而	rán'ér	yet; but
	忽然	hūrán	all of a sudden
	竟然	jìngrán	unexpectedly; to one's surprise

🖊 12画

▢ 合体字

🏠 灬部

👤 1-4年级

染 (染)

染	rǎn	dye; contaminate
染料	rǎnliào	dyestuff
传染	chuánrǎn	infect; be contagious

rǎn

9 画

合体字

木部

5-6年级

"九" 不是 "丸"。

染 染 染 染 染 染 染 染 染

让 (让)

让	ràng	give way; offer
让座	ràngzuò	offer one's seat to
退让	tuìràng	make a concession

ràng

5 画

合体字

讠 (言) 部

1-4年级

让 让 让 让 让

绕 (绕)

绕	rào	wind; coil
绕道	ràodào	go by a round-about road
绕口令	ràokǒulìng	tongue twister

rào

9 画

合体字

纟 部

1-4年级

"戈" 不是 "戈"。

绕 绕 绕 绕 绕 绕 绕 绕 绕

热 (热)

热	rè	heat; hot
热情	rèqíng	enthusiasm; zeal
炎热	yánrè	scorching; burning hot

rè

10 画

合体字

灬部

1-4年级

"丸" 不是 "九"。

热 热 热 热 热 热 热 热 热 热

人(人)

	rén	人	rén	human being; person
		人才	réncái	talented person; person of ability
2 画		老人	lǎorén	old man or woman; the aged

独体字

人部

1-4年级

人	ˋ	人 人

仁(仁)

	rén	仁爱	rén'ài	kind-heartedness
		花生仁	huāshēngrén	shelled peanuts
4 画		一视同仁	yīshìtóngrén	regard all with equal favour

合体字

亻部

5-6年级

仁	1 2	仁 仁 仁 仁

任(任)

	rén	任	Rén	a surname
	rèn	责任	zérèn	duty; responsibility
6 画		任凭	rènpíng	no matter; at one's discretion

合体字

"工" 不是 "王"。

亻部

5-6年级

任	1 2	任 任 任 任 任 任

忍(忍)

	rěn	忍	rěn	endure; tolerate
		忍耐	rěnnài	excercise patience
7 画		残忍	cánrěn	cruel; ruthless

合体字

"刃" 不是 "刀"。
"心" 第二笔楷体是卧钩，宋体是竖弯钩。

心部

5-6年级

忍	1 2	忍 忍 忍 忍 忍 忍 忍

认 (認)	rèn	认	rèn	recognise; make out
		认真	rènzhēn	serious; earnest
		承认	chéngrèn	admit; acknowledge

✏ 4 画

🔲 合体字

🔺 讠(言)部

👤 1-4年级

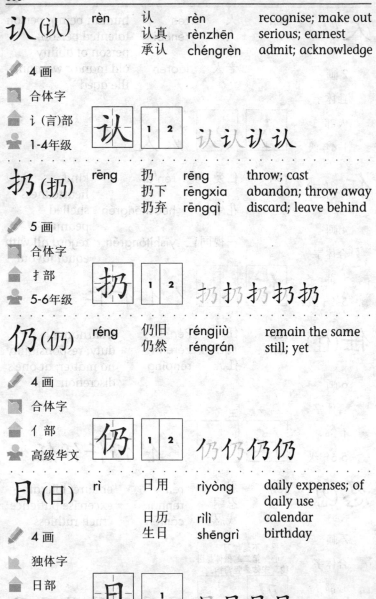

认 | 1 | 2 | 认认认认

扔 (扔)	rēng	扔	rēng	throw; cast
		扔下	rēngxia	abandon; throw away
		扔弃	rēngqì	discard; leave behind

✏ 5 画

🔲 合体字

🔺 扌部

👤 5-6年级

扔 | 1 | 2 | 扔扔扔扔扔

仍 (仍)	réng	仍旧	réngjiù	remain the same
		仍然	réngrán	still; yet

✏ 4 画

🔲 合体字

🔺 亻部

👤 高级华文

仍 | 1 | 2 | 仍仍仍仍

日 (日)	rì	日用	rìyòng	daily expenses; of daily use
		日历	rìlì	calendar
		生日	shēngrì	birthday

✏ 4 画

🔲 独体字

🔺 日部

👤 1-4年级

日 | 1 | 日日日日

溶 (溶)   róng

溶化	rónghuà	dissolve
溶液	róngyè	solution
溶解	róngjiě	dissolve

13 画

合体字

氵部

高级华文

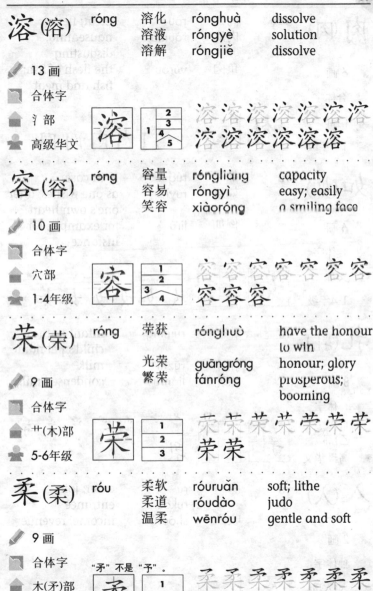

容 (容)   róng

容量	róngliàng	capacity
容易	róngyì	easy; easily
笑容	xiàoróng	a smiling face

10 画

合体字

穴部

1-4年级

荣 (荣)   róng

荣获	rónghuò	have the honour to win
光荣	guāngróng	honour; glory
繁荣	fánróng	prosperous; booming

9 画

合体字

艹(木)部

5-6年级

柔 (柔)   róu

柔软	róuruǎn	soft; lithe
柔道	róudào	judo
温柔	wēnróu	gentle and soft

9 画

合体字

"矛"不是"予"。

木(矛)部

1-4年级

肉 (肉)

ròu	肉	ròu	meat; flesh
	肉麻	ròumá	nauseating; disgusting
	鱼肉	yúròu	the flesh of fish; fish and meat

6 画

合体字

冂部

1-4年级

肉 肉 肉 肉 肉 肉

如 (如)

rú	如果	rúguǒ	if; in case
	如意	rúyì	as one wishes; after one's own heart
	例如	lìrú	for example; for instance

6 画

合体字

女部

1-4年级

如 如 如 如 如 如

乳 (乳)

rǔ	乳名	rǔmíng	infant name; child's pet name
	乳汁	rǔzhī	milk
	炼乳	liànrǔ	condensed milk

8 画

合体字

爪(爫、乙)部

高级华文

乳 乳 乳 乳 乳 乳 乳 乳

入 (入)

rù	入	rù	enter; join
	入口	rùkǒu	entrance
	收入	shōurù	income; revenue

2 画

独体字

人(入)部

1-4年级

入 入

软 (軟) ruǎn

软	ruǎn	soft; flexible
软弱	ruǎnruò	weak; feeble
柔软	róuruǎn	soft; lithe

- 8 画
- 合体字
- 车(欠)部
- 1-4年级

弱 (弱) ruò

弱	ruò	weak; inferior
弱小	ruòxiǎo	small and weak
瘦弱	shòuruò	thin and weak; emaciated

- 10 画
- 合体字
- 弓部
- 1-4年级

洒 (灑) sǎ

洒	sǎ	sprinkle; spray
洒扫	sǎsǎo	sprinkle water and sweep the floor
飘洒	piāosǎ	float; drift

- 9 画
- 合体字
- 氵部
- 5-6年级

"西"不是"酉"。

塞 (塞) sāi

塞	sāi	stuff; fill in
边塞	biānsài	frontier fortress
闭塞	bìsè	ill informed; inaccessible

- 13 画
- 合体字
- 宀(土)部
- 1-4年级

赛 (赛) sài

赛	sài — contest; surpass
赛跑	sàipǎo — race
比赛	bǐsài — match; competition

- 14 画
- 合体字
- 宀(贝)部
- 1-4年级

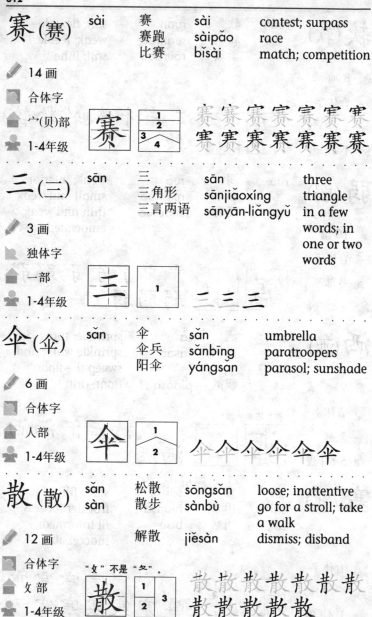

赛赛赛赛赛赛赛
赛赛赛赛赛赛赛

三 (三) sān

三	sān — three
三角形	sānjiǎoxíng — triangle
三言两语	sānyán-liǎngyǔ — in a few words; in one or two words

- 3 画
- 独体字
- 一部
- 1-4年级

三 三 三

伞 (伞) sǎn

伞	sǎn — umbrella
伞兵	sǎnbīng — paratroopers
阳伞	yángsǎn — parasol; sunshade

- 6 画
- 合体字
- 人部
- 1-4年级

伞 伞 伞 伞 伞 伞

散 (散) sǎn / sàn

松散	sōngsǎn — loose; inattentive
散步	sànbù — go for a stroll; take a walk
解散	jiěsàn — dismiss; disband

- 12 画
- 合体字

"夂" 不是 "冬"。

- 夂 部
- 1-4年级

散散散散散散散
散散散散散

丧 (丧)

sāng	丧事	sāngshì	funeral
sàng	丧失	sàngshī	lose; forfeit
	灰心丧气	huīxīn-sàngqì	be utterly disheartened; lose heart

8 画

独体字

十部

高级华文

丧 丧 丧 丧 丧 丧 丧 丧

扫 (扫)

sǎo	扫	sǎo	sweep
	打扫	dǎsǎo	sweep; clean
sào	扫把	sàobǎ	broom

6 画

合体字

"ヨ" 不是 "ヨ"。

扌部

1-4年级

扫 扫 扫 扫 扫 扫

嫂 (嫂)

sǎo	嫂子	sǎozi	sister-in-law; elder brother's wife
	大嫂	dàsǎo	elder sister-in-law
	嫂嫂	sǎosao	sister-in-law; elder brother's wife

12 画

合体字

"申" 不是 "由"。

女部

1-4年级

嫂 嫂 嫂 嫂 嫂 嫂 嫂 嫂 嫂 嫂 嫂 嫂

色 (色)

sè	颜色	yánsè	colour; countenance
	色彩	sècǎi	colour; hue
shǎi	掉色儿	diàoshǎir	fade; lose colour

6 画

合体字

刀(⺈)部

1-4年级

色 色 色 色 色 色

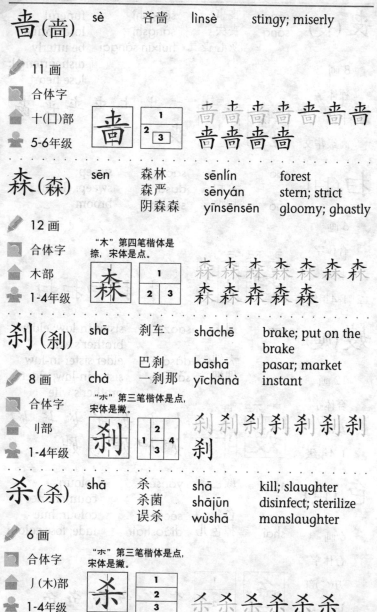

啬 (嗇) — sè — 吝啬 — lìnsè — stingy; miserly

- 11 画
- 合体字
- 十(口)部
- 5-6年级

森 (森) — sēn

森林	sēnlín	forest
森严	sēnyán	stern; strict
阴森森	yīnsēnsēn	gloomy; ghastly

- 12 画
- 合体字 — "木"第四笔楷体是捺，宋体是点。
- 木部
- 1-4年级

刹 (刹) — shā

| 刹车 | shāchē | brake; put on the brake |
| 巴刹 | bāshā | pasar; market |

chà — 一刹那 — yīchànà — instant

- 8 画
- 合体字 — "术"第三笔楷体是点，宋体是撇。
- 刂部
- 1-4年级

杀 (殺) — shā

杀	shā	kill; slaughter
杀菌	shājūn	disinfect; sterilize
误杀	wùshā	manslaughter

- 6 画
- 合体字 — "术"第三笔楷体是点，宋体是撇。
- 丿(木)部
- 1-4年级

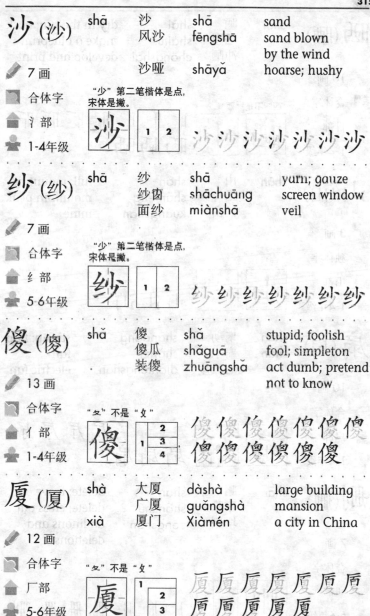

沙 (沙)

shā	沙	shā	sand
	风沙	fēngshā	sand blown by the wind
	沙哑	shāyǎ	hoarse; hushy

✏ 7 画

🔲 合体字

"少"第二笔楷体是点，宋体是撇。

🏠 氵部

👤 1-4年级

沙沙沙沙沙沙沙

纱 (纱)

shā	纱	shā	yarn; gauze
	纱窗	shāchuāng	screen window
	面纱	miànshā	veil

✏ 7 画

🔲 合体字

"少"第二笔楷体是点，宋体是撇。

🏠 纟部

👤 5-6年级

纱纱纱纱纱纱纱

傻 (傻)

shǎ	傻	shǎ	stupid; foolish
	傻瓜	shǎguā	fool; simpleton
	装傻	zhuāngshǎ	act dumb; pretend not to know

✏ 13 画

🔲 合体字

"夊"不是"夂"

🏠 亻部

👤 1-4年级

傻傻傻傻傻傻傻傻傻傻傻傻

厦 (厦)

shà	大厦	dàshà	large building
	广厦	guǎngshà	mansion
xià	厦门	Xiàmén	a city in China

✏ 12 画

🔲 合体字

"夊"不是"夂"

🏠 厂部

👤 5-6年级

厦厦厦厦厦厦厦厦厦厦厦厦

晒(曬) shài

晒	shài	dry in the sun; bask
晒图	shàitú	make a blueprint
冲晒	chōngshài	develop and print

10 画

合体字

"西"不是"酉"。

日部

1-4年级

晒 晒 晒 晒 晒 晒 晒 晒 晒 晒

山(山) shān

山	shān	hill; mountain
山峰	shānfēng	mountain peak
矿山	kuàngshān	mine

3 画

独体字

山部

1-4年级

山 山 山

扇(扇) shān / shàn

扇动	shāndòng	stir up; flap
扇子	shànzi	fan
电风扇	diànfēngshàn	electric fan

10 画

合体字

户部

1-4年级

扇 扇 扇 扇 扇 扇 扇 扇 扇 扇

删(刪) shān

删	shān	delete; leave out
删除	shānchú	delete; cross out
增删	zēngshān	additions and deletions

7 画

合体字

刂部

5-6年级

删 删 删 删 册 册 册

闪(閃)	shǎn	闪	shǎn	dodge; flash
		闪电	shǎndiàn	lightening
		闪耀	shǎnyào	radiate; shine

5 画

合体字

门部

1-4年级

闪闪闪闪闪

善(善)	shàn	善良	shànliáng	good and honest; kindhearted
		完善	wánshàn	perfect
		慈善	císhàn	charitable; philanthropic

12 画

合体字

羊部

5-6年级

善善善善善善善
善善善善善

伤(傷)	shāng	伤害	shānghài	injure; harm
		创伤	chuāngshāng	wound; trauma
		哀伤	āishāng	distressed; sad

6 画

合体字

亻部

1-4年级

伤伤伤伤伤伤

商(商)	shāng	商店	shāngdiàn	shop; store
		经商	jīngshāng	engage in trade
		商量	shāngliáng	consult; discuss

11 画

合体字

"冏"不是"固"。

丷(口)部

1-4年级

商商商商商商商
商商商商

上（上）

shǎng 上声 shǎngshēng falling-rising tone
shàng 上面 shàngmian above; on top of
　　　 上课 shàngkè attend class; go to class

✏ 3 画

🏠 独体字

🔺 卜(卜、一、丨)部

🔺 1-4年级

上 上 上

赏（赏）

shǎng 赏 shǎng bestow a reward; award
　　　 奖赏 jiǎngshǎng award; reward
　　　 欣赏 xīnshǎng appreciate; admire

✏ 12 画

🏠 合体字

🔺 贝部

🔺 5-6年级

赏 赏 赏 赏 赏 赏 赏 赏 赏 赏 赏 赏

尚（尚）

shàng 尚且 shàngqiě even
　　　 风尚 fēngshàng prevailing custom
　　　 高尚 gāoshàng noble; lofty

✏ 8 画

🏠 合体字

🔺 小(⺌)部

🔺 5-6年级

尚 尚 尚 尚 尚 尚 尚 尚

烧（烧）

shāo 烧 shāo burn; cook
　　　 燃烧 ránshāo burn; kindle
　　　 发烧 fāshāo have a fever; have a temperature

✏ 10 画

🏠 合体字

🔺 火部

"戈" 不是 "戈"。

🔺 1-4年级

烧 烧 烧 烧 烧 烧 烧 烧 烧 烧

少 (少)　shǎo　少　shǎo　few; little
少量　shǎoliàng　a small amount; a little

shào　少年　shàonián　juvenile; early youth

✏ 4 画
▨ 独体字
　　"少" 第二笔楷体是点，宋体是撇。
🔺 少部
👤 1-4年级

少　｜　丿 亅 小 少 少

绍 (绍)　shào　介绍　jièshào　introduce; present

✏ 8 画
▨ 合体字
🔺 纟 (糸)部
👤 1-4年级

绍　｜ 1 / 2 3　绍绍绍绍绍绍绍绍

舌 (舌)　shé　舌头　shétou　tongue
帽舌　màoshé　visor; peak (of a cap)
口舌　kǒushé　talking; quarrel

✏ 6 画
▨ 合体字
　　"千" 不是 "干"。
🔺 舌部
👤 1-4年级

舌　｜ 1 / 2　舌舌舌舌舌舌

蛇 (蛇)　shé　毒蛇　dúshé　poisonous snake
地头蛇　dìtóushé　local villain

✏ 11 画
▨ 合体字
　　"匕" 不是 "七"。
🔺 虫部
👤 1-4年级

蛇　｜ 1 / 2 3　蛇蛇蛇蛇蛇蛇蛇蛇蛇蛇蛇

舍 (舍)

	shě	舍得	shědé	be willing to part with; not grudge
		施舍	shīshě	give alms; bestow alms
8 画	shè	宿舍	sùshè	dormitory; hostel

合体字

人部

5-6年级

舍舍舍舍舍舍舍舍

设 (设)

	shè	设立	shèlì	set up; establish
		建设	jiànshè	build; construct
6 画		假设	jiǎshè	hypothesis; suppose

合体字

讠(言)部

1-4年级

设设设设设设

射 (射)

	shè	射门	shèmén	shoot at the goal
		喷射	pēnshè	spray; spurt
10 画		照射	zhàoshè	irradiate; illuminate

合体字

身(寸)部

1-4年级

射射身身身身身身射射

社 (社)

	shè	社会	shèhuì	society
		报社	bàoshè	newspaper office
7 画		旅行社	lǚxíngshè	travel service; tourist agency

合体字   "礻" 不是 "衤"。

礻(示)部

5-6年级

社社社社社社社

申(申)

shēn

申明	shēnmíng	declare; state
申请	shēnqǐng	apply for; application
引申	yǐnshēn	extend (the meaning of a word, etc.)

- 5画
- 独体字
- 丨部
- 高级华文

笔顺: 申 中 申 日 申

呻(呻)

shēn

| 呻吟 | shēnyín | groan; moan |
| 无病呻吟 | wúbìngshēnyín | moan and groan without cause |

- 8画
- 合体字
- 口部
- 高级华文

身(身)

shēn

身体	shēntǐ	body
本身	běnshēn	itself
奋不顾身	fènbùgùshēn	dash ahead regardless of one's safety

- 7画
- 独体字
- 身部
- 1-4年级

深(深)

shēn

深	shēn	deep
深刻	shēnkè	profound
深入	shēnrù	go deep into

- 11画
- 合体字
- 氵部
- 1-4年级

伸 (伸)

shēn	伸	shēn	extend; stretch
	延伸	yánshēn	extend; elongate
	伸懒腰	shēnlǎnyāo	give a stretch

✏ 7 画

▢ 合体字

🏠 亻部

👤 1-4年级

伸 伸 仏 仰 伯 伸 伸

甚 (甚)

shén	甚么	shénme	what; something
shèn	甚至	shènzhì	even; go so far as to

✏ 9 画

▢ 独体字

🏠 一(其)部

👤 高级华文

甚 甚 甚 甚 甚 甚 甚 甚 甚

什 (什)

shén	什么	shénme	what; something
shí	什物	shíwù	sundries; odds and ends

✏ 4 画

▢ 合体字

🏠 亻部

👤 1-4年级

什 什 仁 什

神 (神)

shén	神	shén	god; deity
	神话	shénhuà	mythology
	精神	jīngshen	vigour; vitality

✏ 9 画

▢ 合体字

"礻"不是"衤"。

🏠 礻 (示)部

👤 1-4年级

神 神 神 神 神 神 神 神 神

审 (审)

	shěn	审判	shěnpàn	judge; trial
		审查	shěnchá	examine; investigate
		评审	píngshěn	evaluate; pass judgement on

✏️ 8 画

🔲 合体字

🏠 宀部

🧑 高级华文

审审审审宁宁宁审

婶 (婶)

| | shěn | 婶婶 | shěnshen | aunt; auntie |

✏️ 11 画

🔲 合体字

🏠 女部

🧑 高级华文

婶婶婶婶婶婶婶婶婶婶婶

慎 (慎)

	shèn	慎重	shènzhòng	careful; cautious
		谨慎	jǐnshèn	careful; circumspect
		审慎	shěnshèn	cautious; prudent

✏️ 13 画

🔲 合体字

"直"不是"且"。

🏠 忄部

🧑 高级华文

慎慎慎慎慎慎慎慎慎慎慎慎慎

生 (生)

	shēng	生	shēng	raw; unfamiliar
		生吃	shēngchī	eat (something) raw
		卫生	wèishēng	hygiene; sanitation

✏️ 5 画

🔲 独体字

🏠 丿部

🧑 1-4年级

生生生生生

声 (声)   shēng

声音	shēngyīn	sound; voice
响声	xiǎngshēng	sound; noise
鸦雀无声	yāquèwúshēng	in dead silence

✏️ 7 画

🔲 合体字   "士" 不是 "土"。

🏠 士部

👤 1-4年级

升 (升)   shēng

升	shēng	rise; hoist
升学	shēngxué	enter schools of a higher grade
提升	tíshēng	promote; advance

✏️ 4 画

🔲 独体字

🏠 丿部

👤 1-4年级

牲 (牲)   shēng

牲口	shēngkou	livestock
畜牲	chùsheng	beast; brute
牺牲	xīshēng	sacrifice; die

✏️ 9 画

🔲 合体字

🏠 牛(牛)部

👤 5-6年级

甥 (甥)   shēng

| 甥女 | shēngnǚ | niece |
| 外甥 | wàisheng | nephew |

✏️ 12 画

🔲 合体字

🏠 丿部

👤 5-6年级

绳(绳) shéng

| 绳子 | shéngzi | rope; cord |
| 绳之以法 | shéngzhīyǐfǎ | enforce law upon |

🖊 11 画

▦ 合体字

🏠 纟(系)部

👤 1-4年级

绳绳纟纟纟纟纟
纟纟纟绳

省(省) shěng / xǐng

省	shěng	province
省会	shěnghuì	provincial capital
反省	fǎnxǐng	self-reflection

🖊 9 画

▦ 合体字

🏠 目(小)部

👤 1-4年级

"少"第二笔楷体是点，宋体是撇。

省省省省省省省
省省

胜(胜) shèng

胜	shèng	win; succeed
胜利	shènglì	victory; success
优胜	yōushèng	championship; superior

🖊 9 画

▦ 合体字

🏠 月部

👤 1-4年级

丿胜月月月月胖胜
胜胜

剩(剩) shèng

剩	shèng	remain; leave (over)
剩余	shèngyú	surplus; remainder
过剩	guòshèng	surplus; excess

🖊 12 画

▦ 合体字

🏠 刂部

👤 1-4年级

剩剩剩剩剩剩剩
乘乘乘剩剩

盛(盛)

shèng	兴盛	xīngshèng	prosperous
	盛况	shèngkuàng	grand occasion
chéng	盛饭	chéng fàn	fill a bowl with rice

✏️ 11 画

🔲 合体字

🏠 皿部

👤 1-4年级

盛 盛 盛 成 成 成 成
盛 盛 盛 盛

圣(圣)

shèng	圣人	shèngrén	sage; saint
	圣诞节	Shèngdànjié	Christmas
	神圣	shénshèng	sacred; holy

✏️ 5 画

🔲 合体字

🏠 又(土)部

👤 5-6年级

"圣" 不是 "圣"。

圣 圣 圣 圣 圣

尸(尸)

shī	尸体	shītǐ	corpse; dead body
	验尸	yànshī	autopsy; post-mortem examination

✏️ 3 画

🔲 独体字

🏠 尸部

👤 高级华文

尸 尸 尸

师(师)

shī	老师	lǎoshī	teacher; master
	律师	lùshī	lawyer
	师父	shīfu	master

✏️ 6 画

🔲 合体字

🏠 丨(巾)部

👤 1-4年级

"帀" 不是 "币"。

师 师 师 师 师 师

狮(狮) shī

狮子	shīzi	lion
舞狮子	wǔ shīzi	perform a lion dance
鱼尾狮	yúwěishī	Merlion

9 画

合体字

"帀" 不是 "币"。

犭 部

1-4年级

| 1 | 2 | 3 |

狮 狮 狮 狮 狮 狮 狮
狮 狮

失(失) shī

失望	shīwàng	lose hope
失败	shībài	be defeated; fail
遗失	yíshī	lose; miss

5 画

独体字

丿 部

1-4年级

| 1 |

失 失 失 失 失

湿(湿) shī

湿	shī	wet; humid
潮湿	cháoshī	moist; damp
湿巴刹	shībāshà	wet market

12 画

合体字

氵 部

1-4年级

| 1 | 2 |
| | 3 |

湿 湿 湿 湿 湿 湿 湿
湿 湿 湿 湿 湿

施(施) shī

施肥	shīféi	spread manure
施舍	shīshě	give alms
实施	shíshī	put into effect

9 画

合体字

方 部

5-6年级

| 1 | 2 |
| | 3 |

施 施 施 施 施 施 施
施 施

诗(诗)	shī	诗歌	shīgē	poem; poetry
		诗人	shīrén	poet
		古诗	gǔshī	ancient poetry

8 画

合体字

讠(言)部

5-6年级

诗 诗 诗 诗 诗 诗 诗 诗

十(十)	shí	十	shí	ten
		十分	shífēn	very
		五光十色	wǔguāng-shísè	multi-coloured

2 画

独体字

十部

1-4年级

十 十

石(石)	shí	石像	shíxiàng	stone stature
		石油	shíyóu	petroleum
		宝石	bǎoshí	gem; precious stone

5 画

独体字

石部

1-4年级

石 石 石 石 石

时(时)	shí	时间	shíjiān	time
		时刻	shíkè	time; moment
		及时	jíshí	timely; in time

7 画

合体字

日部

1-4年级

时 时 时 时 时 时 时

拾(拾)　shí

拾	shí	pick up
收拾	shōushí	put in order
道不拾遗	dàobùshíyí	honesty prevails throughout society

9 画

合体字

扌部

1-4年级

拾 拾 拾 拾 拾 拾 拾 拾 拾

食(食)　shí

食物	shíwù	food; edibles
粮食	liángshi	grain; cereals
日食	rìshí	solar elipse

9 画

合体字

饣(食)部

1-4年级

食 食 食 食 食 食 食 食 食

识(识)

shí	识字	shízì	learn to read
	常识	chángshí	elementary knowledge
zhì	标识	biāozhì	mark; sign

7 画

合体字

讠(言)部

1-4年级

识 识 识 识 识 识 识

实(实)　shí

实	shí	solid; true
实用	shíyòng	practical; pragmatic
老实	lǎoshi	honest; frank

8 画

合体字

宀部

1-4年级

实 实 实 实 实 实 实 实

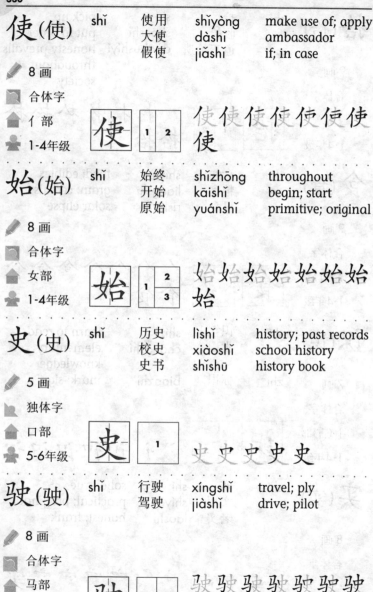

使(使) shǐ

使用	shǐyòng	make use of; apply
大使	dàshǐ	ambassador
假使	jiǎshǐ	if; in case

8 画

合体字

亻部

1-4年级

使 使 使 使 使 使 使 使

始(始) shǐ

始终	shǐzhōng	throughout
开始	kāishǐ	begin; start
原始	yuánshǐ	primitive; original

8 画

合体字

女部

1-4年级

始 始 始 始 始 始 始 始

史(史) shǐ

历史	lìshǐ	history; past records
校史	xiàoshǐ	school history
史书	shǐshū	history book

5 画

独体字

口部

5-6年级

史 史 史 史 史

驶(驶) shǐ

| 行驶 | xíngshǐ | travel; ply |
| 驾驶 | jiàshǐ | drive; pilot |

8 画

合体字

马部

5-6年级

驶 驶 驶 驶 驶 驶 驶 驶

势(勢)   shì

势力	shìlì	force; influence
形势	xíngshì	situation
手势	shǒushì	gesture; sign

8 画

合体字

"丸" 不是 "九"。

力部

高级华文

势 执 势 执 执 执 势 势

侍(侍)   shì

侍候	shìhòu	wait upon; attend
侍应生	shìyìngshēng	waiter; waitress
服侍	fúshì	wait upon; attend

8 画

合体字

"土" 不是 "士"。

亻部

高级华文

侍 侍 侍 侍 侍 侍 侍 侍

士(士)   shì

士兵	shìbīng	soldier
护士	hùshì	nurse
博士	bóshì	doctor

3 画

独体字

士部

1-4年级

士 十 士

室(室)   shì

室内	shìnèi	indoor; interior
教室	jiàoshì	classroom
实验室	shíyànshì	laboratory

9 画

合体字

宀部

1-4年级

室 室 室 室 室 室 室 室 室

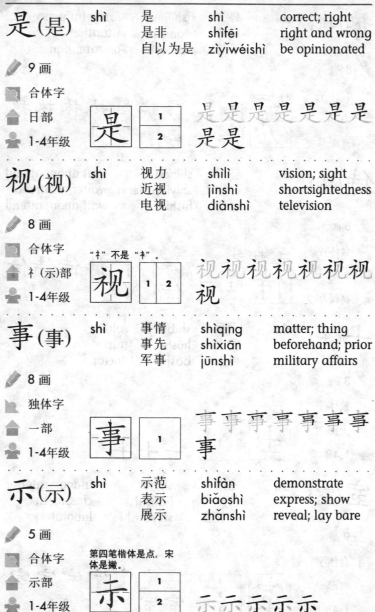

是（是） shì

是	shì	correct; right
是非	shìfēi	right and wrong
自以为是	zìyǐwéishì	be opinionated

9 画

合体字

日部

1-4年级

视（视） shì

视力	shìlì	vision; sight
近视	jìnshì	shortsightedness
电视	diànshì	television

8 画

合体字

礻（示）部 "礻" 不是 "衤"。

1-4年级

事（事） shì

事情	shìqing	matter; thing
事先	shìxiān	beforehand; prior
军事	jūnshì	military affairs

8 画

独体字

一部

1-4年级

示（示） shì

示范	shìfàn	demonstrate
表示	biǎoshì	express; show
展示	zhǎnshì	reveal; lay bare

5 画

合体字 第四笔楷体是点，宋体是撇。

示部

1-4年级

世(世) shì

世界	shìjiè	world
世纪	shìjì	century
去世	qùshì	die; pass away

🖊 5画

独体字

一部

1-4年级

世世世世世

试(试) shì

试验	shìyàn	trial; experiment
试题	shìtí	examination question
笔试	bǐshì	written examination

🖊 8画

合体字

讠(言)部

1-4年级

试试试试试试试试

市(市) shì

市长	shìzhǎng	mayor
市场	shìchǎng	market; bazaar
城市	chéngshì	city; town

🖊 5画

合体字

"市" 不是 "巿"。

亠(巾)部

1-4年级

市市市市市

适(适) shì

适当	shìdàng	suitable; proper
适合	shìhé	suit; fit
舒适	shūshì	comfortable; cosy

🖊 9画

合体字

"辶" 楷体比宋体多一个弯曲。

辶部

1-4年级

适适适适适适适适适

释 (释)

shì

释放	shìfàng	release; set free
释疑	shìyí	clear up doubts
解释	jiěshì	explain; interpret

12 画

合体字

"钅" 不是 "丰"。

采部

5-6年级

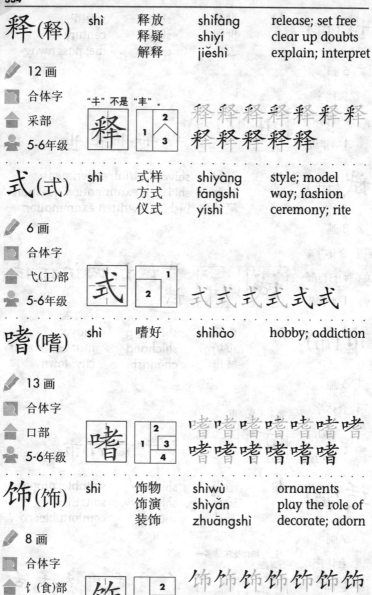

式 (式)

shì

式样	shìyàng	style; model
方式	fāngshì	way; fashion
仪式	yíshì	ceremony; rite

6 画

合体字

弋(工)部

5-6年级

嗜 (嗜)

shì

| 嗜好 | shìhào | hobby; addiction |

13 画

合体字

口部

5-6年级

饰 (饰)

shì

饰物	shìwù	ornaments
饰演	shìyǎn	play the role of
装饰	zhuāngshì	decorate; adorn

8 画

合体字

饣(食)部

5-6年级

收(收) shōu

收	shōu	receive; accept
收获	shōuhuò	harvest; gain
丰收	fēngshōu	bumper harvest

6 画

合体字　"攵" 不是 "夂"。

攵 部

1-4年级

收收收收收收

手(手) shǒu

手	shǒu	hand
手段	shǒuduàn	means; method
动手	dòngshǒu	get to work; hit out

4 画

独体字

手部

1-4年级

手手手手

守(守) shǒu

守候	shǒuhòu	expect; keep
看守	kānshǒu	watch; warder
防守	fángshǒu	defend; guard

6 画

合体字

宀部

1-4年级

守守守守守守

首(首) shǒu

首尾	shǒuwěi	the head and the tail
首要	shǒuyào	of the first importance
元首	yuánshǒu	head of state

9 画

合体字

八(丷)部

5-6年级

首首首首首首首首首

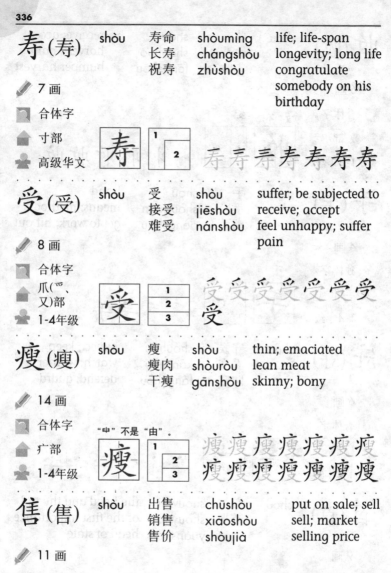

寿 (寿)

shòu

寿命	shòumìng	life; life-span
长寿	chángshòu	longevity; long life
祝寿	zhùshòu	congratulate somebody on his birthday

7 画

合体字

寸部

高级华文

受 (受)

shòu

受	shòu	suffer; be subjected to
接受	jiēshòu	receive; accept
难受	nánshòu	feel unhappy; suffer pain

8 画

合体字

爪(⺥、又)部

1-4年级

瘦 (瘦)

shòu

瘦	shòu	thin; emaciated
瘦肉	shòuròu	lean meat
干瘦	gānshòu	skinny; bony

14 画

合体字

"申" 不是 "由"。

疒部

1-4年级

售 (售)

shòu

出售	chūshòu	put on sale; sell
销售	xiāoshòu	sell; market
售价	shòujià	selling price

11 画

合体字

隹(口)部

1-4年级

兽(兽) shòu

兽医	shòuyī	veterinarian
野兽	yěshòu	beast; wild animal
猛兽	měngshòu	beast of prey

11 画

合体字

八(ˇ、口)部

1-4年级

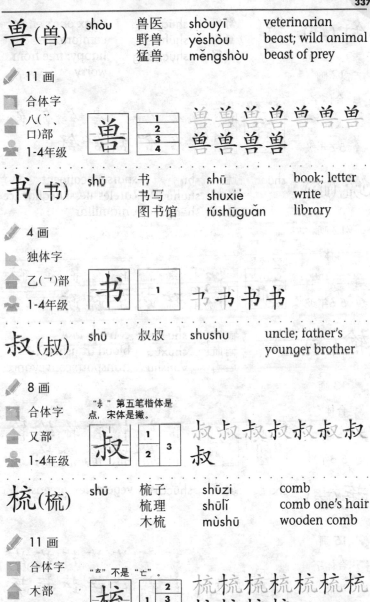

兽兽兽兽兽兽兽兽兽兽兽

书(书) shū

书	shū	book; letter
书写	shūxiě	write
图书馆	túshūguǎn	library

4 画

独体字

乙(一)部

1-4年级

丨 乛 书 书

叔(叔) shū

叔叔	shūshu	uncle; father's younger brother

8 画

合体字

"卡" 第五笔楷体是点，宋体是撇。

又部

1-4年级

叔叔叔叔叔叔叔叔

梳(梳) shū

梳子	shūzi	comb
梳理	shūlǐ	comb one's hair
木梳	mùshū	wooden comb

11 画

合体字

"去" 不是 "亡"。

木部

1-4年级

梳梳梳梳梳梳梳梳梳梳梳

338

舒(舒)	shū	舒气	shūqì	relax one's efforts
		舒服	shūfu	comfortable
		舒畅	shūchàng	happy; free from worry

12 画

合体字

人部

5-6年级

"予"不是"矛"。

疏(疏)	shū	疏	shū	sparse; negligent
		疏忽	shūhu	carelessness; negligence
		生疏	shēngshū	unfamiliar

12 画

合体字

疋(⺪)部

5-6年级

"去"不是"亡"。

输(输)	shū	输	shū	convey; lose
		输血	shūxuè	blood transfusion
		运输	yùnshū	transport; conveyance

13 画

合体字

车部

5-6年级

| 蔬(蔬) | shū | 蔬菜 | shūcài | vegetables; greenstaff |

15 画

合体字

艹部

5-6年级

"去"不是"亡"。

熟 (熟)

shú 熟客　shúkè　frequent visitor
成熟　chéngshú　ripe, mature

15 画

合体字

"丸" 不是 "九"。

灬部

1-4年级

熟 熟 熟 熟 熟 熟 熟
孰 孰 孰 孰 孰 孰 孰
熟

属 (属)

shǔ 属于　shǔyú　belong to; be part of
金属　jīnshǔ　metal
家属　jiāshǔ　family member; dependant

12 画

合体字

尸部

高级华文

属 属 属 属 属 属 属
属 属 属 属 属

鼠 (鼠)

shǔ 老鼠　lǎoshǔ　rat; mouse
滑鼠　huáshǔ　mouse

13 画

合体字

鼠部

1-4年级

鼠 鼠 鼠 鼠 鼠 鼠 鼠
鼠 鼠 鼠 鼠 鼠 鼠

数 (数)

shǔ 数　shǔ　count
shù 数目　shùmù　number; amount
shuò 数见不鲜　shuòjiàn-bùxiān　common occurrence; nothing new

13 画

合体字

攵部

1-4年级

数 数 数 数 数 数 数
数 数 数 数 数 数

| 树(樹) | shù | 树木
树立
果树 | shùmù
shùlì
guǒshù | trees; plants
set up; establish
fruit tree |

9 画

合体字

木部

1-4年级

树 | 1 2 3 | 树 树 树 树 权 权
树 树

| 术(術) | shù | 手术
战术
术语 | shǒushù
zhànshù
shùyǔ | surgical operation
(military) tactics
technical terms;
terminology |

5 画

独体字

木部

1-4年级

术 | 1 | 一 十 才 木 术

| 漱(漱) | shù | 漱口 | shùkǒu | rinse the mouth;
gargle |

14 画

合体字

"束"不是"朿"。

氵部

1-4年级

漱 | 1 2 / 3 4 | 漱 漱 漱 漱 漱 漱 漱
漱 漱 漱 漱 漱 漱 漱

| 束(束) | shù | 束
束手
约束 | shù
shùshǒu
yuēshù | bind; tie
have one's hands tied
keep within bounds;
restrain |

7 画

独体字

一(木)部

5-6年级

束 | 1 | 束 束 束 束 束 束 束

刷(刷) | shuā | 刷 | shuā | brush; scrub
| | 刷子 | shuāzi | brush
| | 粉刷 | fěnshuā | whitewash

✏️ 8 画

🔲 合体字

🏠 刂部

👤 1-4年级

刷 刷 刷 刷 刷 刷 刷 刷

耍(耍) | shuǎ | 玩耍 | wánshuǎ | play; amuse oneself
| | 杂耍 | záshuǎ | variety show
| | 耍弄 | shuǎnòng | make fun of; make a fool of

✏️ 9 画

🔲 合体字

"而" 不是 "西"。

🏠 女部

👤 1-4年级

耍 耍 耍 耍 耍 耍 耍 耍 耍

衰(衰) | shuāi | 衰弱 | shuāiruò | weak; feeble
| | 衰老 | shuāilǎo | old and feeble; senile
| | 盛衰 | shèngshuāi | prosperity and decline; ups and downs

✏️ 10 画

🔲 合体字

"衣" 不是 "K"。

🏠 亠(衣)部

👤 5-6年级

衰 衰 衰 衰 衰 衰 衰 衰 衰 衰

摔(摔) | shuāi | 摔交 | shuāijiāo | tumble; wrestle
| | 摔打 | shuāidǎ | temper oneself
| | 摔跟头 | shuāigēntou | trip and fall; trip up

✏️ 14 画

🔲 合体字

🏠 扌部

👤 5-6年级

摔 摔 摔 摔 摔 摔 摔 摔 摔 摔 摔 摔 摔 摔

帅 (帥)

shuài	长得帅 zhǎng de shuài	look hand-some
	元帅 yuánshuài	marshal

✏️ 5画

🔲 合体字

"丨" 不是 "刂"。

🏠 巾部

👤 高级华文

帅 帅 帅 帅 帅

率 (率)

shuài	率 shuài	rash; frank
	率领 shuàilǐng	lead; command
lǜ	效率 xiàolǜ	efficiency

✏️ 11画

🔲 合体字

🏠 亠部

👤 高级华文

率 率 率 亥 玄 亥 亥
率 率 率 率

双 (雙)

shuāng	双 shuāng	two; pair
	双手 shuāngshǒu	both hands

✏️ 4画

🔲 合体字

🏠 又部

👤 1-4年级

双 双 双 双

爽 (爽)

shuǎng	爽快 shuǎngkuai	frank; refreshed
	直爽 zhíshuǎng	candid; forthright
	凉爽 liángshuǎng	pleasantly cool

✏️ 11画

🔲 合体字

🏠 大(一)部

👤 1-4年级

爽 爽 爽 爽 爽 爽 爽
爽 爽 爽 爽

谁 (谁)

shéi 谁   shéi   who; whom
shuí   "谁"的又音

🖊 10 画

合体字   "隹"不是"住"。

讠(言)部

1-4年级

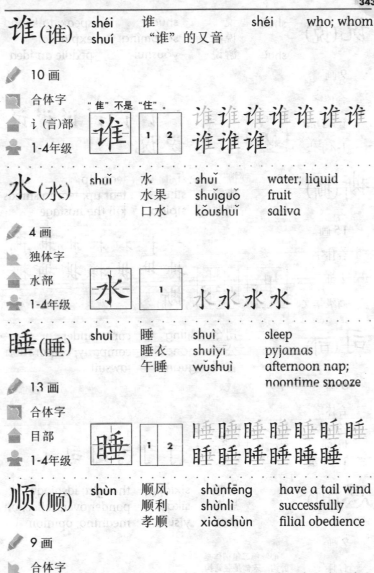

谁 谁 谁 谁 谁 谁
谁 谁 谁

水 (水)

shuǐ   水   shuǐ   water; liquid
        水果   shuǐguǒ   fruit
        口水   kǒushuǐ   saliva

🖊 4 画

独体字

水部

1-4年级

水 水 水 水

睡 (睡)

shuì   睡   shuì   sleep
        睡衣   shuìyī   pyjamas
        午睡   wǔshuì   afternoon nap; noontime snooze

🖊 13 画

合体字

目部

1-4年级

睡 睡 睡 睡 睡 睡
睡 睡 睡 睡 睡 睡

顺 (顺)

shùn   顺风   shùnfēng   have a tail wind
       顺利   shùnlì   successfully
       孝顺   xiàoshùn   filial obedience

🖊 9 画

合体字

页部

1-4年级

顺 顺 顺 顺 顺 顺 顺
顺 顺

说 (説)

shuō	说	shuō	speak; talk
	说明	shuōmíng	explain
shuì	游说	yóushuì	peddle an idea

✏️ 9 画

▢ 合体字

🏠 讠 (言) 部

👤 1-4年级

说 | 1 / 2 / 3 / 4

说 说 说 说 说 说 说 说 说

撕 (撕)

sī	撕	sī	tear; rip
	撕毁	sīhuǐ	tear up; tear to shreds
	撕票	sīpiào	kill the hostage

✏️ 15 画

▢ 合体字

🏠 扌 部

👤 高级华文

撕 | 1 / 2 / 3

撕 撕 撕 扩 扩 扬 拼 拼 拼 掛 撕 撕 撕 撕

司 (司)

sī	司令	sīlìng	commander
	公司	gōngsī	company; corporation
	官司	guānsī	lawsuit

✏️ 5 画

▢ 合体字

🏠 乙 (乛、口) 部

👤 1-4年级

司 | 1 / 2 / 3

司 司 司 司 司

思 (思)

sī	思想	sīxiǎng	thought; ideology
	思考	sīkǎo	ponder over; reflect on
	意思	yìsi	meaning; opinion

✏️ 9 画

▢ 合体字

"心" 第二笔楷体是卧钩，宋体是竖弯钩。

🏠 田 (心) 部

👤 1-4年级

思 | 1 / 2

思 思 思 思 思 思 思 思 思

丝(絲) sī

丝带 sīdài silk ribbon; silk sash
丝毫 sīháo the slightest amount
肉丝 ròusī shredded meat

5 画

合体字 "纟"不是"幺"。

一部

5-6年级

丝 丝 丝 丝 丝

私(私) sī

私人 sīrén private; personal
私立 sīlì private; privately run
自私 zìsī selfish

7 画

合体字

禾部

5-6年级

私 私 千 禾 禾 私 私

斯(斯) sī

斯文 sīwén refined; gentle
慢条斯理 màntiáosīlǐ unhurriedly; an easy manner

12 画

合体字

斤(其)部

5-6年级

斯 斯 斯 斯 斯 斯 斯 斯 斯 斯 斯 斯

死(死) sǐ

死 sǐ die; pass away
死记 sǐjì mechanical memorizing
拼死 pīnsǐ risk one's life; make a desperate fight

6 画

合体字

一(歹)部

1-4年级

死 死 死 死 死 死

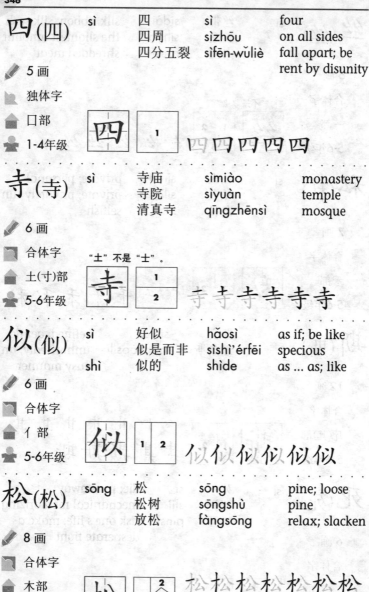

四 (四)

sì

四	sì	four
四周	sìzhōu	on all sides
四分五裂	sìfēn-wǔliè	fall apart; be rent by disunity

5 画

独体字

口部

1-4年级

四 | 一

四 四 四 四 四

寺 (寺)

sì

寺庙	sìmiào	monastery
寺院	sìyuàn	temple
清真寺	qīngzhēnsì	mosque

6 画

合体字

"土" 不是 "士"。

土(寸)部

1
2

5-6年级

寺 寺 寺 寺 寺 寺

似 (似)

sì

| 好似 | hǎosì | as if; be like |
| 似是而非 | sìshì'érfēi | specious |

shì

| 似的 | shìde | as ... as; like |

6 画

合体字

亻部

1 2

5-6年级

似 似 似 似 似 似

松 (松)

sōng

松	sōng	pine; loose
松树	sōngshù	pine
放松	fàngsōng	relax; slacken

8 画

合体字

木部

2
1
3

1-4年级

松 松 松 松 松 松 松 松

诵 (诵) sòng

诵读	sòngdú	chant
朗诵	lǎngsòng	read aloud
背诵	bèisòng	recite; repeat from memory

9 画

合体字

讠(言) 部

高级华文

诵诵诵诵诵诵诵诵诵

送 (送) sòng

送	sòng	give; escort
送礼	sònglǐ	give a present
运送	yùnsòng	carry; transport

9 画

合体字

"辶" 楷体比宋体多一个弯曲。

辶 部

1-4年级

送送送送送送送送送

搜 (搜) sōu

搜	sōu	search
搜查	sōuchá	ransack; rummage
搜集	sōují	collect; gather

12 画

合体字

"申" 不是 "由"。

扌 部

高级华文

搜搜搜搜搜搜搜搜搜搜搜

艘 (艘) sōu

艘	sōu	classifier for ships and boats

15 画

合体字

"申" 不是 "由"。

舟 部

5-6年级

艘艘艘艘艘艘艘艘艘艘艘艘艘

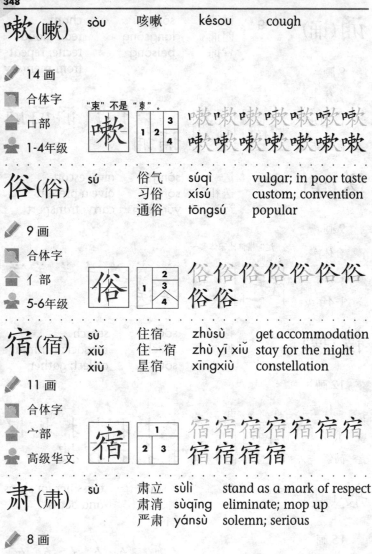

嗽 (嗽)　sòu　咳嗽　késou　cough

14 画
合体字
口部
1-4年级

"束"不是"束"。

俗 (俗)　sú

俗气	súqì	vulgar; in poor taste
习俗	xísú	custom; convention
通俗	tōngsú	popular

9 画
合体字
亻部
5-6年级

宿 (宿)

sù	住宿	zhùsù	get accommodation
xiǔ	住一宿	zhù yī xiǔ	stay for the night
xiù	星宿	xīngxiù	constellation

11 画
合体字
宀部
高级华文

肃 (肃)　sù

肃立	sùlì	stand as a mark of respect
肃清	sùqīng	eliminate; mop up
严肃	yánsù	solemn; serious

8 画
独体字
聿部
高级华文

诉(訴)	sù	诉说	sùshuō	relate; recount
		哭诉	kūsù	complain tearfully
		投诉	tóusù	complain

✏ 7画

▢ 合体字　"斥"不是"斤"。

▣ 讠(言)部

🔥 1-4年级

诉 诉 讦 诉 诉 诉 诉

素(素)	sù	素	sù	white; vegetable
		素质	sùzhì	quality
		朴素	pǔsù	simple; plain

✏ 10画

▢ 合体字　"糸"第五笔楷体是点，宋体是撇。

▣ 糸部

🔥 5-6年级

素 素 素 素 素 素 素 素 素 素

速(速)	sù	速度	sùdù	speed; velocity
		速写	sùxiě	sketch; literary sketch
		迅速	xùnsù	rapid; swift

✏ 10画

▢ 合体字　"束"不是"朿"。"辶"楷体比宋体多一个弯曲。

▣ 辶部

🔥 5-6年级

速 速 速 速 速 束 速 速 速 速

塑(塑)	sù	塑像	sùxiàng	statue
		塑造	sùzào	mould
		面塑	miànsù	dough modelling

✏ 13画

▢ 合体字

▣ 土部

🔥 5-6年级

塑 塑 塑 㳫 㳫 朔 朔 朔 朔 塑 塑 塑

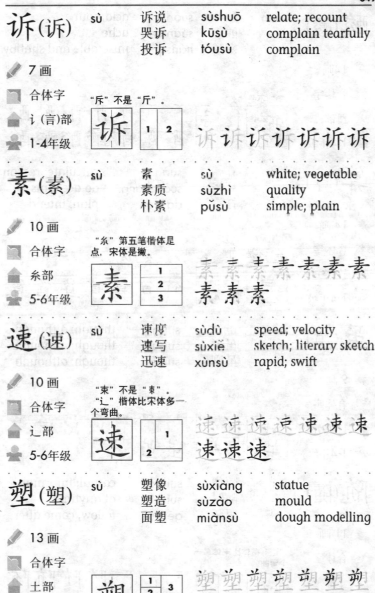

酸 (酸) suān

酸	suān	acid; sour
酸疼	suānténg	ache
寒酸	hánsuān	miserable and shabby

- 14画
- 合体字
- 西部
- 1-4年级

"夂"不是"攵"。

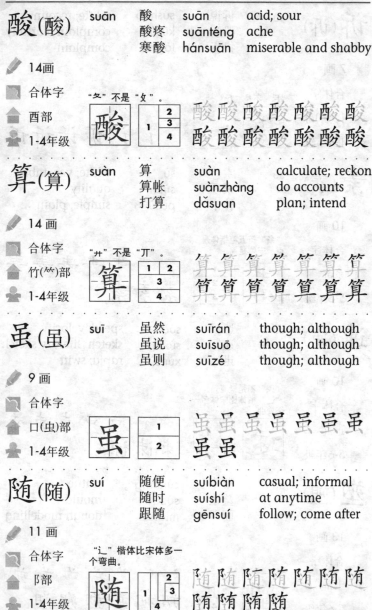

算 (算) suàn

算	suàn	calculate; reckon
算帐	suànzhàng	do accounts
打算	dǎsuan	plan; intend

- 14画
- 合体字
- 竹(⺮)部
- 1-4年级

"艹"不是"丌"。

虽 (虽) suī

虽然	suīrán	though; although
虽说	suīsuō	though; although
虽则	suīzé	though; although

- 9画
- 合体字
- 口(虫)部
- 1-4年级

随 (随) suí

随便	suíbiàn	casual; informal
随时	suíshí	at anytime
跟随	gēnsuí	follow; come after

- 11画
- 合体字
- 阝部
- 1-4年级

"辶"楷体比宋体多一个弯曲。

隧 (隧) suì 隧道 suìdào tunnel

- 14 画
- 合体字
- 阝部
- 高级华文

"辶" 楷体比宋体多一个弯曲。

岁 (岁) suì

岁月	suìyuè	years; time
周岁	zhōusuì	first birthday
压岁钱	yāsuìqián	money given to children as a lunar New Year gift

- 6 画
- 合体字
- 山(夕)部
- 1-4年级

碎 (碎) suì

碎石	suìshí	broken stones; crushed stones
破碎	pòsuì	broken; tattered
粉碎	fěnsuì	smash; shatter

- 13 画
- 合体字
- 石部
- 1-4年级

孙 (孙) sūn

孙子	sūnzi	grandson
子孙	zǐsūn	descendants
徒子徒孙	túzǐ-túsūn	adherents

- 6 画
- 合体字
- 子(子)部
- 1-4年级

"小" 第二笔楷体是点，宋体是撇。

损(損) sǔn

损害	sǔnhài	harm; damage
损伤	sǔnshāng	injure; harm
破损	pòsǔn	torn; worn

✏️ 10 画

▢ 合体字

🏠 扌部

👤 5-6年级

损损损损损损损损损损

缩(縮) suō

缩	suō	contract; shrink
缩短	suōduǎn	shorten; curtail
压缩	yāsuō	compress; condense

✏️ 14 画

▢ 合体字

🏠 纟(糸)部

👤 5-6年级

缩缩缩缩缩缩缩缩缩缩缩缩缩缩

所(所) suǒ

所有	suǒyǒu	own; possess
所以	suǒyǐ	therefore
诊所	zhěnsuǒ	clinic; despensary

✏️ 8 画

▢ 合体字

🏠 斤部

👤 1-4年级

所所所所所所所所

锁(鎖) suǒ

锁	suǒ	lock
锁链	suǒliàn	shackles; fetters
连锁	liánsuǒ	chain; interlock

✏️ 12 画

▢ 合体字

🏠 钅(金)部

👤 5-6年级

锁锁锁锁锁锁锁锁锁锁锁锁

他(他)

tā	他	tā	he; him
	他们	tāmen	they; them

- 5 画
- 合体字
- 亻部
- 1-4年级

他 他 他 他 他

她(她)

tā	她	tā	she; her
	她们	tāmen	they; them

- 6 画
- 合体字
- 女部
- 1-4年级

她 她 她 她 她 她

它('它)

ta	它	tā	it
	它们	tāmen	they; them

- 5 画
- 合体字
- 宀部
- 1-4年级

"匕" 不是 "七"。

它 它 它 它 它

踏(踏)

tā	踏实	tāshi	steady and sure
tà	踏	tà	step on; stamp

- 15 画
- 合体字
- 足(𧾷 部
- 1-4年级

"水" 不是 "水"。

踏 踏 踏 踏 踏 踏 踏
踏 踏 踏 踏 踏 踏 踏
踏

塔(塔)

tǎ

塔	tǎ	pagoda; tower
宝塔	bǎotǎ	Buddhist pagoda
灯塔	dēngtǎ	lighthouse; beacon

✏️ 12 画

📖 合体字

🏠 土部

👤 5-6年级

胎(胎)

tāi

胎儿	tāi'ér	foetus; embryo
投胎	tóutāi	reincarnation
轮胎	lúntāi	tyre

✏️ 9 画

📖 合体字

🏠 月部

👤 高级华文

台 (台)

tái

台	tái	platform; stage
讲台	jiǎngtái	dais; platform
台词	táicí	actor's lines

✏️ 5 画

📖 合体字

🏠 厶(口)部

👤 1-4年级

抬(抬)

tái

抬	tái	lift; raise
抬头	táitóu	raise one's head; look up
抬举	táiju	favour; praise somebody to show favour

✏️ 8 画

📖 合体字

🏠 扌部

👤 1-4年级

汰（汰） tài 淘汰 táotài discard; eliminate

✏ 7 画

▨ 合体字

🏠 氵部

👤 高级华文

汰 汰 汰 汰 汰 汰 汰

太（太） tài 太 tài excessively; too
太平 tàipíng peace and tranquillity
老太太 lǎotàitai old lady; one's mother

✏ 4 画

▨ 独体字

🏠 大部

👤 1-4年级

太 大 大 太

态（态） tài 态度 tàidù manner; attitude
动态 dòngtài trends; developments
丑态 chǒutài ugly performance; buffoonery

✏ 8 画

▨ 合体字

"心"第二笔楷体是卧钩，宋体是竖弯钩.

🏠 心部

👤 1-4年级

态 态 态 态 态 态 态 态

贪（贪） tan 贪图 tāntú covet; hanker after
贪污 tānwū corruption; graft
贪心 tānxīn greed; avarice

✏ 8 画

▨ 合体字

🏠 贝(人)部

👤 1-4年级

贪 贪 贪 贪 贪 贪 贪 贪

摊 (攤)

tān

摊	tān	spread out
摊派	tānpài	apportion
收摊	shōutān	pack up the stall; wind up the day's business

13 画

合体字

扌部

1-4年级

摊摊摊扩扩扩扩
扩扩扩摊摊摊

滩 (灘)

tān

河滩	hétān	river side; flood land
沙滩	shātān	sandy beach; shoal
险滩	xiǎntān	dangerous shoals

13 画

合体字

氵部

1-4年级

滩滩滩沙沙沙沙
沙沙滩滩滩滩

谈 (談)

tán

谈话	tánhuà	conversation; talk
谈心	tánxīn	heart-to-heart talk
座谈	zuòtán	have an informal discussion

10 画

合体字

讠(言)部

1-4年级

谈谈谈谈谈谈谈
谈谈谈

痰 (痰)

tán

| 痰 | tán | phlegm; sputum |
| 吐痰 | tǔ tán | spit; expectorate |

13 画

合体字

疒部

1-4年级

痰痰痰痰痰痰痰
痰痰痰痰痰痰

坦(坦) tǎn

坦白	tǎnbái	candid; frank
坦率	tǎnshuài	straightforward
平坦	píngtǎn	level; smooth

✏️ 8 画

🔲 合体字

🏠 土部

👤 5-6年级

炭(炭) tàn

炭	tàn	charcoal
煤炭	méitàn	coal

✏️ 9 画

🔲 合体字

🏠 山(火)部

👤 高级华文

探(探) tàn

探望	tànwàng	look about; visit
探听	tàntīng	try to find out
试探	shìtàn	sound out; probe

✏️ 11 画

🔲 合体字

"罒"不是"宀"。

🏠 扌部

👤 1-4年级

叹(叹) tàn

叹气	tànqì	sigh; have a sigh
感叹	gǎntàn	sigh with feeling
赞叹	zàntàn	highly praise; sigh in admiration

✏️ 5 画

🔲 合体字

🏠 口部

👤 5-6年级

汤(湯)	tāng	汤	tāng	soup; broth
		汤圆	tāngyuán	stuffed dumpling made of glutinous rice
✏️ 6 画				
🔲 合体字		泡汤	pàotāng	fall flat; fall through
🏠 氵部				
👤 1-4年级				

塘(塘)	táng	海塘	hǎitáng	seawall
		池塘	chítáng	pond; pool
✏️ 13 画		鱼塘	yútáng	fish pond
🔲 合体字				
🏠 土部				
👤 高级华文				

糖(糖)	táng	糖	táng	sugar
		糖果	tángguǒ	sweets; candy
✏️ 16 画		食糖	shítáng	refined sugar
🔲 合体字				
🏠 米部				
👤 1-4年级				

堂(堂)	táng	堂兄	tángxiōng	cousin
		礼堂	lǐtáng	assembly hall
✏️ 11 画		天堂	tiāntáng	paradise; heaven
🔲 合体字				
🏠 小(⺌、土)部				
👤 1-4年级				

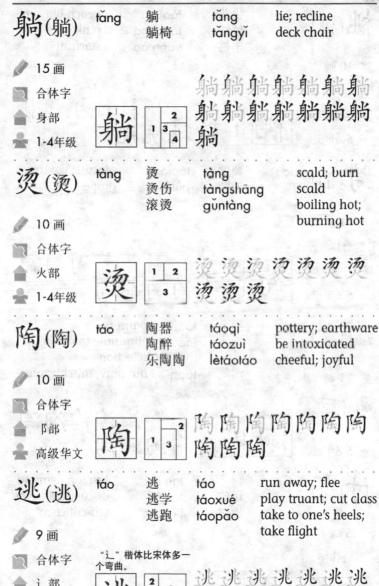

躺(躺) tǎng
躺　　　　tǎng　　　　lie; recline
躺椅　　　tǎngyǐ　　　deck chair

15 画
合体字
身部
1-4年级

烫(烫) tàng
烫　　　　tàng　　　　scald; burn
烫伤　　　tàngshāng　　scald
滚烫　　　gǔntàng　　　boiling hot;
　　　　　　　　　　　burning hot

10 画
合体字
火部
1-4年级

陶(陶) táo
陶器　　　táoqì　　　　pottery; earthware
陶醉　　　táozuì　　　be intoxicated
乐陶陶　　lètáotáo　　cheerful; joyful

10 画
合体字
阝部
高级华文

逃(逃) táo
逃　　　　táo　　　　run away; flee
逃学　　　táoxué　　play truant; cut class
逃跑　　　táopǎo　　take to one's heels;
　　　　　　　　　　take flight

9 画
合体字
"辶"楷体比宋体多一个弯曲。
辶部
1-4年级

桃(桃)	táo	桃花	táohuā	peach blossom
		桃红	táohóng	pink
		羊桃	yángtáo	starfruit

10 画
合体字
木部
5-6年级

桃桃桃桃桃桃桃
桃桃桃

| 萄(萄) | táo | 萄糖 | táotáng | glucose; dextrose |
| | | 葡萄 | pútáo | grape |

11 画
合体字
艹部
5-6年级

萄萄萄萄萄萄萄
萄萄萄萄

淘(淘)	táo	淘金	táojīn	panning
		淘汰	táotài	eliminate through selection
		淘气	táoqì	naughty; mischievous

11 画
合体字
氵部
5-6年级

淘淘淘淘淘淘淘
淘淘淘淘

讨(讨)	tǎo	讨	tǎo	beg for; demand
		讨论	tǎolùn	discuss; talk over
		检讨	jiǎntǎo	self-criticism

5 画
合体字
讠(言)部
1-4年级

讨讨讨讨讨

套(套)	tào	套	tào	case; set
		笔套	bǐtào	the cap of a pen; the sheath of a pen
10 画		圈套	quāntào	snare; trap
合体字				
大部				
1-4年级				

套套套套套套套
套套套

特(特)	tè	特别	tèbié	special; particular
		特征	tèzhēng	trait; feature
10 画		奇特	qítè	peculiar; quaint
合体字				
牛(牛)部				
1-4年级				

"土"不是"士"。

特特特特特特特
特特特

疼(疼)	téng	疼痛	téngtòng	pain; ache
		疼爱	téng'ài	be very fond of; love dearly
10 画		心疼	xīnténg	love dearly; feel sorry
合体字				
广部				
1-4年级				

"夂"不是"攵"。

疼疼疼疼疼疼疼
疼疼疼

踢(踢)	tī	踢	tī	kick
		踢球	tīqiú	kick a ball; pass a buck
15 画				
合体字				
足(⻊部)				
1-4年级				

踢踢踢踢踢踢踢
踢踢踢踢踢踢踢
踢

362

梯 (梯) tī

楼梯	lóutī	staircase
电梯	diàntī	lift; elevator
梯级	tījí	stair; step

- 11 画
- 合体字
- 木部
- 1-4年级

梯梯梯梯梯梯梯
梯梯梯梯

题 (题) tí

题目	tímù	title; topic
习题	xítí	exercise
问题	wèntí	question; problem

- 15 画
- 合体字
- 页(日)部
- 1-4年级

题题题题题题题
题题题题题题题
题

提 (提) tí dī

提高	tígāo	enhance; raise
提问	tíwèn	put questions to; quiz
提防	dīfang	take precaution against; be on guard against

- 12 画
- 合体字
- 扌部
- 1-4年级

提提提提提提提
提提提提提

啼 (啼) tí

| 啼哭 | tíkū | cry; wail |
| 鸡啼 | jītí | cocks crow |

- 12 画
- 合体字
- 口部
- 1-4年级

啼啼啼啼啼啼啼
啼啼啼啼啼

体(體) tǐ

体育	tǐyù	PE (physical education); sports
体会	tǐhuì	realise; learn from experience
形体	xíngtǐ	physique; formal structure

7 画

合体字

亻部

1-4年级

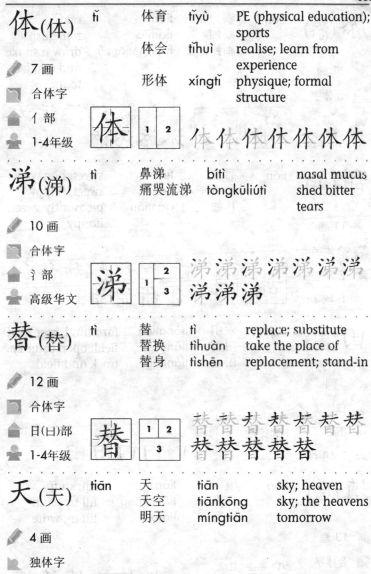

体 体 伓 仆 休 休 体

涕(涕) tì

鼻涕	bítì	nasal mucus
痛哭流涕	tòngkūliútì	shed bitter tears

10 画

合体字

氵部

高级华文

涕 涕 涕 涕 涕 涕 涕
涕 涕 涕

替(替) tì

替	tì	replace; substitute
替换	tìhuàn	take the place of
替身	tìshēn	replacement; stand-in

12 画

合体字

日(曰)部

1-4年级

替 替 替 替 替 替 替
替 替 替 替 替

天(天) tiān

天	tiān	sky; heaven
天空	tiānkōng	sky; the heavens
明天	míngtiān	tomorrow

4 画

独体字

一(大)部

1-4年级

天 天 天 天

364

添(添)   tiān   添   tiān   add
添加   tiānjiā   replenish
画蛇添足   huàshétiānzú   draw a snake and add feet to it

✏️ 11 画

🔲 合体字

🔺 氵部

👤 5-6年级

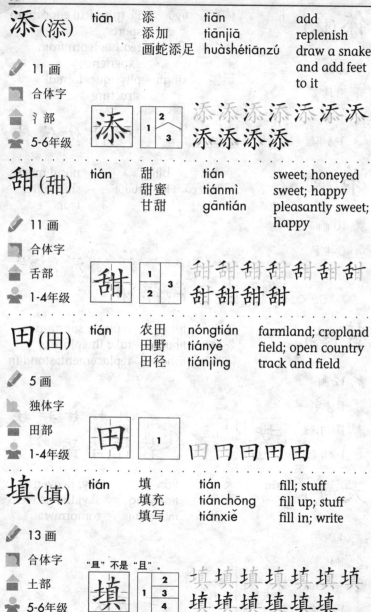

添添添添添添添
添添添添

甜(甜)   tián   甜   tián   sweet; honeyed
甜蜜   tiánmì   sweet; happy
甘甜   gāntián   pleasantly sweet; happy

✏️ 11 画

🔲 合体字

🔺 舌部

👤 1-4年级

甜甜甜甜甜甜甜
甜甜甜甜

田(田)   tián   农田   nóngtián   farmland; cropland
田野   tiányě   field; open country
田径   tiánjìng   track and field

✏️ 5 画

🔲 独体字

🔺 田部

👤 1-4年级

田田田田田

填(填)   tián   填   tián   fill; stuff
填充   tiánchōng   fill up; stuff
填写   tiánxiě   fill in; write

✏️ 13 画

🔲 合体字

🔺 土部

👤 5-6年级

"直" 不是 "且"。

填填填填填填填
填填填填填填

挑(挑)	tiāo	挑	tiāo	choose; select
		挑选	tiāoxuǎn	choose; pick out
	tiǎo	挑拨	tiǎobō	instigate; sow

✏️ 9画

🟦 合体字

🏠 扌部

👤 1-4年级

挑 | 1 | 2

挑 挑 挑 挑 挑 挑 挑
挑 挑

条(条)	tiáo	条	tiáo	strip; item
		条理	tiáolǐ	proper arrangement
		收条	shōutiáo	receipt

✏️ 7画

🟦 合体字

"夂"不是"攵"。
"朩"不是"木",第二笔楷
体是点,宋体是撇。

🏠 夂(木)部

👤 1-4年级

条 | 1 | 2

条 条 条 条 条 条 条

调(调)	tiáo	调整	tiáozhěng	adjust; regulate
		调皮	tiáopí	naughty; mischievous
	diào	调换	diàohuàn	exchange; swop

✏️ 10画

🟦 合体字

🏠 讠(言)部

👤 5-6年级

调 | 1 | 2 / 3 / 4

调 调 调 调 调 调 调
调 调 调

跳(跳)	tiào	跳	tiào	jump; leap
		跳舞	tiàowǔ	dance
		心跳	xīntiào	heartbeat; palpitation

✏️ 13画

🟦 合体字

🏠 足(⻊)部

👤 1-4年级

跳 | 1 / 2 | 3

跳 跳 跳 跳 跳 跳 跳
跳 跳 跳 跳 跳 跳

贴 (貼)

tiē

贴	tiē	paste; stick
贴补	tiēbǔ	subsidies; allowance
体贴	tǐtiē	show consideration for; give every care to

9 画

合体字

贝部

1-4年级

贴贴贴贴贴贴贴贴贴

帖 (帖)

tiē

妥帖	tuǒtiē	proper; appropriate
请帖	qǐngtiē	invitation card
字帖	zìtiè	copybook (for calligraphy)

tiē
tiě
tiè

8 画

合体字

巾部

5-6年级

帖帖帖帖帖帖帖帖

铁 (鐵)

tiě

铁	tiě	iron
铁拳	tiěquán	iron fist
地铁	dìtiě	underground railway; MRT (Mass Rapid Transport)

10 画

合体字

钅(金)部

1-4年级

铁铁铁铁铁铁铁铁铁铁

听 (聽)

tīng

听	tīng	listen; hear
听从	tīngcóng	comply with; obey
动听	dòngtīng	pleasant to listen to

7 画

合体字

"斤" 不是 "斥"。

口部

1-4年级

听听听听听听听

厅 (厅) tīng

厅	tīng	hall
大厅	dàtīng	hall
餐厅	cāntīng	dining hall; canteen

✏️ 4 画

📑 合体字

🏠 厂部

👤 1-4年级

厅 厅 厅 厅

蜓 (蜓) tíng

蜻蜓	qīngtíng	dragonfly

✏️ 12 画

📑 合体字

"壬" 不是 "王"。

🏠 虫部

👤 高级华文

蜓 蜓 蜓 蜓 蛀 蜓 虫
蛀 蛀 蛀 蜓 蜓 蜓

庭 (庭) tíng

庭院	tíngyuàn	courtyard
家庭	jiātíng	family; household
法庭	fǎtíng	court; tribunal

✏️ 9 画

📑 合体字

"壬" 不是 "王"。

🏠 广部

👤 1-4年级

庭 庭 庭 庭 庭 庭 庭
庭 庭

停 (停) tíng

停	tíng	cease; pause
停顿	tíngdùn	stop; halt
调停	tiáotíng	mediate; intervene

✏️ 11 画

📑 合体字

🏠 亻部

👤 1-4年级

停 停 停 停 停 停 停
停 停 停 停

亭 (亭)   tíng

亭子	tíngzi	pavillion; kiosk
岗亭	gǎngtíng	sentry box
书亭	shūtíng	book-kiosk; bookstall

✏ 9 画

◻ 合体字

⌂ 亠部

♟ 5-6年级

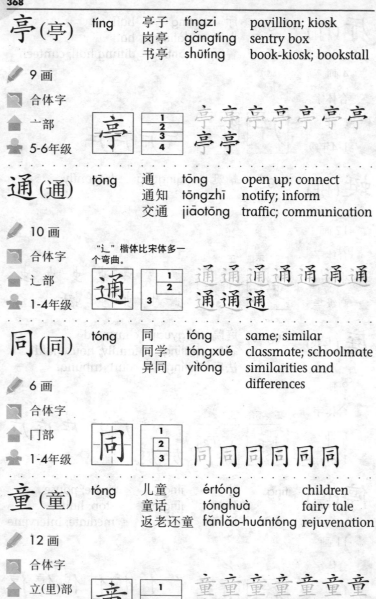

通 (通)   tōng

通	tōng	open up; connect
通知	tōngzhī	notify; inform
交通	jiāotōng	traffic; communication

✏ 10 画

◻ 合体字

"辶"楷体比宋体多一个弯曲。

⌂ 辶部

♟ 1-4年级

同 (同)   tóng

同	tóng	same; similar
同学	tóngxué	classmate; schoolmate
异同	yìtóng	similarities and differences

✏ 6 画

◻ 合体字

⌂ 冂部

♟ 1-4年级

童 (童)   tóng

儿童	értóng	children
童话	tónghuà	fairy tale
返老还童	fǎnlǎo-huántóng	rejuvenation

✏ 12 画

◻ 合体字

⌂ 立(里)部

♟ 1-4年级

铜(铜)

	tóng	铜	tóng	copper
		铜管乐	tóngguǎnyuè	brass music
		黄铜	huángtóng	brass

✏️ 11 画

▢ 合体字

▢ 钅(金)部

▢ 5-6年级

铜 | 1 2 3 4

亻铜 钅铜 钅铜 钅铜 铜 钅铜 铜
钅铜 铜 铜 铜

桶(桶)

	tǒng	桶	tǒng	pail; bucket
		水桶	shuǐtǒng	water bucket
		饭桶	fàntǒng	rice bucket; fat-head

✏️ 11 画

▢ 合体字

▢ 木部

▢ 1-4年级

桶 | 1 2 3

桶 桶 桶 桶 桶 桶 桶
桶 桶 桶 桶

统(统)

	tǒng	统一	tǒngyī	unify; integrate
		统治	tǒngzhì	rule; dominate
		传统	chuántǒng	tradition

✏️ 9 画

▢ 合体字

▢ 纟(糸)部

▢ 5-6年级

统 | 1 2 3 4

统 统 统 统 统 统 统
统 统

筒(筒)

	tǒng	话筒	huàtǒng	microphone; telephone transmitter
		传声筒	chuánshēngtǒng	megaphone; mouthpiece

✏️ 12 画

▢ 合体字

▢ 竹(⺮)部

▢ 5-6年级

筒 | 1 2 / 3 4 5

筒 筒 筒 筒 筒 筒 筒
筒 筒 筒 筒 筒

痛 (痛)

痛	tòng	ache; pain
病痛	bìngtòng	indisposition; ailment
痛快	tòngkuài	delighted; to one's heart's content

tòng

12 画

合体字

疒部

1-4年级

痛痛痛痛痛痛痛
痛痛痛痛痛

偷 (偷)

偷	tōu	secretly; filch
偷窃	tōuqiè	steal; pilfer
小偷	xiǎotōu	petty thief; pilferer

tōu

11 画

合体字

亻部

1-4年级

偷偷偷偷偷偷偷
偷偷偷偷

头 (头)

头	tóu	head; end
头等	tóuděng	first-class; first-rate
拳头	quántou	fist

tóu

tou

5 画

独体字

大(丶)部

1-4年级

头头头头头

投 (投)

投	tóu	throw; fling
投降	tóuxiáng	surrender; capitulate
走投无路	zǒutóuwúlù	have no way out

tóu

7 画

合体字

扌部

1-4年级

投投投投投投投

透(透) tòu

透明	tòumíng	transparent
透彻	tòuchè	thorough; penetrating
直透	zhítòu	non-stop; through

10 画

合体字

辶部

5-6年级

"辶" 楷体比宋体多一个弯曲。

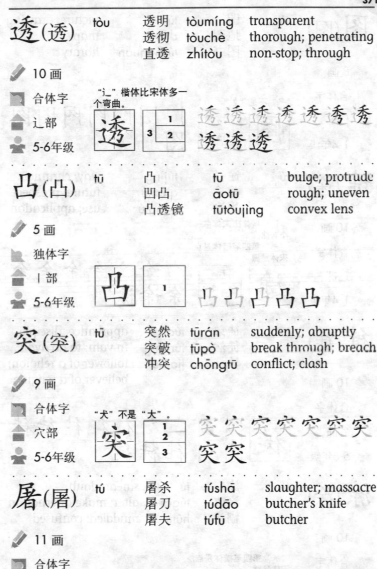

凸(凸) tū

凸	tū	bulge; protrude
凹凸	āotū	rough; uneven
凸透镜	tūtòujìng	convex lens

5 画

独体字

丨部

5-6年级

突(突) tū

突然	tūrán	suddenly; abruptly
突破	tūpò	break through; breach
冲突	chōngtū	conflict; clash

9 画

合体字

穴部

5-6年级

"犬" 不是 "大"。

屠(屠) tú

屠杀	túshā	slaughter; massacre
屠刀	túdāo	butcher's knife
屠夫	túfū	butcher

11 画

合体字

尸部

高级华文

图 (图)

图	tú	picture; drawing
地图	dìtú	map
图书馆	túshūguǎn	library

8 画

合体字

口部

1-4年级

"夂"不是"攵"。

图 图 图 图 图 图 图 图

途 (途)

途径	tújìng	way; channel
前途	qiántú	future; prospect
用途	yòngtú	use; application

10 画

合体字

辶部

1-4年级

"辶"楷体比宋体多一个弯曲。
"余"第四笔楷体是点，宋体是撇。

途 途 途 途 余 途 余 途 途 途

徒 (徒)

徒弟	túdì	apprentice; disciple
徒然	túrán	in vain; to no avail
教徒	jiàotú	follower of a religion; believer of a religion

10 画

合体字

彳部

5-6年级

徒 徒 徒 徒 徒 徒 徒 徒 徒 徒

涂 (涂)

涂	tú	smear; daub
涂改	túgǎi	alter; make alternation
糊涂	hútu	muddled; confused

10 画

合体字

氵部

5-6年级

"余"第四笔楷体是点，宋体是撇。

涂 涂 涂 涂 涂 涂 涂 涂 涂 涂

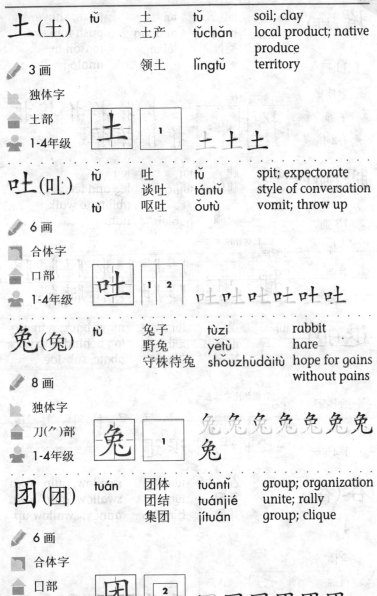

土(土) tǔ

土	tǔ	soil; clay
土产	tǔchǎn	local product; native produce
领土	lǐngtǔ	territory

3 画
独体字
土部
1-4年级

土 | ˈ | 土 土 土

吐(吐) tǔ

吐	tǔ	spit; expectorate
谈吐	tántǔ	style of conversation
呕吐	ǒutù	vomit; throw up

tù

6 画
合体字
口部
1-4年级

吐 | 1 2 | ˈ吐 口ㄴ 口ㄴ 口ㅏ 吐 吐

兔(兔) tù

兔子	tùzi	rabbit
野兔	yětù	hare
守株待兔	shǒuzhūdàitù	hope for gains without pains

8 画
独体字
刀(ㄅ)部
1-4年级

兔 | ˈ | 兔 兔 兔 兔 兔 兔 兔 兔

团(团) tuán

团体	tuántǐ	group; organization
团结	tuánjié	unite; rally
集团	jítuán	group; clique

6 画
合体字
口部
1-4年级

团 | 2 1 | 团 团 团 团 团 团

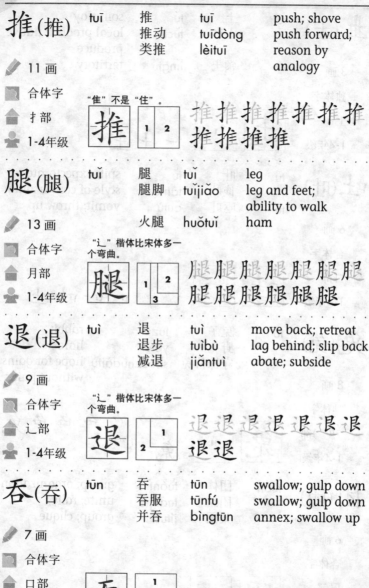

推 (推)　tuī

推	tuī	push; shove
推动	tuīdòng	push forward;
类推	lèituī	reason by analogy

11 画

合体字

"隹" 不是 "住"。

扌部

1-4年级

腿 (腿)　tuǐ

腿	tuǐ	leg
腿脚	tuǐjiǎo	leg and feet; ability to walk
火腿	huǒtuǐ	ham

13 画

合体字

"辶" 楷体比宋体多一个弯曲。

月部

1-4年级

退 (退)　tuì

退	tuì	move back; retreat
退步	tuìbù	lag behind; slip back
减退	jiǎntuì	abate; subside

9 画

合体字

"辶" 楷体比宋体多一个弯曲。

辶部

1-4年级

吞 (吞)　tūn

吞	tūn	swallow; gulp down
吞服	tūnfú	swallow; gulp down
并吞	bìngtūn	annex; swallow up

7 画

合体字

口部

1-4年级

托(托)

tuō

托	tuō	hold in the palm; support with hand
托付	tuōfù	entrust
寄托	jìtuō	leave with somebody

6 画

合体字

扌部

高级华文

托 | 1 2 | 托 托 托 托 托 托

脱(脱)

tuō

脱	tuō	peel; take off
脱离	tuōlí	break away from; be divorced from
摆脱	bǎituō	shake off; rid oneself of

11 画

合体字

月部

1-4年级

脱 | 1 2 3 4 | 脱 脱 脱 脱 脱 脱 脱 脱 脱 脱 脱

拖(拖)

tuō

拖	tuō	pull; drag
拖鞋	tuōxié	slippers
拖延	tuōyán	put off; delay

8 画

合体字

扌部

5-6年级

拖 | 1 2 3 | 拖 拖 拖 拖 拖 拖 拖 拖

驼(驼)

tuó

| 驼背 | tuóbèi | hunchback; humpback |
| 驼铃 | tuólíng | camel bell |

8 画

合体字

马部

高级华文

驼 | 1 2 3 | 驼 驼 驼 驼 驼 驼 驼 驼

妥(妥) tuǒ

| 妥当 | tuǒdang | appropriate; proper |
| 稳妥 | wěntuǒ | safe; reliable |

✏️ 7画

🔲 合体字

🔺 爪(爫、女)部

👤 高级华文

蛙(蛙) wā

青蛙	qīngwā	frog
蛙泳	wāyǒng	breaststroke
井底之蛙	jǐngdǐzhīwā	a frog living at the bottom of a well

✏️ 12画

🔲 合体字

🔺 虫部

👤 1-4年级

挖(挖) wā

挖	wā	dig; excavate
挖掘	wājué	dig out; excavate
挖苦	wākǔ	ridicule; satirise

✏️ 9画

🔲 合体字

🔺 扌部

👤 1-4年级

娃(娃) wá

娃娃	wáwa	baby; child
娃娃鱼	wáwayú	giant salamander
洋娃娃	yángwáwa	doll

✏️ 9画

🔲 合体字

🔺 女部

👤 1-4年级

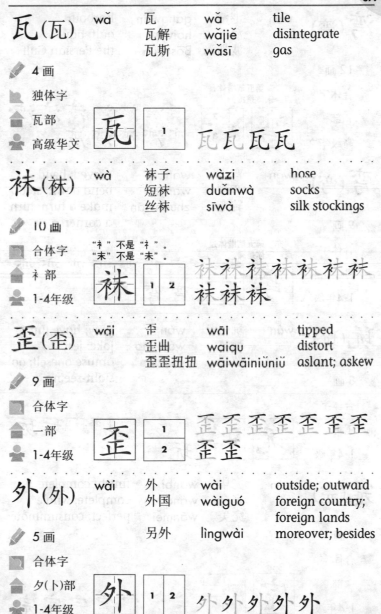

瓦(瓦) wǎ

瓦	wǎ	tile
瓦解	wǎjiě	disintegrate
瓦斯	wǎsī	gas

4 画

独体字

瓦部

高级华文

瓦 | ˋ | 瓦 瓦 瓦 瓦

袜(襪) wà

袜子	wàzi	hose
短袜	duǎnwà	socks
丝袜	sīwà	silk stockings

10 画

合体字 — "衤"不是"礻"。"末"不是"未"。

衤部

1-4年级

袜 | 1 2 | 袜袜袜袜袜袜袜 袜袜袜

歪(歪) wāi

歪	wāi	tipped
歪曲	waiqu	distort
歪歪扭扭	wāiwāiniŭniŭ	aslant; askew

9 画

合体字

一部

1-4年级

歪 | 1 2 | 歪歪歪歪歪歪歪 歪歪

外(外) wài

外	wài	outside; outward
外国	wàiguó	foreign country; foreign lands
另外	lìngwài	moreover; besides

5 画

合体字

夕(卜)部

1-4年级

外 | 1 2 | 外 夕 夕 外 外

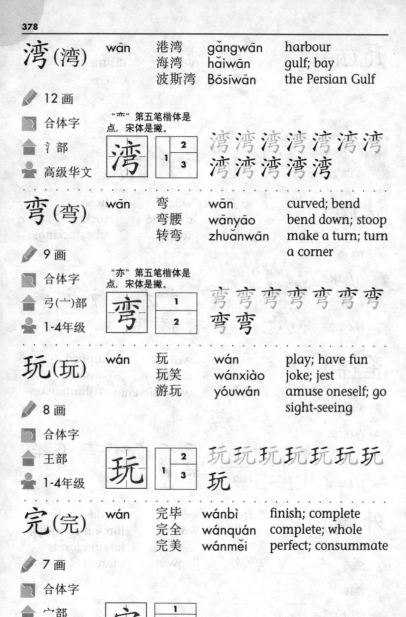

湾 (湾) wān

港湾	gǎngwān	harbour
海湾	hǎiwān	gulf; bay
波斯湾	Bōsīwān	the Persian Gulf

✎ 12 画

▥ 合体字

🏠 氵部

👤 高级华文

"亦" 第五笔楷体是点, 宋体是撇。

弯 (弯) wān

弯	wān	curved; bend
弯腰	wānyāo	bend down; stoop
转弯	zhuǎnwān	make a turn; turn a corner

✎ 9 画

▥ 合体字

🏠 弓(一)部

👤 1-4年级

"亦" 第五笔楷体是点, 宋体是撇。

玩 (玩) wán

玩	wán	play; have fun
玩笑	wánxiào	joke; jest
游玩	yóuwán	amuse oneself; go sight-seeing

✎ 8 画

▥ 合体字

🏠 王部

👤 1-4年级

完 (完) wán

完毕	wánbì	finish; complete
完全	wánquán	complete; whole
完美	wánměi	perfect; consummate

✎ 7 画

▥ 合体字

🏠 宀部

👤 1-4年级

丸 (丸)

wán	丸子	wánzi	ball; a round mass of food
	药丸	yàowán	pill; bolus
	定心丸	dìngxīnwán	something capable of setting sombody's mind at ease

3 画

独体字

丿(丶)部

1-4年级

几 九 丸

顽 (頑)

wán	顽皮	wánpí	naughty; mischievous
	顽强	wánqiáng	indomitable; tenacious
	凶顽	xiōngwán	savage and stubborn; fierce and insensate

10 画

合体字

页部

1-4年级

顽 顽 顽 顽 顽 顽 顽 顽 顽 顽

晚 (晚)

wǎn	晚上	wǎnshang	evening; night
	晚安	wǎn'ān	good night
	傍晚	bàngwǎn	at dusk; at night-fall

11 画

合体字

日部

1-4年级

晚 晚 晚 晚 晚 晚 晚 晚 晚 晚 晚

碗 (碗)

wǎn	碗	wǎn	bowl
	碗橱	wǎnchú	cupboard
	饭碗	fànwǎn	rice bowl; means of livelihood

13 画

合体字

"㑇" 不是 "巳"。

石部

1-4年级

碗 碗 碗 碗 碗 碗 碗 碗 碗 碗 碗 碗 碗

万 (万) wàn

万	wàn	ten thousand; myriad
万一	wànyī	in case; if by any chance
千万	qiānwàn	ten million; under all circumstances

✏️ 3 画

🔲 独体字

🏠 一部

👤 1-4年级

万 万 万

王 (王) wáng

王	wáng	king; monarch
王国	wángguó	kingdom; domain
帝王	dìwáng	emperor; monarch

✏️ 4 画

🔲 独体字

🏠 王部

👤 1-4年级

王 王 干 王

亡 (亡) wáng

亡国	wángguó	subjugate a nation; a conquered nation
死亡	sǐwáng	die; perish
灭亡	mièwáng	die out; become extinct

✏️ 3 画

🔲 独体字

🏠 亠部

👤 1-4年级

亡 亡 亡

往 (往) wǎng

往	wǎng	go; be bound for
往事	wǎngshì	past events; the past
来往	láiwǎng	dealings; contact

✏️ 8 画

🔲 合体字

🏠 彳部

👤 1-4年级

往 往 往 往 往 往 往 往

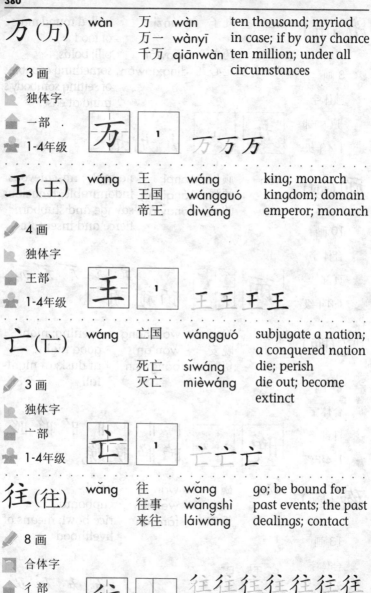

网 (网) wǎng

网	wǎng	net; network
漏网	lòuwǎng	slip through the net; escape unpunished
网际网络	wǎngjìwǎngluò	internet

6 画

合体字

冂部

1-4年级

网 网 网 网 网 网

忘 (忘) wàng

忘	wàng	forget; neglect
忘我	wàngwǒ	selfless; oblivious of oneself
健忘	jiànwàng	forgetful; have a bad memory

7 画

合体字

"心"第二笔楷体是卧钩，宋体是竖弯钩。

心部

1-4年级

忘 忘 忘 忘 忘 忘 忘

望 (望) wàng

望	wàng	gaze into the distance; expect
望远镜	wàngyuǎnjìng	telescope
威望	wēiwàng	prestige

11 画

合体字

王(月)部

1-4年级

望 望 望 望 望 望 望
望 望 望 望

危 (危) wēi

危险	wēixiǎn	danger; peril
危急	wēijí	critical
居安思危	jū'ān-sīwēi	be prepared for danger in times of peace

6 画

合体字

"㔾"不是"巳"。

刀(⺈)部

1-4年级

危 危 危 危 危 危

威(威) wēi

威严	wēiyán	dignified; majestic
威信	wēixìn	prestige; popular trust
权威	quánwēi	authority; authoritativeness

9画

合体字

女(戈)部

5-6年级

威威威反威威威 威威

微(微) wēi

微笑	wēixiào	smile
细微	xìwēi	minute; tiny
稍微	shāowēi	a little; slightly

13画

合体字　　"攵"不是"夂"。

彳部

5-6年级

微微微微微微微 微微微微微微

为(为) wéi

行为	xíngwéi	conduct; behaviour
人为	rénwéi	artificial; man-made

wèi

因为	yīnwèi	because; on account of

4画

独体字

、部

1-4年级

为为为为

围(围) wéi

围	wéi	enclose; besiege
围巾	wéijīn	muffler; scarf
包围	bāowéi	surround; incircle

7画

合体字

口部

1-4年级

围围围围围围围

维 (维) wéi

维持	wéichí	keep; preserve
维修	wéixiū	maintain; keep in good repair
思维	sīwéi	thought; thinking

11 画

合体字

纟(糸)部

1-4年级

"隹" 不是 "住"。

维 维 维 维 维 维 维
维 维 维 维

委 (委) wěi

委派	wěipài	appoint; delegate
委曲	wěiqū	winding; tortuous
委员会	wěiyuánhuì	committee; council

8 画

合体字

禾(女)部

高级华文

委 委 委 委 委 委 委
委

尾 (尾) wěi

尾巴	wěiba	tail
结尾	jiéwěi	ending
虎头蛇尾	hǔtóushéwěi	in like a lion, out like a lamb

7 画

合体字

尸部

1-4年级

尾 尾 尾 尾 尾 尾 尾

伟 (伟) wěi

伟大	wěidà	great; mighty
伟人	wěirén	great man
雄伟	xióngwěi	grand; magnificent

6 画

合体字

亻部

1-4年级

伟 伟 伟 伟 伟 伟

未(未) wèi

未来	wèilái	future; approaching
未免	wèimiǎn	rather; truly
从未	cóngwèi	never

5 画

独体字

一(木)部

高级华文

未 | `丨` | 未 未 未 未 未

味(味) wèi

味道	wèidao	taste; flavour
趣味	qùwèi	interest; delight
风味	fēngwèi	relish; flavour

8 画

合体字

"未"不是"末"。

口部

1-4年级

味 | `1` `2` | 味 味 味 味 咮 味 味 味

卫(卫) wèi

卫生	wèishēng	hygiene; sanitation
保卫	bǎowèi	defend; safeguard
警卫	jǐngwèi	guard; watch

3 画

独体字

卩部

1-4年级

卫 | `1` | 卫 卫 卫

位(位) wèi

位置	wèizhi	location; position
坐位	zuòwèi	seat; place
岗位	gǎngwèi	post; station

7 画

合体字

亻部

1-4年级

位 | `1` `2` | 位 位 位 位 位 位 位

喂(餵) wèi

喂养	wèiyǎng	feed; raise
喂奶	wèinǎi	breast-feed
喂，过来	wèi, guòlai	hey, come here

12画

合体字

"ⱱ"不是"ⱱ"。

口部

1-4年级

喂喂喂喂喂喂喂喂喂喂喂喂喂喂

胃(胃) wèi

胃	wèi	stomach
胃口	wèikǒu	appetite
开胃	kāiwèi	whet the appetite

9画

合体字

田(月)部

5-6年级

胃胃胃胃胃胃胃胃胃

慰(慰) wèi

安慰	ānwèi	comfort; console
慰问	wèiwèn	convey greetings to
慰劳	wèiláo	bring gifts and greetings to

15画

合体字

"心"第二笔楷体是卧钩，宋体是竖弯钩。
"示"第四笔楷体是点，宋体是撇。

心部

5-6年级

慰慰慰慰慰慰慰慰慰慰慰慰慰慰慰

温(温) wēn

温度	wēndù	temperature
温柔	wēnróu	sweet; tender
体温	tǐwēn	body temperature

12画

合体字

氵部

1-4年级

温温温温温温温温温温温温

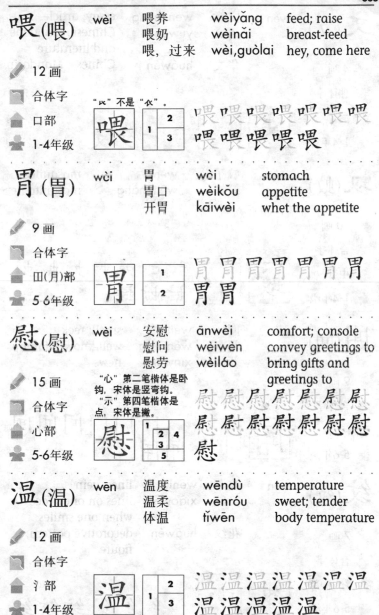

文(文) wén

文章	wénzhāng	essay; article
语文	yǔwén	Chinese; language and literature
华文	huáwén	Chinese; Mandarin

4 画

独体字

文部

1-4年级

文 文 文 文

蚊(蚊) wén

蚊子	wénzi	mosquito
蚊帐	wénzhàng	mosquito net

10 画

合体字

虫部

1-4年级

蚊 蚊 蚊 蚊 蚊 蚊 蚊 蚊 蚊 蚊

闻(聞) wén

闻	wén	smell; reek
闻名	wénmíng	well-known; famous
新闻	xīnwén	news

9 画

合体字

门部

5-6年级

闻 闻 闻 闻 闻 闻 闻 闻 闻

纹(紋) wén

纹路	wénlù	lines; vein
笑纹	xiàowén	lines on one's face when one smiles
花纹	huāwén	decorative pattern; figure

7 画

合体字

纟(系)部

5-6年级

纹 纹 纹 纹 纹 纹 纹

稳 (穩)

稳	wěn	steady; firm
稳固	wěngù	firm; stable
安稳	ānwěn	smooth and steady; peacefully

wěn

🖊 14 画

🔲 合体字

"彐"不是"彐"。
"心"第二笔楷体是卧钩，宋体是竖弯钩。

🏠 禾部

👤 5-6年级

稳稳稳稳稳稳稳
稳稳稳稳稳稳稳

问 (問)

问	wèn	ask; inquire
问答	wèndá	questions and answers
访问	fǎngwèn	visit; call on

wèn

🖊 6 画

🔲 合体字

🏠 门部

👤 1-4年级

问问问问问问

翁 (翁)

渔翁	yúwēng	old fisherman
富翁	fùwēng	man of wealth
主人翁	zhǔrénwēng	master

wēng

🖊 10 画

🔲 合体字

🏠 羽部

👤 1-4年级

翁翁翁翁翁翁
翁翁翁

蜗 (蝸)

蜗牛	wōniú	snail
蜗居	wōjū	humble abode

wō

🖊 13 画

🔲 合体字

"内"不是"内"。

🏠 虫部

👤 高级华文

蜗蜗蜗蜗蜗蜗蜗
蜗蜗蜗蜗蜗蜗

窝 (窩) wō

窝藏	wōcáng	harbour; shelter
被窝	bèiwō	quilt folded to form a sleeping bag
酒窝	jiǔwō	dimple

12 画

合体字

"内"不是"内"。

穴部

1-4年级

窝窝窝窝窝窝窝
窝窝窝窝窝

我 (我) wǒ

我	wǒ	I; me
我们	wǒmén	we; us
忘我	wàngwǒ	oblivious of oneself; selfless

7 画

独体字

丿(戈)部

1-4年级

我我我我我我我

卧 (臥) wò

卧室	wòshì	bedroom
卧倒	wòdǎo	drop to the ground; take a prone position
仰卧	yǎngwò	lie on one's back

8 画

合体字

臣部

高级华文

卧卧卧卧卧卧卧
卧

握 (握) wò

握	wò	hold; grasp
握手	wòshǒu	shake hands; clasp hands
把握	bǎwò	be fully prepared for; assurance

12 画

合体字

扌部

1-4年级

握握握握握握握
握握握握握

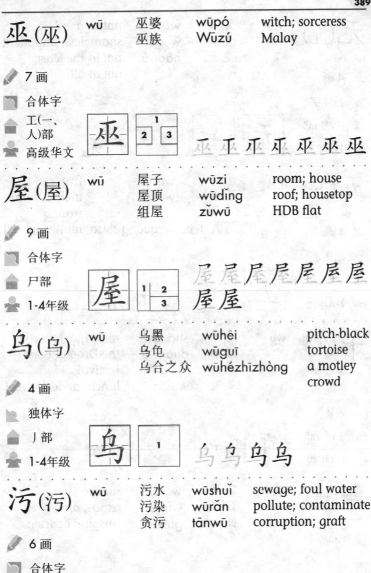

巫 (巫) wū

| 巫婆 | wūpó | witch; sorceress |
| 巫族 | Wūzú | Malay |

7 画

合体字

工(一、人)部

高级华文

巫

屋 (屋) wū

屋子	wūzi	room; house
屋顶	wūdǐng	roof; housetop
组屋	zǔwū	HDB flat

9 画

合体字

尸部

1-4年级

屋

乌 (乌) wū

乌黑	wūhēi	pitch-black
乌龟	wūguī	tortoise
乌合之众	wūhézhīzhòng	a motley crowd

4 画

独体字

丿部

1-4年级

乌

污 (污) wū

污水	wūshuǐ	sewage; foul water
污染	wūrǎn	pollute; contaminate
贪污	tānwū	corruption; graft

6 画

合体字

氵部

5-6年级

污

无(無) wú

无	wú	nothing; nil
无耻	wúchǐ	shameless; impudent
毫无	háowú	not in the least; not at all

4 画

独体字

一(二)部

1-4年级

无 元 无 无

五(五) wǔ

五	wǔ	five
五金	wǔjīn	metals; hardware
五光十色	wǔguāng-shísè	multicoloured

4 画

独体字

一部

1-4年级

五 五 五 五

午(午) wǔ

上午	shàngwǔ	morning; forenoon
端午	duānwǔ	the Dragon Boat Festival
午饭	wǔfàn	lunch; midday meal

4 画

独体字

丿(十)部

1-4年级

午 午 午 午

舞(舞) wǔ

舞蹈	wǔdǎo	dance
舞台	wǔtái	stage; arena
鼓舞	gǔwǔ	inspire; hearten

14 画

合体字

丿部

1-4年级

舞 舞 舞 舞 舞 舞 舞
舞 舞 舞 舞 舞 舞 舞

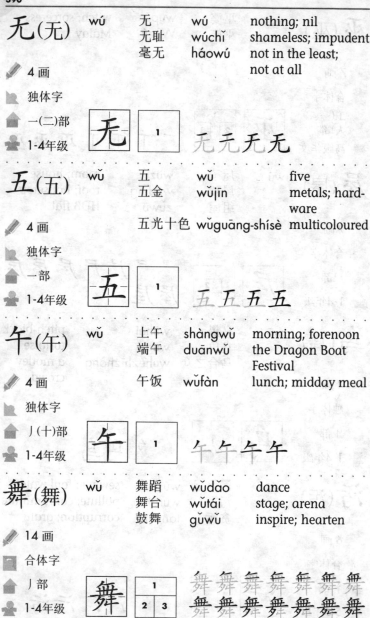

伍(伍)	wǔ	伍	wǔ	five; army
		队伍	duìwǔ	troops; contingent
		落伍	luòwǔ	fall behind the ranks; drop behind

6 画

合体字

亻部

1-4年级

伍伍伍伍伍伍

武(武)	wǔ	武器	wǔqì	weapon; arms
		武术	wǔshù	martial arts
		威武	wēiwǔ	powerful

8 画

合体字

一(止)部

5-6年级

武武武武武武武武

物(物)	wù	物品	wùpǐn	article; goods
		物产	wùchǎn	products; produce
		公物	gōngwù	public property

8 画

合体字

牛(牜)部

1-4年级

物物物物物物物物

务(务)	wù	事务	shìwù	work; routine
		服务	fúwù	give service to; be in the service of
		务必	wùbì	must; be sure to

5 画

合体字

夂(力)部

1-4年级

务务务务务

误 (误)

wù		
错误	cuòwù	mistake; error
延误	yánwù	delay; put off
误用	wùyòng	misuse

9 画

合体字

讠(言)部

1-4年级

误误误误误误误误误误

雾 (雾)

wù		
雾	wù	fog; mist
雾气	wùqì	mist; vapour
烟雾	yānwù	smog; haze

13 画

合体字

雨(⻗)部

5-6年级

雾雾雾雾雾雾雾雾雾雾雾雾雾

悟 (悟)

wù		
觉悟	juéwù	consciousness
领悟	lǐngwù	comprehend; grasp
悟性	wùxìng	power of understanding; comprehension

10 画

合体字

忄部

5-6年级

悟悟悟悟悟悟悟悟悟悟

熄 (熄)

xī		
熄灭	xīmiè	put out; die out
熄灯	xīdēng	put out the light

14 画

合体字

"心"第二笔楷体是卧钩，宋体是竖弯钩。

火部

高级华文

熄熄熄熄熄熄熄熄熄熄熄熄熄熄

锡(錫) xī　锡矿　xīkuàng　tin ore
　　　　　　锡盘　xīpán　　tin tray; tin plate

✏️ 13 画

🔲 合体字

🏠 钅(金)部

👤 高级华义

锡锡锡锡锡锡锡
锡锡锡锡锡锡

西(西) xī　西　　xī　　　west; Occidental
　　　　　　西医　xīyī　　Western medicine
　　　　　　东西　dōngxi　thing; creature

✏️ 6 画

🔲 独体字

🏠 西部

👤 1-4年级

西西西西西西西

吸(吸) xī　吸　　xī　　　inhale; breathe in
　　　　　　吸收　xīshōu　absorb; assimilate
　　　　　　呼吸　hūxī　　breathe; respire

✏️ 6 画

🔲 合体字

🏠 口部

👤 1-4年级

吸吸吸吸吸吸

希(希) xī　希望　xīwàng　hope; wish
　　　　　　希奇　xīqí　　rare; strange

✏️ 7 画

🔲 合体字

🏠 巾(丿)部

👤 1-4年级

希希希希希希希

息(息)

xī

休息	xiūxi	rest; have a rest
消息	xiāoxi	news; information
息怒	xīnù	cease to be angry; calm one's anger

✏️ 10 画

📄 合体字

🏠 自(心)部

"心"第二笔楷体是卧钩，宋体是竖弯钩。

👤 1-4年级

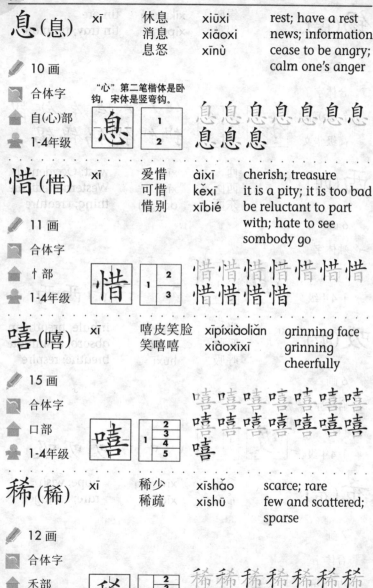

息息息息息息息
息息息

惜(惜)

xī

爱惜	àixī	cherish; treasure
可惜	kěxī	it is a pity; it is too bad
惜别	xībié	be reluctant to part with; hate to see sombody go

✏️ 11 画

📄 合体字

🏠 忄部

👤 1-4年级

惜惜惜惜惜惜惜
惜惜惜惜

嘻(嘻)

xī

嘻皮笑脸	xīpíxiàoliǎn	grinning face
笑嘻嘻	xiàoxīxī	grinning cheerfully

✏️ 15 画

📄 合体字

🏠 口部

👤 1-4年级

嘻嘻嘻嘻嘻嘻嘻
嘻嘻嘻嘻嘻嘻嘻
嘻

稀(稀)

xī

稀少	xīshǎo	scarce; rare
稀疏	xīshū	few and scattered; sparse

✏️ 12 画

📄 合体字

🏠 禾部

👤 5-6年级

稀稀稀稀稀稀稀
稀稀稀稀稀

夕 (夕)   xī   夕阳   xīyáng   the setting sun
               前夕   qiánxī   eve
               除夕   chúxī   New Year's Eve

✏️ 3 画

🔲 独体字

🏠 夕部

👤 1-4年级

ノ クタ

牺 (牺)   xī   牺牲   xīshēng   sacrifice; lay down one's life

✏️ 10 画

🔲 合体字

🏠 牛(牜)部

👤 5-6年级

牺 牺 牺 牺 牺 牺 牺
牺 牺 牺

席 (席)   xí   席子   xízi   mat
               缺席   quēxí   absent; absence
               主席   zhǔxí   chairman; chairperson

✏️ 10 画

🔲 合体字

🏠 广部

👤 高级华文

席 席 席 席 席 席 席
席 席 席

媳 (媳)   xí   媳妇   xífù   daughter-in-law; son's wife
               儿媳   érxí   daughter-in-law; son's wife

✏️ 13 画

🔲 合体字

"心"第二笔楷体是卧钩，宋体是竖弯钩。

🏠 女部

👤 高级华文

媳 媳 媳 媳 媳 媳 媳
媳 媳 媳 媳 媳 媳

习 (习) xí

习惯	xíguàn	habit; custom
习题	xítí	exercises
学习	xuéxí	study; learn

3 画

独体字

乙(乛)部

1-4年级

丶 乛 习 习

洗 (洗) xǐ

洗	xǐ	wash; bathe
洗礼	xǐlǐ	baptism; severe test
冲洗	chōngxǐ	rinse; develop

9 画

合体字

氵部

1-4年级

洗 洗 洗 洗 洗 洗 洗 洗 洗

喜 (喜) xǐ

喜事	xǐshì	joyous occasion
恭喜	gōngxǐ	congratulation
欢天喜地	huāntiān-xǐdì	with boundless joy

12 画

合体字

士(口)部

1-4年级

喜 喜 喜 喜 喜 喜 喜 喜 喜 喜 喜 喜

戏 (戏) xì

戏剧	xìjù	drama; play
游戏	yóuxì	recreation; game
把戏	bǎxì	jugglery; trick

6 画

合体字

又(戈)部

1-4年级

戏 戏 戏 戏 戏 戏

细 (細)

	xì	细	xì	thin; exquisite
		细心	xìxīn	with care; attentive
		仔细	zǐxì	carefully; attentively

- 8 画
- 合体字
- 纟(糸)部
- 1-4年级

细 细 细 细 纟 纟 纟 细 细 细 细

系 (系)

	xì	系统	xìtǒng	system; systematic
		关系	guānxì	relation; relationship
	jì	系	jì	tie; fasten

- 7 画
- 合体字

第六笔楷体是点, 宋体是撇。

- 系(丿)部
- 5-6年级

系 系 系 系 系 系 系

虾 (蝦)

| | xiā | 虾 | xiā | shrimp |
| | | 龙虾 | lóngxiā | lobster |

- 9 画
- 合体字
- 虫部
- 1-4年级

虾 虾 虾 虫 虫 虫 虫 虾 虾 虾

瞎 (瞎)

| | xiā | 瞎 | xiā | blind |
| | | 瞎说 | xiāshuō | talk irresponsibly |

- 15 画
- 合体字
- 目部
- 1-4年级

瞎 瞎 瞎 瞎 瞎 瞎 瞎 瞎 瞎 瞎 瞎 瞎 瞎 瞎 瞎

侠(俠)	xiá	侠客	xiákè	chivalrous expert; swordsman
		侠义	xiáyì	chivalrous
8 画		武侠	wǔxiá	knight-errand; errantry
合体字				
亻部				
高级华文				

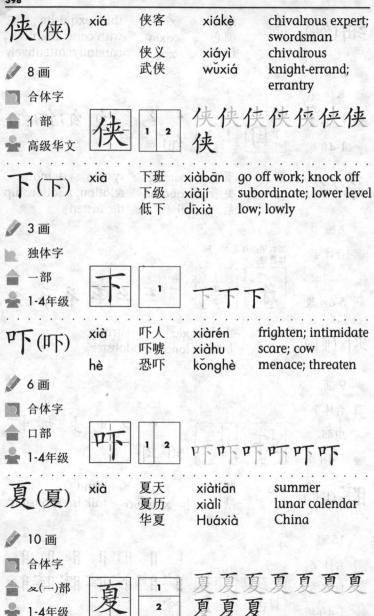

侠 1 2

侠侠侠侠侠侠侠侠

下(下)	xià	下班	xiàbān	go off work; knock off
		下级	xiàjí	subordinate; lower level
3 画		低下	dīxià	low; lowly
独体字				
一部				
1-4年级				

下 1

下下下

吓(嚇)	xià	吓人	xiàrén	frighten; intimidate
		吓唬	xiàhu	scare; cow
	hè	恐吓	kǒnghè	menace; threaten
6 画				
合体字				
口部				
1-4年级				

吓 1 2

吓吓吓吓吓吓

夏(夏)	xià	夏天	xiàtiān	summer
		夏历	xiàlì	lunar calendar
10 画		华夏	Huáxià	China
合体字				
夂(一)部				
1-4年级				

夏 1 2

夏夏夏夏夏夏夏夏夏夏

先(先)   xiān

先	xiān	before; first
先进	xiānjìn	advanced; developed
预先	yùxiān	in advance; beforehand

6 画

合体字

儿部

1-4年级

先先先先先先

鲜(鮮)   xiān

鲜	xiān	fresh; tasty
鲜美	xiānměi	delicious; tasty
新鲜	xīnxiān	fresh; novel

14 画

合体字

鱼(魚)部

1-4年级

鲜鲜鲜鱼鱼鱼鱼
鱼鱼鲜鲜鲜鲜鲜

仙(仙)   xiān

| 仙人 | xiānrén | celestial being; immortal |
| 水仙 | shuǐxiān | narcissus |

5 画

合体字

亻部

1-4年级

仙仙仙仙仙

闲(閑)   xián

闲	xián	idle; unoccupied
闲谈	xiántán	chat; chitchat
空闲	kòngxián	leisure; freetime

7 画

合体字

门部

1-4年级

闲闲闲闲闲闲闲

衔 (衔) xián

衔	xián	hold in the mouth; harbour
衔接	xiánjiē	link up; join
头衔	tóuxián	title

- 11 画
- 合体字
- 彳部
- 5-6年级

衔衔衔衔衔衔衔
衔衔衔衔

贤 (贤) xián

圣贤	shèngxián	sages; man of virtues
先贤	xiānxián	sages of the ancient times
贤良	xiánliáng	able and virtuous

- 8 画
- 合体字
- "ㅣ" 不是 "丿"。
- 贝部
- 5-6年级

贤贤贤贤贤贤贤
贤

险 (险) xiǎn

险情	xiǎnqíng	dangerous situation
危险	wēixiǎn	dangerous; perilous
保险	bǎoxiǎn	insurance; safe

- 9 画
- 合体字
- 阝部
- 1-4年级

险险险险险险险
险险

显 (显) xiǎn

显示	xiǎnshì	demonstrate; display
显著	xiǎnzhù	notable; remarkable
明显	míngxiǎn	obvious; evident

- 9 画
- 合体字
- 日部
- 5-6年级

显显显显显显显
显显

现(現) xiàn

现在	xiànzài	now; at present
发现	fāxiàn	find; discover
出现	chūxiàn	appear; emerge

8 画

合体字

王部

1-4年级

现现现现现现现现现

线(線) xiàn

线	xiàn	thread; string
线索	xiànsuǒ	clue; thread
光线	guāngxiàn	ray; beam

8 画

合体字

纟(系)部

1-4年级

线线线线线线线线

限(限) xiàn

限制	xiànzhì	restrict; limit
界限	jièxiàn	bounds; dividing line
局限	júxiàn	limitation; confine

8 画

合体字

阝部

5-6年级

限限限限限限限限

献(獻) xiàn

献	xiàn	donate; dedicate
献花	xiànhuā	present a bunch of flowers
贡献	gòngxiàn	contribute; devote

13 画

合体字

犬部

5-6年级

献献献献献献献献献献献献献

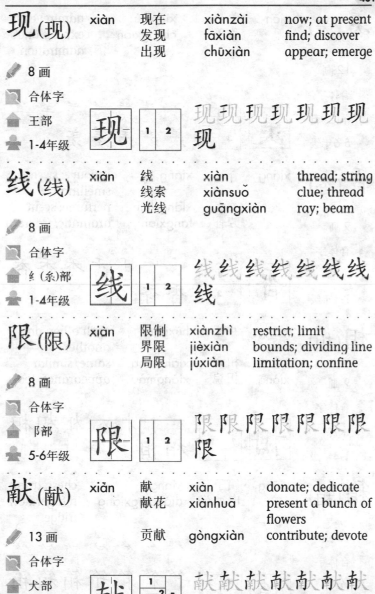

羡(羨) xiàn 羡慕 xiànmù admire; envy
称羡 chēngxiàn express one's admiration

12画

合体字

羊(羊)部

5-6年级

羡羡羡羡羡羡羡
羡羡羡羡羡

香(香) xiāng 香 xiāng savoury; sweet-smelling
香水 xiāngshuǐ perfume; scent
芳香 fāngxiāng aromatic; fragrant

9画

合体字

禾部

1-4年级

香香香香香香香
香香

相(相) xiāng 互相 hùxiāng each other; one another
相同 xiāngtóng same; similar
xiàng 相貌 xiàngmào appearance; looks

9画

合体字

木部

1-4年级

相相相相相相相
相相

箱(箱) xiāng 箱子 xiāngzi chest; trunk
电冰箱 diànbīngxiāng refrigerator; fridge

15画

合体字

竹(⺮)部

1-4年级

箱箱箱箱箱箱箱
箱箱箱箱箱箱箱
箱

乡 (乡)	xiāng	乡村	xiāngcūn	village; countryside
		家乡	jiāxiāng	hometown; native place
3 画		同乡	tóngxiāng	fellow villager; fellow townsman
独体字				
乙(乚)部				
1-4年级		1　乡　乡　乡		

祥 (祥)	xiáng	吉祥	jíxiáng	lucky; auspicious
		慈祥	cíxiáng	kindly; benign
10 画				
合体字	"礻"不是"衤"。			
礻(示)部				
高级华文	祥　1　2			

想 (想)	xiǎng	想	xiǎng	think; reckon
		想象	xiǎngxiàng	imagine; fancy
13 画		感想	gǎnxiǎng	impression; reflections
合体字	"心"第二笔楷体是卧钩，宋体是竖弯钩。			
心部				
1-4年级	想　1　2　3			

响 (响)	xiǎng	响	xiǎng	sound; noise
		响亮	xiǎngliàng	loud and clear; resonant
9 画		影响	yǐngxiǎng	influence; have an impact on
合体字				
口部				
1-4年级	响　1　2　3			

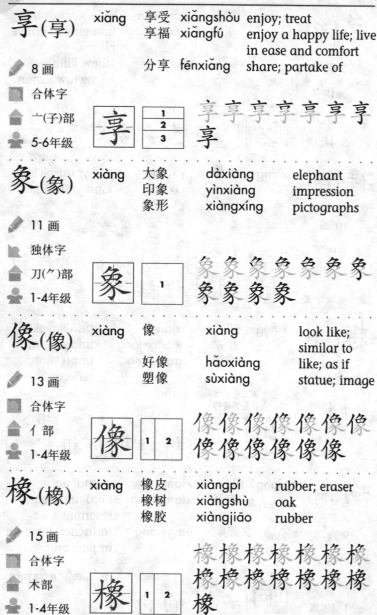

享(享) xiǎng

享受	xiǎngshòu	enjoy; treat
享福	xiǎngfú	enjoy a happy life; live in ease and comfort
分享	fēnxiǎng	share; partake of

✏️ 8 画

合体字

亠(子)部

5-6年级

享享享享享享享享

象(象) xiàng

大象	dàxiàng	elephant
印象	yìnxiàng	impression
象形	xiàngxíng	pictographs

✏️ 11 画

独体字

刀(⺈)部

1-4年级

象象象象象象象象象象象

像(像) xiàng

像	xiàng	look like; similar to
好像	hǎoxiàng	like; as if
塑像	sùxiàng	statue; image

✏️ 13 画

合体字

亻部

1-4年级

像像像像像像像像像像像像

橡(橡) xiàng

橡皮	xiàngpí	rubber; eraser
橡树	xiàngshù	oak
橡胶	xiàngjiāo	rubber

✏️ 15 画

合体字

木部

1-4年级

橡橡橡橡橡橡橡橡橡橡橡橡橡橡橡

向(向) xiàng

向	xiàng	to; towards
向导	xiàngdǎo	guide
方向	fāngxiàng	direction; orientation

✏ 6画

▨ 合体字

⌂ 丿(口)部

👤 1-4年级

向 向 向 向 向 向

巷(巷) xiàng

巷	xiàng	lane
巷战	xiàngzhàn	street fighting
街头巷尾	jiētóu-xiàngwěi	streets and lanes

✏ 9画

▨ 合体字

⌂ 己(巳、一)部

👤 5-6年级

巷 巷 巷 巷 巷 巷 巷
巷 巷

项(项) xiàng

项链	xiàngliàn	necklace
项目	xiàngmù	item; project
款项	kuǎnxiàng	a sum of money; fund

✏ 9画

▨ 合体字

⌂ 丅(页)部

👤 5-6年级

项 项 项 项 项 项 项
项 项

销(销) xiāo

销售	xiāoshòu	sell; market
销毁	xiāohuǐ	destroy by melting or burning
经销	jīngxiāo	deal in; sell

✏ 12画

▨ 合体字

⌂ 钅(金)部

👤 高级华文

销 销 销 销 销 销 销
销 销 销 销 销

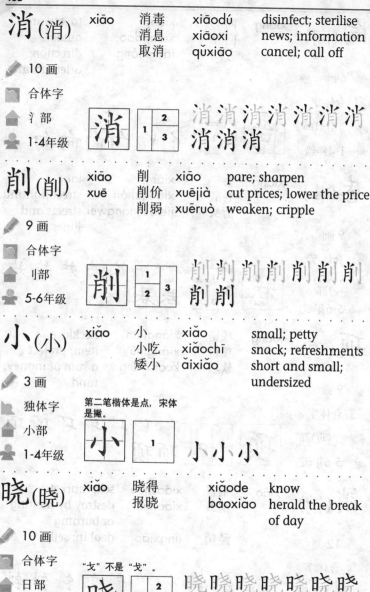

消(消)

xiāo

消毒	xiāodú	disinfect; sterilise
消息	xiāoxi	news; information
取消	qǔxiāo	cancel; call off

10 画

合体字

氵部

1-4年级

消消消消消消消
消消消

削(削)

xiāo
xuē

削	xiāo	pare; sharpen
削价	xuējià	cut prices; lower the price
削弱	xuēruò	weaken; cripple

9 画

合体字

刂部

5-6年级

削削削削削削削
削削

小(小)

xiǎo

小	xiǎo	small; petty
小吃	xiǎochī	snack; refreshments
矮小	ǎixiǎo	short and small; undersized

3 画

独体字

第二笔楷体是点，宋体是撇。

小部

1-4年级

小小小

晓(晓)

xiǎo

| 晓得 | xiǎode | know |
| 报晓 | bàoxiǎo | herald the break of day |

10 画

合体字

"戈" 不是 "戈"。

日部

5-6年级

晓晓晓晓晓晓晓
晓晓晓

校(校)	xiào	学校	xuéxiào	school; educational institution
		少校	shàoxiào	lieutenant commander; major
✏ 10 画	jiào	校对	jiàoduì	proofread; collate
▢ 合体字				
⌂ 木部				
♟ 1-4年级				

校校校校校校校 校校校

笑(笑)	xiào	笑	xiào	smile; laugh
		笑容	xiàoróng	smilling expression; smile
✏ 10 画		可笑	kěxiào	laughable; ridiculous
▢ 合体字	"夭" 不是 "天"。			
⌂ 竹(⺮)部				
♟ 1-4年级				

笑笑笑笑笑笑笑 笑笑笑

孝(孝)	xiào	孝顺	xiàoshùn	show filial obedience
		孝敬	xiàojìng	give presents (to one's elders or superiors)
✏ 7 画		带孝	dàixiào	in mourning
▢ 合体字				
⌂ 子部				
♟ 1-4年级				

孝孝孝孝孝孝孝

效(效)	xiào	效果	xiàoguǒ	effect; result
		效力	xiàolì	render a service to; serve
✏ 10 画		收效	shōuxiào	yield results; bear fruit
▢ 合体字	"攵" 不是 "夂"。			
⌂ 攵 部				
♟ 5-6年级				

效效效效效效效 效效效

些 (些) xiē

一些	yīxiē	a few; a little
好些	hǎoxiē	quite a lot; a good deal
些微	xiēwēi	slightly; a bit

✏️ 8 画

▱ 合体字

⌂ 止(二)部

👤 1-4年级

此 此 此 此 此 此 此 些

协 (協) xié

协助	xiézhù	assist; help
协商	xiéshāng	consult; talk
妥协	tuǒxié	come to terms; compromise

✏️ 6 画

▱ 合体字

"忄" 不是 "阝"。

⌂ 十部

👤 高级华文

协 协 协 协 协 协

鞋 (鞋) xié

鞋子	xiézi	shoes
拖鞋	tuōxié	slippers

✏️ 15 画

▱ 合体字

⌂ 革部

👤 1-4年级

鞋 鞋 鞋 鞋 鞋 革
革 革 革 鞋 鞋 鞋 鞋
鞋

斜 (斜) xié

斜	xié	oblique; tilted
斜视	xiéshì	strabismus; look sideways
倾斜	qīngxié	tilt; slant

✏️ 11 画

▱ 合体字

⌂ 斗部

👤 5-6年级

斜 斜 斜 斜 余 余
余 余 余 斜

写 (寫) xiě

写 xiě write
抄写 chāoxiě copy
轻描淡写 qīngmiáo-dànxiě touch on lightly

✏ 5画

▢ 合体字

⌂ 宀部

👤 1-4年级

"冖" 不是 "宀"。

写写写写写

谢 (謝) xiè

谢绝 xièjué decline; refuse
感谢 gǎnxiè thank; be grateful

✏ 12画

▢ 合体字

⌂ 讠(言)部

👤 1-4年级

谢谢谢谢谢谢谢
谢谢谢谢谢

泻 (瀉) xiè

泻 xiè rush down; pour out
泻药 xièyào laxative; cathartic

✏ 8画

▢ 合体字

⌂ 氵部

👤 5-6年级

泻泻泻泻泻泻泻
泻

蟹 (蟹) xiè

螃蟹 pángxiè crab

✏ 19画

▢ 合体字

⌂ 虫部

👤 5-6年级

蟹蟹蟹角角角角
解解解解蟹解解
蟹蟹蟹蟹蟹

薪(薪) xīn

薪水 xīnshuǐ salary; wages
月薪 yuèxīn monthly pay

16 画

合体字

艹部

高级华文

"木" 不是 "木"，第三笔楷体是点，宋体是撇。

1	
2	4
3	

薪 薪 薪 薪 薪 薪 薪
薪 薪 薪 薪 薪 薪 薪
薪 薪

心(心) xīn

心 xīn heart; mind
心血 xīnxuè mind painstaking care; painstaking effort
点心 diǎnxīn pastry; light refreshments

4 画

独体字

心部

1-4年级

第二笔楷体是卧钩，宋体是竖弯钩。

| 1 | |

心 心 心 心

新(新) xīn

新 xīn new; up-to-date
新镇 xīnzhèn new town
更新 gēngxīn renew; replace

13 画

合体字

斤部

1-4年级

"木" 不是 "木"，第三笔楷体是点，宋体是撇。

| 1 | |
| 2 | 3 |

新 新 新 新 新 新 新
新 新 新 新 新 新

辛(辛) xīn

辛苦 xīnkǔ toilsome; labourous
辛勤 xīnqín industrious; hardworking
艰辛 jiānxīn hardships

7 画

合体字

辛部

1-4年级

| 1 | |
| 2 | |

辛 辛 辛 辛 辛 辛 辛

欣 (欣) xīn

欣喜	xīnxǐ	joyful
欢欣	huānxīn	rejoice
欣欣向荣	xīnxīnxiàngróng	flourishing

8 画

合体字

欠(斤)部

5-6年级

欣 欣 欣 欣 欣 欣 欣 欣

信 (信) xìn

信	xìn	trust; faith
信任	xìnrèn	trust; have confidence in
相信	xiāngxìn	believe in; have faith in

9 画

合体字

亻 部

1-4年级

信 亻 信 信 信 信 信 信 信 信

兴 (興) xīng

兴奋	xīngfèn	be excited; excitation
兴趣	xìngqù	interest

6 画

合体字

八部

1-4年级

兴 兴 兴 兴 兴 兴

星 (星) xīng

星星	xīngxing	star
星期	xīngqī	week; Sunday
明星	míngxīng	movie star

9 画

合体字

日部

1-4年级

星 星 星 星 星 星 星 星 星

猩(猩) xīng 猩猩 xīngxing orangutan

✏️ 12 画

▢ 合体字

🏠 犭部

👤 1-4年级

猩猩猩猩猩猩猩
猩猩猩猩猩

行(行) xíng 行走 xíngzǒu walk
行为 xíngwéi conduct; behaviour
háng 银行 yínháng bank

✏️ 6 画

▢ 合体字

🏠 彳部

👤 1-4年级

行行行行行行

形(形) xíng 形状 xíngzhuàng form; shape
队形 duìxíng formation
整形 zhěngxíng plastic surgery

✏️ 7 画

▢ 合体字

🏠 彡部

👤 1-4年级

形形形形形形形

刑(刑) xíng 刑罚 xíngfá penalty; punishment
刑期 xíngqī term of imprisonment; prison term
鞭刑 biānxíng caning; public flogging

✏️ 6 画

▢ 合体字

🏠 刂部

👤 5-6年级

刑刑刑刑刑刑

型 (型)

xíng

型号	xínghào	model; type
类型	lèixíng	type
典型	diǎnxíng	typical case; model

✏️ 9 画
📐 合体字
🏠 土部
🎓 5-6年级

醒 (醒)

xǐng

醒	xǐng	wake up; sober up
醒目	xǐngmù	be striking; attract attention
提醒	tíxǐng	remind

✏️ 16 画
📐 合体字 "酉"不是"西"。
🏠 酉部
🎓 1-4年级

幸 (幸)

xìng

幸福	xìngfú	happiness; well-being
幸而	xìng'ér	luckily; fortunately
庆幸	qìngxìng	rejoice

✏️ 8 画
📐 合体字
🏠 土部
🎓 1-4年级

姓 (姓)

xìng

姓	xìng	surname
姓名	xìngmíng	full name; surname and personal name
百姓	bǎixìng	common people

✏️ 8 画
📐 合体字
🏠 女部
🎓 1-4年级

性(性) xìng

性格 xìnggé disposition; temperament
性别 xìngbié sex; sexual distinction
急性 jíxìng acute

8 画

合体字

忄 部

5-6年级

性性性性性性性
性

兄(兄) xiōng

兄长 xiōngzhǎng elder brother; male friend
弟兄 dìxiōng brothers

5 画

合体字

口(儿)部

1-4年级

兄兄兄兄兄

凶(凶) xiōng

凶 xiōng ominous; fierce
凶手 xiōngshǒu murderer; assassin
帮凶 bāngxiōng accomplice; accessory

4 画

合体字

凵部

1-4年级

凶凶凶凶

胸(胸) xiōng

胸膛 xiōngtáng chest
心胸 xīnxiōng breadth of mind; broad-minded

10 画

合体字

月部

"匈"不是"匃"。

5-6年级

胸胸胸胸胸胸胸
胸胸胸

雄 (雄)

xióng

雄鸡	xióngjī	cock; rooster
雄伟	xióngwěi	grand; magnificent
英雄	yīngxióng	hero; heroine

🖊 12 画

▢ 合体字

🏠 佳部   "佳" 不是 "住".

👤 1-4年级

雄雄雄雄雄雄雄
雄雄雄雄雄

熊 (熊)

xióng

| 熊猫 | xióngmāo | panda |
| 黑熊 | hēixióng | black bear |

🖊 14 画

▢ 合体字

🏠 灬部

👤 1-4年级

熊熊熊熊熊熊熊
熊熊熊熊熊熊熊

休 (休)

xiū

休息	xiūxi	rest; have a rest
休养	xiūyǎng	recuperate; convalesce
退休	tuìxiū	retire; retirement

🖊 6 画

▢ 合体字

🏠 亻部

👤 1-4年级

休休休休休休

修 (修)

xiū

修理	xiūlǐ	repair; mend
修改	xiūgǎi	revise; amend
进修	jìnxiū	engage in advanced studies; take a refresher course

🖊 9 画

▢ 合体字   "亻" 不是 "亻".
          "攵" 不是 "夂".

🏠 亻部

👤 1-4年级

修修修修修修
修修

羞 (羞)

xiū

害羞	hàixiū	be bashful; be shy
羞惭	xiūcán	be ashamed
羞耻	xiūchǐ	shame; sense of shame

10 画

合体字

羊(⺶)部

5-6年级

羞 羞 羞 羞 羞 羞 羞
羞 羞 羞

秀 (秀)

xiù

秀丽	xiùlì	beautiful; pretty
新秀	xīnxiù	new talent
优秀	yōuxiù	excellent; splendid

7 画

合体字

禾部

5-6年级

秀 秀 秀 秀 秀 秀 秀

袖 (袖)

xiù

| 袖子 | xiùzi | sleeve |
| 领袖 | lǐngxiù | leader |

10 画

合体字

"衤"不是"衤"。

衤 部

5-6年级

袖 袖 袖 袖 袖 袖 袖
袖 袖 袖

锈 (锈)

xiù

锈	xiù	rust
铁锈	tiěxiù	iron rust
不锈钢	bùxiùgāng	stainless steel

12 画

合体字

钅(金)部

5-6年级

锈 锈 锈 锈 锈 锈 锈
锈 锈 锈 锈 锈

嗅(嗅) xiù

嗅	xiù	smell; sniff
嗅觉	xiùjué	sense of smell; scent

✏️ 13 画

🔲 合体字

⬆️ 口部

"犬"不是"大"。

👤 1-4年级

嗅 嗅 嗅 嗅 嗅 嗅 嗅
嗅 嗅 嗅 嗅 嗅 嗅

须(须) xū

必须	bìxū	must; have to
胡须	húxū	beard; moustache
须知	xūzhī	points for attention; notice

✏️ 9 画

🔲 合体字

⬆️ 彡(页)部

👤 1-4年级

须 须 须 须 须 须 须
须 须

需(需) xū

需要	xūyào	essential; indispensable
必需	bìxū	need; require
急需	jíxū	be badly in need of; urgent need

✏️ 14 画

🔲 合体字

⬆️ 雨(⻗)部

👤 1-4年级

需 需 需 需 需 需 需
需 需 需 需 需 需 需

许(许) xǔ

允许	yǔnxǔ	permit; allow
许多	xǔduō	many; much
许可	xǔkě	permit; allow

✏️ 6 画

🔲 合体字

⬆️ 讠(言)部

👤 1-4年级

许 许 许 许 许 许

蓄(蓄)

xù

储蓄	chǔxù	save; deposit
积蓄	jīxù	save; accumulate
蓄意	xùyì	premeditated; deliberate

✏ 13 画

▢ 合体字

▤ 艹部

👤 1-4年级

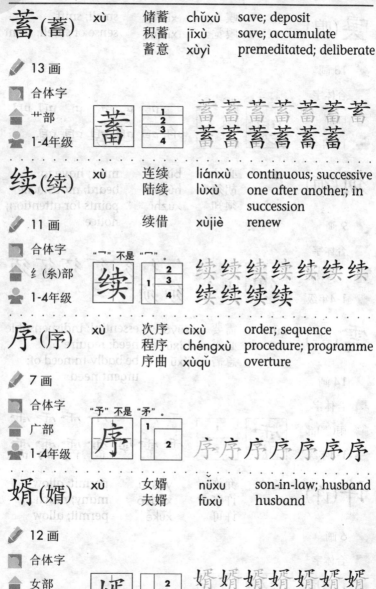

续(续)

xù

连续	liánxù	continuous; successive
陆续	lùxù	one after another; in succession
续借	xùjiè	renew

✏ 11 画

▢ 合体字

▤ 纟(糸)部   "乛"不是"冖"。

👤 1-4年级

序(序)

xù

次序	cìxù	order; sequence
程序	chéngxù	procedure; programme
序曲	xùqǔ	overture

✏ 7 画

▢ 合体字

▤ 广部   "予"不是"矛"。

👤 1-4年级

婿(婿)

xù

| 女婿 | nǚxu | son-in-law; husband |
| 夫婿 | fūxù | husband |

✏ 12 画

▢ 合体字

▤ 女部

👤 5-6年级

宣(宣)	xuān	宣布	xuānbù	declare; proclaim
		宣传	xuānchuán	propagate; disseminate
9 画		宣言	xuānyán	declaration; manifesto
合体字				
宀部				
1-4年级				

宣宣宣宣宣宣宣
宣宣

旋(旋)	xuán	旋转	xuánzhuǎn	revolve; rotate
		盘旋	pánxuán	spiral; circle; wheel
11 画	xuàn	旋风	xuànfēng	whirlwind
合体字				
方部				
高级华文				

旋旋旋旋旋旋旋
旋旋旋旋

选(选)	xuǎn	选择	xuǎnzé	select; choose
		推选	tuīxuǎn	elect; choose
9 画		单选区	dānxuǎnqū	single-seat ward
合体字				
辶部				
1-4年级				

"辶"楷体比宋体多一个弯曲。

选选选选选选选
选选

学(学)	xué	学	xué	emulate; study
		学习	xuéxí	study; learn
8 画		自学	zìxué	teach oneself; study on one's own
合体字				
子部				
1-4年级				

学学学学学学学
学

雪 (雪)

xuě

雪	xuě	snow
雪白	xuěbái	snow-white
滑雪	huáxuě	skiing; ski

11 画

合体字

雨(⻗)部

1-4年级

"彐" 不是 "彐"。

1 雪雪雪雪雪雪雪
2 雪雪雪雪

血 (血)

xuè

| 血管 | xuèguǎn | blood vessel |
| 贫血 | pínxuè | anaemia |

xiě

| 血 | xiě | blood |

6 画

独体字

血部

1-4年级

1 血血血血血血

巡 (巡)

xún

巡警	xúnjǐng	policeman
巡查	xúnchá	go on a tour of inspection; make one's rounds
出巡	chūxún	royal progress; tour of inspection

6 画

合体字

"辶" 楷体比宋体多一个弯曲。

辶部

高级华文

1 巡巡巡巡巡巡
2

寻 (寻)

xún

| 寻找 | xúnzhǎo | seek; look for |
| 搜寻 | sōuxún | search; look for |

6 画

合体字

彐(寸)部

1-4年级

1 寻寻寻寻寻寻
2

询 (詢)

xún
询问　xúnwèn　ask about; inquire
查询　cháxún　inquire about

- 8 画
- 合体字
- 讠(言)部
- 5-6年级

询 询 询 询 询 询 询 询

讯 (訊)

xùn
通讯　tōngxùn　communication
音讯　yīnxùn　message; dispatch
审讯　shěnxùn　interrogate; question

- 5 画
- 合体字
- 讠(言)部
- 高级华文

"卂" 不是 "凡"。

讯 讯 讯 讯 讯

训 (訓)

xùn
教训　jiàoxùn　lesson; chide
培训　péixùn　cultivate; train
训育　xùnyù　moral education (in school)

- 5 画
- 合体字
- 讠(言)部
- 1-4年级

训 训 训 训 训

迅 (迅)

xùn
迅速　xùnsù　rapid; swift
迅猛　xùnměng　swift and violent

- 6 画
- 合体字
- 辶部
- 5-6年级

"卂" 不是 "凡"。

迅 迅 迅 迅 迅 迅

422

呀 (呀)

yā	呀，迟到了！	yā, chídàole	Oh, it's late!
ya	来呀！	láiya	Come here!

✏️ 7 画

📑 合体字

🏠 口部

👤 1-4年级

呀 | 1 | 2 | 呀 呀 呀 呀 呀 呀 呀

鸭 (鴨)

yā	鸭	yā	duck; drake
	鸭蛋	yādàn	duck's egg
	鸭舌帽	yāshémào	peaked cap

✏️ 10 画

📑 合体字

🏠 鸟部

👤 1-4年级

鸭 | 1 | 2 | 鸭 鸭 鸭 鸭 鸭 鸭 鸭
鸭 鸭 鸭

鸦 (鴉)

yā	乌鸦	wūyā	crow
	鸦雀无声	yāquèwúshēng	silence reigns; in perfect silence

✏️ 9 画

📑 合体字

🏠 鸟部

👤 1-4年级

鸦 | 1 | 2 | 鸦 鸦 鸦 鸦 鸦 鸦 鸦
鸦 鸦

压 (壓)

yā	压力	yālì	pressure; overwhelming force
	压制	yāzhì	suppress; stifle
	积压	jīyā	keep long in stock; overstock

✏️ 6 画

📑 合体字

🏠 厂部

👤 1-4年级

压 | 1 | 2 | 压 压 压 压 压 压

牙 (牙) yá 牙齿 yáchǐ tooth; teeth
牙刷 yáshuā toothbrush
月牙 yuèyá crescent moon

4 画
独体字
一部
1-4年级

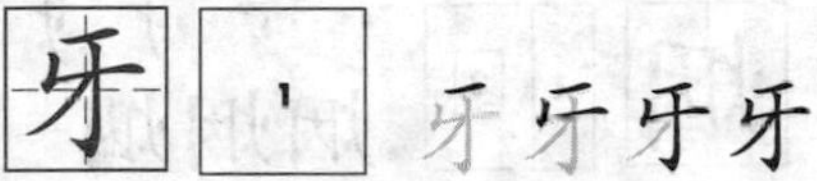

牙 丿 牙牙牙牙

芽 (芽) yá 芽 yá bud; sprout
豆芽 dòuyá bean sprout
麦芽糖 màiyátáng malt sugar; maltose

7 画
合体字
艹部
5-6年级

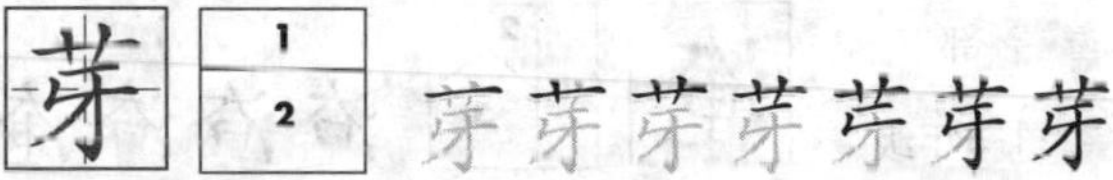

芽 1 2 芽芽芽芽芽芽芽

哑 (啞) yǎ 哑 yǎ mute; dumb
沙哑 shāyǎ hoarse; husky
聋哑人 lóngyǎrén deaf-mute

9 画
合体字
口部
1-4年级

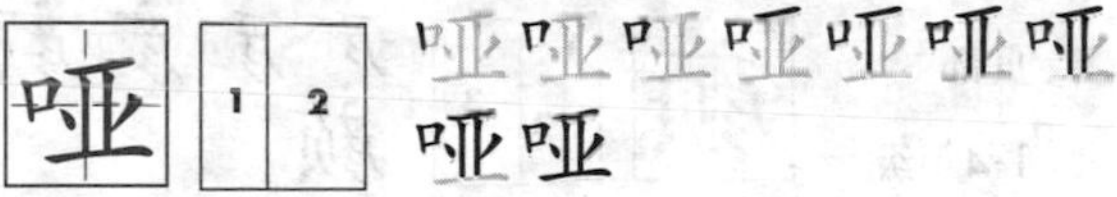

哑 1 2 哑哑哑哑哑哑哑 哑哑

亚 (亞) yà 亚军 yàjūn runner-up; second place (in a sports contest)
亚洲 Yàzhōu Asia
东南亚 Dōngnányà Southeast Asia

6 画
独体字
一部
1-4年级

亚 1 亚亚亚亚亚亚

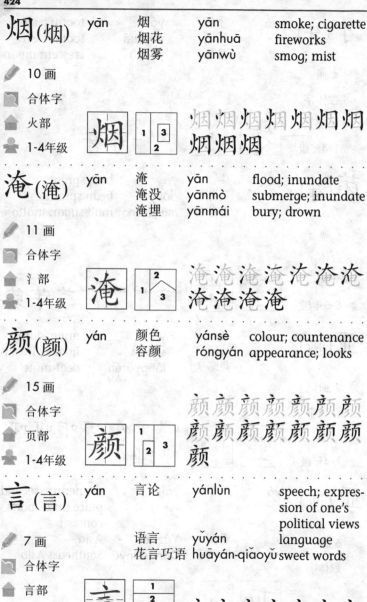

烟 (烟)

yān	烟	yān	smoke; cigarette
	烟花	yānhuā	fireworks
	烟雾	yānwù	smog; mist

✏️ 10 画

📖 合体字

🏠 火部

🎓 1-4年级

烟 烟 烟 烟 烟 烟 烟 烟 烟 烟

淹 (淹)

yān	淹	yān	flood; inundate
	淹没	yānmò	submerge; inundate
	淹埋	yānmái	bury; drown

✏️ 11 画

📖 合体字

🏠 氵部

🎓 1-4年级

淹 淹 淹 淹 淹 淹 淹 淹 淹 淹 淹

颜 (颜)

yán	颜色	yánsè	colour; countenance
	容颜	róngyán	appearance; looks

✏️ 15 画

📖 合体字

🏠 页部

🎓 1-4年级

颜 颜 颜 颜 颜 颜 颜 颜 颜 颜 颜 颜 颜 颜 颜

言 (言)

yán	言论	yánlùn	speech; expression of one's political views
	语言	yǔyán	language
	花言巧语	huāyán-qiǎoyǔ	sweet words

✏️ 7 画

📖 合体字

🏠 言部

🎓 1-4年级

言 言 言 言 言 言 言

425

沿 (沿)   yán

沿途	yántú	on the way; throughout the journey
沿海	yánhǎi	coastal; littoral
床沿	chuángyán	the edge of a bed

8 画

合体字

氵部

1-4年级

严 (严)   yán

严格	yángé	strict; rigorous
严重	yánzhòng	grave; critical
尊严	zūnyán	dignity; sanctity

7 画

独体字

一部

1-4年级

盐 (盐)   yán

盐	yán	salt
盐水	yánshuǐ	salt solution; brine
精盐	jīngyán	refined salt

10 画

合体字

皿部

1-4年级

延 (延)   yán

延长	yáncháng	lengthen; prolong
延期	yánqī	postpone; put off
拖延	tuōyán	delay; deter

6 画

合体字

"止" 不是 "正"。

廴部

5-6年级

炎(炎)

yán

炎热	yánrè	scorching; blazing
发炎	fāyán	inflammation
消炎	xiāoyán	diminish inflammation; dephlogisticate

✏️ 8 画

📑 合体字

🏠 火部

👤 5-6年级

炎 炎 炎 炎 炎 炎 炎
炎

研(研)

yán

研究	yánjiū	research; discuss
研制	yánzhì	develop
科研	kēyán	scientific; research

✏️ 9 画

📑 合体字

🏠 石部

👤 5-6年级

研 研 研 石 石 研 研
研 研

掩(掩)

yǎn

掩	yǎn	cover; hide
掩盖	yǎngài	cover; conceal
遮掩	zhēyǎn	envelop; overspread

✏️ 11 画

📑 合体字

🏠 扌部

👤 高级华文

掩 掩 掩 掩 掩 掩 掩
掩 掩 掩 掩

眼(眼)

yǎn

眼睛	yǎnjīng	eye
枪眼	qiāngyǎn	embrasure
心明眼亮	xīnmíng-yǎnliàng	see and think clearly

✏️ 11 画

📑 合体字

🏠 目部

👤 1-4年级

眼 眼 眼 眼 眼 眼 眼
眼 眼 眼 眼

演 (演)　yǎn

演	yǎn	evolve; perform
演讲	yǎnjiǎng	lecture; make a speech
扮演	bànyǎn	play the part of; act

✏️ 14 画

🔲 合体字

🔺 氵部

👤 1-4年级

演演演演演演演
演演演演演演演

厌 (厭)　yàn

厌烦	yànfán	be sick of; be fed up with
厌恶	yànwù	detest; be disgusted with
讨厌	tǎoyàn	disgusting; repugnant

✏️ 6 画

🔲 合体字

"犬" 不是 "大"。

🔺 厂部

👤 1-4年级

厌厌厌厌厌厌

燕 (燕)　yàn

燕子	yànzi	swallow
燕窝	yànwō	edible bird's nest
海燕	hǎiyàn	(storm) petrel

✏️ 16 画

🔲 合体字

🔺 灬部

👤 1-4年级

燕燕燕燕燕燕燕
燕燕燕燕燕燕燕
燕燕

验 (驗)　yàn

验收	yànshōu	check and accept; check before acceptance
试验	shìyàn	trial; experiment
测验	cèyàn	test

✏️ 10 画

🔲 合体字

🔺 马部

👤 5-6年级

验验验验验验验
验验验

宴(宴) yàn

宴会	yànhuì	banquet; dinner party
宴席	yànxí	banquet; feast
婚宴	hūnyàn	wedding dinner

✏ 10 画

▨ 合体字

🏠 宀部

👥 5-6年级

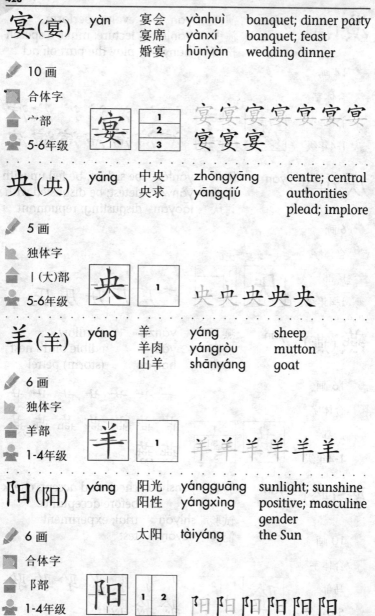

	1
宴	2
	3

宴宴宴宴宴宴宴 宴宴宴

央(央) yāng

| 中央 | zhōngyāng | centre; central authorities |
| 央求 | yāngqiú | plead; implore |

✏ 5 画

▨ 独体字

🏠 丨(大)部

👥 5-6年级

| 央 | 1 |

央央央央央

羊(羊) yáng

羊	yáng	sheep
羊肉	yángròu	mutton
山羊	shānyáng	goat

✏ 6 画

▨ 独体字

🏠 羊部

👥 1-4年级

| 羊 | 1 |

羊羊羊羊羊羊

阳(阳) yáng

阳光	yángguāng	sunlight; sunshine
阳性	yángxìng	positive; masculine gender
太阳	tàiyáng	the Sun

✏ 6 画

▨ 合体字

🏠 阝部

👥 1-4年级

| 阳 | 1 | 2 |

阳阳阳阳阳阳

洋 (洋)

yáng

海洋	hǎiyáng	sea; ocean
洋气	yángqì	foreign flavour; outlandish
喜洋洋	xǐyángyáng	beaming with joy; radiant

9 画

合体字

氵部

1-4年级

洋洋洋洋洋洋洋
洋洋

扬 (扬)

yáng

飘扬	piāoyáng	flutter; wave
表扬	biǎoyáng	praise
扬眉吐气	yángméi-tǔqì	feel proud and elated

6 画

合体字

扌部

1-4年级

扬扬扬扬扬扬

痒 (癢)

yǎng

痒	yǎng	itch; tickle
心痒	xīnyǎng	longing; eager
痛痒	tòngyǎng	sufferings; difficulties

11 画

合体字

疒部

高级华文

痒痒痒痒痒痒痒
痒痒痒痒

养 (養)

yǎng

养	yǎng	raise; foster
养育	yǎngyù	bring up; rear
保养	bǎoyǎng	maintain; keep in good repair

9 画

合体字

羊(⺶)部

1-4年级

养养养养养养养
养养

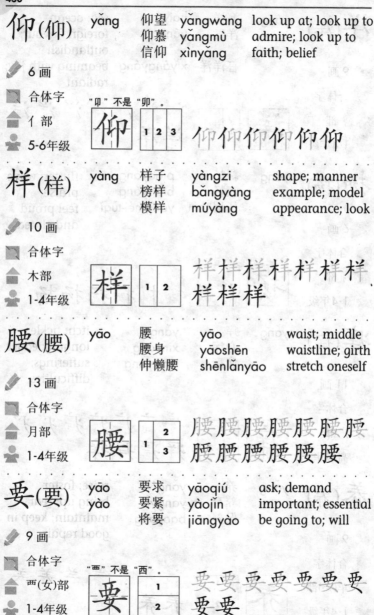

仰 (仰)

yǎng

仰望	yǎngwàng	look up at; look up to
仰慕	yǎngmù	admire; look up to
信仰	xìnyǎng	faith; belief

- 6 画
- 合体字
- 亻 部
- 5-6年级

"卬" 不是 "卯"。

仰 | 1 2 3

仰仰仰仰仰仰

样 (樣)

yàng

样子	yàngzi	shape; manner
榜样	bǎngyàng	example; model
模样	múyàng	appearance; look

- 10 画
- 合体字
- 木部
- 1-4年级

样 | 1 2

样样样样样样样
样样样

腰 (腰)

yāo

腰	yāo	waist; middle
腰身	yāoshēn	waistline; girth
伸懒腰	shēnlǎnyāo	stretch oneself

- 13 画
- 合体字
- 月部
- 1-4年级

腰 | 1 2 3

腰腰腰腰腰腰腰
腰腰腰腰腰腰

要 (要)

yāo
yào

要求	yāoqiú	ask; demand
要紧	yàojǐn	important; essential
将要	jiāngyào	be going to; will

- 9 画
- 合体字
- 覀(女)部
- 1-4年级

"覀" 不是 "西"。

要 | 1 2

要要要要要要要
要要

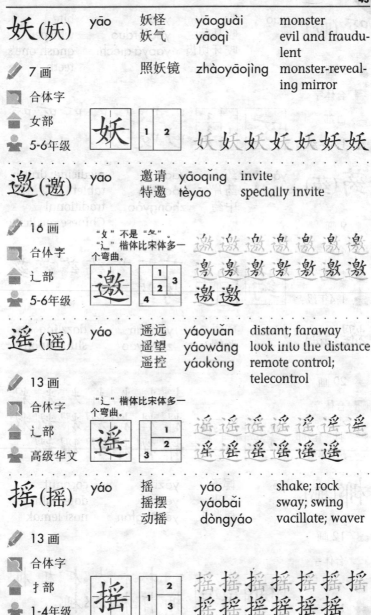

妖(妖) yāo

妖怪	yāoguài	monster
妖气	yāoqì	evil and fraudulent
照妖镜	zhàoyāojìng	monster-revealing mirror

7 画
合体字
女部
5-6年级

妖 妖 妖 妖 妖 妖 妖

邀(邀) yāo

| 邀请 | yāoqǐng | invite |
| 特邀 | tèyāo | specially invite |

16 画
合体字
辶部
5-6年级

"夊" 不是 "夂"。
"辶" 楷体比宋体多一个弯曲。

邀 邀 邀 邀 邀 邀 邀
鸟 鸟 敫 敫 敫 敫 邀
邀 邀

遥(遥) yáo

遥远	yáoyuǎn	distant; faraway
遥望	yáowàng	look into the distance
遥控	yáokòng	remote control; telecontrol

13 画
合体字
辶部
高级华文

"辶" 楷体比宋体多一个弯曲。

遥 遥 遥 遥 遥 遥 遥
遥 遥 遥 遥 遥 遥

摇(摇) yáo

摇	yáo	shake; rock
摇摆	yáobǎi	sway; swing
动摇	dòngyáo	vacillate; waver

13 画
合体字
扌部
1-4年级

摇 摇 摇 摇 摇 摇 摇
摇 摇 摇 摇 摇 摇

咬 (咬)

yǎo	咬	yǎo	bite
	咬耳朵	yǎo'ěrduo	whisper
	咬牙切齿	yǎoyá-qièchǐ	gnash one's teeth

- 9 画
- 合体字
- 口部
- 1-4年级

咬咬咬咬咬咬咬咬咬

药 (藥)

yào	药	yào	medicine; drug
	药片	yàopiàn	tablet
	中药	zhōngyào	traditional Chinese medicine

- 9 画
- 合体字
- 艹部
- 1-4年级

药药药药药药药药药

耀 (耀)

| yào | 耀眼 | yàoyǎn | dazzling |
| | 照耀 | zhàoyào | shine upon |

- 20 画
- 合体字
- 小(⺌、羽、佳)部
- 5-6年级

耀耀耀耀耀耀耀耀耀耀耀耀耀耀耀耀耀耀耀耀

椰 (椰)

yē	椰子	yēzi	coconut
	椰枣	yēzǎo	date palm
	椰浆饭	yējiāngfàn	nasi lemak

- 12 画
- 合体字
- 木部
- 1-4年级

椰椰椰椰椰椰椰椰椰椰椰椰

爷 (爺) yé

爷爷	yéye	grandfather; grandpa
老天爷	lǎotiānyé	God; Heaven

- 6 画
- 合体字
- 父部
- 1-4年级

爷 爷 爷 爷 爷 爷

也 (也) yě

也	yě	also; too
也许	yěxǔ	perhaps; maybe

- 3 画
- 独体字
- 乙(乛)部
- 1-4年级

也 也 也

野 (野) yě

野外	yěwài	open country; field
野生	yěshēng	wild; uncultivated
粗野	cūyě	boorish; uncouth

- 11 画
- 合体字
- 里部 "予" 不是 "矛"。
- 1-4年级

野 野 野 野 野 野 野
野 野 野 野

液 (液) yè

液体	yètǐ	liquid
血液	xuèyè	blood

- 11 画
- 合体字
- 氵部 "夂" 不是 "夊"。
- 高级华文

液 液 液 液 液 液 液
液 液 液 液

叶(叶) yè
- 叶子 yèzi — leaf
- 茶叶 cháyè — tea; tea-leaves
- 粗枝大叶 cūzhī-dàyè — crude and careless

5 画
合体字
口部
1-4年级

叶 口 口 口 口 叶

业(业) yè
- 业务 yèwù — business; vocational work
- 毕业 bìyè — graduate; finish school
- 行业 hángyè — trade; profession

5 画
独体字
业部
1-4年级

业 业 业 业 业 业

夜(夜) yè
- 夜景 yèjǐng — night scene; night view
- 半夜 bànyè — midnight; in the middle of the night
- 夜以继日 yèyǐjìrì — day and night; round the clock

8 画
合体字
"夂"不是"叉"。
一部
1-4年级

夜 夜 夜 夜 夜 夜 夜 夜

页(页) yè
- 页 yè — page; leaf
- 页码 yèmǎ — page number
- 插页 chāyè — inset; insert

6 画
独体字
页部
5-6年级

页 页 页 页 页 页 页

一 (一)

	yī	yī	one
	一切	yīqiè	all; every
	万一	wànyī	just in case; if by any chance

- 1 画
- 独体字
- 一部
- 1-4年级

衣 (衣)

	yī	衣服	yīfu	clothes
		睡衣	shuìyī	pajamas
		丰衣足食	fēngyī-zúshí	have ample food and clothing

- 6 画
- 独体字
- 衣部
- 1-4年级

医 (医)

	yī	医生	yīshēng	doctor; medical man
		医治	yīzhì	cure; heal
		法医	fǎyī	legal medical expert

- 7 画
- 合体字
- 匚部
- 1-4年级

依 (依)

	yī	依照	yīzhào	according to
		依靠	yīkào	depend on
		依依不舍	yīyībùshě	be reluctant to part

- 8 画
- 合体字
- 亻部
- 1-4年级

姨(姨) yí

姨妈 yímā maternal aunt; aunt
阿姨 āyí auntie; nurse (in a family)

9画
合体字
女部
1-4年级

宜(宜) yí

便宜 piányi cheap
适宜 shìyí suitable; fit
时宜 shíyí what is appropriate to the occasion

8画
合体字
宀部
1-4年级

移(移) yí

移动 yídòng move; shift
移风易俗 yífēng-yìsú change the prevailing habits and customs
转移 zhuǎnyí transfer; divert

11画
合体字
禾部
1-4年级

疑(疑) yí

疑问 yíwèn query; doubt
猜疑 cāiyí be suspicious; have misgivings
可疑 kěyí suspicious; dubious

14画
合体字
丿(矢)部
1-4年级

仪(儀) yí

仪器	yíqì	instrument; apparatus
仪表	yíbiǎo	appearance; meter
司仪	sīyí	master of ceromonies

✏ 5 画

▨ 合体字

🏠 亻部

👤 5-6年级

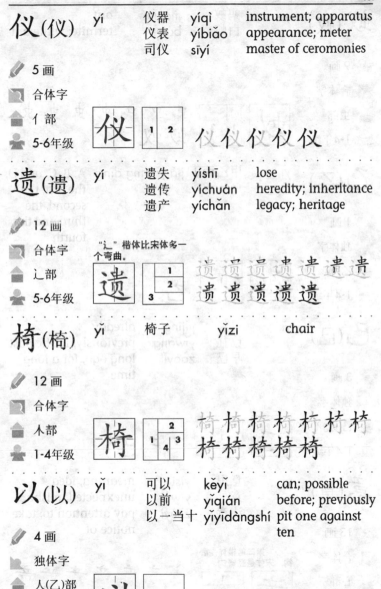

仪 仪 仪 仪 仪

遗(遺) yí

遗失	yíshī	lose
遗传	yíchuán	heredity; inheritance
遗产	yíchǎn	legacy; heritage

✏ 12 画

▨ 合体字

"辶" 楷体比宋体多一个弯曲。

🏠 辶部

👤 5-6年级

遗 遗 遗 遗 遗 遗 贵
贵 贵 遗 遗 遗

椅(椅) yǐ

| 椅子 | yǐzi | chair |

✏ 12 画

▨ 合体字

🏠 木部

👤 1-4年级

椅 椅 椅 椅 椅 椅 椅
椅 椅 椅 椅 椅

以(以) yǐ

可以	kěyǐ	can; possible
以前	yǐqián	before; previously
以一当十	yǐyīdàngshí	pit one against ten

✏ 4 画

▨ 独体字

🏠 人(乙)部

👤 1-4年级

以 以 以 以

蚁(蟻) yǐ

蚂蚁 mǎyǐ ant
白蚁 báiyǐ termite; white ant

9画

合体字

虫部

1-4年级

蚁 | 1 2

乙(乙) yǐ

甲乙丙丁 jiǎ yǐ bǐng dīng A, B, C and D; the first, the second, the third and the fourth

1画

独体字

乙部

1-4年级

乙 | ㇌

已(已) yǐ

已经 yǐjīng already
已往 yǐwǎng previously; in the past
早已 zǎoyǐ long ogo; for a long time

3画

独体字

己(已)部

1-4年级

已 | ㇆

意(意) yì

意思 yìsi meaning; idea
意外 yìwài unexpected; mishap
注意 zhùyì pay attention to; take notice of

13画

合体字

"心" 第二笔楷体是卧钩，宋体是竖弯钩。

心部

1-4年级

意 | 1 2 3

易 (易) yì

容易	róngyì — easy
交易	jiāoyì — transaction
平易近人	píngyì-jìnrén — amiable and easy of approach

- ✏️ 8 画
- 🔲 合体字
- 🏠 日部
- 👤 1-4年级

易 易 易 易 易 易 易
易

益 (益) yì

益处	yìchu — benefit
利益	lìyì — interest
精益求精	jīngyìqiújīng — keep improving

- ✏️ 10 画
- 🔲 合体字
- 🏠 皿(八)部
- 👤 1-4年级

益 益 益 益 益 益 益
益 益 益

义 (义) yì

义务	yìwù — duty; obligation
义工	yìgōng — volunteer; voluntary service
意义	yìyì — sense; significance

- ✏️ 3 画
- 🔲 独体字
- 🏠 丶(丿)部
- 👤 1-4年级

义 义 义

艺 (艺) yì

艺术	yìshù — art; craft
艺人	yìrén — artist
多才多艺	duōcái-duōyì — versatile; gifted in many ways

- ✏️ 4 画
- 🔲 合体字
- 🏠 艹部
- 👤 5-6年级

艺 艺 艺 艺

谊(谊) yì
友谊 yǒuyì friendship
情谊 qíngyì friendly feelings
深情厚谊 shēnqíng-hòuyì profound sentiments of friendship

10 画

合体字

讠(言)部

5-6年级

谊 谊 谊 谊 谊 谊 谊 谊 谊 谊

异(異) yì
异常 yìcháng unusual
惊异 jīngyì amazed
日新月异 rìxīn-yuèyì change with each passing day

6 画

合体字　"巳" 不是 "已" 或 "己"。

巳(艹)部

5-6年级

异 异 异 异 异 异

忆(憶) yì
记忆 jìyì memory; remember
回忆 huíyì recall; recollect
追忆 zhuīyì look back; call to the mind

4 画

合体字

忄部

5-6年级

忆 忆 忆 忆

议(議) yì
议论 yìlùn comment; discuss
议会 yìhuì parliament
建议 jiànyì propose; suggestion

5 画

合体字

讠(言)部

5-6年级

议 议 议 议 议

因 (因) yīn

因此	yīncǐ	therefore; consequently
因为	yīnwèi	because; on account of
原因	yuányīn	cause; reason

✏️ 6 画
🔲 合体字
🏠 口部
👤 1-4年级

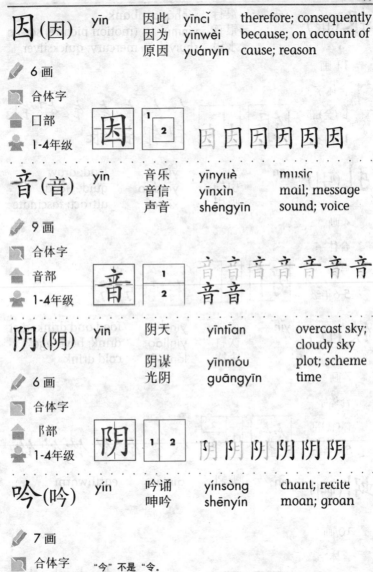

因 因 囝 囝 因 因

音 (音) yīn

音乐	yīnyuè	music
音信	yīnxìn	mail; message
声音	shēngyīn	sound; voice

✏️ 9 画
🔲 合体字
🏠 音部
👤 1-4年级

音 音 音 音 音 音 音 音 音

阴 (陰) yīn

阴天	yīntiān	overcast sky; cloudy sky
阴谋	yīnmóu	plot; scheme
光阴	guāngyīn	time

✏️ 6 画
🔲 合体字
🏠 阝部
👤 1-4年级

阴 阴 阴 阴 阴 阴

吟 (吟) yín

| 吟诵 | yínsòng | chant; recite |
| 呻吟 | shēnyín | moan; groan |

✏️ 7 画
🔲 合体字
"今" 不是 "令。
🏠 口部
👤 高级华文

吟 吟 吟 吟 吟 吟 吟

银 (銀) yín

银行	yínháng	bank
银幕	yínmù	(motion picture) screen
水银	shuǐyín	mercury; quicksilver

- 11 画
- 合体字
- 钅(金)部
- 1-4年级

银银银银银银银银银银银银

引 (引) yǐn

引	yǐn	lead; draw
引导	yǐndǎo	guide; lead
吸引	xīyǐn	attract; fascinate

- 4 画
- 合体字
- 弓部
- 5-6年级

引引引引

饮 (飲) yǐn

饮食	yǐnshí	food and drink; diet
饮料	yǐnliào	drink; beverage
冷饮	lěngyǐn	cold drink

- 7 画
- 合体字
- 饣(食)部
- 5-6年级

饮饮饮饮饮饮饮

蚓 (蚓) yǐn

蚯蚓	qiūyǐn	earthwarm

- 10 画
- 合体字
- 虫部
- 5-6年级

蚓蚓蚓蚓蚓蚓蚓蚓蚓蚓

印 (印)

yìn

印刷	yìnshuā	printing
脚印	jiǎoyìn	footprint; track
复印机	fùyìnjī	duplicator; photocopier

- 5 画
- 合体字
- 卩部
- 1-4年级

"卩" 不是 "阝"。

印 印 印 印 印

英 (英)

yīng

英雄	yīngxióng	hero
英明	yīngmíng	wise; briliant
精英	jīngyīng	elite

- 8 画
- 合体字
- 艹部
- 1-4年级

"央" 不是 "夬"。

英 英 英 英 英 英 英 英

应 (应)

yīng

| 应该 | yīnggāi | should; ought to |
| 理应 | lǐyìng | ought to; should |

yìng

| 答应 | dāying | reply; respond |

- 7 画
- 合体字
- 广部
- 1-4年级

应 应 应 应 应 应 应

鹰 (鷹)

yīng

| 老鹰 | lǎoyīng | hawk; eagle |

- 18 画
- 合体字
- 鸟(广)部
- 1-4年级

"鸟" 不是 "乌"。

鹰 鹰 鹰 鹰 鹰 鹰 鹰
鹰 鹰 鹰 鹰 鹰 鹰 鹰
鹰 鹰 鹰 鹰

婴 (嬰) yīng 婴儿 yīng'ér baby; infant

✏️ 11 画

🔲 合体字

🔺 女部

👤 1-4年级

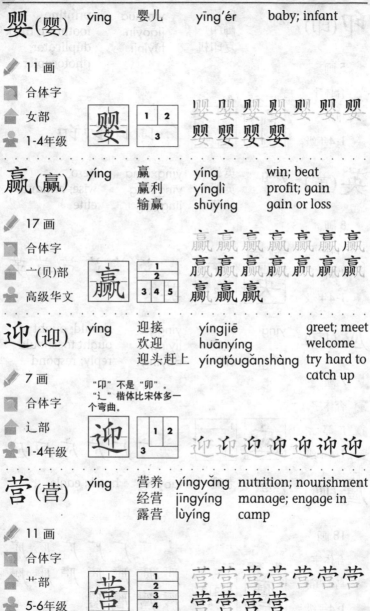

赢 (贏) yíng

赢 yíng win; beat
赢利 yínglì profit; gain
输赢 shūyíng gain or loss

✏️ 17 画

🔲 合体字

🔺 亠(贝)部

👤 高级华文

迎 (迎) yíng

迎接 yíngjiē greet; meet
欢迎 huānyíng welcome
迎头赶上 yíngtóugǎnshàng try hard to catch up

✏️ 7 画

"卬" 不是 "卯"。
"辶" 楷体比宋体多一个弯曲。

🔲 合体字

🔺 辶部

👤 1-4年级

营 (營) yíng

营养 yíngyǎng nutrition; nourishment
经营 jīngyíng manage; engage in
露营 lùyíng camp

✏️ 11 画

🔲 合体字

🔺 艹部

👤 5-6年级

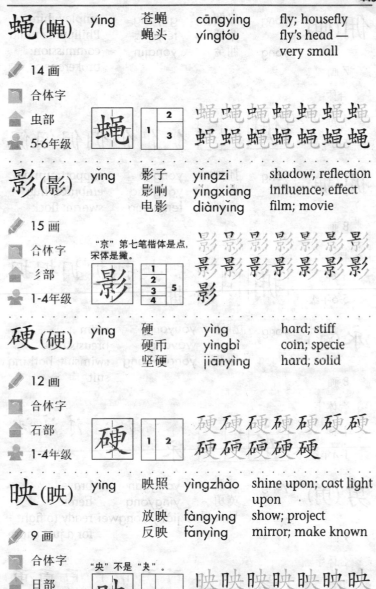

蝇 (蠅) yíng

苍蝇	cāngying	fly; housefly
蝇头	yíngtóu	fly's head — very small

14 画

合体字

虫部

5-6年级

蝇蝇蝇蝇蝇蝇蝇
蚄蚄蚄蚄蝐蝐蝇

影 (影) yǐng

影子	yǐngzi	shadow; reflection
影响	yǐngxiǎng	influence; effect
电影	diànyǐng	film; movie

15 画

合体字

彡部

1-4年级

"京"第七笔楷体是点，宋体是撇。

影影影影影影影
影影影影影影影
影

硬 (硬) yìng

硬	yìng	hard; stiff
硬币	yìngbì	coin; specie
坚硬	jiānyìng	hard; solid

12 画

合体字

石部

1-4年级

硬硬硬硬硬硬硬
硬硬硬硬硬

映 (映) yìng

映照	yìngzhào	shine upon; cast light upon
放映	fàngyìng	show; project
反映	fǎnyìng	mirror; make known

9 画

合体字

日部

5-6年级

"央"不是"夬"。

映映映映映映映
映映

佣(傭) yōng 雇佣 gùyōng employ; hire
菲佣 fēiyōng Philippine maid
yòng 佣金 yòngjīn commission; brokerage

🖊 7画

▢ 合体字

🔺 亻部

👤 5-6年级

佣 ¹ ² 佣 佣 佣 佣 佣 佣 佣

拥(擁) yōng 拥护 yōnghù support; uphold
拥抱 yōngbào embrace; hug
蜂拥 fēngyōng swarm; flock

🖊 8画

▢ 合体字

🔺 扌部

👤 5-6年级

拥 ¹ ² 拥 拥 拥 拥 拥 拥 拥
拥

泳(泳) yōng 游泳 yóuyǒng swim
蛙泳 wāyǒng breaststroke
泳装 yǒngzhuāng swimsuit; bathing suit

🖊 8画

▢ 合体字

🔺 氵部

👤 1-4年级

泳 ¹ ² 泳 泳 泳 泳 泳 泳 泳
泳

勇(勇) yǒng 勇敢 yǒnggǎn brave
英勇 yīngyǒng heroic
见义勇为 jiànyìyǒngwéi ready to fight for a just cause

🖊 9画

▢ 合体字

🔺 力部

👤 1-4年级

勇 ¹ ² ³ 勇 勇 勇 勇 勇 勇 勇
勇 勇

永 (永)	yǒng	永远 永久	yǒngyuǎn yǒngjiǔ	perpetually; forever permanent; everlasting

5 画

独体字

、部

1-4年级

永 永 永 永 永

用 (用)	yòng	用 使用 用功	yòng shǐyòng yònggōng	use; employ make use of; use hardworking; studious

5 画

独体字

用部

1-4年级

用 用 用 用 用

忧 (忧)	yōu	忧愁 担忧 分忧	yōuchóu dānyōu fēnyōu	depressed; worried worry; be anxious help somebody to get over a difficulty

7 画

合体字

忄部

高级华文

忧 忧 忧 忧 忧 忧 忧

优 (优)	yōu	优良 优点 优先	yōuliáng yōudiǎn yōuxiān	fine; good merit; advantage have priority; take precedence

6 画

合体字

亻部

5-6年级

优 优 优 优 优 优

游(游)

yóu

游	yóu	tour; wander
游玩	yóuwán	go sight-seeing
导游	dǎoyóu	conduct a sightseeing tour; guide

✏️ 12 画

📑 合体字

🏠 氵部

👤 1-4年级

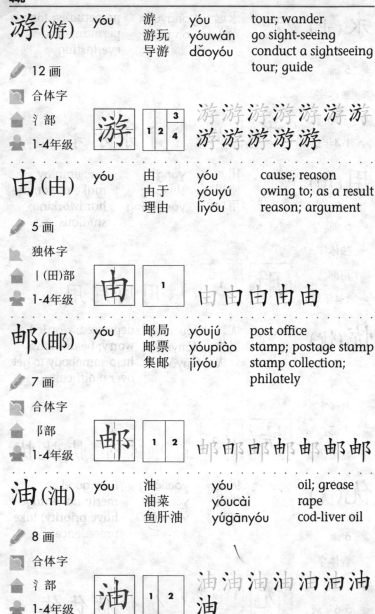

游游游游游游游
游游游游游

由(由)

yóu

由	yóu	cause; reason
由于	yóuyú	owing to; as a result
理由	lǐyóu	reason; argument

✏️ 5 画

独体字

🏠 丨(田)部

👤 1-4年级

由 由 日 由 由

邮(邮)

yóu

邮局	yóujú	post office
邮票	yóupiào	stamp; postage stamp
集邮	jíyóu	stamp collection; philately

✏️ 7 画

📑 合体字

🏠 阝部

👤 1-4年级

邮邮日日由邮邮

油(油)

yóu

油	yóu	oil; grease
油菜	yóucài	rape
鱼肝油	yúgānyóu	cod-liver oil

✏️ 8 画

📑 合体字

🏠 氵部

👤 1-4年级

油油油油油油油
油

尤(尤) yóu

尤其 yóuqí especially; particularly
效尤 xiàoyóu knowingly follow the example of a wrongdoer

4 画

独体字

尤部

5-6年级

尤 尢 尢 尤 尤

友(友) yǒu

友好 yǒuhǎo close friend; amiable
朋友 péngyou friend
良师益友 liángshī-yìyǒu good teacher and worthy friend

4 画

合体字

一(又)部

1-4年级

友 友 方 友

有(有) yǒu

有 yǒu have; possess
有趣 yǒuqù interesting; amusing
富有 fùyǒu rich; wealthy

6 画

合体字

一(月)部

1-4年级

有 有 冇 有 有 有

又(又) yòu

又 yòu again; time and again

2 画

独体字

又部

1-4年级

又 又

右(右)

yòu	右	yòu	right
	右边	yòubian	the right side; right-hand
	左右	zuǒyòu	the left and the right; control

5 画
合体字
一(口)部
1-4年级

右右右右右右

幼(幼)

yòu	幼儿	yòu'ér	child; infant
	幼小	yòuxiǎo	immature
	妇幼	fùyòu	woman and children

5 画
合体字
幺(力)部
1-4年级

幼幼幼幼幼

鱼(鱼)

yú	鱼	yú	fish
	鱼翅	yúchì	shark's fin
	如鱼得水	rúyúdéshuǐ	like the fish in the water

8 画
合体字
鱼部
1-4年级

鱼鱼鱼鱼鱼鱼鱼鱼

渔(渔)

| yú | 渔翁 | yúwēng | old fisherman |
| | 渔港 | yúgǎng | fishing port; fishing harbour |

11 画
合体字
氵部
1-4年级

渔渔渔渔渔渔渔渔渔渔渔

愉(愉) yú
愉快 yúkuài joyful; cheerful
愉乐 yúlè happy; joyful; cheerful

- 12画
- 合体字
- 忄部
- 1-4年级

愉愉愉愉愉愉愉
愉愉愉愉愉

于(于) yú
于是 yúshì thereupon; hence
对于 duìyú as for; as to
属于 shǔyú belong to; be part of

- 3画
- 独体字
- 一(二)部
- 1-4年级

于 于 于 于

余(余) yú
剩余 shèngyú surplus; remainder
业余 yèyú amatour; sparetime
余数 yúshù remainder

- 7画
- 合体字
- "永"第四笔楷体是点，宋体是撇。
- 人部
- 5-6年级

余 余 余 余 余 余 余

愚(愚) yú
愚笨 yúbèn foolish; stupid
愚弄 yúnòng dupe; make fun of
愚人节 yúrénjié April Fool's Day; All Fools' Day

- 13画
- 合体字
- "心"第二笔楷体是卧钩，宋体是竖弯钩。
- 心部
- 5-6年级

愚愚愚愚愚愚愚
愚愚愚愚愚愚

娱 (娛)

yú

娱乐	yúlè	amusement; entertainment
文娱	wényú	cultural recreation; entertainment

10 画

合体字

女部

5-6年级

娱娱娱娱娱娱娱娱娱娱

雨 (雨)

yǔ

雨	yǔ	rain; drizzle
雨伞	yǔsǎn	umbrella
暴雨	bàoyǔ	torrential rain; rainstorm

8 画

独体字

雨部

1-4年级

雨雨雨雨雨雨雨雨

语 (語)

yǔ

语言	yǔyán	language
外语	wàiyǔ	foreign language
三言两语	sānyán-liǎngyǔ	in a few words

9 画

合体字

讠(言)部

1-4年级

语语语语语语语语语

羽 (羽)

yǔ

羽毛	yǔmáo	feather; plume
羽球	yǔqiú	badminton; shuttlecock

6 画

合体字

羽部

1-4年级

羽羽羽羽羽羽

与 (与)　yǔ

| 与 | yǔ | grant; offer |
| 与其 | yǔqí | it is better than; rather than |

yù

| 参与 | cānyù | participate in; have a hand in |

3 画

独体字

一部

5-6年级

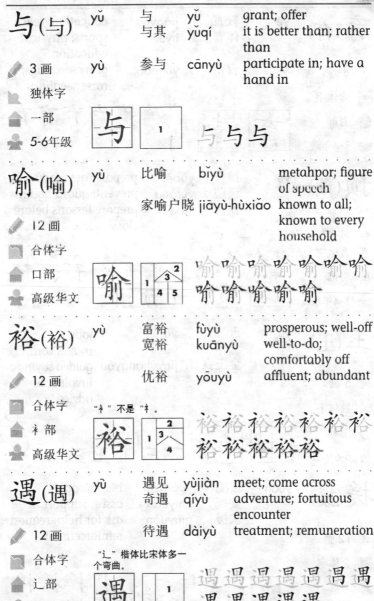

与 ｜

与 与 与

喻 (喻)　yù

| 比喻 | bǐyù | metahpor; figure of speech |
| 家喻户晓 | jiāyù-hùxiǎo | known to all; known to every household |

12 画

合体字

口部

高级华文

喻　喻 喻 喻 喻 喻 喻

喻 喻 喻 喻 喻

裕 (裕)　yù

富裕	fùyù	prosperous; well-off
宽裕	kuānyù	well-to-do; comfortably off
优裕	yōuyù	affluent; abundant

12 画

合体字

"礻" 不是 "衤"。

礻部

高级华文

裕　裕 裕 裕 裕 裕 裕

裕 裕 裕 裕 裕

遇 (遇)　yù

遇见	yùjiàn	meet; come across
奇遇	qíyù	adventure; fortuitous encounter
待遇	dàiyù	treatment; remuneration

12 画

合体字

"辶" 楷体比宋体多一个弯曲。

辶部

1-4年级

遇　遇 遇 遇 遇 遇 遇

遇 遇 遇 遇 遇

育 (育)

yù

教育	jiàoyù	education; teach
体育	tǐyù	sports; physical education
育苗	yùmiáo	grow seedlings; raise seedlings

8 画

合体字

月部

1-4年级

预 (预)

yù

预备	yùbèi	prepare; get ready
预防	yùfáng	prevent; guard against
预习	yùxí	prepare lessons before class

10 画

合体字　"予" 不是 "矛"。

页部

1-4年级

玉 (玉)

yù

玉	yù	jade
玉米	yùmǐ	maize; corn
金玉良言	jīnyùliángyán	golden sayings; invaluable advice

5 画

独体字

王部

5-6年级

援 (援)

yuán

援助	yuánzhù	help; support
支援	zhīyuán	assist; support
求援	qiúyuán	ask for help; request reinforcement

12 画

合体字

扌部

高级华文

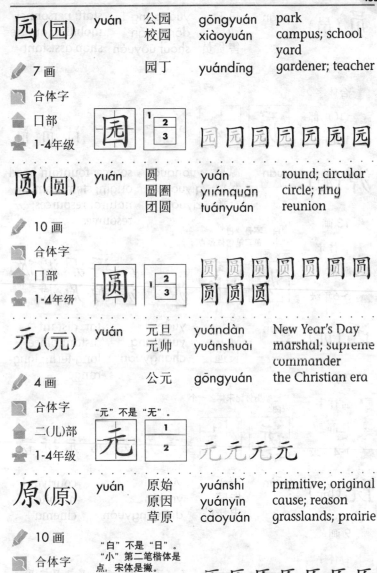

园 (園) yuán

| 公园 | gōngyuán | park |
| 校园 | xiàoyuán | campus; school yard |

7 画
合体字
口部
1-4年级

| 园丁 | yuándīng | gardener; teacher |

园 园 园 园 园 园 园

圆 (圓) yuán

圆	yuán	round; circular
圆圈	yuánquān	circle; ring
团圆	tuányuán	reunion

10 画
合体字
门部
1-4年级

圆 圆 圆 圆 圆 圆 圆
圆 圆 圆

元 (元) yuán

元旦	yuándàn	New Year's Day
元帅	yuánshuài	marshal; supreme commander
公元	gōngyuán	the Christian era

4 画
合体字
二(儿)部
1-4年级

"元"不是"无"。

元 元 元 元

原 (原) yuán

原始	yuánshǐ	primitive; original
原因	yuányīn	cause; reason
草原	cǎoyuán	grasslands; prairie

10 画
合体字
厂部
1-4年级

"白"不是"日"。
"小"第二笔楷体是点，宋体是撇。

原 原 原 原 原 原 原
原 原 原

员 (員) yuán

员工	yuángōng	staff; personnel
动员	dòngyuán	mobilize; arouse
售货员	shòuhuòyuán	shop assistant

✏ 7 画

▨ 合体字

🏠 口(贝)部

👤 1-4年级

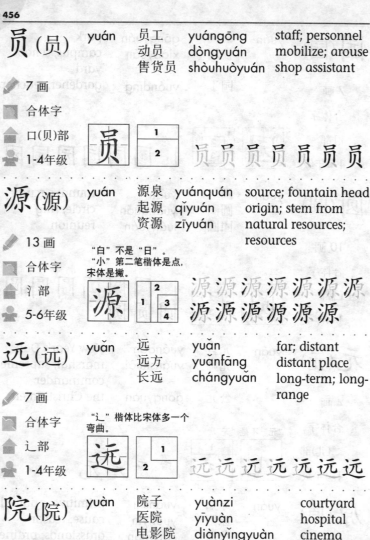

员员员员员员员

源 (源) yuán

源泉	yuánquán	source; fountain head
起源	qǐyuán	origin; stem from
资源	zīyuán	natural resources; resources

✏ 13 画

▨ 合体字

"白"不是"日"。
"小"第二笔楷体是点，宋体是撇。

🏠 氵部

👤 5-6年级

源源源源源源源
源源源源源源

远 (遠) yuǎn

远	yuǎn	far; distant
远方	yuǎnfāng	distant place
长远	chángyuǎn	long-term; long-range

✏ 7 画

▨ 合体字

"辶"楷体比宋体多一个弯曲。

🏠 辶部

👤 1-4年级

远远远远远远远

院 (院) yuàn

院子	yuànzi	courtyard
医院	yīyuàn	hospital
电影院	diànyǐngyuàn	cinema

✏ 9 画

▨ 合体字

🏠 阝部

👤 1-4年级

院院院院院院院
院院

愿(愿)	yuàn	愿意	yuànyì	be willing; would like
		愿望	yuànwàng	aspiration; wish
		志愿	zhìyuàn	wish; volunteer

14画
合体字
心部
1-4年级

"白"不是"日"。
"心"第二笔楷体是卧钩，宋体是竖弯钩。

怨(怨)	yuàn	怨恨	yuànhèn	resentment; grudge
		怨言	yuànyán	complaint; grumble
		埋怨	máiyuàn	blame; complain

9画
合体字
心部
5-6年级

"㔾"不是"巳"。
"心"第二笔楷体是卧钩，宋体是竖弯钩。

约(约)	yuē	约束	yuēshù	restrain; bind
		大约	dàyuē	approximately; about
		合约	héyuē	agreement; contract

6画
合体字
纟(糸)部
1-4年级

月(月)	yuè	月亮	yuèliang	moon
		岁月	suìyuè	years; time and tide
		日新月异	rìxīn-yuèyì	change with each passing day

4画
独体字
月部
1-4年级

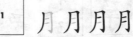

458

越(越)	yuè	越过	yuèguò	cross; surmount
		超越	chāoyuè	surpass; transcend
		优越	yōuyuè	superior; advantageous

12 画

合体字

"戉" 不是 "戊"。

走部

1-4年级

越越越越越越走
赵赵越越越

阅(阅)	yuè	阅读	yuèdú	read
		阅览	yuèlǎn	reading
		检阅	jiǎnyuè	review; inspect

10 画

合体字

门部

5-6年级

阅阅阅阅阅阅阅
阅阅阅

云(云)	yún	云	yún	cloud
		云雾	yúnwù	cloud and mist; mist
		愁云	chóuyún	gloom; melancholy

4 画

合体字

二部

1-4年级

云云云云

孕(孕)	yùn	孕育	yùnyù	breed; be pregnant with
		孕妇	yùnfù	pregnant woman
		怀孕	huáiyùn	be pregnant; be conceived

5 画

合体字

子部

高级华文

孕孕孕孕孕

运(运) yùn

运	yùn	transport; carry
运动	yùndòng	motion; movement
幸运	xìngyùn	good luck; fortunate

✏️ 7 画

📄 合体字

🏠 辶部

👤 1-4年级

"辶" 楷体比宋体多一个弯曲。

运运运运运运运

杂(杂) zá

杂费	záfèi	miscellaneous expenses
杂志	zázhì	magazine
复杂	fùzá	complicated; complex

✏️ 6 画

📄 合体字

🏠 木部

👤 1-4年级

"朩" 不是 "木"，第三笔楷体是点，宋体是撇。

杂杂杂杂杂杂

栽(栽) zāi

栽培	zāipéi	cultivate; grow
栽种	zāizhòng	plant; grow
盆栽	pénzāi	potted plants; bonsai

✏️ 10 画

📄 合体字

🏠 木(戈)部

👤 高级华文

栽栽栽栽栽栽栽栽栽栽

灾(灾) zāi

灾害	zāihài	calamity; disaster
火灾	huǒzāi	fire
天灾人祸	tiānzāi-rénhuò	natural and man-made calamities

✏️ 7 画

📄 合体字

🏠 宀部

👤 1-4年级

灾灾灾灾灾灾灾

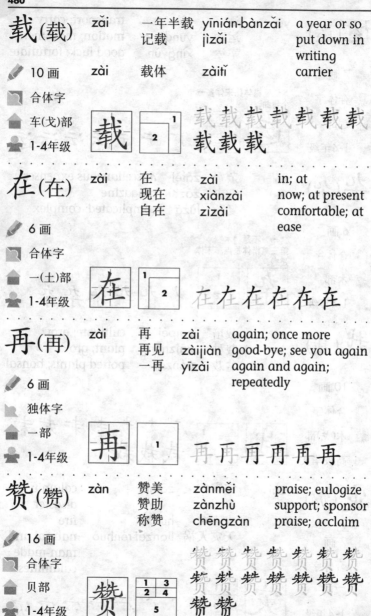

载(載)

| zǎi | 一年半载 | yīnián-bànzǎi | a year or so |
| | 记载 | jìzǎi | put down in writing |

10 画

zài 载体 zàitǐ carrier

合体字

车(戈)部

1-4年级

载载载载载载载
载载载

在(在)

zài	在	zài	in; at
	现在	xiànzài	now; at present
	自在	zìzài	comfortable; at ease

6 画

合体字

一(土)部

1-4年级

在在在在在在

再(再)

zài	再	zài	again; once more
	再见	zàijiàn	good-bye; see you again
	一再	yīzài	again and again; repeatedly

6 画

独体字

一部

1-4年级

再再再再再再

赞(贊)

zàn	赞美	zànměi	praise; eulogize
	赞助	zànzhù	support; sponsor
	称赞	chēngzàn	praise; acclaim

16 画

合体字

贝部

1-4年级

赞赞赞赞赞赞赞
赞赞赞赞赞赞赞
赞赞

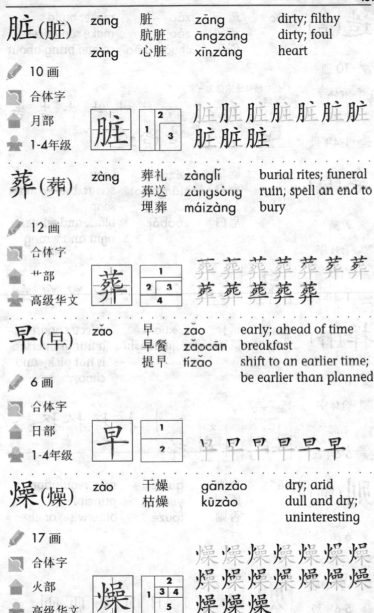

脏(臟)	zāng	脏	zāng	dirty; filthy
		肮脏	āngzāng	dirty; foul
	zàng	心脏	xīnzàng	heart

10 画
合体字
月部
1-4年级

脏 脏 脏 脏 脏 脏 脏 脏 脏 脏

葬(葬)	zàng	葬礼	zànglǐ	burial rites; funeral
		葬送	zàngsòng	ruin; spell an end to
		埋葬	máizàng	bury

12 画
合体字
艹部
高级华文

葬 葬 葬 葬 葬 葬 葬 葬 葬 葬 葬 葬

早(早)	zǎo	早	zǎo	early; ahead of time
		早餐	zǎocān	breakfast
		提早	tízǎo	shift to an earlier time; be earlier than planned

6 画
合体字
日部
1-4年级

早 早 早 早 早 早

| 燥(燥) | zào | 干燥 | gānzào | dry; arid |
| | | 枯燥 | kūzào | dull and dry; uninteresting |

17 画
合体字
火部
高级华文

燥 燥 燥 燥 燥 燥 燥 燥 燥 燥 燥 燥 燥 燥 燥 燥 燥

造(造)

zào

造	zào	make; build
造句	zàojù	make sentences
创造	chuàngzào	create; bring about

✏ 10 画

▪ 合体字

"辶" 楷体比宋体多一个弯曲。

🏠 辶部

👤 1-4年级

造造造造造造造 造造造

皂(皂)

zào

肥皂	féizào	soap
香皂	xiāngzào	scented soap; toilet soap
皂白	zàobái	black and white; right and wrong

✏ 7 画

▪ 合体字

🏠 白部

👤 1-4年级

皂皂皂皂皂皂皂

择(择)

zé

| 选择 | xuǎnzé | select; choose |
| 饥不择食 | jībùzéshí | a hungry person is not picky and choosy |

✏ 8 画

▪ 合体字

"扌" 不是 "丰"。

🏠 扌部

👤 5-6年级

择择择择择择择 择

则(则)

zé

规则	guīzé	rule; regulation
原则	yuánzé	principle
否则	fǒuzé	otherwise; or else

✏ 6 画

▪ 合体字

🏠 刂(贝)部

👤 5-6年级

则则则则则则

463

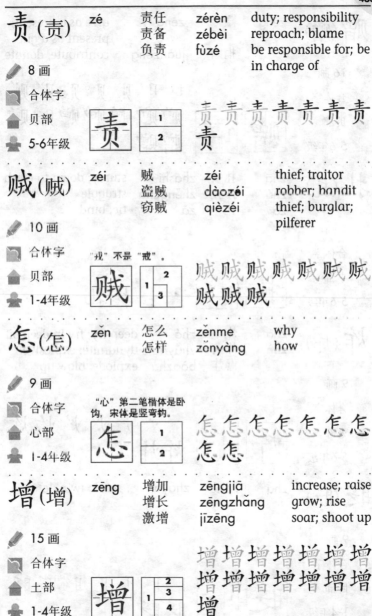

责(責)

zé

责任　zérèn　duty; responsibility
责备　zébèi　reproach; blame
负责　fùzé　be responsible for; be in charge of

8 画
合体字
贝部
5-6年级

贼(賊)

zéi

贼　zéi　thief; traitor
盗贼　dàozéi　robber; bandit
窃贼　qièzéi　thief; burglar; pilferer

10 画
合体字
"戎" 不是 "戒"。
贝部
1-4年级

怎(怎)

zěn

怎么　zěnme　why
怎样　zěnyàng　how

9 画
合体字
"心" 第二笔楷体是卧钩，宋体是竖弯钩。
心部
1-4年级

增(增)

zēng

增加　zēngjiā　increase; raise
增长　zēngzhǎng　grow; rise
激增　jīzēng　soar; shoot up

15 画
合体字
土部
1-4年级

赠 (赠) zèng

赠	zèng	give as a present; present as a gift
捐赠	juānzèng	contribute; donate

✏ 16 画

▢ 合体字

🏠 贝部

👥 5-6年级

赠赠赠赠赠赠赠
赠赠赠赠赠赠赠
赠赠

扎 (扎) zhā / zhá / zā

扎实	zhāshi	sturdy; down-to-earth
挣扎	zhēngzhá	struggle
扎	zā	tie; bind

✏ 4 画

▢ 合体字

🏠 扌部

👥 5-6年级

扎扎扎扎

炸 (炸) zhá / zhà

炸	zhá	deep-fry; fry in deep oil
炸药	zhàyào	dynamite; explosive
爆炸	bàozhà	explode; blow up

✏ 9 画

▢ 合体字

🏠 火部

👥 5-6年级

炸炸炸炸炸炸炸
炸炸

眨 (眨) zhǎ

眨眼	zhǎyǎn	wink; twinkle

✏ 9 画

▢ 合体字

🏠 目部

👥 1-4年级

眨眨眨眨眨眨眨
眨眨

斋 (斋)

zhāi

书斋　shūzhāi　study
开斋节　kāizhāijié　Hari Raya Puasa; the Festival of Fast-Breaking

10 画

合体字

文部

高级华文

"文" 不是 "攵"。

| | 1 |
| | 2 |

斋 文 文 文 文 文 文
斋 斋 斋 斋 斋 斋 斋
斋 斋 斋

摘 (摘)

zhāi

摘　zhāi　pluck; take off
摘要　zhāiyào　summary; abstract
文摘　wénzhāi　abstract; digest

14 画

合体字

扌部

1-4年级

"固" 不是 "回"。

	2	
1	3
	4

摘 摘 摘 摘 摘 摘 摘
摘 摘 摘 摘 摘 摘 摘

窄 (窄)

zhǎi

窄　zhǎi　narrow
窄小　zhǎixiǎo　narrow and small

10 画

合体字

穴部

1-4年级

	1
	2
	3

窄 窄 窄 窄 窄 窄 窄
窄 窄 窄

占 (占)

zhān
zhàn

占卜　zhānbǔ　divine; divination
占领　zhànlǐng　occupy; seize
占有　zhànyǒu　own; possess

5 画

合体字

卜(卜、口)部

1-4年级

| | 1 |
| | 2 |

占 占 占 占 占

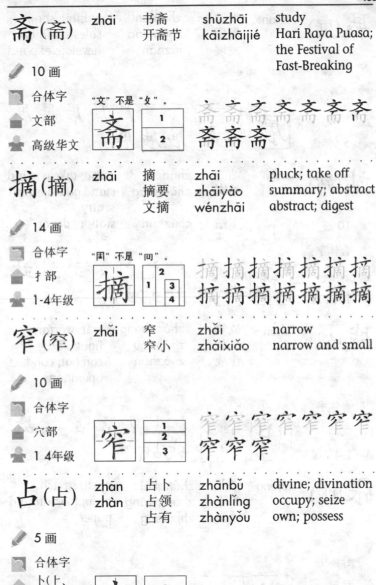

展(展) zhǎn 展览 zhǎnlǎn exhibit; show
展销 zhǎnxiāo sales exhibition
发展 fāzhǎn develop; expand

✏️ 10 画

▢ 合体字

🏠 尸部

👤 5-6年级

"㞯" 不是 "衣"。

展	1
	2
	3

展 展 展 展 展 展 展 展 展 展

站(站) zhàn 站 zhàn stand; take a stand
站岗 zhàngǎng stand guard; stand sentry
车站 chēzhàn station; depot

✏️ 10 画

▢ 合体字

🏠 立部

👤 1-4年级

| 站 | 2 |
| | 3 |

站 站 站 站 立 站 站 站 站 站

战(战) zhàn 战争 zhànzhēng war; warfare
战斗 zhàndòu fight; battle
作战 zuòzhàn combat; conduct operations

✏️ 9 画

▢ 合体字

🏠 戈部

👤 1-4年级

| 战 | 1 | 3 |
| | 2 | |

战 战 战 战 战 战 战 战 战

张(张) zhāng 张开 zhāngkāi open; stretch
张望 zhāngwàng peep; look around
纸张 zhǐzhāng paper

✏️ 7 画

▢ 合体字

🏠 弓部

👤 1-4年级

| 张 | 1 | 2 |

张 张 张 张 张 张 张

章 (章)

zhāng

章程	zhāngchéng	rules; regulations
文章	wénzhāng	essay; article
肩章	jiānzhāng	shoulder loop; epaulet

11 画

合体字

立部

5-6年级

掌 (掌)

zhǎng

掌握	zhǎngwò	grasp; master
手掌	shǒuzhǎng	palm
仙人掌	xiānrénzhǎng	cactus

12 画

合体字

手(⺌)部

1-4年级

涨 (涨)

zhǎng

涨价	zhǎngjià	rise in price
涨潮	zhǎngcháo	rising tide

zhàng

头昏脑涨	tóuhūn-nǎozhàng	swell one's head

10 画

合体字

氵部

5-6年级

仗 (仗)

zhàng

胜仗	shèngzhàng	victorious battle
仗义	zhàngyì	uphold justice

5 画

合体字

亻部

1-4年级

468

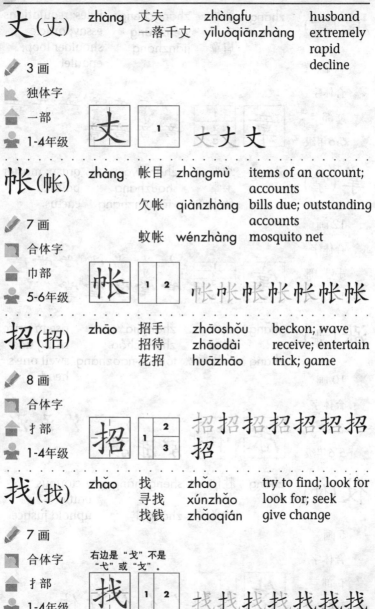

丈(丈) zhàng 丈夫 zhàngfu husband
一落千丈 yīluòqiānzhàng extremely rapid decline

3画
独体字
一部
1-4年级

丶 ㇏ 丈 丈

帐(帐) zhàng 帐目 zhàngmù items of an account; accounts
欠帐 qiànzhàng bills due; outstanding accounts
蚊帐 wénzhàng mosquito net

7画
合体字
巾部
5-6年级

帐巾帐帐帐帐帐

招(招) zhāo 招手 zhāoshǒu beckon; wave
招待 zhāodài receive; entertain
花招 huāzhāo trick; game

8画
合体字
扌部
1-4年级

招招招招招招招招

找(找) zhǎo 找 zhǎo try to find; look for
寻找 xúnzhǎo look for; seek
找钱 zhǎoqián give change

7画
合体字
右边是"戈"不是"弋"或"戋"。
扌部
1-4年级

找找找找找找找

爪(爪) zhǎo　爪牙　zhǎoyá　lackey; jackal
　　　　　　脚爪　jiǎozhǎo　paw; claw
　　　zhuǎ　爪子　zhuǎzi　claw; talon

✏️ 4画

独体字

爪部

1-4年级

爪

`

爪 爪 爪 爪

照(照) zhào　照　zhào　shine; illuminate
　　　　　照顾　zhàogù　look after; care for
　　　　　按照　ànzhào　according to; in accordance with

✏️ 13画

合体字

灬部

1-4年级

照

照 照 照 日 照 照 照
照 照 照 照 照 照

遮(遮) zhē　遮　zhe　screen
　　　　　遮盖　zhēgài　overspread
　　　　　一手遮天　yīshǒuzhētiān　hoodwink the public

✏️ 14画

合体字

"辶"楷体比宋体多一个弯曲。

辶部

高级华文

遮

遮 遮 庶 庶 庶 庶 庶
庶 庶 庶 庶 遮 遮 遮

折(折) zhē　折跟头　zhēgēntou　turn a somersault
　　　　　zhé　折纸　zhézhǐ　paper folding
　　　　　shé　折本　shéběn　sustain losses in business; run a business at a loss

✏️ 7画

合体字

右边是"斤",不是"斥"。

扌部

1-4年级

折

折 折 折 折 折 折 折

470

者 (者)

zhě

读者	dúzhě	reader
学者	xuézhě	scholar; man of learning
或者	huòzhě	or; maybe

8 画

合体字

日部

1-4年级

这 (这)

zhè

| 这 | zhè | this; these |
| 这样 | zhèyàng | so; this way |

zhèi

| 这(口语音) | zhèi | this (pronunciation used in oral Chinese) |

7 画

合体字

"辶" 楷体比宋体多一个弯曲。

辶部

1-4年级

蔗 (蔗)

zhè

| 甘蔗 | gānzhè | sugarcane |
| 蔗糖 | zhètáng | cane sugar; sucrose |

14 画

合体字

艹部

5-6年级

真 (真)

zhēn

真	zhēn	true; genuine
真理	zhēnlǐ	truth
认真	rènzhēn	serious; earnest

10 画

合体字

中间是 "且", 不是 "且"。

十(八)部

1-4年级

针 (针)

zhēn

针	zhēn	needle; stitch
针对	zhēnduì	be aimed at; counter
方针	fāngzhēn	policy; guiding principle

✏️ 7 画

🔲 合体字

🏠 钅 (金) 部

👤 1-4年级

针	1	2

针 钅 钅 钅 针 针 针

珍 (珍)

zhēn

珍珠	zhēnzhū	pearl
珍惜	zhēnxī	treasure; cherish
袖珍	xiùzhēn	pocket-size; pocket

✏️ 9 画

🔲 合体字

🏠 王 部

👤 1-4年级

珍	1	2 / 3

珍 珍 珍 珍 珍 珍 珍 珍 珍

枕 (枕)

zhěn

枕头	zhěntou	pillow
抱枕	bàozhěn	rest one's head on the pillow

✏️ 8 画

🔲 合体字

右边是"尤",不是"冘"。

🏠 木 部

👤 1-4年级

枕	1	2

枕 枕 枕 枕 枕 枕 枕 枕

诊 (诊)

zhěn

诊所	zhěnsuǒ	clinic
门诊	ménzhěn	outpatient service
急诊	jízhěn	emergency call; emergency treatment

✏️ 7 画

🔲 合体字

🏠 讠 (言) 部

👤 5-6年级

诊	1	2 / 3

诊 诊 诊 诊 诊 诊 诊

振(振) zhèn
振动 zhèndòng vibration
振奋 zhènfèn be inspired with enthusiasm; stimulate

10 画
合体字
扌部
高级华文

阵(阵) zhèn
阵地 zhèndì position; front
阵容 zhènróng battle array; line-up
出阵 chūzhèn go into battle; pitch in

6 画
合体字
阝部
1-4年级

镇(镇) zhèn
镇静 zhènjìng calm; composed
镇压 zhènyā suppress; repress
市镇 shìzhèn cities and towns

15 画
合体字
右边中间是"且",不是"且"。
钅(金)部
5-6年级

争(争) zhēng
争 zhēng contend; dispute
争气 zhēngqì try to win credit for; try to bring credit to
战争 zhànzhēng war; warfare

6 画
独体字
中间是"彐",不是"彐"。
刀(⺈)部
1-4年级

筝 (筝) zhēng 风筝 fēngzhēng kite
古筝 gǔzhēng a Chinese zither with 21 or 25 strings

✏️ 12 画

合体字 中间是 "⺕", 不是 "⺕".

竹(⺮)部

1-4年级

正 (正) zhēng 正月 zhēngyuè the first moon
zhèng 正当 zhèngdāng just when; just time for
端正 duānzhèng upright; correct

✏️ 5 画

独体字

一(止)部

1-4年级

征 (征) zhēng 征服 zhēngfú conquer; subjugate
征求 zhēngqiú solicit; ask for
应征 yìngzhēng enlist; answer to requests

✏️ 8 画

合体字

彳部

5-6年级

挣 (挣) zhēng 挣扎 zhēngzhá struggle
zhèng 挣钱 zhèngqián earn money; make money
挣脱 zhèngtuō struggle to get free; try to throw off

✏️ 9 画

合体字 右中是 "⺕", 不是 "⺕".

扌部

5-6年级

睁(睁) zhēng 睁 zhēng open
睁眼瞎 zhēngyǎnxiā illiterate person

11 画

合体字　右中是"彐"，不是"彐"。

目部

5-6年级

睁 睁 睁 睁 睁 睁 睁
睁 睁 睁 睁

蒸(蒸) zhēng 蒸 zhēng evaporate; steam
蒸笼 zhēnglóng food steamer
水蒸汽 shuǐzhēngqì steam; water vapour

13 画

合体字

艹(灬)部

5-6年级

蒸 蒸 蒸 蒸 蒸 蒸 蒸
蒸 蒸 蒸 蒸 蒸 蒸

整(整) zhěng 整理 zhěnglǐ straighten out; put in order
调整 tiáozhěng adjust; revise

16 画

合体字　上右是"攵"，不是"攵"。

一(止)部

1-4年级

整 整 整 整 整 整 整
整 整 整 整 整 整 整
整 整

政(政) zhèng 政府 zhèngfǔ government
政治 zhèngzhì politics
邮政 yóuzhèng postal service

9 画

合体字　右边是"攵"，不是"攵"。

攵部

1-4年级

政 政 政 政 政 政 政
政 政

证(証) zhèng

证明	zhèngmíng	prove; testify
保证	bǎozhèng	pledge; guarantee
准证	zhǔnzhèng	permission; permit

✏ 7 画

▣ 合体字

🏠 讠 (言)部

👤 1-4年级

证 1 2   证证证证证证证

只(只) zhī

只	zhī	one; only one
船只	chuánzhī	shipping; vessels
只有	zhǐyǒu	only; alone

✏ 5 画

▣ 合体字

🏠 口(八)部

👤 1-4年级

只 1 2   只只只只只

汁(汁) zhī

汁液	zhīyè	juice
果汁	guǒzhī	fruit juice
墨汁	mòzhī	prepared Chinese ink

✏ 5 画

▣ 合体字

🏠 氵部

👤 1-4年级

汁 1 2   汁汁汁汁汁

枝(枝) zhī

枝叶	zhīyè	branches and leaves
粗枝大叶	cūzhī-dàyè	crude and careless

✏ 8 画

▣ 合体字

🏠 木部

👤 1-4年级

枝 1 2   枝枝枝枝枝枝枝枝

知(知) zhī

知道 zhīdào know; realize
知觉 zhījué consciousness; perception
通知 tōngzhī notice; inform

8 画
合体字
矢(口)部
1-4年级

知 知 矢 矢 矢 知 知 知

支(支) zhī

支持 zhīchí stand by; sustain
支部 zhībù branch
收支 shōuzhī income and expenses; revenue and expenditure

4 画
合体字
十(又)部
1-4年级

支 支 支 支

蜘(蜘) zhī

蜘蛛 zhīzhū spider

14 画
合体字
虫部
1-4年级

蜘 蜘 蜘 蜘 蜘 蜘 蜘
蜘 蛛 蛛 蛛 蛛 蜘 蜘

之(之) zhī

之后 zhīhòu later; afterwards
三分之一 sānfēnzhīyī one third

3 画
独体字
、部
1-4年级

之 之 之

织(織)	zhī	织	zhī	wave; knit
		织造	zhīzào	weaving
		组织	zǔzhī	organization; tissue

8 画

合体字

纟(糸)部

5-6年级

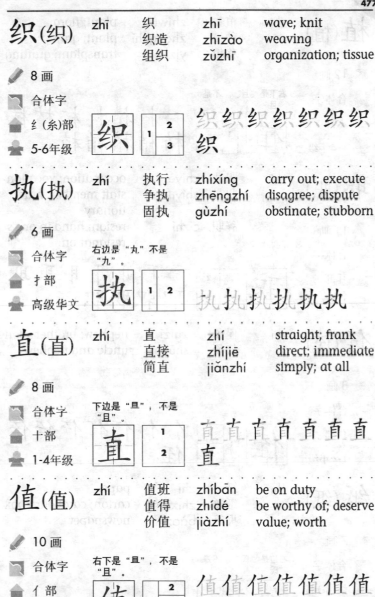

织织织织织织织织织

执(執)	zhí	执行	zhíxíng	carry out; execute
		争执	zhēngzhí	disagree; dispute
		固执	gùzhí	obstinate; stubborn

6 画

合体字 — 右边是"丸"不是"九"。

扌部

高级华文

执执执执执执

直(直)	zhí	直	zhí	straight; frank
		直接	zhíjiē	direct; immediate
		简直	jiǎnzhí	simply; at all

8 画

合体字 — 下边是"且",不是"且"。

十部

1-4年级

直直直直直直直直

值(值)	zhí	值班	zhíbān	be on duty
		值得	zhídé	be worthy of; deserve
		价值	jiàzhí	value; worth

10 画

合体字 — 右下是"且",不是"且"。

亻部

1-4年级

值值值值值值值值值值

植(植)   zhí

植物	zhíwù	plant; flora
种植	zhòngzhí	plant; grow
移植	yízhí	transplant; grafting

✏️ 12 画

🔲 合体字   右下是 "且"，不是 "旦"。

🏠 木部

👤 1-4年级

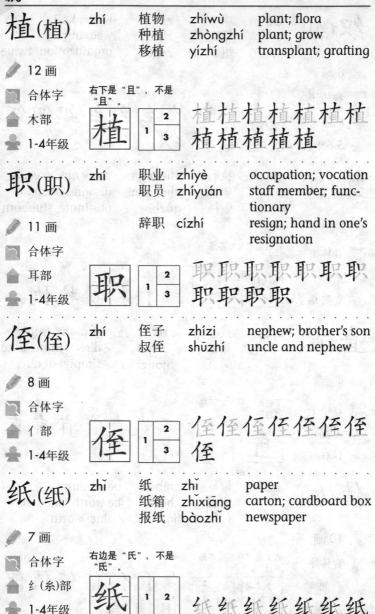

植 植 植 植 植 植 植 植 植 植 植 植

职(职)   zhí

职业	zhíyè	occupation; vocation
职员	zhíyuán	staff member; functionary
辞职	cízhí	resign; hand in one's resignation

✏️ 11 画

🔲 合体字

🏠 耳部

👤 1-4年级

职 职 职 职 职 职 职 职 职 职 职

侄(侄)   zhí

| 侄子 | zhízi | nephew; brother's son |
| 叔侄 | shūzhí | uncle and nephew |

✏️ 8 画

🔲 合体字

🏠 亻部

👤 1-4年级

侄 侄 侄 侄 侄 侄 侄 侄

纸(纸)   zhǐ

纸	zhǐ	paper
纸箱	zhǐxiāng	carton; cardboard box
报纸	bàozhǐ	newspaper

✏️ 7 画

🔲 合体字   右边是 "氏"，不是 "氐"。

🏠 纟(糸)部

👤 1-4年级

纸 纸 纸 纸 纸 纸 纸

指(指)

	zhǐ	指	zhǐ	finger; point
		指挥	zhǐhuī	command; direct
		食指	shízhǐ	index finger

✏️ 9画

🔲 合体字

📥 扌部

👤 1-4年级

指 | 1 2 3

指 指 指 指 指 指 指 指

止(止)

	zhǐ	止痛	zhǐtòng	relieve pain; stop pain
		停止	tíngzhǐ	stop; cease

✏️ 4画

🔲 独体字

📥 止部

👤 1-4年级

止 | 1

止 止 止 止

址(址)

	zhǐ	地址	dìzhǐ	address
		遗址	yízhǐ	ruins; relics
		原址	yuánzhǐ	former address

✏️ 7画

🔲 合体字

📥 土部

👤 5-6年级

址 | 1 2

址 址 址 址 址 址 址

稚(稚)

	zhì	稚气	zhìqì	childishness
		幼稚	yòuzhì	naive; puerile
		幼稚园	yòuzhìyuán	kindergarten

✏️ 13画

🔲 合体字

右边是"隹",不是"住"。

📥 禾部

👤 高级华文

稚 | 1 2

稚 稚 稚 稚 稚 稚 稚
稚 稚 稚 稚 稚 稚

志(志) zhì

志气	zhìqì	aspiration; ambition
斗志	dòuzhì	will to fight; fighting will
立志	lìzhì	resolve; be determined

7 画

合体字

士部

1-4年级

上边是"士"不是"土"。
"心"第二笔楷体是卧钩，
宋体是竖弯钩。

志 | 1
　 | 2

志志志志志志志

制(制) zhì

制造	zhìzào	manufacture; fabricate
制度	zhìdù	system; institution
克制	kèzhì	restrain; control

8 画

合体字

刂部

1-4年级

制 | 1 | 2

制制制乍乍制制制

秩(秩) zhì

| 秩序 | zhìxù | order; sequence |

10 画

合体字

禾部

1-4年级

秩 | 1 | 2

秩秩秩秩秩秩秩秩秩秩

至(至) zhì

至少	zhìshǎo	at least
至于	zhìyú	as for; as to
直至	zhízhì	until; up to

6 画

合体字

一(土)部

5-6年级

至 | 1
　 | 2

至至至至至至

治 (治)

zhì

治理	zhǐlǐ	govern; bring under control
治疗	zhìliáo	treat; cure
医治	yīzhì	cure; heal

✏️ 8 画

🟦 合体字

🏠 氵部

👤 5-6年级

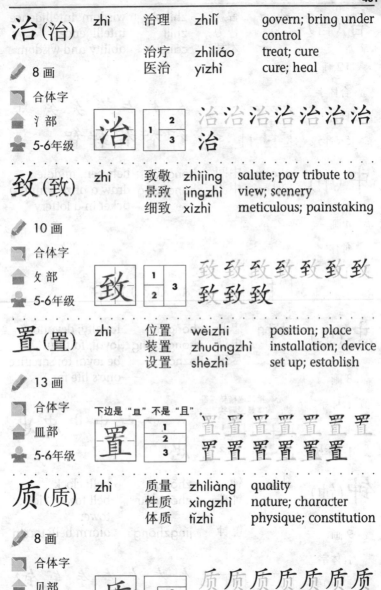

致 (致)

zhì

致敬	zhìjìng	salute; pay tribute to
景致	jǐngzhì	view; scenery
细致	xìzhì	meticulous; painstaking

✏️ 10 画

🟦 合体字

🏠 夂部

👤 5-6年级

置 (置)

zhì

位置	wèizhi	position; place
装置	zhuāngzhì	installation; device
设置	shèzhì	set up; establish

✏️ 13 画

🟦 合体字

下边是"且"不是"且"。

🏠 皿部

👤 5-6年级

质 (质)

zhì

质量	zhìliàng	quality
性质	xìngzhì	nature; character
体质	tǐzhì	physique; constitution

✏️ 8 画

🟦 合体字

🏠 贝部

👤 5-6年级

智 (智) zhì

智慧	zhìhuì	wisdom; intelligence
智力	zhìlì	intelligence
才智	cáizhì	ability and wisdom

✏️ 12 画

🔲 合体字

🏠 日部

🎓 5-6年级

智智智智智智智
智智智智智

中 (中) zhōng / zhòng

中间	zhōngjiān	between; middle
中奖	zhòngjiǎng	draw a prize winning ticket in a lottery

✏️ 4 画

🔲 独体字

🏠 丨部

🎓 1-4年级

中 中 中 中

忠 (忠) zhōng

忠心	zhōngxīn	loyalty; devotion
忠诚	zhōngchéng	loyal; faithful
尽忠	jìnzhōng	be loyal to; sarcifice one's life for

✏️ 8 画

🔲 合体字

"心" 第二笔楷体是卧钩，宋体是竖弯钩。

🏠 心部

🎓 1-4年级

忠忠忠忠忠忠
忠

钟 (钟) zhōng

钟	zhōng	bell; clock
钟楼	zhōnglóu	bell tower; clock tower
警钟	jǐngzhōng	alarm bell; tocsin

✏️ 9 画

🔲 合体字

🏠 钅(金)部

🎓 1-4年级

钟钟钟钟钟钟钟
钟钟

终(終) zhōng

| 终点 | zhōngdiǎn | terminal point; destination |
| 始终 | shǐzhōng | from beginning to end; throughout |

✏️ 8 画

🔲 合体字

右上是 "夂", 不是 "夂"。

🏠 纟(糸)部

👤 1-4年级

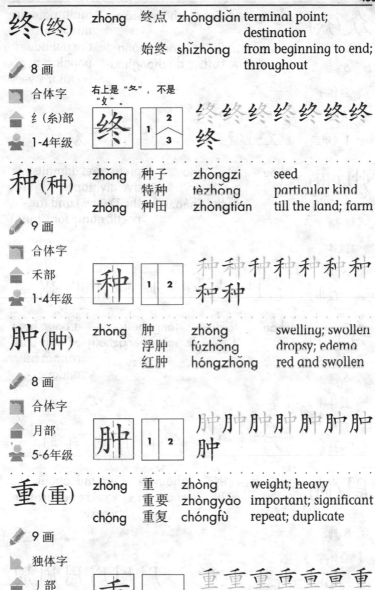

终终终终终终终
终

种(種)

zhǒng
| 种子 | zhǒngzi | seed |
| 特种 | tèzhǒng | particular kind |

zhòng
| 种田 | zhòngtián | till the land; farm |

✏️ 9 画

🔲 合体字

🏠 禾部

👤 1-4年级

种种种种种种
种种

肿(腫) zhǒng

肿	zhǒng	swelling; swollen
浮肿	fúzhǒng	dropsy; edema
红肿	hóngzhǒng	red and swollen

✏️ 8 画

🔲 合体字

🏠 月部

👤 5-6年级

肿月月月肿肿肿
肿

重(重)

zhòng
| 重 | zhòng | weight; heavy |
| 重要 | zhòngyào | important; significant |

chóng
| 重复 | chóngfù | repeat; duplicate |

✏️ 9 画

🔲 独体字

🏠 丿部

👤 1-4年级

重重重亘亘亘重
重重

众(众)

zhòng

众多	zhòngduō	multitudinous; numerous
公众	gōngzhòng	the public
大众化	dàzhònghuà	popular; in a popular style

✏ 6 画

▨ 合体字

▣ 人部

👤 1-4年级

众众众众众众

州 (州)

zhōu

| 州 | zhōu | prefecture; administrative division |
| 神州 | Shénzhōu | the Divine Land (a poetic name for China) |

✏ 6 画

▨ 独体字

▣ 、部

👤 高级华文

州州州州州州州

舟(舟)

zhōu

| 龙舟 | lóngzhōu | dragon boat |
| 木已成舟 | mùyǐchéngzhōu | what is done cannot be undone |

✏ 6 画

▨ 独体字

▣ 舟部

👤 高级华文

舟舟舟舟舟舟

周 (周)

zhōu

| 周围 | zhōuwéi | around; about |
| 周刊 | zhōukān | weekly publication; weekly |

✏ 8 画

▨ 合体字

▣ 冂(口)部

👤 1-4年级

周周周周周周周周

洲 (洲)　　zhōu　　绿洲　　lǜzhōu　　oasis
　　　　　　　　　　亚洲　　Yàzhōu　　Asia
　　　　　　　　　　神州　　Shénzhōu　　the Divine Land
　　　　　　　　　　　　　　　　　　　　(a poetic name
　　　　　　　　　　　　　　　　　　　　for China)

✏ 9 画

🔲 合体字

🏠 氵部

👤 5-6年级

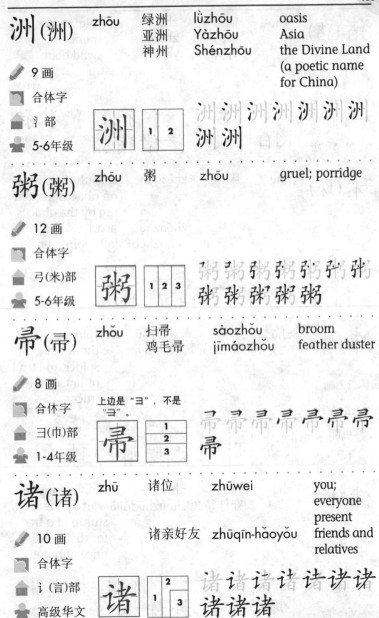

洲 洲 洲 洲 洲 沙 洲
洲 洲

粥 (粥)　　zhōu　　粥　　zhōu　　gruel; porridge

✏ 12 画

🔲 合体字

🏠 弓(米)部

👤 5-6年级

弼 弼 弓 弼 弼 弼 弼
弼 弼 弼 粥 粥

帚 (帚)　　zhǒu　　扫帚　　sàozhǒu　　broom
　　　　　　　　　　鸡毛帚　　jīmáozhǒu　　feather duster

✏ 8 画

🔲 合休字

🏠 彐(巾)部

　　上边是"彐"，不是
　　"彐"。

👤 1-4年级

帚 帚 帚 帚 帚 帚 帚
帚

诸 (诸)　　zhū　　诸位　　zhūwèi　　you;
　　　　　　　　　　　　　　　　　　　everyone
　　　　　　　　　　　　　　　　　　　present

✏ 10 画

　　　　　　　　　　诸亲好友　　zhūqīn-hǎoyǒu　　friends and
　　　　　　　　　　　　　　　　　　　　　relatives

🔲 合体字

🏠 讠(言)部

👤 高级华文

诸 诸 诸 诸 诸 诸 诸
诸 诸 诸

猪 (猪)

猪	zhū	pig; swine
猪肉	zhūròu	pork
野猪	yězhū	wild boar

zhū

11 画

合体字

犭部

1-4年级

猪猪猪猪猪猪猪
猪猪猪猪

珠 (珠)

zhū

珠算	zhūsuàn	consultation with an abacus; reckoning by the abacus
珍珠	zhēnzhū	pearl
圆珠笔	yuánzhūbǐ	ball-point pen

10 画

合体字

王部

1-4年级

珠珠珠珠珠珠珠
珠珠珠

蛛 (蛛)

zhū

蜘蛛	zhīzhū	spider
蛛丝马迹	zhūsī-mǎjì	thread of a spider and trail of horse-clues; traces

12 画

合体字

虫部

1-4年级

蛛蛛蛛蛛蛛蛛
蛛蛛蛛蛛蛛

株 (株)

zhū

株	zhū	individual plant
守株待兔	shǒuzhūdàitù	wait by the stump of a tree for the appearance of hares

10 画

合体字

木部

5-6年级

株株株株株株株
株株株

竹(竹) zhú
竹子 zhúzi bamboo
竹竿 zhúgān bamboo pole
爆竹 bàozhú fire cracker; fireworks

✏ 6画
独体字
竹部
1-4年级

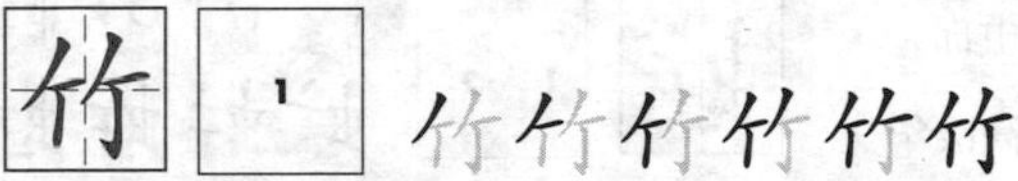

竹 | ' | 竹 竹 竹 竹 竹 竹

烛(烛) zhú
蜡烛 làzhú candle
香烛 xiāngzhú joss sticks
烛光 zhúguāng candlelight

✏ 10画
合体字
火部
5-6年级

烛 | 1 2 | 烛 烛 烛 烛 烛 烛 烛 烛 烛 烛

主(主) zhǔ
主要 zhǔyào main; major
主意 zhǔyi idea; decision
主任 zhǔrèn director; head

✏ 5画
独体字
、(王)部
1-4年级

主 | ' | 主 主 主 主 主

煮(煮) zhǔ
煮 zhǔ boil; cook
一锅煮 yīguōzhǔ treat different persons or things alike

✏ 12画
合体字
灬部
1-4年级

煮 | 1 2 / 3 | 煮 煮 煮 煮 煮 者 者 者 者 煮 煮 煮

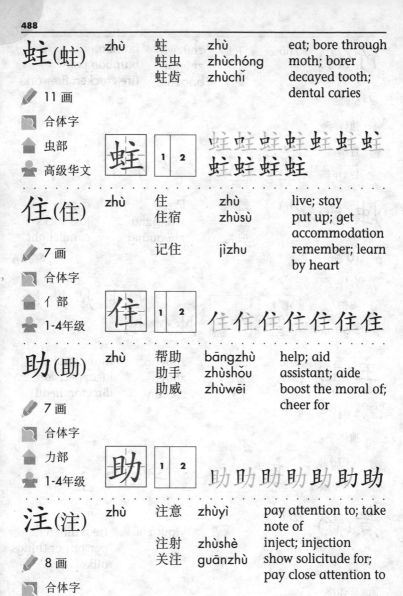

蛀(蛀)

11 画

合体字

虫部

高级华文

蛀	zhù	eat; bore through
蛀虫	zhùchóng	moth; borer
蛀齿	zhùchǐ	decayed tooth; dental caries

住(住)

7 画

合体字

亻部

1-4年级

住	zhù	live; stay
住宿	zhùsù	put up; get accommodation
记住	jìzhu	remember; learn by heart

助(助)

7 画

合体字

力部

1-4年级

帮助	bāngzhù	help; aid
助手	zhùshǒu	assistant; aide
助威	zhùwēi	boost the moral of; cheer for

注(注)

8 画

合体字

氵部

1-4年级

注意	zhùyì	pay attention to; take note of
注射	zhùshè	inject; injection
关注	guānzhù	show solicitude for; pay close attention to

祝(祝)

zhù

祝词	zhùcí	congratulatory speech; congratulations
祝贺	zhùhè	congratulate
庆祝	qìngzhù	celebrate

9 画

合体字

左边是 "衤" 不是 "礻"。

礻(示)部

1-4年级

筑(筑)

zhù

筑路	zhùlù	construct a road
建筑	jiànzhù	build; construct
修筑	xiūzhù	build; construct; put up

12 画

合体字

竹(⺮)部

1-4年级

柱(柱)

zhù

柱子	zhùzi	post; pillar
台柱	táizhù	mainstay; leading light
支柱	zhīzhù	pillar; prop; mainstay

9 画

合体字

木部

1-4年级

著(著)

zhù

zhuó

著	zhù	outstanding; write
著名	zhùmíng	famous; well-known
执著	zhízhuó	persistent; persevering

11 画

合体字

⺾部

5-6年级

抓(抓) zhuā 抓　zhuā　clutch; seize
　　　　　　　抓紧　zhuājǐn　firmly grasp;
　　　　　　　　　　　　pay close
　　　　　　　　　　　　attention to

✏️ 7 画

🔲 合体字　右边是"爪"，不是"瓜"。

🏠 扌部

👤 1-4年级

抓 | 1　2

抓抓抓抓抓抓抓

砖(砖) zhuān 砖头　zhuāntou　bricks
　　　　　　　抛砖引玉　pāozhuān-yǐnyù　offer a few
　　　　　　　　　　　remarks by introduction so
　　　　　　　　　　　that others may come up
　　　　　　　　　　　with valuable opinions.

✏️ 9 画

🔲 合体字

🏠 石部

👤 高级华文

砖 | 1　2

砖砖砖砖砖砖砖砖砖

专(专) zhuān 专门　zhuānmén　special; specialised
　　　　　　　专家　zhuānjiā　expert; specialist
　　　　　　　专心　zhuānxīn　concentrate one's
　　　　　　　　　　　　attention; be absorbed

✏️ 4 画

🔲 独体字

🏠 一(二)部

👤 1-4年级

专 | 1

专专专专

转(转) zhuǎn 转换　zhuǎnhuàn　change; transform
　　　　　 zhuàn 转椅　zhuànyǐ　swivel chair;
　　　　　　　　　　　　revolving chair

✏️ 8 画

🔲 合体字

🏠 车部

👤 1-4年级

转 | 1　2

转转转转转转转转

赚(赚) | zhuàn | 赚钱 | zhuànqián | make money; make a profit

✏️ 14 画

◾ 合体字

🏠 贝部

👤 5-6年级

装(装) | zhuāng | 假装 | jiǎzhuāng | pretend; feign
装修 | zhuāngxiū | fit up; renovation
服装 | fúzhuāng | clothing; costume

✏️ 12 画

◾ 合体字 — 右上是"士",不是"土"。

🏠 衣部

👤 1-4年级

壮(壮) | zhuàng | 壮大 | zhuàngdà | grow in strength; expand
健壮 | jiànzhuàng | healthy and strong; robust

✏️ 6 画

◾ 合体字 — 右边是"十",不是"土"。

🏠 丬士部

👤 1-4年级

撞(撞) | zhuàng | 撞 | zhuàng | bump against
顶撞 | dǐngzhuàng | contradict; answer back

✏️ 15 画

◾ 合体字

🏠 扌部

👤 1-4年级

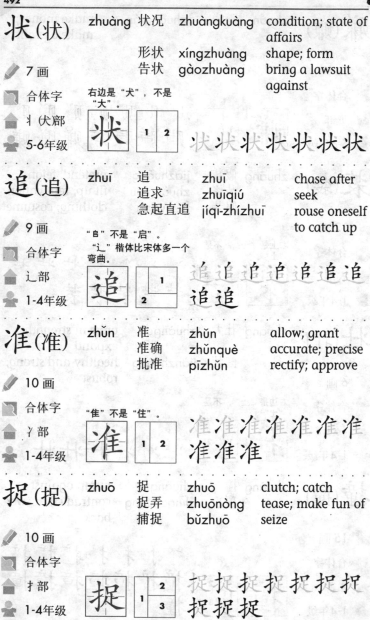

状(狀) zhuàng 状况 zhuàngkuàng condition; state of affairs

形状 xíngzhuàng shape; form

告状 gàozhuàng bring a lawsuit against

7 画

合体字　右边是"犬"，不是"大"。

丬(伏)部

5-6年级

状状状状状状状

追(追) zhuī 追 zhuī chase after

追求 zhuīqiú seek

急起直追 jíqǐ-zhízhuī rouse oneself to catch up

9 画

合体字　"𠂤"不是"启"。
"辶"楷体比宋体多一个弯曲。

辶部

1-4年级

追追追追追追追
追追

准(準) zhǔn 准 zhǔn allow; grant

准确 zhǔnquè accurate; precise

批准 pīzhǔn rectify; approve

10 画

合体字　"隹"不是"住"。

冫部

1-4年级

准准准准准准准
准准准

捉(捉) zhuō 捉 zhuō clutch; catch

捉弄 zhuōnòng tease; make fun of

捕捉 bǔzhuō seize

10 画

合体字

扌部

1-4年级

捉捉捉捉捉捉捉
捉捉捉

桌(桌)　zhuō　桌布　zhuōbù　tablecloth
　　　　　　　书桌　shūzhuō　desk

✏️ 10 画

🔲 合体字

🏠 木(卜)部

👤 1-4年级

桌桌桌桌桌桌桌
桌桌桌

着(着)　zhuó　着手　zhuóshǒu　put one's hand to
　　　　zhāo　着数　zhāoshù　a move in chess
　　　　zháo　着迷　zháomí　be fascinated
　　　　zhe　沿着　yánzhe　along; follow

✏️ 11 画

🔲 合体字

🏠 羊(𦍌、八)部

👤 1-4年级

着着着着着着着
着着着着

姿(姿)　zī　姿势　zīshì　posture; gesture
　　　　　姿态　zītài　pose; carriage
　　　　　英姿　yīngzī　heroic bearing

✏️ 9 画

🔲 合体字

🏠 女部

👤 5-6年级

姿姿姿姿姿姿姿
姿姿

资(资)　zī　资料　zīliào　means; data
　　　　　资格　zīgé　qualification; seniority
　　　　　工资　gōngzī　wages; salary

✏️ 10 画

🔲 合体字

🏠 贝部

👤 5-6年级

资资资资资资资
资资资

子(子)

zǐ	子女	zǐnǚ	sons and daughters;
	子弟	zǐdì	juniors; children
zi	桌子	zhuōzi	table; desk

✏️ 3 画

独体字

子部

1-4年级

子 | 1

子 子 子

紫(紫)

zǐ	紫色	zǐsè	purple; violet
	紫外线	zǐwàixiàn	ultraviolet ray
	万紫千红	wànzǐ-qiānhóng	a riot of colour

✏️ 12 画

合体字

"糸"第五笔楷体是点，宋体是撇。

糸部

紫	1	2
	3	
	4	

1-4年级

紫 紫 紫 紫 紫 紫 紫
紫 紫 紫 紫 紫

仔(仔)

zǐ	仔细	zǐxì	careful; attentive
zǎi	牛仔	niúzǎi	cowboy

✏️ 5 画

合体字

亻部

仔 | 1 | 2

5-6年级

仔 仔 仔 仔 仔

字(字)

zì	字典	zìdiǎn	dictionary
	字句	zìjù	words and expressions
	文字	wénzì	written language; script

✏️ 6 画

合体字

宀部

字 | 1 | 2

1-4年级

字 字 字 字 字 字

自 (自) zì

自己	zìjǐ	oneself
自助	zìzhù	help oneself; rely on oneself
各自	gèzì	each; respective

6 画

独体字

自部

1-4年级

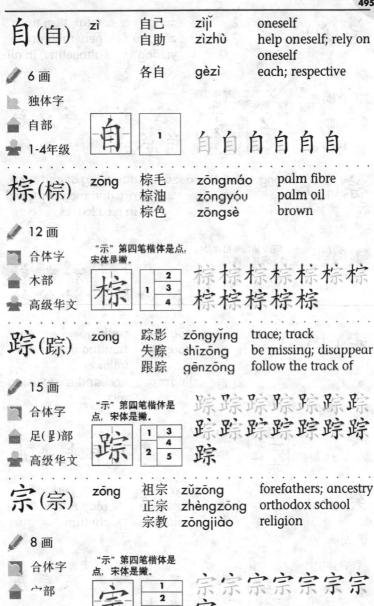

自 ' 自 自 自 自 自 自

棕 (棕) zōng

棕毛	zōngmáo	palm fibre
棕油	zōngyóu	palm oil
棕色	zōngsè	brown

12 画

合体字

木部

高级华文

"示"第四笔楷体是点，宋体是撇。

棕 棕 棕 棕 棕 棕 棕 棕 棕 棕 棕

踪 (踪) zōng

踪影	zōngyǐng	trace; track
失踪	shīzōng	be missing; disappear
跟踪	gēnzōng	follow the track of

15 画

合体字

足(𧾷)部

高级华文

"示"第四笔楷体是点，宋体是撇。

踪 踪 踪 踪 踪 踪 踪 踪 踪 踪 踪 踪 踪 踪 踪

宗 (宗) zōng

祖宗	zǔzōng	forefathers; ancestry
正宗	zhèngzōng	orthodox school
宗教	zōngjiào	religion

8 画

合体字

宀部

5-6年级

"示"第四笔楷体是点，宋体是撇。

宗 宗 宗 宗 宗 宗 宗 宗

总 (总)

zǒng	总	zǒng	total; sum up
	总部	zǒngbù	general office
	一总	yīzǒng	altogether; in all

✏️ 9 画

📖 合体字

"心" 第二笔楷体是卧钩，宋体是竖弯钩。

🏠 心部

👤 1-4年级

总总总总总总总总总

粽 (粽)

zòng	肉粽	ròuzòng	dumpling of glutinous rice and meat wrapped in reed leaves

✏️ 14 画

📖 合体字

"示" 第四笔楷体是点，宋体是撇。

🏠 米部

👤 5-6年级

粽粽粽粽粽粽粽粽粽粽粽粽粽粽

走 (走)

zǒu	走	zǒu	walk; go
	走狗	zǒugǒu	running dog; servile follower
	竞走	jìngzǒu	heel-and-toe walking race

✏️ 7 画

📖 合体字

🏠 走部

👤 1-4年级

走走走走走走走

奏 (奏)

zòu	奏	zòu	play; perform
	奏乐	zòuyuè	play music
	节奏	jiézòu	rhythm

✏️ 9 画

📖 合体字

"天" 不是 "夭"。

🏠 一(大)部

👤 5-6年级

奏奏奏奏奏奏奏奏奏

租(租) zū

租	zū	rent; hire
租金	zūjīn	rent; rental
出租	chūzū	hire; let

10 画
合体字
禾部
1-4年级

足(足) zú

足球	zúqiú	football
充足	chōngzú	adequate
美中不足	měizhōngbùzú	a blemish in an otherwise perfect thing

7 画
合体字
足部
1-4年级

族(族) zú

种族	zhǒngzú	race
家族	jiāzú	clan; family
贵族	guìzú	noble; aristocrat

11 画
合体字
方部
1-4年级

组(组) zǔ

组长	zǔzhǎng	head of a group
小组	xiǎozǔ	group
改组	gǎizǔ	reorganize; reshuttle

8 画
合体字
纟(糸)部
1-4年级

祖(祖)

zǔ

祖先	zǔxiān	ancestry; forbears
祖宗	zǔzong	forefathers; ancestors
外祖父	wàizǔfù	maternal grandfather

✏️ 9 画

📖 合体字

左边是"衤"，不是"礻"。

🔺 礻 (示)部

👤 1-4年级

祖祖祖祖祖祖
祖祖

阻(阻)

zǔ

阻止	zǔzhǐ	prevent; hold back
阻力	zǔlì	obstruction; resistance
劝阻	quànzǔ	dissuade somebody from; advise somebody not to

✏️ 7 画

📖 合体字

🔺 阝部

👤 5-6年级

阻阻阻阻阻阻阻

钻(钻)

zuān

| 钻 | zuān | drill; bore |
| 钻研 | zuānyán | study intensively; dig into |

zuàn

| 电钻 | diànzuàn | electric drill |

✏️ 10 画

📖 合体字

🔺 钅 (金)部

👤 1-4年级

钻钻钻钻钻钻钻
钻钻钻

嘴(嘴)

zuǐ

| 嘴 | zuǐ | mouth |
| 多嘴 | duōzuǐ | speak out of turn; shoot off one's mouth |

✏️ 16 画

📖 合体字

🔺 口部

👤 1-4年级

嘴嘴嘴嘴嘴嘴嘴
嘴嘴嘴嘴嘴嘴嘴
嘴嘴

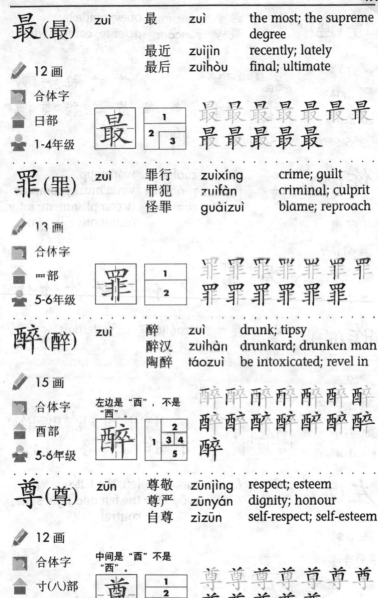

最（最）　　zuì

最	zuì	the most; the supreme degree
最近	zuìjìn	recently; lately
最后	zuìhòu	final; ultimate

12 画

合体字

日部

1-4年级

罪（罪）　　zuì

罪行	zuìxíng	crime; guilt
罪犯	zuìfàn	criminal; culprit
怪罪	guàizuì	blame; reproach

13 画

合体字

罒部

5-6年级

醉（醉）　　zuì

醉	zuì	drunk; tipsy
醉汉	zuìhàn	drunkard; drunken man
陶醉	táozuì	be intoxicated; revel in

15 画

合体字

左边是"酉"，不是"酉"。

酉部

5-6年级

尊（尊）　　zūn

尊敬	zūnjìng	respect; esteem
尊严	zūnyán	dignity; honour
自尊	zìzūn	self-respect; self-esteem

12 画

合体字

中间是"酉"不是"酉"。

寸(八)部

1-4年级

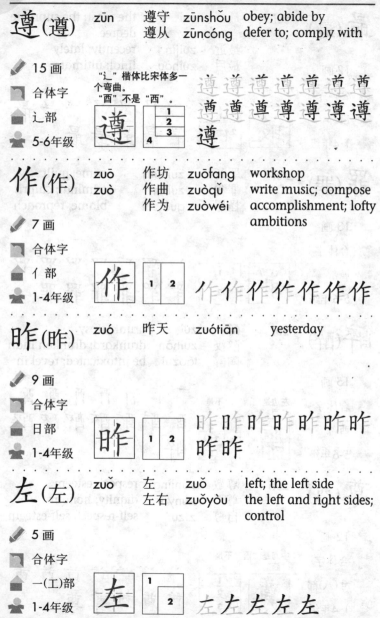

遵(遵)

zūn

| 遵守 | zūnshǒu | obey; abide by |
| 遵从 | zūncóng | defer to; comply with |

15 画

合体字

辶部

5-6年级

"辶" 楷体比宋体多一个弯曲。
"酉" 不是 "西"。

遵 遵 遵 遵 酋 酋 酋
酋 酋 遵 尊 尊 遵 遵
遵

作(作)

zuō
zuò

作坊	zuōfang	workshop
作曲	zuòqǔ	write music; compose
作为	zuòwéi	accomplishment; lofty ambitions

7 画

合体字

亻部

1-4年级

作 亻 亻 亻 作 作 作

昨(昨)

zuó

| 昨天 | zuótiān | yesterday |

9 画

合体字

日部

1-4年级

昨 日 昨 昨 昨 昨 昨
昨 昨

左(左)

zuǒ

| 左 | zuǒ | left; the left side |
| 左右 | zuǒyòu | the left and right sides; control |

5 画

合体字

一(工)部

1-4年级

左 ナ ナ 左 左 左

坐 (坐)	zuò	坐	zuò	sit; take a seat
		坐位	zuòwèi	seat; a place to sit
7 画		坐享其成	zuòxiǎngqíchéng	sit idle and enjoy the fruits of others' work
合体字				
土部				
1-4年级				

坐 坐 坐 坐 坐 坐 坐

做 (做)	zuò	做	zuò	make
		做作	zuòzuò	affected
11 画		小题大做	xiǎotí-dàzuò	make much ado about nothing
合体字				
亻部	"攵"不是"夂"。			
1-4年级				

做 做 做 做 做 做 做
做 做 做 做

座 (座)	zuò	座谈	zuòtán	have an informal discussion
		星座	xīngzuò	constellation
10 画				
合体字				
广部				
1-4年级				

座 座 座 座 座 座 座
座 座 座

附录
Appendices

一 汉字笔形名称表
Strokes of Chinese Characters

【说明】 本表所列笔形共分30类，以宋体为依据，以本字典所收2000字为范围。

单笔笔形

笔形类别	名称	例字
一	横	一 丛 大
丨	竖	个 卫 门
丿	撇	人 千 月
丶	点	广 办 区
乀	捺	人 之 瓜
乁	提	打 汗 地

复笔笔形

笔形类别	名称	例字
㇕ ㇕	横折	口 马 今
㇋	横撇	又 冬 子
㇇	横钩	买 觉 欠
㇆ ㇋	横折折	凹
㇄	横折弯	朵 没
㇌	横折提	讲
㇆ ㇆	横折钩	书 永 有 讯
㇈	横折斜钩	风 飞 几
乙 ㇈	横折弯钩	亿 九

笔形类别	名称	例字		
㇅	横撇弯钩	陪	邻	
㇅	横折折折	凸		
㇅	横折折撇	及	建	
㇅	横折折折钩	仍	场	
㇚	竖提	长	以	饱 利 巨 酒 *心
㇚	竖钩	小	手	
㇄	竖折	山	母	
㇄	竖弯	四	西	
㇄	竖弯钩	己	儿	
㇄	竖折撇	专		
㇅	竖折折钩	马	与	弓
㇜	撇折	台	私	给
㇜	撇点	女	巡	式
㇇	斜钩	我	浅	
㇂	左弯钩	家	狼	

* "心" 的第一笔，楷体是 ㇃，称为卧钩；宋体是竖弯钩。

二 汉字偏旁名称表
Components of Chinese Characters

【说明】 1. 本表列举常用偏旁共109个。有的偏旁有几种不同的叫法，本表只取较为通行的名称。

2. 本表按偏旁笔画数排列，笔画数相同的，依笔形次序排列。

偏旁	名称	例字	偏旁	名称	例字
厂	厂字头	历厅厚	巾	巾字旁	帆帐布
匚	三框栏	区匠医	山（凵）	山字旁	峰岸岛
刂	立刀旁	到列别	彳	双人旁	得行街
冂（门）	同字框	同网周	彡	三撇儿	形彩参
亻	单人旁	你位住	犭	反犬旁	狂独狗
八（丷）	八字头	公分关	夕	夕字旁	外名多
人	人字头	会今命	夂	折文旁	冬夏备
勹	包字头	句勾包	饣	食字旁	饭饮馆
冫	两点水	次冷冲	广	广字头	床店度
宀	秃宝盖	写军冠	丬	将字旁	壮状将
讠	言字旁	读说论	忄	竖心旁	快忙怕
卩	单耳旁	印却即	门	门字框	问闷闹
阝	双耳旁		氵	三点水	江活游
	（左耳旁）	队防	宀	宝盖头	安定家
	（右耳旁）	那邻都	辶	走之底	这过送
力	力字旁	加动努	尸	尸字头	居屋层
又（又）	又字旁	对支圣	弓	弓字旁	引张强
廴	建字底	建延	子	子字旁	孩孙孔
工（工）	工字旁	功巧贡	女	女字旁	好妈要
土（土）	提土旁	地城块	纟（糸）	绞丝旁	红约紧
扌	提手旁	操担捉	马（马）	马字旁	骑驶骂
艹	草字头	花草英	王（王）	王字旁	玩珠琴
寸	寸字旁	封耐寻	青	青字头	责素毒
廾	弄字底	弄异弃	耂	老字头	考孝者
口	口字旁	唱只占	木（木）	木字旁	校枝查
囗	大口框	园图国	车（车）	车字旁	轻较军

偏旁	名称	例字	偏旁	名称	例字
戈	戈字旁	划 战 成	穴	穴宝盖	空 穿 穷
瓦	瓦字旁	瓶	衤	衣字旁	初 袖 被
止（止）	止字旁	此 肯 齿	耳（耳）	耳字旁	取 聪 聋
日	日字旁	时 明 晚	𢆡	裁字头	栽 裁 载
贝	贝字旁	财 贩 贫	西	西字头	要 票 覆
牛（牜、牛）	牛字旁	物 告 牵	页	页字旁	顺 项 烦
攵	反文旁	收 改 教	虍	虎字头	虎 虑
斤	斤字旁	新 所 欣	虫	虫字旁	虾 虹 蝇
爪（爪）	爪字旁	受 爱 爬	缶	缶字旁	缺 缸 罐
父	父字头	爸 爹 爷	舌	舌字旁	甜 乱 辞
月	月字旁	胞 肥 期	𥫗	竹字头	笑 笔 等
欠	欠字旁	次 欢 歌	臼	臼字头	舅
方	方字旁	放 旗 旁	舟	舟字旁	船 般 航
火（火）	火字旁	灯 灵 灰	衣	衣字旁	装 袋 裂
灬	四点底	点 热 照	羊（羊、𦍌）	羊字旁	群 差 美
户	户字头	房 扇 扁	䒑	卷字头	卷 券 拳
礻	示字旁	礼 社 视	米（米）	米字旁	粒 粗 类
心	心字底	志 思 想	羽	羽字旁	翅 翁
夫	春字头	奉 奏	纟	绞丝底	紧 繁 累
石	石字旁	破 碍 研	走	走字旁	起 超 趁
覀	常字头	常 尝 赏	酉	酉字旁	配 酸 醒
目	目字旁	眼 睡 眉	里	里字旁	野
田	田字旁	略 男 畜	足（足）	足字旁	跑 跟 跌
罒	四字头	罗 罢 罪	身	身字旁	躲 躺 躬
皿	皿字底	益 盐 盛	角	角字旁	解 触
钅	金字旁	错 铜 铃	鱼（鱼）	鱼字旁	鲜
矢	矢字旁	知 短 矮	革	革字旁	鞋 鞭
禾（禾）	禾字旁	和 秋 香			
白	白字旁	的 泉 皂			
鸟	鸟字旁	鸡 鸭 鸽			
疒	病字头	疼 痕 疲			
立（立）	立字旁	站 端 童			

三 汉字结构类型表
Types of Character Structures

结构类型		基本图形	例字
独体		1	东 雨 非
合体	左右结构	1 2	加 始 数
	左中右结构	1 2 3	班 粥 街
	上下结构	1 / 2	艺 华 露
		1 / 2	公 各
		1 / 2 3	品 晶
	上中下结构	1 / 2 / 3	京 总 算
		1 / 2 3	参 巷
		1 / 2 / 3	合 夸
	半包围结构	1 / 2	历 病 庭
		2 / 1	司 栽 或
		1 / 2	达 延 造
		1 2	医 匠 匪
		1 / 2	向 风 周
		1 / 2	凶
	全包围结构	1 2	国 图 圆
	镶嵌结构	1 2	坐
		1 2 3	乖
		2 1 3	乘 爽

四　部首总表
Radical Index

【说明】1. 本表所收部首限于本字典对2000字的部首归类，共有181类。

2. 本表按部首笔画数目多少排列。笔画数目相同的，按起笔笔形的顺序排列。

部首	例字			部首	例字		
一画				卩（㔾）	卫	印	却
一	一	七	才	阝（在左）	队	阳	陪
丨	中	北	电	阝（在右）	邦	那	邮
丿	九	升	重	凵	凶	击	画
丶	之	为	州	刀（⺈）	刀	切	危
乙（一、丿、乚）	乙	也	习	力	力	加	努
二画				厶	参	能	台
二	二	云	亏	又（㕚）	又	双	叔
十	十	协	直	廴	延	建	
厂	厂	厅	原	*三画*			
匚	区	巨	匪	工	工	功	贡
卜（⺊）	卜	外	桌	土	土	地	坐
刂	刚	创	剧	士	士	志	声
冂	内	同	网	艹	艺	花	苗
亻	仁	份	促	艹（在下）	异	弄	齐
八（丷）	八	公	并	大	大	奇	奖
人（入）	人	入	今	尤	尤	就	
勹	勾	匆	包	扌	打	托	报
儿	儿	先	兄	寸	寸	封	寿
几（几）	几	凡	凭	弋	式		
亠	亡	交	离	小（⺌）	小	少	尝
冫	冲	冰	决	口	口	叶	另
冖	写	冠	军	囗	因	回	图
讠	计	认	访	巾	巾	帅	帐

部首	例字	部首	例字
山	山 峰 岗	瓦	瓦 瓶
彳	行 往 得 影	止	止 此 步
彡	形 彩 影	支	敲
犭	狗 猪 猫	日	日 早 时
夕	夕 多 梦 夏	日（曰）	冒 最
夂	冬 条 夏	水（氺）	水 浆 泉
饣	饥 饭 饼	贝	贝 财 责
丬	壮 状 将	见	见 规 觉 靠
广	广 庆 应	牛（牜、牛）	牛 物 靠 拳
门	门 闪 问	手（扌）	手 拜 毫
氵	汁 汉 汽	毛	毛
忄（小）	忙 快 恭	气	气
宀	宁 安 实	攵	收 政 效 牌
辶（辶）	边 过 近	片	片 版 所 断 采
彐（彐、彑）	归 录 灵	斤	斤 爬 采
尸	尸 尺 屋	爪（爫）	爪 爷 爸 育 歌
己（巳）	己 已 导	父	父
弓	弓 张 弯	月（冃）	月 肚 款 斋
女	女 好 姿	欠	欠 飘
子（孑）	子 孙 学	风	风 毁
纟	红 纪 纷	殳	段 斋
马	马 驶 驾	文	文 施 灯 齐 旗 烟
幺	幼	方	方 斜 烈 料 照 扇
		火	火 点 扁 社 忠 念
四画		斗	斗
王	王 现 班	灬	点 礼
木	木 枝 杂	户	户 礼
犬	献 哭 死	礻	
歹	歹 残 轰	心	心 肃
车	车 轮 战	聿（肀、⺺）	肃
戈	成 戒 毕		
比	比		

部首	例字
五画	
示	示　禁　票
石	石　砖　砍
龙	龙　聋
业	业
目	目　看　眼
田	田　略　留
罒（四）	四　罚　置
皿	皿　盐　监
钅	钅　钟　铁
矢	矢　短　知
禾	禾　稻　季
白	白　的
瓜	瓜
用	用
鸟	鸟　鸡　鸭
疒	疒　疗　病　疼
立	立　亲
穴	穴　穷　产　窗
衤	衤　补　穿　袜
疋（疋）	疋　疏　初　楚
皮	皮　蛋
矛	矛　柔
母	母　每　毒
六画	
耒	耒　耕
老	老　考
耳	耳　聪　聚
臣	臣　卧
覀（要）	西　覆　要
页	页　顶　顺

部首	例字
虍	虎　虑
虫	虫　虾　蟹
缶	缸　缺　罐
舌	舌　甜　辞
竹（⺮）	竹　竿　笔
臼	舅
自	自　臭　息
血	血
舟	舟　航　船
衣	衣　袋　裁
羊（⺶ 羊）	羊　养　美　类
米	米　粉　类
艮（艮）	既　良　垦
羽	羽　翅　翻
糸	素　紧　紫
七画	
麦	麦
走	走　赶　起
赤	赤
豆	豆　登
酉	配　酸　酱
辰	唇
里	里　野　量
足（⻊）	足　距　踏　躺
身	身　躲
釆	释
谷	谷
豸	豹　貌
角	角　触　解
言	言　警　辩
辛（⾟）	辛　辣　辩

部首	例字	
八画		
青	青	静
其	其	期 基
雨（⻗）	雨	雪 雷
齿	齿	龄
隹	雄	雀 集
金	金	
鱼	鱼	鲜 鳄
九画		
革	革	鞋
骨	骨	
鬼	鬼	魔
食	食	餐
音	音	
十一画		
麻	麻	磨
鹿	鹿	
十二画以上		
黑	黑	默 墨
鼠	鼠	
鼻	鼻	